权威·前沿·原创

皮书系列为
"十二五""十三五"国家重点图书出版规划项目

G

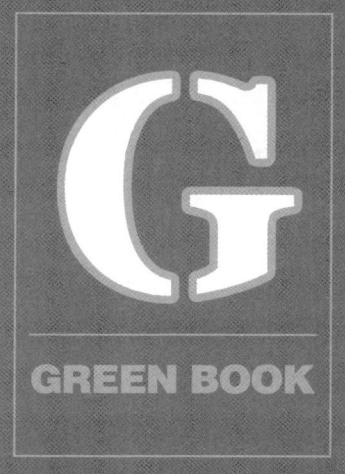

GREEN BOOK

智库成果出版与传播平台

中国社会科学院创新工程学术出版资助项目

人口与劳动绿皮书
GREEN BOOK OF POPULATION AND LABOR

中国人口与劳动问题报告
No.21

REPORT ON CHINA'S POPULATION AND LABOR
No.21

"十四五"时期人力资本提升与经济高质量发展

主　编／张车伟
副主编／蔡翼飞

社会科学文献出版社
SOCIAL SCIENCES ACADEMIC PRESS (CHINA)

图书在版编目(CIP)数据

中国人口与劳动问题报告. No. 21，"十四五"时期人力资本提升与经济高质量发展 / 张车伟主编. ——北京：社会科学文献出版社，2020.12
　(人口与劳动绿皮书)
　ISBN 978 – 7 – 5201 – 7447 – 3

Ⅰ.①中⋯　Ⅱ.①张⋯　Ⅲ.①人口 – 问题 – 研究报告 – 中国 ②就业问题 – 研究报告 – 中国　Ⅳ.①C924.24 ②D669.2

中国版本图书馆 CIP 数据核字(2020)第 229410 号

人口与劳动绿皮书
中国人口与劳动问题报告 No.21
——"十四五"时期人力资本提升与经济高质量发展

主　　编 / 张车伟
副 主 编 / 蔡翼飞

出 版 人 / 王利民
责任编辑 / 陈　颖

出　　版 / 社会科学文献出版社·皮书出版分社 (010) 59367127
　　　　　　地址：北京市北三环中路甲 29 号院华龙大厦　邮编：100029
　　　　　　网址：www.ssap.com.cn
发　　行 / 市场营销中心 (010) 59367081　59367083
印　　装 / 天津千鹤文化传播有限公司

规　　格 / 开本：787mm × 1092mm　1/16
　　　　　　印张：21.5　字数：321 千字
版　　次 / 2020 年 12 月第 1 版　2020 年 12 月第 1 次印刷
书　　号 / ISBN 978 – 7 – 5201 – 7447 – 3
定　　价 / 158.00 元

本书如有印装质量问题，请与读者服务中心 (010 – 59367028) 联系

▲ 版权所有 翻印必究

主要编撰者简介

张车伟 中国社会科学院人口与劳动经济研究所所长，研究员，博士生导师。中国劳动经济学会会长，中国人口学会副会长，享受国务院政府特殊津贴，"新世纪百千万人才工程"国家级人选，国家文化名家暨"四个一批"人才，国家"万人计划"哲学社会科学领军人才。获得包括孙冶方经济科学奖在内的二十余项省部级以上学术奖励。主要研究领域为劳动经济学、人口经济学，重点关注新型城镇化、乡村振兴、就业和收入分配、社会保障、人口老龄化和大健康产业发展等方面问题的研究。

摘　要

"十四五"时期是我国开启全面建设社会主义现代化国家新征程的第一个五年，这一时期，中国发展的外部环境将更加复杂、各类挑战也将趋于增加，国内转变发展方式、优化经济结构、转换增长动力的任务更加紧迫，如何推动我国经济由高速增长阶段向高质量发展阶段转变是一个重大的课题。历史经验和经典理论都指出，人力资本是内生经济增长动力的重要源泉，对一国的可持续发展具有决定性作用，因此"十四五"时期经济高质量发展必须建立在加快提升人力资本水平的基础上。本书立足对"十四五"时期人口老龄化、第四次工业革命、新冠肺炎疫情后续影响等重大环境变化的研判，在对我国人力资本现状与特征进行全面分析的基础上，探讨人力资本提升面临的突出问题和挑战，提出"十四五"时期我国人力资本发展战略、目标、任务和举措。

人力资本按照其获得的方式可划分为教育型人力资本、技能型人力资本、健康型人力资本、创新型人力资本四大类。当前，我国人力资本发展还面临着诸多问题和挑战，主要表现为：教育型人力资本方面，存在平均受教育年限偏低、教育经费投入不足、教育资源分布不平衡问题突出、教育体系中的短板比较显著等问题；技能型人力资本方面，存在技能人才队伍规模偏小、高级技能人才占比较小、地域和行业分布不尽合理、职业院校发展面临困境等问题；健康型人力资本方面，面临患病率提升、青少年营养健康问题日益突出、中老年人健康问题以及健康服务不平等、卫生投入区域发展不平衡等问题；创新型人力资本方面，面临整体规模缺口较大、研发投入强度不高、基础研究短板突出、创新教育长期缺失等问题；此外，现有的人力资本水平和培育方式，与新技术新产业新模式发展的要求还有不小差距；等等。

这些问题既是与高质量发展要求相比的短板，也是释放经济增长内生动力的潜力和努力方向，从这一角度看，通过加快人力资本提升来推进经济高质量发展将大有可为。"十四五"时期，人力资本发展应放置于国民经济社会发展规划中更加重要的位置，本研究重点提出几方面建议：一是要积极实施人力资本跃升计划，通过科学设定发展目标、设计行动方案和重大工程、加快体制机制改革等措施，建立健全面向现代化的人力资本培养体系；二是加快提高教育型人力资本，进一步提高财政性教育经费占 GDP 比重，全面普及高中阶段免费教育，加快补齐在学前教育、职业教育和继续教育领域短板；三是要强化培育技能型人力资本，对就业重点群体开展职业技能提升培训和创业培训，加快推动终身职业技能培训制度落实落地，稳慎推进职业资格许可和认定事项改革，创新乡村技能人才培养制度；四是积极增强健康型人力资本，完善预防保健服务、疾病管理和医疗保障体系，推行全民身体活动健康计划，延长国民健康生命周期；五是激发提升创新型人力资本，建立有利于培养创造力创新精神的高等教育制度和有利于科研人员潜心研究的科研体制，建立有利于激励企业家创新的市场机制，广泛吸引海外高层次人才回国（来华）从事创新研究。

关键词："十四五"时期　人力资本　高质量发展

目 录

Ⅰ 总报告

G.1 "十四五"时期中国人力资本积累现状、问题挑战及对策思考
　　　　…………………………………………………… 张车伟 等 / 001
　　一　我国人力资本现状与特征 …………………………………… / 002
　　二　我国人力资本面临的突出问题和挑战 ……………………… / 005
　　三　"十四五"时期我国人力资本发展战略、目标、
　　　　任务和举措 …………………………………………………… / 013

Ⅱ 分报告

G.2 "十四五"时期中国教育型人力资本分析预测、主要
　　问题与提升建议 …………………………… 蔡翼飞　谢倩芸 / 019
G.3 "十四五"时期中国健康型人力资本趋势判断与政策建议
　　………………………………………………………… 向　晶 / 043
G.4 "十四五"时期中国技能型人力资本需求特点、供需
　　缺口与提升路径 ………………………………… 周灵灵 / 059
G.5 "十四五"时期中国创新型人力资本发展现状、面临
　　问题与提升建议 ………………………………… 王博雅 / 077

Ⅲ 创新发展篇

G.6 产业升级、人工智能对人力资本新要求………… 屈小博 王 强 / 100
G.7 人工智能与农民工就业变动………………………………… 杨 舸 / 116
G.8 第四次工业革命背景下我国人才供给体系面临的挑战
与优化思路………………………………… 王博雅 于晓冬 / 132

Ⅳ 就业发展篇

G.9 疫情对就业和收入的影响
　　——应对结构性失业风险………………… 张车伟 赵 文 / 150
G.10 "十四五"时期就业主要矛盾及化解思路 …………… 曲 玥 / 177
G.11 工作与健康
　　——就业人口体育锻炼特征及其影响因素分析
　　………………………………………………… 王 磊 夏翠翠 / 196
G.12 农村青少年人力资本投资问题的分析 ………………… 吴要武 / 211
G.13 教育人力资本的测量与数据基础 ……………………… 牛建林 / 235

Ⅴ 经济发展篇

G.14 经济高质量发展对人力资本的新要求与应对之策 …… 程 杰 / 255
G.15 教育对中国长期潜在增长率的影响 …………………… 陆 旸 / 270
G.16 中国人力资本的空间再平衡与区域均衡发展 ………… 邓仲良 / 290

Summary ………………………………………………………………… / 312
Contents ………………………………………………………………… / 315

总报告

General Report

G.1 "十四五"时期中国人力资本积累现状、问题挑战及对策思考

张车伟 等*

摘　要： 人力资本是经济发展迈向更高阶段的关键，高质量发展阶段赋予人力资本新内涵。"十四五"时期提升人力资本水平要从教育型人力资本、技能型人力资本、健康型人力资本、创新型人力资本四个层面共同推进。当前我国人力资本发展面临一些新挑战和新任务：教育型人力资本水平与发达国家仍有一定差距，技能型人力资本积累与经济社会发展需求不相适应，健康型人力资本发展面临人口结构和生活方式转变带来的挑战和威胁，创新型人力资本尚不能满足国家创新驱动

---

* 张车伟，中国社会科学院人口与劳动经济研究所所长、研究员、博士生导师，主要研究方向为劳动经济学。本报告主要结论基于各个专题报告，为课题组集体成果。

发展战略要求，新时代高质量发展阶段对人力资本提出了新要求。"十四五"时期，人力资本发展战略要放置于国民经济社会发展规划中更加重要位置，通过实施人力资本跃升计划，进一步强化教育型人力资本，增强技能型人力资本，提升健康型人力资本，加强创新型人力资本，协调推动教育优先方针、就业优先政策、创新驱动战略、新型城镇化战略等国家重大战略和工程深入实施，促进经济发展方式转变，实现我国从中高收入阶段迈向高收入阶段。

关键词： 教育型人力资本　技能型人力资本　健康型人力资本　创新型人力资本

　　党的十九大报告提出，我国经济已由高速增长阶段转向高质量发展阶段，正处在转变发展方式、优化经济结构、转换增长动力的攻关期。经济高质量发展，离不开技术创新，更离不开驾驭新技术的人力资本。"十四五"是上承全面建成小康社会、下启全面建设社会主义现代化国家的关键历史时期，面对世界百年未有之大变局和新冠肺炎疫情的持续影响，解决好国内发展问题特别是实现经济高质量发展是应对各种外部挑战的基石，而这其中提升人力资本是一项重大举措。本报告在全面考察我国人力资本现状和基本特征的基础上，剖析了当前人力资本发展中存在的突出问题，并提出了"十四五"时期我国人力资本发展战略、目标、任务和举措。

一　我国人力资本现状与特征

（一）教育型人力资本持续提高

　　人力资本的核心是教育，教育是人力资本形成和发展的最主要途径，教育型人力资本是人力资本的最重要的组成部分。我国 6 岁以上人口平均受教育年限从 2001 年的 7.62 年增长到 2015 年的 9.13 年，2018 年进一步提升到 9.26 年（见图 1）。劳动年龄人口平均受教育年限从 2010 年的 9.7 年增加到 2018 年的 10.63 年。大学毛入学率从 2000 年的 12.5%，提高到 2010 年的 26.5%，2018 年达到 48.1%，我国已经进入高等教育大众化阶段。劳动年龄人口的知识技能水平不断提高，为建设知识型、技能型、创新型劳动者大军提供了坚实人力资源基础。

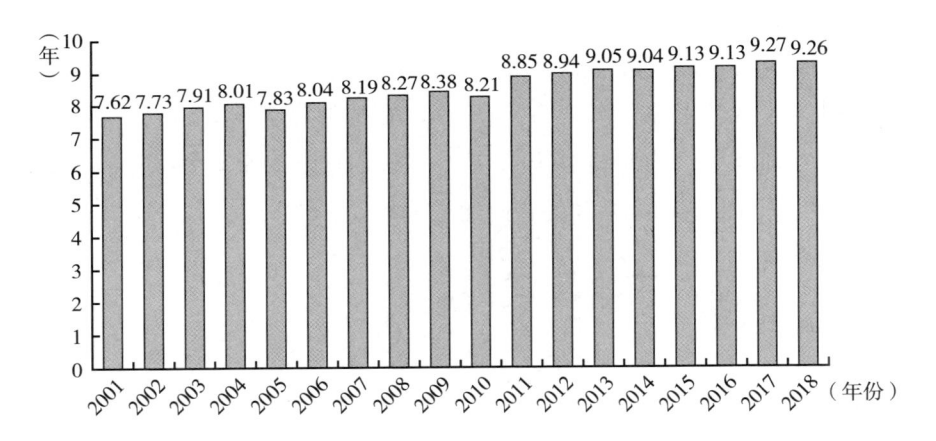

图 1　中国 6 岁以上人口平均受教育年限（2001～2018 年）

资料来源：根据《中国劳动统计年鉴》历年数据整理计算。

（二）技能型人力资本稳步提升

职业教育和技能培训是获取知识、技能的重要途径，由此形成的人力资本称为技能型人力资本。我国技工学校在校生数量从 2000 年的约 140 万人增加到 2019 年的 360 万人，中等职业学校在校生数从 2004 年的 1174 万人增加到 2019 年的 1576 万人。2019 年我国技能劳动者数量已超过 1.7 亿人，占就业人员总量的 22%，其中，高技能人才从 2004 年 1860 万人增加到 2017 年 5071 万人，占就业人员总量的 6.2%。我国已初步形成了一支规模日益壮大、结构日益优化、素质逐步提高的技能人才队伍。

（三）健康型人力资本大幅改善

健康是影响整个生命周期的重要人力资本构成。我国5岁以下儿童的死亡率从1970年代的120‰下降到2019年的8.6‰，远低于世界平均水平，与发达国家差距明显缩小（见图2）。2018年我国新生儿死亡率下降至4.3‰，孕产妇死亡率从2000年的59人/10万人下降到2017年的29人/10万人。2018年我国人均预期寿命增加到76.4岁，在全球201个国家和地区中排第52位。世界卫生组织于2018年公布新生儿健康预期寿命，该指标以丧失日常生活能力为生命终点，对于判断健康质量更具现实意义。数据显示，2018年中国健康预期寿命为68.7岁，在世界排名第37位，美国健康预期寿命为68.5岁，全球排名第40位。我国居民健康水平大幅提升，健康人力资本水平与发达国家之间的差距明显缩小。

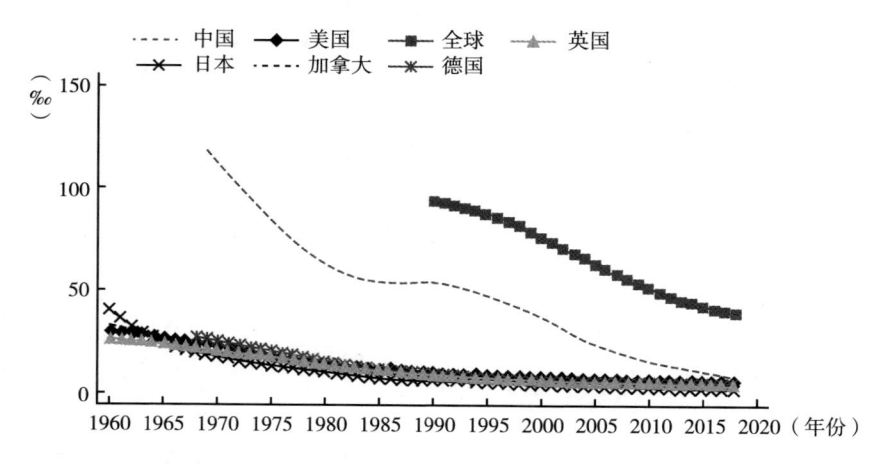

图2 中国与世界主要国家5岁以下儿童死亡率变化（1960～2020年）

资料来源：世界银行数据库。

（四）创新型人力资本加快积累

创新型人力资本是凝聚在个人身上的创新能力和素养，影响着一国的创新能力。创新型人力资本可以进一步划分为科学创新型人力资本、技术创新型人力资本、组织创新型人力资本、战略创新型人力资本和文化创新型人力资本。我国基础研究队伍不断壮大,基础研究人员全时当量从 2000 年的 7.96 万人年增长到 2018 年的 30.50 万人年,研发人员队伍快速扩展,从事应用研究和试验发展两类活动人员的全时当量从 2000 年 84.24 万人年增长到 2018 年的 407.65 万人年(见图 3),为技术创新发展提供重要人力资源支撑。科技企业孵化器累计毕业企业数量从 2000 年的 2790 个增长到 2017 年的 110701 个,高新技术企业数量从 2000 年的 20867 个增长到 2017 年的 130632 个,创新型人才为我国自主创新能力提升奠定关键基础。

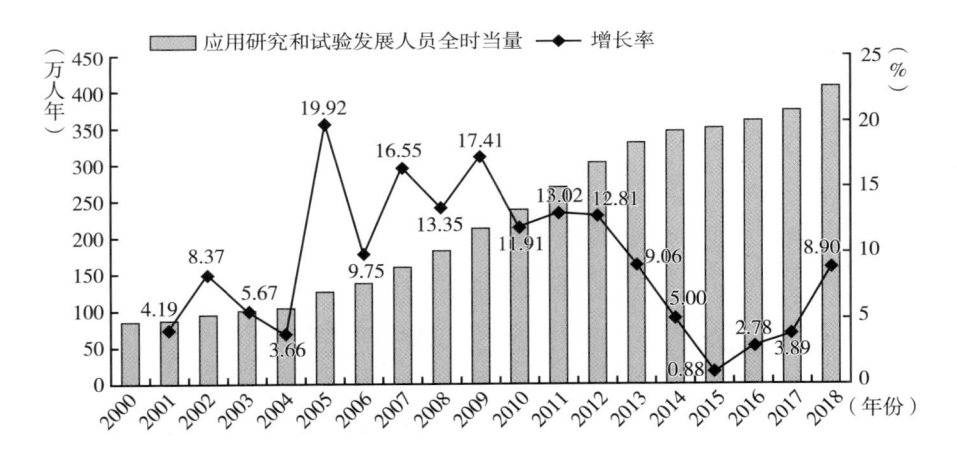

图 3 中国应用研究和试验发展人员规模变化(2000~2018 年)

资料来源:《中国科技统计年鉴》(2001~2019)。

二 我国人力资本面临的突出问题和挑战

(一)教育型人力资本发展与发达国家相比还有很大差距

一是我国平均受教育年限相对于主要发达国家仍有一定差距。2018 年我国 6 岁以上人口平均受教育年限为 9.26 年,而德国、美国、英国和法国分别为 14.1 年、13.4 年、13.0 年和 11.4 年,日本和韩国也达到 12.8 年和

12.8年。从平均受教育年限的发展阶段来看,目前中国的发展水平仅相当于美国1960年代(8.9~9.82年)、日本1985年(9.25年)、韩国1991年(9.2年)、英国1992年(9.3年)、法国1997年(9.2年)的水平(见图4)。

二是高等教育发展的追赶压力较大。尽管目前我国高等教育毛入学率接近50%,但美国、德国、法国和英国的高等教育毛入学率分别为88.17%、70.25%、65.63%和60.00%,同在亚洲地区的韩国更是高达94.35%。受制于高等教育发展相对滞后,我国全部人口中大学生的比例仍然较低。2010年,日本、美国、韩国、法国和德国的25~64岁人口中大学生比例分别为44.81%、41.66%、39.04%、29.01%和26.61%(见图5),而2010年中国大学生比例为8.93%,远远低于其他发达国家的大学生比例。

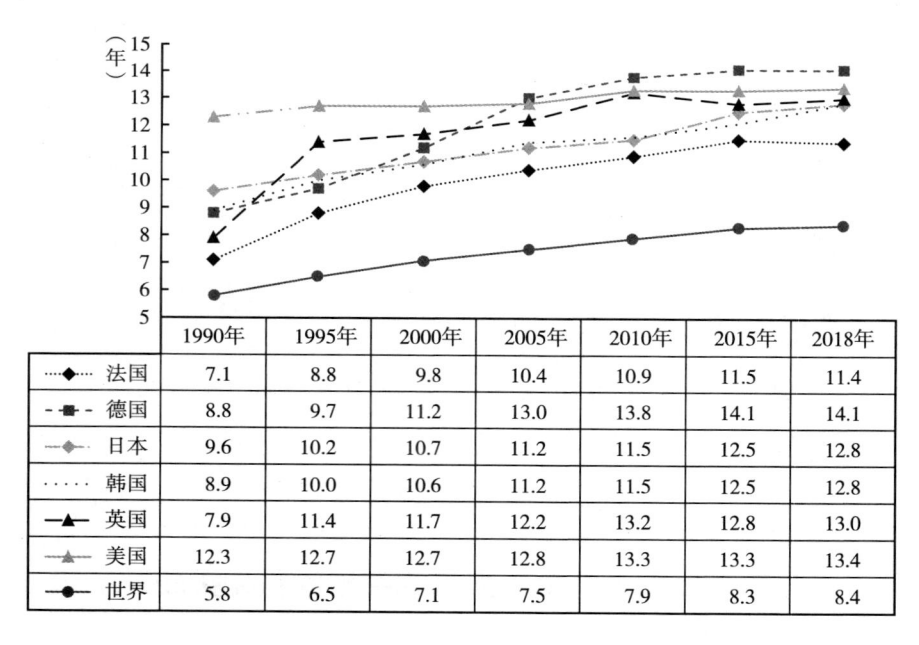

		1990年	1995年	2000年	2005年	2010年	2015年	2018年
┄◆┄	法国	7.1	8.8	9.8	10.4	10.9	11.5	11.4
─■─	德国	8.8	9.7	11.2	13.0	13.8	14.1	14.1
─◆─	日本	9.6	10.2	10.7	11.2	11.5	12.5	12.8
┄┄┄	韩国	8.9	10.0	10.6	11.2	11.5	12.5	12.8
─▲─	英国	7.9	11.4	11.7	12.2	13.2	12.8	13.0
─▲─	美国	12.3	12.7	12.7	12.8	13.3	13.3	13.4
─●─	世界	5.8	6.5	7.1	7.5	7.9	8.3	8.4

图4 主要发达国家6岁以上人口平均受教育年限变化

资料来源:世界银行数据库。

三是教育资源分布不平衡问题依然突出。城乡和区域间的教育资源差距较大,优质教育资源的分布不平衡尤其明显。2017年全国财政性教育经费

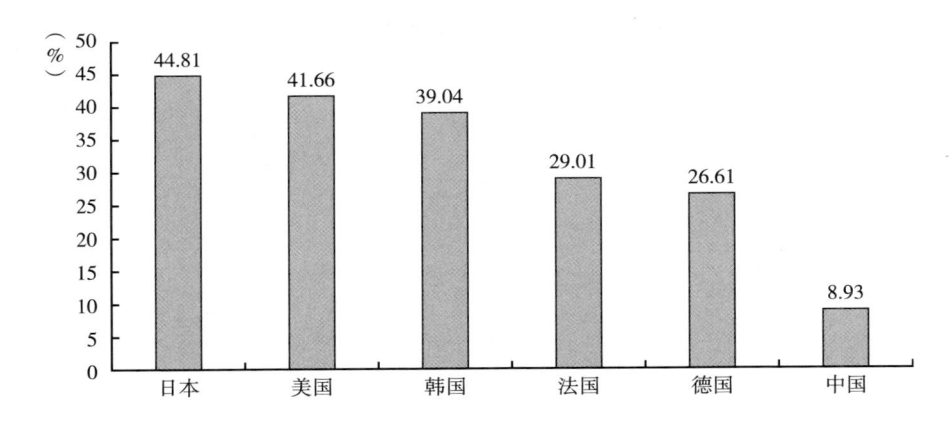

图 5　主要发达国家 25～64 岁人口中大学生比例

资料来源：根据 OECD《2018 年教育概览》和 2010 年中国人口普查数据计算。

生均支出前 50% 的省份支出水平是后 50% 省份的 1.8 倍。教育均等化需要国家投入更多资源支持教育事业，过去多年来国家财政性教育经费投入持续增加，但人均财政教育经费支出水平仍然偏低，2018 年我国人均财政教育经费支出仅分别相当于美国、英国、德国、法国和日本的 11.5%、15.9%、16.3%、16.7% 和 23.8%。2017 年我国财政性教育经费占 GDP 的比重达到 4.17%，2012～2017 年美国、英国和法国的公共教育经费支出占 GDP 的平均比重分别为 5.0%、5.6% 和 5.5%，日本和韩国则分别为 3.6% 和 5.1%，全球平均的比重为 4.8%。

（二）技能型人力资本与经济社会发展需求不相适应

一是技能人才队伍规模偏小，技能人才缺口普遍存在。尤其制造业体量巨大但缺乏核心技术，长期处于产业链条中低端，制造业转型升级面临"设备易得、技工难求"困扰。2017 年我国技能劳动者 1.7 亿人，占就业人员总量的 22%，按照国务院办公厅发布的《职业技能提升行动方案（2019—2021 年）》提出的目标，到 2021 年底技能劳动者占就业人员总量的比例达到 25% 以上，技能人才队伍需要加快扩展。

二是高级技能人才比例较小、结构不合理。我国技师、高级技师等高级技能人才总量仅有约5000万人，不到技能人才总量的1/3。近年来我国技能人才代表团参加世界技能大赛屡获佳绩，但顶尖技能人才依然稀缺，尤其在汽车制造、精密仪器加工等领域技术水平依然与世界强国有较大差距。而且，现有高技能人才年龄老化、工匠精神传承不够等现象突出，我国技能人才面临断档风险。

三是技能型人力资本地域和行业分布不尽合理，广大乡村、县域乃至地级市技能人才普遍匮乏，例如珠三角核心九地市技能人才数量约占广东省技能人才总量的70%，而广东省东西两翼县域和农村地区技能人才数量不到全省的30%。高级技能人才大多集中在教育和医疗卫生系统，农业、科技、制造、规划等行业的高级技能人才相对较少。

四是中等职业院校发展面临生源质量下滑等困境，技能人才储备存在短板。尽管国家加大扶持力度，出台了发放助学金、减免学费等系列优惠政策，"职普比"有所提高，但仍难以彻底解决中等职业教育发展的难题。此外，我国技能型人力资本开发、管理服务等工作机制仍存在条块分割、政出多门、职能重叠等问题，技能人才培养、使用、流动等方面也还存在不少障碍。

（三）健康型人力资本面临人口结构和生活方式转变带来的挑战

一是过度的工作压力、快速的工作节奏导致患病率提升，疾病年轻化态势日趋显著。2013年全国第五次卫生服务调查显示，中国调查地区居民的每两周患病率达到24.1‰，慢性疾病患病率为330.7‰，而2003年这两项指标分别为14.3‰和151.1‰。《2018中国城市居民心理健康白皮书》显示，73.6%的城镇居民处于心理亚健康状态，心理完全健康的城镇居民仅为10.3%。

二是青少年营养健康和视力问题日益突出。经济发展和居民生活水平地区不平衡，加上营养的摄入不科学，导致肥胖率和青春期贫血同时发生，降低青少年成长质量。儿童青少年的近视率不断攀升，已经成为影响我国人口健康素质的重要因素。2018年全国儿童青少年总体近视率为53.6%，其中，小学生为36.0%，初中生为71.6%，高中生为81.0%。

三是快速老龄化过程中老年人健康以及健康服务不平等问题日益突出。我国老年人整体健康状况不容乐观，约2.5亿60岁及以上老年人中有近1.8亿老年人患有慢性病，患有一种及以上慢性病的比例高达75%，失能半失能老年人约4000万。快速老龄化导致国家健康状况和流行病的方向发生转变，具体表现为国家的医疗健康重点逐渐从妇幼卫生健康和传染性疾病向慢性非传染疾病转变。社会结构的变革导致老年人健康照护问题日益突出。

四是卫生投入区域发展不平衡，城乡与区域之间卫生系统服务差距依然较大。全国第六次人口普查数据显示，2010年全国居民预期寿命74.83岁，东部城市和经济社会发展快的地区人均预期寿命超过78岁，但西部地区尤其是经济较落后的省份，人均预期寿命不足70岁。城市地区新生儿死亡率为3.7‰，农村地区为7.3‰，农村地区是城市的近2倍。东中西部地区因财政约束，卫生投入差距非常明显。同时，流动人口规模庞大，加大健康服务的成本及社会管理难度。

（四）创新型人力资本不能满足国家创新驱动发展战略要求

一是创新型人力资本整体规模存在较大缺口，创新能力较为薄弱。2017年，我国每万名就业人员的R&D人员数仅高于巴西等发展中国家，发达国家的每万名就业人员的R&D人员数量约为我国的2倍，与日本和德国等创新强国之间存在较大差距（见图6）。第十次中国公民科学素质调查显示，2018年我国公民具备科学素质的比例仅有8.47%，还未达到美国1988年（10%）的水平，科学素养与创新能力提升仍需要一个较长的过程。

二是研发投入强度有待提升。2018年，我国研发投入占GDP的比重达到了2.19%，与发达国家的差距逐步缩小，但与传统创新强国之间仍有较大差距，仅相当于美国和德国1980年代初的水平（美国2.27%、德国2.35%），日本的研发投入占GDP比重长期稳定在3%以上。

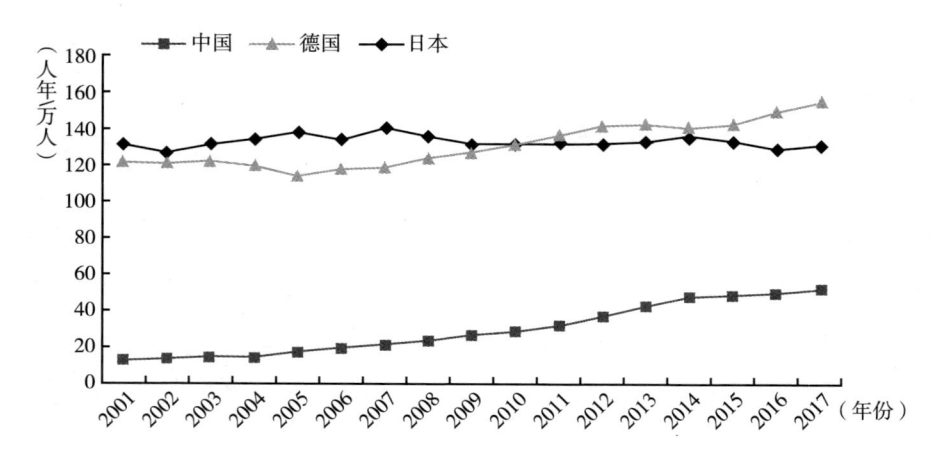

图6 R&D人员密度国际对比（2001～2017年）

资料来源：《中国科技统计年鉴》（2001～2019）和联合国教科文组织数据。

三是基础研究存在短板。我国的基础研究投入力度相对不足，影响了基础研究能力，限制了自主创新能力。2017年我国基础研究经费的比重仅为5.5%，远低于美国的17%以及日本的13.7%（见表1）。中国应用研究经费的比重也明显低于美国与日本，由于基础研究和应用研究是创造新知识、新技术的主要途径，这种差距也是我国自主创新能力不强的重要原因。

表1 不同研究类型的经费占比情况国际对比（2003～2017年）

单位：%

年份	基础研究			应用研究			试验发展		
	中国	美国	日本	中国	美国	日本	中国	美国	日本
2003	5.70	19.10	13.30	20.20	23.90	22.40	74.10	57.10	64.30
2008	4.70	17.30	8.80	13.00	22.40	40.60	82.30	60.30	50.60
2009	4.70	19.00	12.50	12.80	17.80	22.30	82.70	63.20	60.50
2013	4.70	17.60	12.60	10.70	19.90	20.90	84.60	62.50	66.50
2015	5.10	17.20	12.50	10.80	19.40	20.80	84.10	63.40	66.70
2016	5.20	16.90	13.20	10.30	19.70	19.70	84.50	63.40	67.10
2017	5.50	17.00	13.70	10.50	20.40	19.50	84.00	62.60	66.80

资料来源：《中国科技统计年鉴》（2001～2018）。

四是创新教育长期缺失。在基础教育阶段，为了满足教育"GDP"和升学率的考核要求，不少中小学校将大量的精力放在了以静态知识学习和考试技巧训练为核心的应试环节，缺乏系统的科学思想的熏陶、科学思维和科学方法的培养。高等教育的培养模式也停留在传统的课堂灌输模式，课程内容更多地以知识传授为主，缺乏实践和体验式学习，更缺乏在养成必要的科学思维和科学方法基础上的研究训练。

（五）新时代高质量发展阶段对人力资本提出了新要求

一是人力资本的"追赶"要比经济增长更具挑战、难度更大。人力资本投资具有收益递增的特点，在现代经济增长中扮演着"永动机"角色。过去半个世纪的发展经验表明，发达国家的人力资本回报率高达13%，而受困"中等收入陷阱"的拉美国家人力资本回报率仅有约6%，中国的人力资本回报持续提高并在21世纪之初达到10%，但2008年之后出现下降迹象。发展中国家从1960年代开始用了大约50年时间将平均受教育年限提高到7年，但人力资本水平也仅相当于发达国家1960年的平均水平。更为典型的特征是，发展中国家整个生命周期的"人力资本曲线"呈现随着年龄增长而快速下降的特征，而发达国家的"人力资本曲线"更加平滑，两类国家中老年人口的人力资本差距持续扩大（见图7）。

二是产业升级和生产率提升对人力资本提出更高要求。产业结构逐渐从传统的劳动密集型行业升级为资本密集型或技术密集型行业，这要求更多地依靠技术创新和技术进步提高全要素生产率，而人力资本是关键。我国制造业从业劳动力平均人力资本积累水平为10.7年，高于劳动密集型第二产业的平均受教育年限9.8年，但与第二产业资本/技术密集型行业平均受教育年限13.2年仍有较大差距。第三产业劳动密集型行业的平均受教育年限是10.2年，第三产业知识/资本密集型行业的平均受教育年限是14.2年，第三产业劳动密集型行业向知识密集型、资本密集型升级过程中，需要提高大约4年的受教育年限（见图8）。在产业结构升级过程中，部分低技能劳动者将面临无法适应新的人力资本需求而被淘汰。

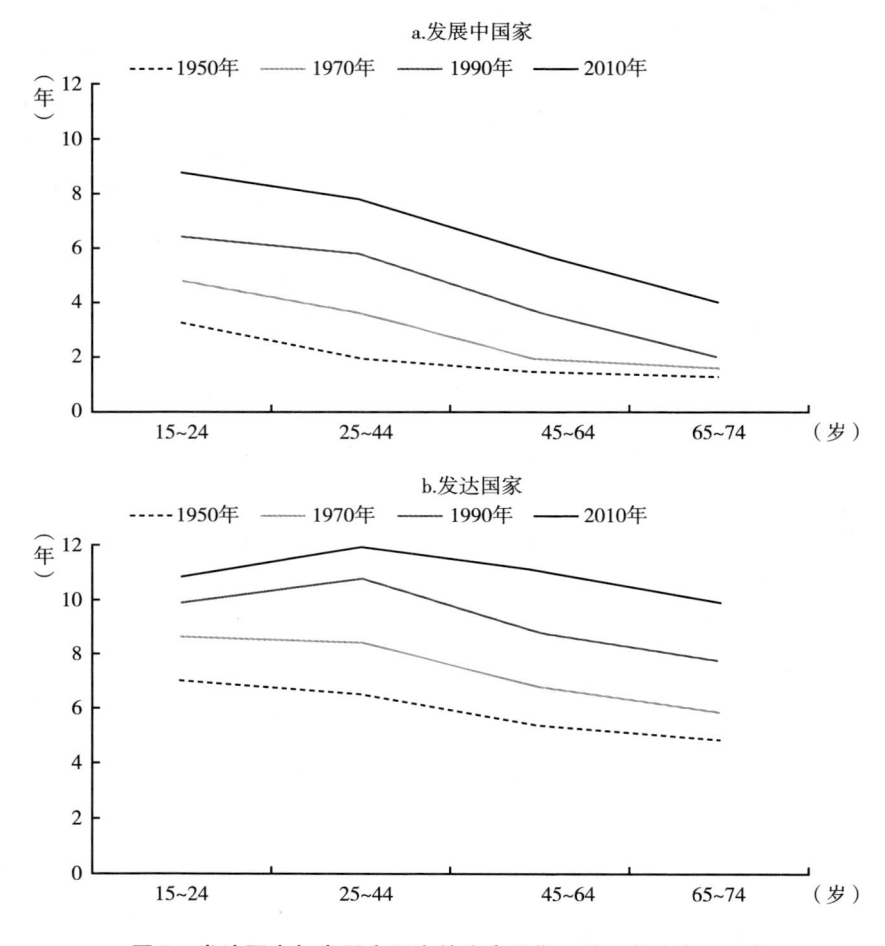

图 7　发达国家与发展中国家的生命周期平均受教育年限比较

资料来源：Robert Barro 等（2010）对世界 146 个国家 1950 年以来人力资本水平进行估算，人力资本水平采用统一分析框架，以 15 岁及以上人口平均受教育年限来衡量。

三是高质量发展阶段赋予人力资本新内涵。这主要包括几个方面内容：一是健康、教育和培训成为人力资本投资的主要方式。二是高等教育和教育质量成为教育发展和人力资本积累的关键内容。三是终身教育体系成为人力资本积累的新任务。四是人力资本投资与物质资本投资之间的关联性更强，两者相互影响、相互促进，以 5G 基站建设、大数据中心、人工智能、工业

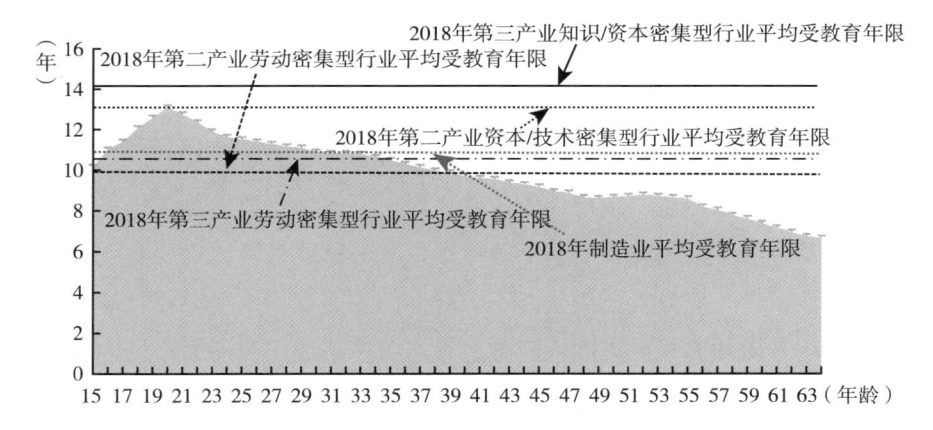

图 8　劳动年龄人口平均受教育年限与产业升级人力资本要求

资料来源：根据《2005 年 1% 人口抽样调查资料》和《中国人口与就业统计年鉴 (2019)》计算所得。

互联网等领域为重点的"新基建"既是物质资本投资，也是代表先进技术水平的新型人力资本投资。尤其是人工智能、机器人加速应用导致对工作任务需求的变化，传统的人力资本积累面临加速折旧的挑战，新技术革命正在重塑工作所需要的技能。

三　"十四五"时期我国人力资本发展战略、目标、任务和举措

（一）发展战略与目标

"十四五"时期，人力资本发展战略要放置于国民经济社会发展规划中更加重要位置，通过实施人力资本跃升计划，推动教育优先方针、就业优先政策、创新驱动战略、新型城镇化战略等国家重大战略和工程深入实施，促进经济发展方式转变，保障我国从中高收入阶段实现向高收入阶段的跨越。

人力资本跃升计划应该遵循以下几个原则：一是制定明确的发展目标和指标体系。指标设置既要具有连续性和可比性，又要突出新时代的要求。主

要包括人均受教育年限、人均接受职业培训次数、全年职业培训人次、通用性技能和专业职业技能培训状况等，并适时开展人力资本水平和认知能力的直接度量。

二是根据目标群体差异化设计行动方案和重大工程。"十四五"时期就业主要矛盾从总量矛盾与结构性矛盾并存转向结构性矛盾的总体趋势不会变化，人力资本跃升计划既要有利于确保更加充分就业目标，更要有利于缓解就业结构性矛盾，提升就业质量。不同群体的人力资本水平存在差异，人力资本提升的方向和方式应该因人而异。重点关注新进入劳动力市场的高校毕业生、更容易遭受大规模失业风险的青年农民工、转型压力更大的制造业产业工人、就业灵活性与安全性矛盾更为突出的新技术平台从业人员、就业转换难度更大的产能过剩转岗人员、带动引领作用更强的创新人才以及适应人口结构转变趋势的老年人力资源等。

三是探索创新需求导向的教育培训方式。破解传统教育体系和技能培训体系的供需匹配矛盾，以需求为导向制定教育培训行动计划和实施方案，妥善协调教育培训的公共产品属性与市场在资源配置中发挥决定性作用之间的关系。教育培训方式和举措的创新方向包括：延长义务教育阶段，将学前教育和高中教育纳入义务教育；敞开高等教育大门，为上过大学的城乡青年再次接受高等教育提供机会，衔接职业教育与高等教育；引入市场培训机构，采用政府购买服务的方式开展培训，采用"培训券"方式进行激励；全面实施终身学习计划，建立终身学习积分制，并与职业资格证、积分制落户等政策挂钩。

四是协调相关领域体制机制改革。深刻认识新时期人力资本内涵，重视健康、教育、培训、迁移、社会保障等多种方式的人力资本投资，补齐人力资本发展中的短板，将健康、学前和早期教育、终身学习体系作为新的重点领域，注重人力资本与物质资本之间的协同关联，以体制机制改革创新为动力，加快要素市场改革，提高人力资源配置效率，提升整个生命周期的人力资本积累水平和人力资本回报率。

"十四五"时期我国不同类型人力资本发展目标建议确定如下。

——教育型人力资本发展目标。2010年6岁以上人口平均受教育年限为8.80年，预期到2020年、2025年的平均受教育年限应该提高到10.03年和10.62年，2030年和2035年分别提高到11.22年和11.81年。"十四五"期间新成长劳动力年均规模为1619万人，新成长劳动力的平均受教育年限从2020年的12.4年提高到2025年的13.0年。

——技能型人力资本发展目标。到2025年底累计开展各类补贴性职业技能培训6000万人次以上，技能劳动者占就业人员总量的比例达到30%以上，高技能人才占技能劳动者的比例达到35%以上。职业教育和技能培训全方位、多功能、规模化、专业化发展，形成以技师、高级技师等高级技能人才为骨干，以中高级技术工人为主体的技能人才队伍。

——健康型人力资本发展目标。以《健康中国2030规划纲要》战略目标"共建共享、全民健康"，为"十四五"及中长期中国健康人力资本的战略主题。以人民健康为中心，坚持以基层为重点，以改革创新为动力，把健康融入各项相关政策中，居民健康水平持续提升，城乡青少年营养状况明显改善，近视问题得到有效控制。

——创新型人力资本发展目标。提升创新型人才的数量和质量，增加创新型人才有效供给；建立有效激励机制，释放和激发创新型人才的创新潜力；促进创新型人才的流动，鼓励知识交流和扩散。"十四五"期间将创新型人力资本投资规模提升到与创新型人力资本建设规模相适应的水平，使高水平创新型人力资本短缺问题得到战略性缓解。

一是强化教育型人力资本。进一步提高财政性教育经费占GDP比重，建议财政性教育经费支出占比在"十四五"期间提高到4.5%，"十五五"时期达到5%，并在2035年之前保持这一比例，提高中央财政教育支出占全国财政教育支出的比重。提升基本公共教育服务均等化水平，继续推进优质教育资源均衡布局，加大中央对西部地区和贫困地区教育投入支出力度，提高教育供给数量和质量。推进随迁子女入学待遇同城化，有序扩大城镇学位供给。全面普及高中阶段免费教育，将把高中阶段纳入实施12年国家免费基础教育作为近期目标。加快补齐教育体系的短板，即着重补齐在学前教育、职业教育和继续教育这三个领域的短板。以农村为重点提升学前教育普及水平，建立更为完善的学前教育管理体制和投入体制，大力发展公办园，加快发展普惠性民办幼儿园。实施儿童早期人力资本投资的行动计划，加快补齐0~3岁婴幼儿的公共教育服务短板。缩小新技术革命下城乡人力资本差距，着力加强对农村各个年龄组学龄人口关于大数据和人工智能的教育。建设完善现代化的职业教育体系，鼓励社会资本参与，促进职业教育和产业发展深度融合，培养与产业发展和市场需求相适应的高素质技能型劳动者。高等教育应面向经济社会发展需求变化，加快学科专业结构调整，打破传统学科专业局限，大力发展大数据、工业互联网、物联网、集成电路等新兴学科专业，加快培养信息技术与产业升级、技术创新和社会服务融合发展的复合型人才。

二是增强技能型人力资本。加强企业职工技能提升和转岗转业培训，对就业重点群体开展职业技能提升培训和创业培训。对职业技能进行分类和细化，做好技能调查与技能监测工作，建议结合我国国情开发设计《成人基本技能测试量表》，明晰技能短板和培训需求，为职业培训改革提供依据，切实提高培训针对性。立足企业和产业，密切关注人力资本需求侧演变态势，让人力资本供给更好地契合发展需求。探索构建区域技能人才联盟，集聚临近地域优势资源，在更高层面、更大范围实现技能人才共享和优势互补，区域技能人才联盟可在联络机制、信息平台、技能人才培养载体、职业技能竞赛、技能人才评价、技能人才配置等方面建立相应工作机制，逐步搭建起政府主管部门、技工院校、行业协会、重点企业、人力资源公司和产业园之间的横向及交叉工作框架。加快推动终身职业技能培训制度落实落地，稳慎推进职业资格许可和认定事项改革。在取消部分职业资格许可和认定事项时，注意把握好节奏、做好预期管理，将"放管服"改革与保护劳动者积极性统筹起来，进一步创新和健全技能人才评价机制，规范职业技能鉴定工作。注重系统培养、多样成才，打通职业教育与普通教育的制度性障碍，搭建人才成长"立交桥"，继续强化以政府补贴培训、企业自主培训、市场化培训为主要供给，以公共实训机构、职业院校、职业培训机构和行业企业为主要载体。以就业技能培训、岗位技能提升培训和创业创新培训为主要形式，构建资源充足、布局合理、结构优化、载体多元、方式科学的培训组织实施体系。瞄准面临被机器人、人工智能替代及技术性失业的工人，免费实施"技术性失业"技能培训，帮助受冲击的劳动力重新适应并获得新技能。创新乡村技能人才培养制度，优化县域技能人才配置，夯实乡村振兴人才基础。健全技能开发和管理服务工作机制，整合优化培训资源，提高资源统筹和利用效能，将各部门分散的培训经费整合成"职业技能培训基金"，对于培训成效的评估，实行实施方与委托方相分离模式。

三是提升健康型人力资本。完善医疗卫生服务制度，健康政策应当考虑性别、教育或收入、民族和地区差异，减少社会背景、身体和心理状况以及生命周期带来的健康差距。优化医疗照护，完善预防保健服务、疾病管理和医疗保障体系三维制度。瞄准重点群体，延长国民健康生命周期，促进国民健康平等，重点关注儿童青少年、老年、贫困群体、身心障碍群体等弱势群体的健康保障。提供儿童和青少年全方位的营养健康照护，制定科学的膳食营养摄入标准和执行计划。建立起家庭、学校和社区全方位的促成长、稳健康支持环境。建立起老年照料体系，完善老年公共健康服务体系，缩小老年健康差距。提高弱势群体的医疗服务使用率，不断提高服务水平，减轻弱势群体的医疗负担。推行全民身体活动健康计划，制定中长期全民身体活动健康发展策略。加强民众休闲运动设施建设，加快培育国民体能专业指导人才，组织举办国民体能促进与检测活动，建立国人每年体能变化数据库，开放学校运动设施，提供民众活动场所，培训城乡社区运动推广人才。增加国家总预算中在运动与健康上的投资，将运动责任纳入全民健康计划之中，减少健康保障费用，考虑将运动指导纳入健康保障范围。

四是加强创新型人力资本。建立与创新发展相适应的人才计划和政策体系，对人才计划和政策进行清理整合，促进支持方式从临时性的物质精神奖励向人才发展生态环境建设转变。建立有利于培养创造力和创新精神的高等教育制度，以深化创新创业教育改革为抓手，在转变教育理念、创新教育方式、增强协同机制以及给予高校更多自主权等方面实施综合配套改革。建立

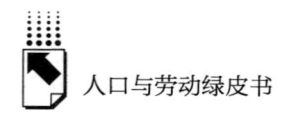

有利于科研人员潜心研究的制度环境，加快薪酬制度和人才评价制度改革，继续深化事业单位科研机构改革。完善有利于人才横向和纵向流动的机制，改进人才引进机制，增加用人单位的自主权，积极发挥市场选人和评价的作用，提高人才引进的效率和效益。加快制约人才合理流动的户籍、档案管理、薪酬福利和社会保障等制度改革，促进人才在政府、事业单位、企业间顺畅流动。优化鼓励人才向欠发达地区流动的政策体系。建立有利于激励企业家创新的市场机制，加强对企业创新成果的知识产权保护，完善以市场为主体的创新创业激励机制，强化创新型人才激励。规范和放宽外籍高层次科技人才在我国永久居留条件。围绕国家重大需求，广泛吸引海外高层次人才回国（来华）从事创新研究。

分 报 告
Sub-reports

G.2 "十四五"时期中国教育型人力资本分析预测、主要问题与提升建议

蔡翼飞 谢倩芸*

摘　要： 教育人力资本是影响经济发展的重要因素。本研究对"十四五"以及今后更长一段时期中国教育人力资本供给和需求变化进行预测分析，结果显示："十四五"时期，教育人力资本水平有所提高，对教育人力资本质和量的需求都有较大增长，特别是对高质量的教育人力资本有大规模的需求。为提升教育人力资本、改善其分布结构，需要加大教育投入水平，完善教育体系，针对产业需求—人力资本匹配进行人才培养。

---

* 蔡翼飞，中国社会科学院人口与劳动经济研究所副研究员，主要研究方向为区域经济与就业；谢倩芸，中国社会科学院人口与劳动经济研究所助理研究员，主要研究方向为人力资源与就业。

关键词： "十四五"时期　教育型人力资本　供需预测

教育人力资本，即通过教育赋予劳动力的技能和能力，作为人力资本重要的组成部分，是影响经济增长的重要因素之一。近年来，我国教育人力资本的数量得到了明显提升，平均受教育年限不断提高，全国6岁以上人口和全部就业人口的平均受教育年限分别从2010年的8.80年、9.10年增加到2018年的9.26年、10.26年。同时，教育人力资本的质量也显著提高，如接受高等教育的人口比例从2010年的8.93%增加到2018年的13.03%。"十四五"时期，中国经济结构和发展方式都将进行调整和转变，那么，我国教育人力资本将呈现什么样的特点？能否支撑我国经济持续较快增长，并助力现代化目标的实现？要回答这些问题，就要从供给和需求两方面去考察教育人力资本发展趋势，并给出更精准的提升我国教育人力资本的政策建议。

一　"十四五"及中长期教育人力资本供需形势基本判断

（一）"十四五"及未来教育人力资本供给预测

教育人力资本对实现经济持续较快增长起着重要作用。确定未来教育人力资本的供给水平和结构是制定"十四五"时期及未来中长期提升人力资本政策的重要依据。教育人力资本供给可以从总量和增量两个角度来理解。总量指的是全体人口的教育人力资本供给状况，而增量指的是劳动力市场新进入劳动力（以下简称新成长劳动力）的教育人力资本供给状况。本节主要从教育人力资本总量和增量两个角度，对"十四五"及之后一段时期内的教育人力资本情况进行预测。

1. 平均受教育年限预测

过去30多年，中国经济高速发展主要得益于丰富而廉价的人力资源。但随着人口结构的转变，中国已经跨越了劳动年龄人口的峰值点，总体规模开始下降。根据国家统计局数据,2015年15~64岁人口规模为100361万人,到2018年减少为99357万人;从占总人口的比重来看,2015年15~64岁人口占总人口的比重为73%,比2010年下降1.5个百分点,2018年进一步降至71.2%。由此可见,中国目前处于劳动年龄人口下降的阶段。各种预测也都显示,中国劳动年龄人口下降的趋势是长期的和不可逆转的,如向晶、蔡翼飞①根据城乡一体的人口迁移模型分析框架进行预测,2019~2050年,中国劳动年龄人口总量和占总人口的比重均将持续下降。这意味着中国人口红利不断减弱,未来必须通过提升人力资本来提供经济持续增长的内生动力。

本研究以6岁以上人口平均受教育年限来反映教育人力资本总量规模和变化发展趋势。1990年以来,中国6岁以上人口的平均受教育年限呈现较快且持续提升的发展变化过程。根据第四次(1990年)、第五次(2000年)、第六次(2010年)国家统计局人口普查数据测算,6岁以上人口平均受教育年限分别为6.26年、7.62年和8.80年;根据1%人口抽样调查数据计算,1995年、2005年和2015年的6岁以上人口平均受教育年限分别为6.72年、7.83年和9.13年。

通过对1990~2015年这六个年份的6岁以上人口平均受教育年限值进行线性拟合,再外推出2020~2035年的预测数据。可以看出,2020年、2025年、2030年和2035年的平均受教育年限分别为10.03年、10.62年、11.22年和11.81年,2025年将比2020年提高0.59年。这说明如果没有强力推动,按照过去的历史水平发展趋势,2035年平均受教育年限将比2015年仅提高2.68年,平均每年约提高0.134年。而且,按照这个发展趋势,即使2035年中国的平均受教育年限达到12年,也仅仅相当于美国20世纪90年代和日韩2010年代的水平,与国际水平相比,还有较大差距(见图1)。

---

① 向晶、蔡翼飞:《"十四五"及未来中长期中国劳动力供需趋势及对策分析》,《重庆理工大学学报》(社会科学版)2020年第2期,第32~44页。

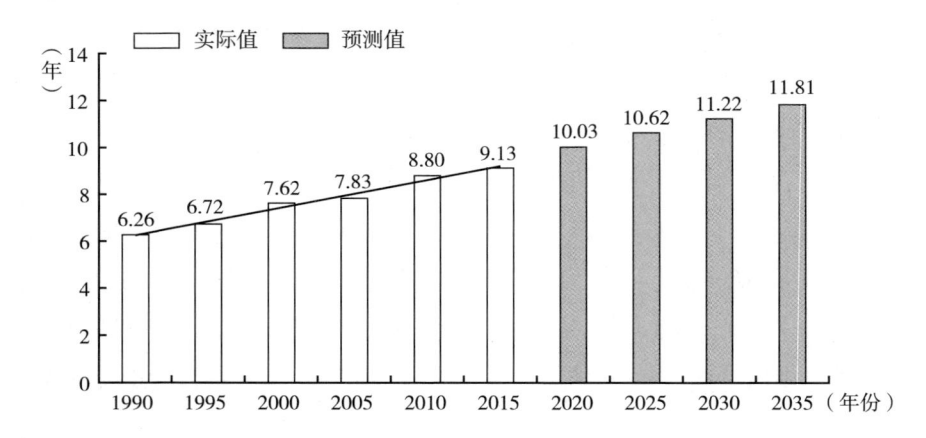

图1　1990~2035年6岁以上人口平均受教育年限变化及预测

资料来源：1990~2015年数据根据1990年以来历次人口普查与1%抽样调查数据计算；2020~2035年数据经笔者计算预测整理而得。

同时，本研究也对全部就业人口的平均受教育年限进行了预测，结果显示2025年就业人口平均受教育年限将达到11.16年，比2020年提高0.65年。中国全部就业人口的平均受教育年限变化趋势与6岁以上人口的平均受教育年限变化趋势基本一致，"十四五"时期教育人力资本提升将会略有增加。

2.新成长劳动力教育人力资本预测

对平均受教育年限的预测反映了教育人力资本水平的总体变化趋势和总量供给状况，我们也将对新进入就业市场劳动力，即新成长劳动力的教育人力资本进行预测，以对教育人力资本增量的供给状况进行考察，从而更全面地了解市场的供需形势。

对新成长劳动力教育人力资本的预测可以分为两个步骤，第一步是对劳动力市场新增加的劳动力供给数量进行估计，第二步是结合估算得到的劳动力规模，再通过不同教育阶段的入学率、辍学率等信息就可以得到新增劳动力不同教育程度的测度，从而估算出具有教育人力资本的劳动力。当前文献中对就业市场上新成长劳动力的预测主要有两类估计方法：第一类方法是以劳动力供给数据为基础，通过建立时间序列模型等数学模型进行时间外推来预测未来趋势①，这类方法只能反映总体上的新成长劳动力的数量，不能剖析其内部受教育结构。第二类方法是以预测劳动参与率为基础，用预测出的劳动年龄人口数量乘以劳动参与率进而得到劳动供给②③，这类方法在用劳动参与率变化影响因素模型进行预测时依赖于劳动参与率的设定，会影响到预测的准确性。因此，本研究使用一种新的方法——脱离教育人数法④，不仅预测新成长劳动力的市场总量，而且同时预测其教育人力资本的情况及变化趋势。

脱离教育人数法的基本原理是：新成长进入就业市场的劳动力，基本都是离开学校后马上或者几年后进入劳动力市场的劳动年龄人口。也就是说，五个教育阶段［即小学、初中、高中（职业教育）、大学和研究生］的毕业生，以及某个阶段教育辍学和未升学的那部分人会进入劳动力市场。因而，将所有阶段教育的辍学人数与毕业而未升学的人数加总，再扣除死亡人数，就得到新增需就业人员的数量；同时，也可以剖析新成长劳动力的内部受教育结构，估算出其教育人力资本状况。

参照张车伟、蔡翼飞④的设定和方法，我们根据脱离教育人数法测算出2018～2030年的新成长劳动力数量，如表1所示。从总体规模上来看，2018～2030年间，新成长劳动力数量将呈现先减少再增加的变化过程。2018年的新成长劳动力总量为1721万人，一直减少到2022年的1568万人，之后总量再开始增加，提高到2030年的1763万人。其中，"十四五"时期的新成长劳动力年均规模为1619万人。分受教育程度来看，小学及以下、初中阶段的新成长劳动力规模呈现整体下降趋势，受过初中及以下教育的新

---

① 齐国友、周爱萍、曾塞星：《2004～2020年中国农村农业剩余劳动力预测及对策》，《东北农业大学学报》2005年第5期，第135～140页。
② 王金营、蔺丽莉：《中国人口劳动参与率与未来劳动力供给分析》，《人口学刊》2006年第4期，第19～24页。
③ 马忠东、吕智浩、叶孔嘉：《劳动参与率与劳动力增长：1982～2050年》，《中国人口科学》2010年第1期，第11～27、111页。
④ 张车伟、蔡翼飞：《中国"十三五"时期劳动供给和需求预测及缺口分析》，《人口研究》2016年第1期，第38～56页。

成长劳动力占所有新增劳动力的比重从 2018 年的 26.1% 下降到 2030 年的 18.3%；高中阶段的新成长劳动力在波动中总量有所减少，从 2018 年的 557 万人下降到 437 万人；而普通本专科、研究生阶段的新成长劳动力总量显著增加，受教育水平为大专及以上的新增劳动力的数量每年平均为 822 万，总共将增加 10682 万人，其占总新增劳动力比重从 2018 年的 41.6% 提高到 2030 年的 56.9%，成为劳动力市场上新成长劳动力的主要力量。[①] 由此可见，新成长劳动力的教育人力资本水平将逐步提高，特别是接受过高等教育的劳动力比重有显著提高。

表 1　2018~2030 年新成长劳动力规模

单位：万人

年份	小学及以下	初中阶段	高中阶段	普通本专科	研究生	总计
2018	251	198	557	650	65	1721
2019	218	197	553	657	67	1692
2020	264	184	547	633	81	1709
2021	189	194	484	656	86	1609
2022	167	204	445	660	92	1568
2023	164	190	448	695	90	1587
2024	166	205	451	736	96	1654
2025	170	182	486	741	98	1677
2026	171	176	443	733	106	1629
2027	160	182	343	774	114	1573
2028	163	156	386	794	117	1616
2029	161	162	409	818	119	1669
2030	159	163	437	876	128	1763

资料来源：经笔者整理测算而得。

在预测出新成长劳动力规模的基础上，我们计算了新成长劳动力的平均受教育年限。从图 2 中可以看出，新成长劳动力的平均受教育年限水平比 6 岁以上人口平均受教育年限及全部就业人口平均受教育年限要高：2018 年，

---

① 各教育阶段的新成长劳动力占所有新成长劳动力的比重经笔者根据表 1 中相关数据计算得到。

新成长劳动力的平均受教育年限水平已经达到 12.37 年，比全部就业人口平均受教育年限（10.26 年）高 2.11 年。从整体发展趋势看，新成长劳动力平均受教育年限也呈现逐年增加的趋势，从 2018 年的 12.37 年提高到 2030 年的 13.43 年，平均每年提高 0.08 年。由此可见，新进入就业市场劳动力的教育人力资本水平较高，有效地提高了就业人员的整体素质，提升了教育人力资本的供给水平。

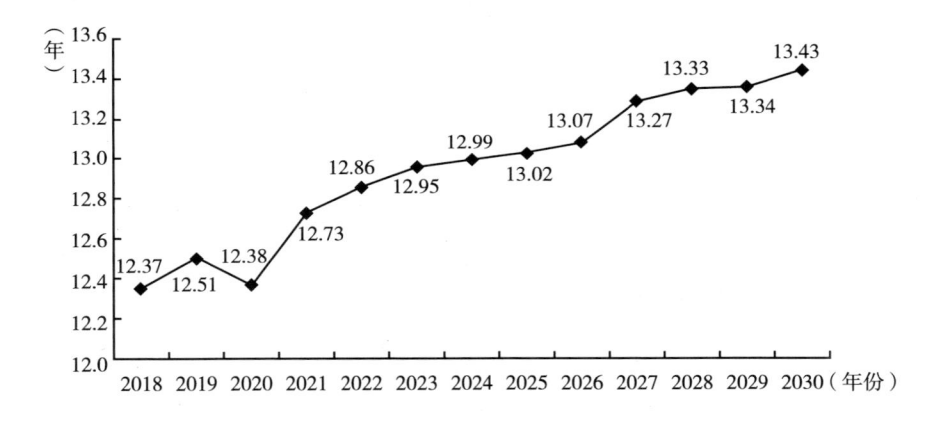

图 2　2018~2030 年新成长劳动力平均受教育年限

注：笔者根据表 1 中数据计算整理而得。

（二）"十四五"及未来教育人力资本需求预测

1. 基于经济效率提高的教育人力资本需求预测

中国经济发展水平与发达国家相差还很大，当前人均 GDP 水平仅相当于发达国家的 1/5~1/4，这背后的主要原因是我国劳动生产率还比较低。而提高劳动生产率需要不断提高人力资本水平，特别是教育人力资本水平。基于经济效率提高的角度，本研究对与达到经济增长目标时的劳动生产率相匹配的教育人力资本水平进行推算。估算步骤如下。

首先，根据中国和主要发达国家的劳动生产率及平均受教育年限（见表 2），来计算得到中国和主要发达国家的劳动生产率弹性，即劳动生产率增长率与平均受教育年限增长率之比。劳动生产率弹性的值越高，表明平均受教育年限提高1个百分点，相应劳动生产率提高的百分点越高。具体计算方法是先将1991~2018年各国的劳动生产率及其平均受教育年限分别取自然对数，再将各国数据分别进行回归拟合，得到的回归曲线的斜率就是各国的劳动生产率弹性（见图3）。如图3所示，中国的劳动生产率弹性为5.94，而法国、德国、日本、韩国、英国、美国的劳动生产率弹性分别为0.52、0.48、0.78、2.61、0.68和4.80。中国的劳动生产率弹性意味着平均受教育年限提高1个百分点，劳动生产率相应提高5.94个百分点，这远高于主要发达国家的平均劳动生产率弹性水平1.64，即平均受教育年限提高1个百分点，劳动生产率相应只提高1.64个百分点。

表2 中国及主要发达国家劳动生产率与教育人力资本

单位：美元（PPP）、年

年份	中国		法国		德国		日本	
	lp	h	lp	h	lp	h	lp	h
1991	2975	6.3	74071	7.1	68888	8.8	61382	9.6
1995	4586	6.8	78834	8.8	75196	9.7	62865	10.2
2000	6555	7.1	86298	9.8	81546	11.2	66639	10.7
2005	10195	7.8	87477	10.4	84841	13.0	71416	11.2
2010	17164	8.2	88520	10.9	84596	13.8	72372	11.5
2015	24803	9.1	93365	11.5	88564	14.1	75035	12.5
2018	32002	9.3	96446	11.4	90492	14.1	75384	12.8

年份	韩国		英国		美国		六个发达国家平均	
	lp	h	lp	h	lp	h	lp	h
1991	28627	8.9	57117	7.9	76517	12.3	52797	8.7
1995	35647	10.0	63758	11.4	80874	12.7	57394	9.9
2000	44741	10.6	70563	11.7	91458	12.7	63971	10.5
2005	52584	11.2	77043	12.2	101370	12.8	69275	11.2
2010	61829	11.5	77562	13.2	107943	13.3	72855	11.8
2015	65710	12.5	80115	12.8	112111	13.3	77100	12.3
2018	71122	12.8	81370	13.0	116384	13.4	80457	12.4

注：lp表示劳动生产率，以2011年购买力平价计算；h为6岁以上人口的平均受教育年限。
资料来源：世界银行数据库。

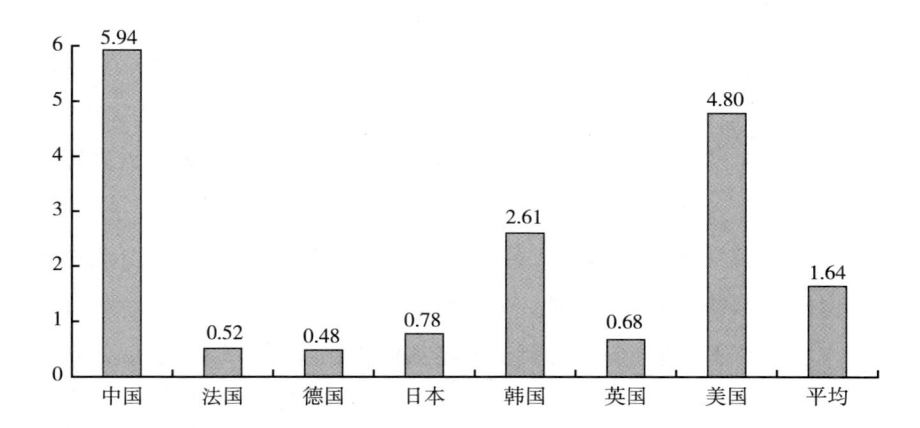

图 3　中国及主要发达国家劳动生产率弹性

注：笔者根据表 2 中数据计算整理而得。

其次，以六个主要发达国家的平均劳动生产率设定为目标参照值，测算达到此目标劳动生产率时的中国教育人力资本水平。假定到 2025 年，如果中国劳动生产率弹性保持 5.94 的水平不变、经济增长率年均 5.5%、就业人口总量不变，则 2025 年中国劳动生产率水平将达到 44126 美元（PPP）。而相应的，中国 6 岁以上人口平均受教育年限需达到 9.9 年，比 2018 年需要提高 0.6 年。而如果要达到 6 个主要发达国家当前劳动生产率的平均水平 80457 美元（见表 2），按照其平均劳动生产率弹性，则中国的 6 岁以上人口平均受教育年限需达到 12.7 年。而平均受教育年限 12.7 年这一水平，与日韩 2018 年水平相当，比中国 2018 年的水平需要提高 3.4 年。如果按照平均受教育年限 2010～2018 年每年增长 0.13 年的平均增速，达到 12.7 年这一目标需要 26 年，即 2044 年达到。这就是中国教育人力资本的总量需求，也是教育人力资本提升的潜力。

2. 基于产业升级的教育人力资本需求预测

随着第四次工业革命到来，大数据、物联网、人工智能等数字技术对经济产生深刻的影响，这些外部冲击会集中反映在产业结构变动上，并间接作用于人力资本需求。人力资本依附在劳动力上，而劳动力需求可以通过就业来反映，就业又分布于不同产业中，因此研究产业结构变动对就业进而对教育人力资本的影响，是预测新时代教育人力资本需求的一个切入点。本研究首先结合宏观经济环境预判"十四五"时期我国的产业结构及就业结构，再研究各行业对教育人力资本的要求，最后预测就业结构对教育人力资本的需求。

从产业结构变动情况看（见表3），2010~2015年，在第二产业中建筑业增加值占比扩张较快，采矿业、制造业、电力热力燃气及水生产和供应业增加值占比都出现下降。其中，制造业增加值占比降幅（5.02个百分点）不仅在第二产业中最大，在所有产业中也最大。而第三产业增加值占比多数提升，但其内部细分行业提升幅度大小不一。尤其是生产性服务业（如信息传输软件和信息技术服务业、金融业、房地产业、租赁和商务服务业、科学研究和技术服务业等）扩张更为明显。随着工业化推进加之新技术革命的影响，生产性服务业尤其是与信息技术相关的行业增长潜力也比较大。

表3 分行业产出增加值与增加值占比变化

单位：亿元，个百分点

行业门类	2010年增加值	2015年增加值	2010~2015年增加值占比变化
总计	409423	678249	—
农、林、牧、渔业	40534	62904	-0.63
采矿业	21992	18232	-2.68
制造业	139326	196784	-5.02
电力、热力、燃气及水生产和供应业	12206	13276	-1.02
建筑业	26661	46536	0.35
批发和零售业	30555	66187	2.30
交通运输、仓储和邮政业	19432	30481	-0.25
住宿和餐饮业	8068	12154	-0.18
信息传输、软件和信息技术服务业	8882	18354	0.54
金融业	20981	57872	3.41
房地产业	22782	41701	0.58
租赁和商务服务业	7785	17083	0.62
科学研究和技术服务业	5637	11893	0.38

续表

行业门类	2010年增加值	2015年增加值	2010~2015年增加值占比变化
水利、环境和公共设施管理业	1752	3847	0.14
居民服务、修理和其他服务业	6102	10854	0.11
教育	12042	23622	0.54
卫生和社会工作	5981	14917	0.74
文化、体育和娱乐业	2496	4930	0.12
公共管理、社会保障和社会组织	16210	26623	-0.03

资料来源：增加值数据来自2010年和2015年投入产出表。

各行业产出（增加值）增长创造就业的能力，可以用就业增长对产出增长的弹性来反映。根据测算，全部非农产业的就业弹性为0.44，全部行业中，超过非农平均就业弹性的行业有10个（见图4）。如果一个行业既是增长优势行业，又是就业创造能力强的行业，那么可以预测该行业未来会有较强的就业吸纳潜力。根据这两个标准，我们筛选出了就业增加值占比为正且就业弹性超过非农平均就业弹性的行业，其中包括建筑业、信息传输软件和信息技术服务业、金融业、房地产业、租赁和商务服务业、科学研究和技术服务业、公共管理社会保障和社会组织、居民服务修理和其他服务业等八

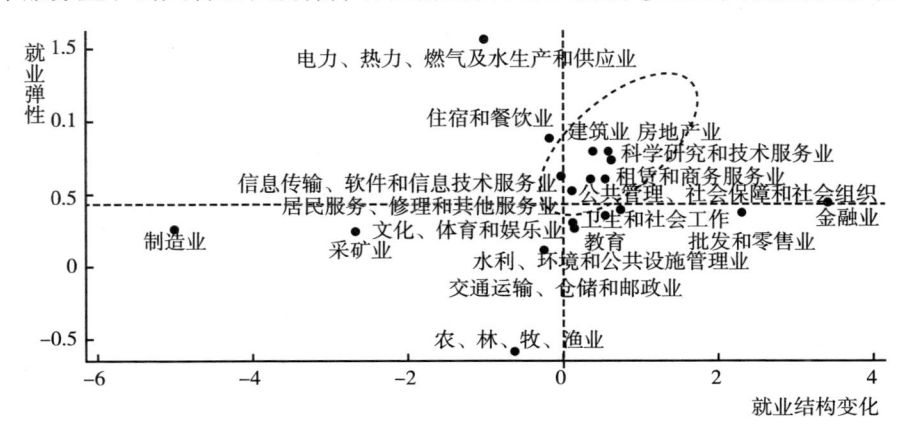

图4 各行业增加值占比变化与就业弹性分布

资料来源：增加值数据来自2010年和2015年投入产出表，就业数据来自2010年人口普查和2015年1%人口抽样调查。

个行业。这些行业中有五个行业属于生产服务业，可见生产性服务业具有较大的就业需求潜力。这与将发达国家当前就业结构作为标尺，通过对比中国与发达国家之间的差别，预判得到的中国在实现现代化的过程中行业分布的走势，以及各行业就业需求潜力的变化趋势是一致的。

为了研究各行业对教育人力资本的要求，我们通过考察在分行业教育人力资本上中国与世界先进水平①的差距。如表4所示，在就业人员的平均受教育年限和具有大专以上文化程度就业人员占总就业的比例两个指标上，中国在大部分行业上都落后于日本。从平均受教育年限方面来看，在农林牧渔业、制造业、建筑业、批发和零售业、住宿和餐饮业、水利环境和公共设施管理业、居民服务修理和其他服务业等行业上，中国明显低于日本；而在信息传输软件和信息技术服务业、金融业、科学研究和技术服务业、教育等技术密集型行业，中国和日本的水平非常接近。从大专及以上文化程度就业人口比例来看，中国与日本的差距与平均受教育年限表现基本一致，但差距更为明显。由此可见，虽然中国的教育人力资本与发达国家存在数量和质量双重差距，但低端行业主要问题是教育人力资本水平偏低，而高端行业的教育人力资本水平与发达国家差距不大，但高质量教育人力资本数量不足。因而，不同行业对教育人力资本的要求也就有所不同。

表4 中日分行业教育人力资本

单位：年，%

行业门类	平均受教育年限		大专及以上文化程度就业人口比例	
	中国	日本	中国	日本
总计	9.68	13.42	14.62	38.77
农、林、牧、渔业	7.59	11.54	0.70	12.51
采矿业	10.85	12.29	19.49	22.23
制造业	10.09	13.05	12.07	32.28

① 由于分行业大专以上文化程度就业人口统计很难获取，本研究以日本的数据代表发达国家的水平。

续表

行业门类	平均受教育年限（年）		大专及以上文化程度就业人口比例(%)	
	中国	日本	中国	日本
电力、热力、燃气及水生产和供应业	12.61	13.63	40.17	40.65
建筑业	9.30	12.43	7.79	24.50
批发和零售业	10.63	13.46	16.37	38.28
交通运输、仓储和邮政业	10.52	12.60	15.06	23.52
住宿和餐饮业	9.81	12.65	7.77	22.72
信息传输、软件和信息技术服务业	14.34	15.07	68.44	74.11
金融业	14.44	14.61	69.63	63.11
房地产业	11.63	13.84	31.26	47.05
租赁和商务服务业	12.43	13.84	41.46	47.05
科学研究和技术服务业	14.02	14.74	64.80	66.59
水利、环境和公共设施管理业	10.30	13.69	22.78	42.39
居民服务、修理和其他服务业	9.78	12.96	8.21	31.46
教育	14.47	15.35	71.58	78.82
卫生和社会工作	13.96	14.41	61.53	59.39
文化、体育和娱乐业	12.41	13.69	40.28	42.39
公共管理、社会保障和社会组织	13.65	14.26	59.79	55.62

资料来源：中国数据来自 2015 年 1% 人口抽样调查，日本数据来自日本统计局网站。

最后，为了预测就业结构对教育人力资本的需求，需要首先对中国就业结构和大专及以上文化程度就业人口比例的目标状态进行设定。我们拟设定 3 种目标：目标 1 是各行业就业占比和大专及以上就业人口比例均达到与发达国家相同水平[①]；目标 2 是保持当前产业结构不变，大专及以上就业人口比例达到发达国家水平；目标 3 是保持大专及以上就业人口比例不变，就业结构达到发达国家水平。假定保持中国目前就业规模不变，达到目标状态时的各产业大专及以上就业人口规模减去当前的数量，就是该目标下教育人力资本需求的缺口。如表 5 所示，为了达到目标 1，中国需要新增大专及以上就业人口 2.17 亿人，目标 2 需新增 1.17 亿人，目标 3 需新增 0.89 亿人。

---

① 由于分行业大专以上就业人口统计很难获取，我们这里以日本的数据代表发达国家的水平。

根据此缺口，再回到教育人力资本供给预测结果，按照大专及以上劳动力每年890万人的新增规模可以推算，达到目标1至少需要26年，即2044年前后实现；达到目标2需要14年，即2032年前后实现；达到目标3需要10年，即2028年前后实现。

分产业来看，假定中国制造业就业比重不变，教育人力资本达到发达国家水平，即实现目标2，则需要新增2835万的大专及以上学历的劳动力；而如果制造业就业比重下降到发达国家的平均水平，且教育人力资本达到发达国家水平，则需要2042万大专及以上学历的劳动力。因此，制造业教育人力资本的真实需求应介于2042万~2835万人。相比其他行业，生产性服务业是教育人力资本最大的需求领域。从生产性服务业教育人力资本水平看，我国与发达国家相差不大，所以提升空间有限，主要的需求潜力在于增加数量方面，因此，更符合目标3的设定情况。据此我们计算总共需要6048万大专及以上学历的劳动力。为达到目标3，即便全部新增大专及以上学历的劳动力都进入生产性服务业，至少也需要7年时间。

表5 分产业大专及以上文化程度劳动力需求预测

单位：%，万人

产业	就业规模占比		大专及以上就业人口占总就业人口比例		新增大专及以上文化程度劳动力需求		
	日本	中国	日本	中国	目标1	目标2	目标3
第一产业	3.50	36.7	12.5	0.7	0	3357	-187
第二产业	25.36	27.4	30.0	12.0	2518	3825	-522
第三产业	71.15	35.9	47.0	30.9	19155	4487	9627
制造业	16.66	18.1	32.3	12.1	2042	2835	-296
生产性服务业	20.70	9.0	50.2	38.2	8795	842	6048

资料来源：中国数据来自2015年1%人口抽样调查，日本就业占比数据来自OECD官方网站2018年数据，日本大学生以上就业人口数据来自日本统计网站。

3. 教育经费投入需求预测

在预测教育人力资本总量需求和细分需求的基础上，本研究也对教育经费投入的需求进行了预测分析。教育人力资本的获得离不开教育投入，德国和日本等后起发达国家都将"教育先行"作为国家战略,特别注重对教育的经费投入,以培育后发优势,从而使其能快速实现追赶目标。从现在到2035年,尤其是"十四五"时期,是我国实现现代化的关键时期。实现现代化就要在人均GDP上达到或接近发达国家水平,这就需要中国的教育人力资本也达到或接近发达国家的水平。而教育人力资本水平要接近或达到发达国家的水平,则需要每个学生的教育经费支出(即生均教育经费)快速提高,教育经费投入不断增加。因此,在实现教育人力资本水平追赶上发达国家这个目标下,分析并判断教育经费投入增长及其占GDP比重变化的趋势,以及我国能否承受这样的教育经费投入增长是非常有必要的。

2018年,我国教育经费总投入为46135亿元,比上年增长8.39%;其中,国家财政性教育经费为36990亿元,比上年增长8.13%[①]。根据测算,2018年我国全日制教育(包括义务教育、高中阶段和高等教育)生均教育经费支出为18029元,按照购买力平价美元(PPP)计算达到4277美元。而2015年OECD国家全日制教育的生均教育经费为9772美元[②]。假定OECD国家学生数量不变,教育经费占其GDP比重也不变,GDP以每年2%的速度增长(按不变价格计算),则2035年其生均经费将达到14521美元。而如果中国的生均教育经费想要2035年达到OECD国家的这一水平,按照我国生均教育经费现有水平,则每年需要保持7.5%左右的增速。

基于生均教育经费支出的增长趋势,我们可以进一步计算教育经费总支出增长及其占GDP的比重。具体计算步骤为:(1)根据联合国人口预测提供的中国单岁年龄组人口数据[③],计算得到各教育年龄段人口数;(2)假定各教育阶段毛入学率保持在2018年水平不变,将其乘以该教育阶段人口数得到在校生人口规模数;(3)假定GDP增长率每年增长5%,根据我国现在的GDP水平,推算得到2035年的GDP规模;(4)计算教育经费支出占GDP的比重。按照此方法,根据预测,2035年,我国生均财政性教育支出

---

① 资料来源:《教育部关于2018年全国教育经费统计快报》。
② OECD国家平均的生均教育经费数据来自OECD网站。
③ 数据来自联合国人口司,https://population.un.org/wpp/Download/Standard/Population/。

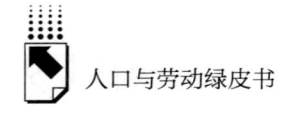

将达到14521美元的水平,全日制学校在校生规模达到20346万人,教育经费支出达到12.4万亿元,GDP达到216.3万亿元,全日制学校教育经费支出占GDP的比重为5.76%,比2018年提高1.4个百分点。

2017年,我国国家财政性教育经费占总教育经费的比例为80.37%[①],按此比例,如需达到2035年教育经费投入的目标,国家财政性教育经费支出占比应提高1.1个百分点,再按照2018年4%的财政性教育经费支出占比计算,2035年财政性教育经费支出占比将达到5%左右。到2035年人均教育经费支出逐步达到发达国家的水平,需要国家财政教育经费支出占比提高1个百分点。由于这一占比是逐渐提高的,国家财政是能够承受的;而且无论是从长期收益看还是从中国实现现代化大局看,这都是值得的。

(三)"十四五"及未来教育人力资本供需趋势基本判断

根据前文有关教育人力资本供需的基本预测,可以看出:"十四五"时期,中国的教育人力资本总量供给基本等于或者超过其总体需求,预测得到整体的平均受教育年限约为11年左右,可以满足甚至超过经济效率需要的教育人力资本水平。从教育人力资本供给的增量水平来看,新成长劳动力的预期平均受教育年限较高约为13年左右,可以有效提高就业人员的整体素质,特别是大专及以上新成长劳动力规模和所占比重逐年增加,一定程度上可以满足产业结构和就业结构发展对具有大专以上文化程度就业人员的需求。

从分产业的深化细化需求预测可见,"十四五"时期,中国各产业对教育人力资本质和量的需求都非常大,尤其是具有增长优势和就业创造能力的行业是教育人力资本的重点需求领域,如制造业和生产性服务业等。这些行业对教育人力资本总量有较大的需求,尤其是对大专及以上学历的劳动力有很大的需求。根据现有教育人力资本供给,这些行业的总量需求基本可以满足,但是大专及以上的教育人力资本需求还有较大缺口。因此,在继续提升

---

① 根据《中国统计年鉴2018》数据整理计算得到。

我国教育人力资本整体水平和规模的同时，也需要为下一阶段制造业、生产性服务业等扩张性行业对高质量教育人力资本的大规模需求做准备。

二 "十四五"及未来教育人力资本提升面临的主要问题

近年来，中国教育事业取得了长足进步，教育总体发展水平进入世界中上行列。与此同时，我国的教育人力资本发展水平也得到了明显提升。但我国当前教育事业仍然存在诸多问题，成为制约"十四五"时期及未来教育人力资本提升的主要因素。教育人力资本提升也面临着其他一些问题，与支撑经济高质量发展的需要还存在一定差距。具体表现在以下几个方面。

（一）教育经费投入不足

教育人力资本提升离不开教育事业的发展，而教育体系高效运转又需要充分的经费保障，因此持续增加教育经费投入是提升教育人力资本的必要条件。横向对比来看，根据国家统计局数据，2018年财政性教育经费支出占GDP比重为4.0%，且自2012年以来一直维持在这一水平，然而这一比例明显低于主要发达国家的水平（见图5）。考虑到中国人均GDP水平仅相当于主要发达国家的1/5~1/4，甚至更低，则中国人均教育支出的绝对水平与发达国家还有较大差距。例如，2018年中国人均财政教育经费支出分别仅相当于美国、英国、德国、法国和日本的11.5%、15.9%、16.3%、16.7%和23.8%。

财政性教育经费支出占GDP比重衡量了一国教育资源投入的相对规模，反映了国家对教育的重视程度；人均教育经费反映了投入在教育人力资本上的绝对资源数量，反映了培育教育人力资本的实际能力。前文预测分析也显示"十四五"及未来长期对教育经费投入的需求会不断增加，因此，如不能缩小我国人均教育经费与发达国家的巨大差距，教育人力资本水平也将难以追赶上发达国家。

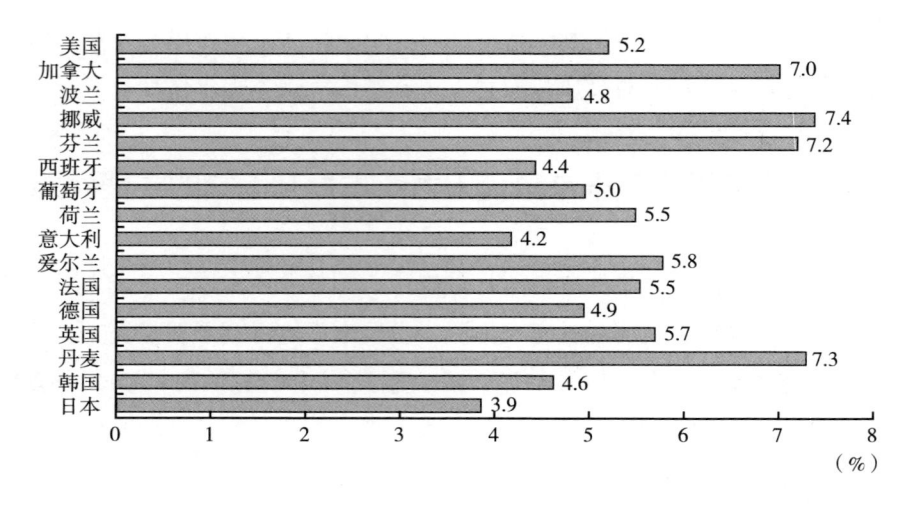

国家	比重(%)
美国	5.2
加拿大	7.0
波兰	4.8
挪威	7.4
芬兰	7.2
西班牙	4.4
葡萄牙	5.0
荷兰	5.5
意大利	4.2
爱尔兰	5.8
法国	5.5
德国	4.9
英国	5.7
丹麦	7.3
韩国	4.6
日本	3.9

图 5 主要发达国家政府教育支出占 GDP 比重

注：图中数据为 2012 年的数据。
资料来源：世界银行、世界发展指数。

（二）教育资源分布不平衡问题突出

中国目前仍然是世界上最大的发展中国家，经济发展还很不平衡，这也导致教育资源分布不均衡，城乡间、区域间差距较大，特别是在一些优质教育资源的分布上不平衡尤其明显。教育资源分布不平衡直接结果是，落后地区教育人力资本积累受到影响，既会影响其增长的可持续性，也会影响整体人力资本质量的提升。首先，从省域的教育投入情况看，各地差异较大。根据教育部统计数据，2017 年全国财政性教育经费生均支出前 50% 的省份支出水平是后 50% 省份的 1.8 倍（见图 6）。

其次，城乡教育资源配置不平衡，农村教育水平落后的问题仍然比较明显。教育部数据显示，约有 20% 的县级区域还未达到城乡均衡的要求[①]。从设施条件看，一些乡镇寄宿制学校生活条件简陋，还有一些规模较小的乡村学校基本办学条件非常薄弱。同时，乡村教师队伍建设亟待加强，一些地方

---

① 《2017 年全国义务教育均衡发展督导评估工作报告》。

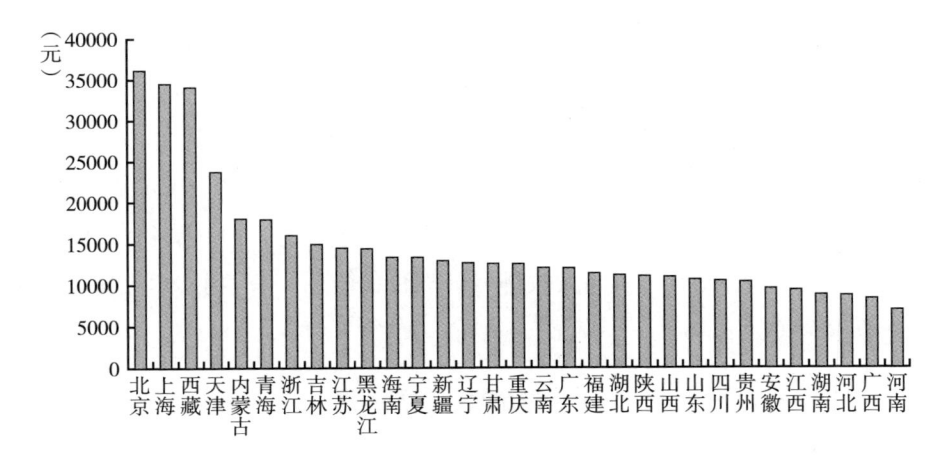

图6 各省生均教育经费支出（2017年）

资料来源：教育部网站。

还难以满足教育教学基本需求，也难以吸引和留住优秀教师在乡村任教[①]。从教育经费支出来看，2018年义务教育阶段生均教育经费支出的城乡差距值为1453元，占城镇生均教育经费的11.8%，而且这一差距还在不断扩大（见表6）。

表6 义务教育阶段城镇和农村生均教育事业费比较

单位：元，%

年份	全国	农村	城镇	城乡差距	城乡差距/农村
2012	6790	6415	6967	552	8.60
2013	7660	7328	7797	469	6.40
2014	8530	7859	8621	762	9.71
2015	9844	9108	10106	998	10.96
2016	10731	9852	11023	1171	11.90
2017	11557	10481	11752	1271	12.13
2018	12004	10848	12301	1453	13.38

资料来源：根据《中国统计年鉴》（各年）进行计算。

---

① 《义务教育：破解"乡村弱""城镇挤"——统筹推进县域内城乡义务教育一体化改革发展的成效与启示》，《人民日报》2018年8月30日。

最后，优质教育资源的分布也非常不平衡。根据教育部《2019年教育统计数据》，如果以中央部门办高校代表优质高等教育资源，则这些资源分布集中在北京、上海、江苏、陕西、四川等高等教育大省；从大的区域分布看，主要分布于京津冀、长三角、珠三角和成渝四大城市群区域，总共约占全部中央部门办高校的2/3。而在学校专任教师方面，拥有高级技术职称（正高级+副高级）专任教师人数排名前五位的省份，其高技术职称专任教师总数占全国的32%。

（三）教育体系中的短板弱项比较显著

不同教育阶段对教育服务的需求也不同，只有相对完备的教育体系才能满足培养教育人力资本的全面和多样化的需求。当前，学前教育、职业教育、继续教育是教育体系中的突出短板[①]。学前教育是终身学习的开端，在教育人力资本积累方面有着重要的作用。但学前教育还存在一些短板，如：教育资源尤其是普惠性资源不足，政策保障体系不完善，教师队伍建设滞后，监管体制机制不健全，保教质量有待提高等。我国教育体系中重普通教育，轻职业教育的倾向比较明显。而体系建设不够完善、职业技能实训基地建设有待加强、制度标准不够健全、企业参与办学的动力不足、有利于技术技能人才成长的配套政策尚待完善等问题也制约了职业教育的发展。在继续教育上，还存在教育观念相对落后、优质资源不足、共享程度偏低、教育经费投入机制不完善、制度和法律法规不够健全等问题，导致继续教育的总体参与率不高，还不能完全适应经济社会快速发展和群众多样化学习的需求。

（四）教育人力资本培育理念和方式有待优化

经费、学校和师资队伍建设等实际投入是提高教育人力资本水平的基础，但科学的培养理念和高效培养模式设计直接决定了教育体系运行效率，因而也是影响教育人力资本提升的重要因素。不过，在教育人力资本培育理

---

① 《国家教育事业发展"十三五"规划》。

念和方式上，中国与世界先进水平还存在一些差距，可能会影响未来教育人力资本的提升。一是在科学教育理念和认识上与发达国家还有差距。为满足新技术革命对人力资本日益提高的要求，并巩固其在科技领先地位，西方发达国家不断提升优化教育理念：更加注重科学素养培育，更加注重让学生理解概念发展过程，强调兴趣、知识和实践的结合，致力于促进教育公平。二是促进学生全面发展的育人模式与环境有待完善。中国教育传统里注重知识学习，对科学思维和创新能力重视不够。在评价方式上，以学生学业考试成绩和学校升学率为主评价中小学教育质量，这在一定程度上影响了学生的全面发展，制约了学生社会责任感、创新精神和实践能力的培养。三是人才培养的类型、层次和学科专业结构与经济社会发展需要的契合度还不够高：一方面大量毕业生找不到合适的工作，另一方面市场上创新型、实用型、复合型人才紧缺。究其原因，中国在教育领域学段衔接、专业部署、课程设置、考试评价、就业指导等方面体制机制还不够科学，产教融合、科教融合的协同培养机制也尚未成型。

三 主要结论与政策建议

总体来看，中国教育人力资本结构性问题依然存在，教育人力资本满足产业和就业结构需求的压力在持续增大。"十四五"时期，教育人力资本对调整和转变中的中国经济继续实现持续较快增长非常重要。本文分析表明，"十四五"时期及未来较长的一段时间内，我国教育人力资本的总量和增量都将有所提高，2025年，我国6岁以上人口平均受教育年限预计将达到10.62年；新成长劳动力的平均受教育年限将达到13.02年，其中接受过大专及以上教育的劳动者所占比重会由"十三五"时期的39.6%提高到"十四五"时期的48.8%。而经济发展和产业、就业结构调整对教育人力资本质和量的需求持续增加，尤其对高质量教育人力资本的需求非常大。如果要达到发达国家当前劳动生产率的平均水平，则中国6岁以上人口的平均受教育年限要达到12.7年；而如果各行业就业占比和大专以上比例均达到与发

达国家相同水平,则中国需要新增大专以上就业人口 2.17 亿人。因此,要提升整体教育人力资本水平,特别是满足扩张性行业对高质量教育人力资本的大规模需求,可以从增加教育投入、完善教育体系、针对产业需求—人力资本匹配进行人才培养等几方面入手,不仅提升教育人力资本总量,而且改善整体教育人力资本分布结构。

(一)进一步增加教育经费投入

尽管当前中国在财政性教育支出占比等指标上接近于发达国家,但由于我国国家经济发展水平还不高、教育事业历史欠账较多,在生均教育经费支出上与发达国家的差距仍十分巨大,因而制约我国教育人力资本提升的主要矛盾仍然是教育经费投入不足问题。随着中美经贸摩擦加剧以及西方国家不断加大对中国科技和产业发展的遏制,中国的发展更需要走依靠内生动力的增长模式,而提高教育人力资本水平是实现内生增长模式的核心要求。为此,中国应进一步加大对教育的投入,使生均教育经费支出迅速缩小与发达国家的差距。

根据前文预测的"十四五"期间对教育经费投入的需求,建议财政性教育经费支出占 GDP 比重"十四五"期间可以从维持多年的 4% 水平提高到 4.5%,"十五五"时期争取达到 5%,并在 2035 年之前保持这一比例。为了有充足财政性教育经费投入,主要是要提高中央财政教育支出占全国财政教育支出的比重以及财政性教育经费支出占 GDP 的比重。目前中央政府在教育经费中承担的比例不足 10%,提高中央支出比重有助于减轻地方政府经费筹集压力。另外,根据发达国家尤其是美国的经验来看,可以通过开辟房产税等新税源支撑教育经费投入。

(二)完善教育体系,做好提升教育人力资本的有力支撑

完善教育体系要着重补齐在学前教育、职业教育和继续教育这三个领域的短板。第一,在学前教育方面,主要问题是供给不足,要进一步扩大普惠性资源供给和完善政策保障体系。具体措施包括拓宽途径扩大资源供给,重

点扩大农村地区、脱贫攻坚地区、新增人口集中地区普惠性资源；把普惠性幼儿园建设纳入城乡公共管理和公共服务设施统一规划；鼓励社会力量办园，政府加大扶持力度，通过购买服务、减免租金、派驻公办教师等方式，支持普惠性民办园发展。第二，在职业教育方面，主要问题是办学质量不高以及培养学生不能很好适应市场需要，主要任务是建设完善现代化的职业教育体系。可以通过保持高中阶段教育职普比大体相当的招生结构，大力改善中等职业学校基本办学条件，深化办学体制改革和育人机制改革，鼓励社会资本参与，促进职业教育和产业发展深度融合，培养与产业发展和市场需求相适应的高素质技能型劳动者等途径来实现。第三，在继续教育方面，建议扩大继续教育资源，积极推进优质资源建设与共享，不断优化办学和服务体系，推动普通高校和职业院校面向社会积极开展继续教育，鼓励学校教学资源向社会开放。可以以高等学历继续教育为依托，加强应用型、复合型和创新型高层次人才培养；以成人中等学历继续教育为依托，加强技能型人才培养。

还建议通过全面普及高中阶段免费教育以进一步完善教育体系。中国人口的平均受教育年限与发达国家有很大差距，根据上文预测，即便到2035年也仅仅达到11.8年，相当于美国20世纪90年代水平，相当于日韩2010年的水平。目前，我国九年义务教育体系已比较完善，在教学质量、巩固率上都已达到较高水平，基础教育质量已经得到国际认可，而且随着国家经济实力的提升，未来有能力进一步加强财政经费保障力度。因此，将高中阶段纳入实施12年国家免费基础教育作为近期目标迫切并具有一定的可行性。普及高中阶段教育，让新成长劳动力普遍达到高中受教育水平，这对提升总人口的平均受教育年限具有重要意义。从推进步骤上看，可先从地方财力比较充分的东部地区做起，再逐步推广至全国，对地方财政比较紧张的中西部地区，中央应给予适当补贴。

（三）针对产业需求—人力资本匹配进行人才培养

通过前文分析可知，制造业和现代生活服务业是我国未来经济增长的主要引擎，但相关领域的专业人才还有很大缺口。为了解决产业需求与人力资

本之间不完全匹配的问题，建议集中力量进行先进制造业和现代生活服务业急需人才的培养。高等教育和中等职业教育应加快学科专业结构调整，大力发展大数据、物联网、集成电路等新兴学科专业，扩大知识产权、现代物流、电子商务、金融等专业的本专科和研究生培养规模，扩大节能环保、新一代信息技术、高端装备制造、新能源、新材料等战略性新兴产业人才培养规模。结合产业需求，有针对性地进行教育人力资本提升，加快培养信息技术与产业升级、技术创新和社会服务融合发展的复合型人才，加快现代生产性服务业急需人才培养。同时，瞄准战略性新兴产业和"中国制造2025"重点领域，大力支持高水平大学制造业相关核心技术和生产服务业相关学科、专业建设，支持职业院校开设先进装备制造和基础制造相关专业，加强生产服务业相关专业的建设等。

G.3 "十四五"时期中国健康型人力资本趋势判断与政策建议

向 晶*

摘　要： 受新冠肺炎疫情和全球需求萎缩影响，2020年我国摩擦性失业和结构性失业明显增加，全国月度城镇调查失业率一度突破6%，稳就业压力增大，但长期来看，我国就业总体形势能够保持稳定，就业总量矛盾不会激化。按照高、中、低三方案经济增长假设条件，"十四五"时期劳动力供需将从基本平衡向结构供给不足转变。且缺口预计从2025年的560万人扩大到2035年的近1亿人。劳动力缺口的扩大，源自受教育水平提升引起的15~24岁新生劳动力大幅度缩减，以及当前50~60岁人口堆积过早退出劳动力市场。本文以劳动力进入劳动力市场初始年龄为起点，以健康预期寿命为退出劳动市场终点，测度了健康人力资本绝对规模。据测算，"十四五"时期健康人力资本能够有效弥补劳动力供给不足的问题，实现劳动力供需基本平衡。且从中长期来看，健康人力资本对缩小劳动力供需缺口的作用更为突出。

关键词： 健康人力资本　劳动供需缺口　"十四五"时期

---

* 向晶，中国社会科学院人口与劳动经济研究所助理研究员，主要研究方向为城乡融合与人口变迁。

"十四五"时期,是决胜全面建成小康社会、全面建设社会主义现代化强国的重要时期,也是中国转变生产方式、推动新一轮经济增长和可持续发展的重要时期。2012年之后,受人口结构特征发生根本性转变的影响,依赖大量廉价劳动力的资源禀赋优势消失。中国人力资本的技能、知识结构以及健康水平的积累对经济增长的优势正在进一步突出。健康人力资本作为延长人力资本生命周期、提高人力资本培育质量的重要性受到全面重视。习近平总书记在党的十九大报告中指出"没有全民健康,就没有全面小康"。新时代健康人力资本发展对中国高质量增长和保障民生具有重要的理论和现实意义。

一 健康人力资本的提出及其内涵

(一)健康人力资本的提出

目前广泛认可的健康人力资本概念源于世界卫生组织对健康的定义,即"健康不仅仅是没有疾病或不虚弱,还是身体、心理和社会适应的良好状态"。20世纪80年代,世界银行发布《贫穷与人类发展》[①],该报告指出,国民总体健康对经济增长具有正向促进作用,尤其是发展中国家,医疗服务提升,使得总和死亡率大幅度下降,为经济增长提供大量的廉价劳动力。

健康是人类发展追求和向往的永恒主题,同时具有内在价值和工具性价值的双重属性。内在价值体现为经济社会发展对人的体能和精神健康的促进。工具价值表现为,对促进劳动生产率提升、收入增长和经济增长的影响。Mushkin[②]是最早提出要将健康与教育并列,其认为健康是不同于教育的另一种形式的重要人力资本。经济学中的健康人力资本,是将个人健康状

---

① World Bank, 1980, Poverty and Human Development: Word Development Report. ISBN: 978-0-19-502834-8, https://doi.org/10.1596/0-1950-2834-1. pp. 33-45.
② Selma J. Mushkin, 1962, "Health as. an Investment", *The Journal of Political Economy* Vol. LXX, No. 5, Part 2 (University of Chicago Press), pp. 129-157.

况视为一种资本存量①。健康资本存量的增加对促进经济增长以及人类社会其他维度的发展都有重要作用。按照经济学中的跨期选择理论，人们可以将健康作为人力资本存量的一部分，可以决定是在当前消费还是未来消费，未来消费也可以作为一种投资。从国家的角度而言，如何更好地提供医疗保健和分配医疗资源、提升国民健康、增强劳动力发展质量，以及做好健康投资是非常重要的议题。

（二）健康人力资本的内涵

2012年之后，中国人口形势发生重大转变。劳动年龄人口规模开始下滑，快速的老龄化特征，引起政策制定者和学界关于新阶段经济增长动能的讨论。健康人力资本发展对中国潜在经济增长的重要性也日益突出。从人力资本的角度来说，健康发挥的作用主要有以下四点。

健康可提升劳动力的有效供给。一方面，健康水平的提升，意味着具有活力的劳动力规模在扩大；另一方面，疾病和残疾率的大幅度降低，意味着劳动力可以获得更高的小时工资水平。尤其是大量发展中国家，健康提升对促进经济增长和提高收入水平具有显著的正向效果②③。

健康提升带来劳动力技能水平和深度学习能力的提升。健康对个体学习能力具有正向且长期持续的影响④。比如，儿童营养性缺铁性贫血会导致6～12岁孩子的语言能力、感知能力、记忆力、体能速度以及总智商等降低⑤，并持续影响孩子以后的学习和职场发展。从国家层面来说，提高国

---

① Grossman, Michael. "On the Concept of Health Capital and the Demand for Health". *Journal of Political Economy* 1972. 80（2）: 223 – 255.
② Strauss J., Thomas D., "Health, Nutrition, and Economic Development". *Journal of Economic Literature*, 1998. 36（2）: 766 – 817.
③ 世界卫生组织：《中国老龄化与健康国家评估报告》，瑞士：世界卫生组织出版处，2016，第1~4页。
④ 康廷虎、黎进萍：《影响学生学习能力因素与学习成绩之间的关系》，《教育科学研究》2007年第2期，第34~37页。
⑤ 高正春：《营养性缺铁性贫血对6～12岁儿童学习能力的影响》，《实用儿科临床杂志》2011年第15期，第1192~1193页。

民健康水平，降低死亡率和延长生命周期，是国家提高国民人力资本技能水平的前提基础，同时也是人力资本创新能力的学习和积累的必要条件。

健康可有效延长劳动力参与经济活动的年限。健康在减少新生儿死亡率、提高潜在劳动力供给的同时，也通过预期寿命，尤其是健康预期寿命的延长，拉长个体参加社会经济的工作时限。1951年政务院颁发的《劳动保险条例》规定，男性法定退休年龄60周岁、女性50周岁。1955年，《关于国家机关工作人员退休处理暂行办法》中把女干部的退休年龄提高到55周岁。在经历多番发展之后，国家不再以工人和干部的形式将职工进行分类，统一根据岗位的职责分为管理岗和技术岗。2001年的《关于完善城镇职工基本养老保险政策有关问题的通知》，更是明确单位职工和灵活就业人员的法定退休年龄全部统一，即中国的法定退休年龄（男性60周岁，女性55周岁）制度至今已经走过了65个年头。但是，中国居民的健康预期寿命已经从1957年的57周岁，提高到2018年的77周岁。在退休年龄没有延迟的情况下，健康预期寿命的延长，意味着达到法定退休年龄的人力资本积累处于闲置的可能性在不断扩大。

健康对经济增长具有正向持续作用。健康提升，一方面意味着生命周期跨期时间延长，老龄化预期通过储蓄水平提高，为经济增长提高资本积累；另一方面，伴随健康人力资本提升，个体对于健康的投资和需求水平也在不断提高，不仅衍生出新的社会需求，也能产生良好的健康预期[①]。

综合来看，健康人力资本是健康劳动力的有效合集。人口既是经济社会的主体也是服务对象。人口结构处于成长型时，健康能够提供持续的潜在劳动力供给，有助于降低劳动力成本；进入老龄化社会，少子化意味着新增劳动力供给减少，增速为负值，但是大量成熟劳动力健康寿命的延长，能够弥补因新进市场劳动力减少带来的损失。同时利用和开发健康人力资本，提高劳动生产效率，是新阶段的重要内容。

---

① 王韧、马红旗：《健康人力资本、老龄化预期及其对储蓄增长的影响》，《当代财经》2019年第5期。

二 "十四五"中国健康人力资本趋势判断

整理现有的文献可以看到,目前还没有一个统一的健康人力资本指标。国际上比较各国的健康发展水平,通常都从死亡率、预期寿命以及健康支出这几个角度进行。本小结按照个体生命周期内进入劳动力市场的时长,作为人力资本特征,通过队列要素法,估算中国人力资本规模供给水平,以及对"十四五"及中长期的健康人力资本趋势进行判断。

(一)健康水平的国际比较

借助世界银行1960~2019年最新的数据,本小节从死亡率、预期寿命和健康支出三个角度,对中国健康水平做评估。总体而言,改革开放之后,中国健康水平得到大幅度提升。

首先,从死亡率来看,中国健康水平上了很大的台阶,与发达国家之间的差距大幅度缩小,目前基本接近发达国家的平均水平。资料显示,新中国成立之前,中国的新生儿死亡率高达200‰,远高于世界平均水平[1]。从20世纪60年代之后,新生儿死亡率大幅度下降,到20世纪90年代,新生儿死亡率下降至30‰,降幅超过85%。截至2018年,中国新生儿死亡率已经下降至4.3‰,日本的新生儿死亡率最低,只有0.9‰;北美的美国和加拿大婴儿死亡率分别为3.5‰、3.4‰。欧盟的英国和德国新生儿死亡率分别为2.6‰、2.2‰。中国与发达国家之间的差距缩小到1‰~3.4‰。同时,5岁以下儿童的死亡率指标和孕产妇死亡率,也大幅度下降。中国5岁以下儿童的死亡率从1970年代的120‰下降到2019年的8.6‰;2018年,美国、加拿大5岁以下儿童的死亡率分别为6.5‰、5‰,日本、英国、德国分别为2.5‰、4.3‰、3.7‰。中国孕产妇死亡率从2000年的每10万人59人死

---

[1] 张辉:《健康对中国经济增长的影响研究》,首都经济贸易大学博士学位论文,2018,第38~56页。

亡的概率下降到2017年的29人；2017年美国、加拿大孕产妇死亡率分别为每10万人19人、10人死亡，日本、英国、德国分别为5人、7人、7人。国际数据对比可以看到，虽然中国死亡率指标较历史水平得到大幅度下降，但与发达国家相比，中国的死亡率水平还有进一步下降的空间（见图1、图2、图3）。

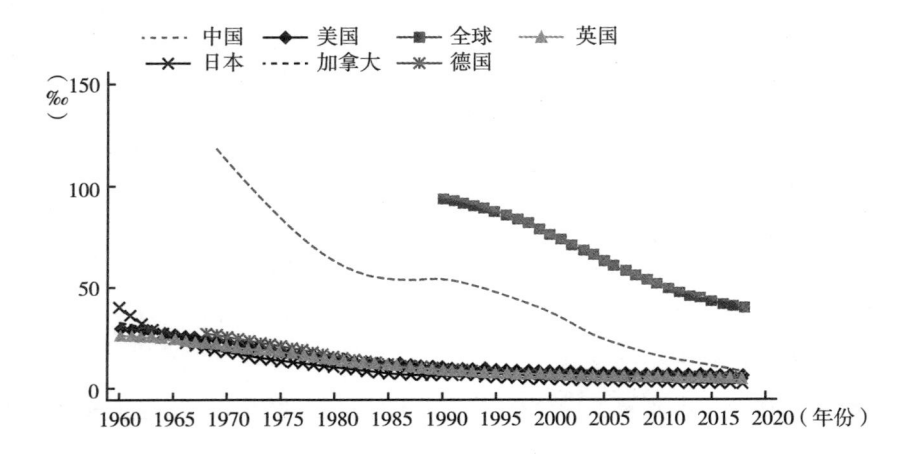

图1　1960~2020年中国与世界主要国家5岁以下儿童死亡率

资料来源：世界银行（2020）。

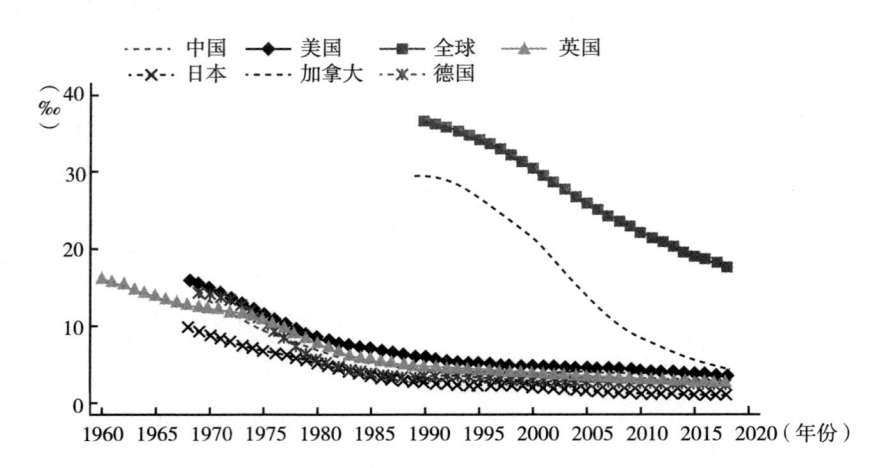

图2　1960~2020年中国与世界主要国家新生儿死亡率

资料来源：世界银行（2020）。

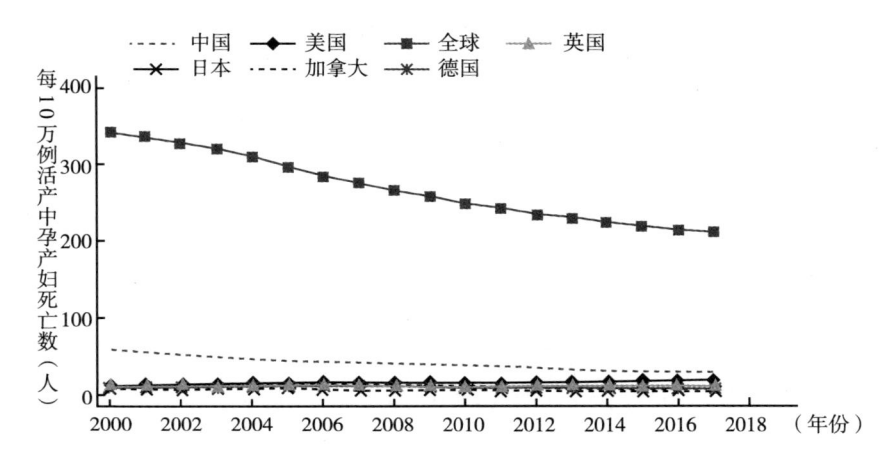

图3 2000~2018年中国与世界主要国家孕产妇死亡率

资料来源：世界银行（2020）。

其次，预期寿命是体现一个国家和地区健康水平和社会发展状况的重要指标。当前，中国人均预期寿命为76.4岁，在全球201个国家/地区中排第52位。预期寿命排名第1的国家是日本，人均预期寿命达到84.2岁。一方面，与2015年的水平相比，中国预期寿命提高了1岁，世界排名从过去的71位提高到52位。另一方面，世界卫生组织于2018年公布新生儿健康预期寿命[1][2]，该指标以丧失日常生活能力为生命终点，对于判断健康质量更具现实意义。统计数据显示，2018年中国健康预期寿命为68.7岁，在世界排名第37位。排名比人均预期寿命靠前，且中国该项指标要优于美国。据统计，2018年美国健康预期寿命为68.5岁，全球排名40位。由此可见，中国当前居民健康质量基本达到发达国家水平（见表1）。

---

[1] Sullivan, D. F. "A Single Index of Mortality and Morbidity", *Health Services and Mental Health Administration Health Reports*. 86 (1971): 347-354.

[2] Sanders, B. S. "Measuring Community Health Levels", *American Journal of Public Health*. 54 (1964): 1063-1070.

表1　世界主要国家人均预期寿命及国际排名

主要国家	世界卫生组织 2018年数据	2015年联合国世界 人口展望	新生儿健康预期寿命 《2018世界卫生统计报告》
中国	76.4(52)	75.43(71)	68.7(37)
日本	84.2(1)	83.74(1)	74.8(2)
美国	78.5(34)	78.86(43)	68.5(40)
加拿大	82.8(8)	81.78(12)	73.2(7)
英国	81.2(20)	80.45(28)	71.9(21)
德国	81.0(24)	80.66(21)	71.6(26)

资料来源：1. 维基百科，2020年1月编辑。
2. 世界卫生组织（WHO）：《2018世界卫生统计报告》，第60~67页。
3. 联合国：《世界人口展望2015》，第12~19页。
注：括号内为人均预期寿命从高到低的世界排名。

最后，中国健康投资效率明显要比发达国家高。原因在于，中国和主要发达国家之间的死亡率和预期寿命之间的差距很小；而中国的健康支出水平和人均医疗支出普遍低于发达国家。从健康支出占GDP的比重来看，2017年中国该项支出占GDP的比重不超过5%，而美国该项指标达到16%左右，全球均值也在10%左右（见图4）。从人均健康支出来看，2017年中国人均

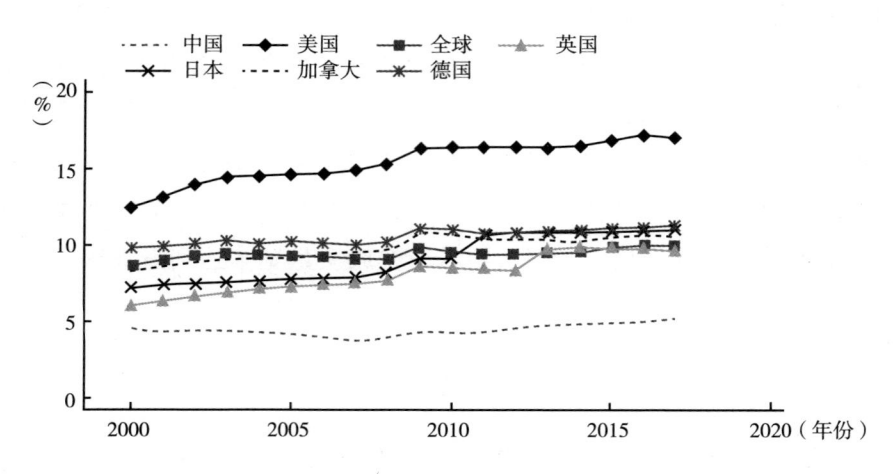

图4　2000~2020年中国与世界主要国家医疗健康支出占比

资料来源：世界银行（2020）。

健康支出达到440.83美元，低于全球人均健康支出的1061美元。美国人均健康支出最高，达到人均10246.1美元，加拿大、英国、德国、日本的人均健康支出分别为4755美元、3858.7美元、5033.5美元和4169美元（见图5）。

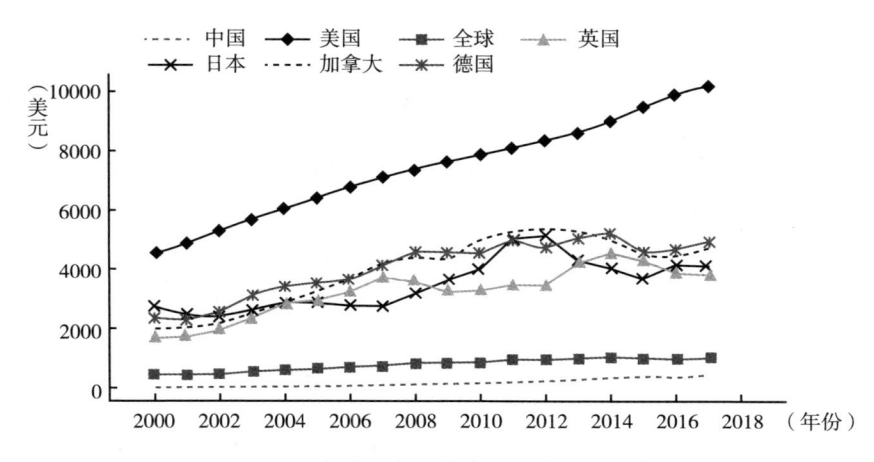

图5 2000~2018年中国与世界主要国家人均医疗健康支出

资料来源：世界银行（2020）。

（二）"十四五"中国健康人力资本趋势判断

1. 估算方法

人力资本估计方法主要有三种，成本法、基于教育指标法和收入法。考虑到收入和支出法都是从经济效益角度来测度人力资本存量，在进行时间纵向比较时，会受到人力资本收益估计方法以及经济周期导致估计偏误的影响。因此，本研究拟从人力资本的绝对规模进行估计。按照传统人力资本计算方法，估算对象为满16周岁至法定退休年龄的群体。即男性16~60岁，女性16~55岁。但如果以健康人力资本进行估计，我们将以劳动者进入劳动力市场的年龄为起点，以其健康预期寿命作为退出劳动力市场为终点，测度不同时期健康人力资本的绝对规模。

假定不同年龄人口的数量为$b_{i,t}$，不同年龄人口的劳动力参与率为$\vartheta_{i,t}$。那么，健康人力资本存量$L_t = \sum_{i=15}^{j} b_{i,t} \times \vartheta_{i,t}$，其中，$j$表示对应年龄的健

康预期寿命。2020~2035年分年龄性别人口数根据2015年小普查数据进行估计，健康预期寿命以及劳动力参与率数据来自世界银行数据库。

2. 传统劳动供给估算下的"用工短缺"

长期以来，中国劳动力市场都呈现供过于求的局面。按照15~64岁年龄人口与该群体的劳动力参与率水平进行劳动供给测算，"十四五"以前，中国经济活动人口的规模始终大于就业总人口。即使2012年中国人口结构出现重大转折，劳动年龄人口开始持续下滑，劳动力供过于求始终是就业市场的主要矛盾。按照同类方法，对2020~2035年的劳动力市场供给情况进行估计，图6显示，"十四五"时期将出现劳动力供不应求的局面，就业市场的主要矛盾将从总量基本平衡向供应不足转变。据预计，到2025年劳动力供需缺口将扩大到近560万人，如果劳动力生产效率还保持2019年的生产水平，预计劳动力缺口进一步扩大到2035年的近1亿人。

未来一段时期，中国劳动力市场"用工短缺"的问题将持续扩大。究其原因主要有三个：一是低生育率状况持续存在，全面放开生育政策，对"十四五"以及未来短时期内新生人力资本存量增加作用非常有限。按照15~64岁劳动年龄人口的统计口径，"十四五"时期劳动力规模预计从2020年的74000万人下降到2025年的72600万人。其中，15~24岁新进劳动力市场的劳动年龄人口规模总量也持续下降。据统计，15~24岁时，70后规模达到21506.5万人，而"80后""90后"则分别下降到19591.9万人、18916.9万人（见图7）。截至2014年，"90后"15~24岁劳动力比70后减少了2590万人。"00后"在15~24岁的人口规模预计只有14085.8万人，比90后减少近4831万人。

二是受教育水平的提升，提高初入劳动力市场的平均年龄。具体表现为，15~24岁劳动年龄人口的劳动力参与率大幅度降低。据统计，15~24岁阶段，70后、80后和90后的劳动参与率分别为76.24%、60.48%和50.05%（见图7）。这意味着，15~24岁时，70后、80后和90后离开校门，进入劳动力市场的人员规模从16395.5万人下降到11850万人，并再次下降到9468万人。

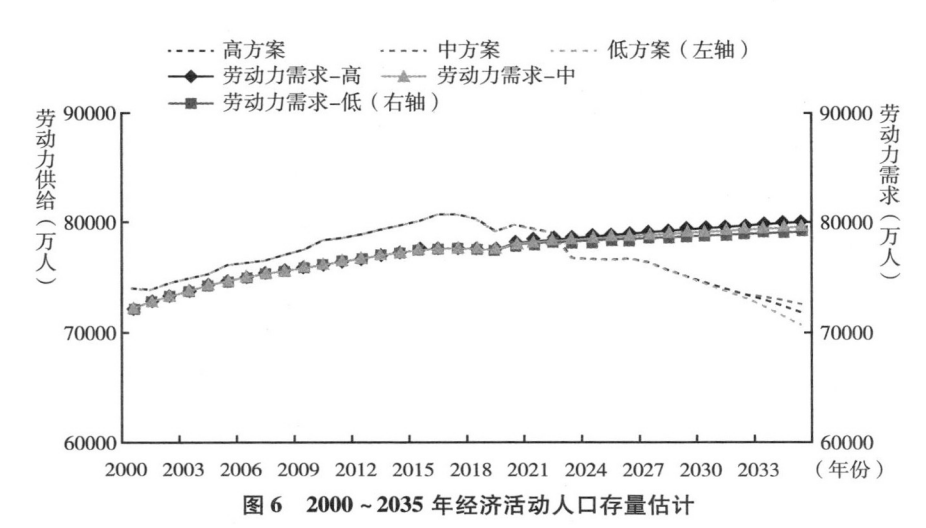

"十四五"时期中国健康型人力资本趋势判断与政策建议

图 6　2000~2035 年经济活动人口存量估计

注：①2000~2019 年 15~64 岁劳动年龄人口数据来自国家统计局，2020~2035 年数据是根据高中低三个生育设计方案预测的结果。②经济活动人口 =（15~64 岁年龄人口）×（15~64 岁人口的劳动参与率）。2020~2035 年的劳动力供给预测，假定 15~64 岁劳动参与率保持在 2020 年的水平。③就业需求是根据不同经济增长情景下的岗位供给估计得到。高中低三个经济增长预期分别为：高方案，2020~2025 年的年均经济增速为 6.2%，2026~2030 年为 5.4%，2030 年之后，按照年均 1% 的速度均匀减少，截至 2050 年的经济增速为 3%。中方案，2020~2025 年的年均经济增速为 5%，2026~2030 年为 4.2%，2030 年之后，按照年均 0.5% 的速度均匀减少，截至 2050 年的经济增速为 3%；低方案，2020~2025 年的年均经济增速为 3.75%，2026~2030 为 3%，2030 年之后，保持经济增速稳定在 3% 的水平。

注：15~64 岁人口的劳动参与率来自世行数据库（最新到 2020 年）。

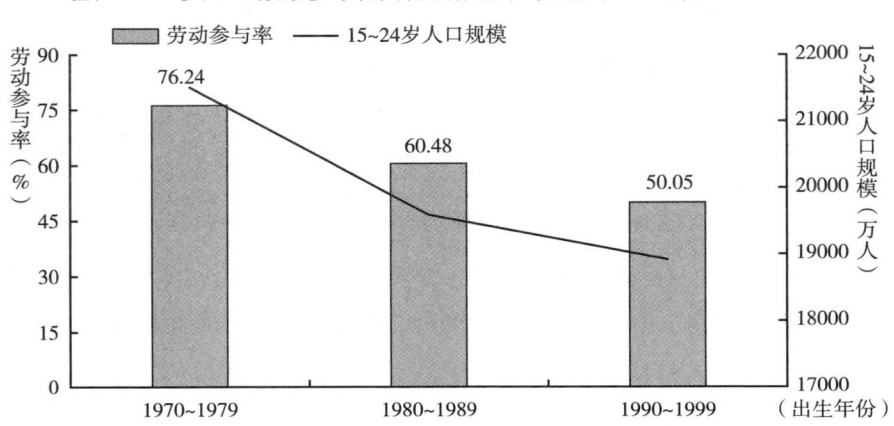

图 7　70 后、80 后和 90 后在 15~24 岁阶段的人口规模和劳动力参与率

注：1970~1979、1980~1989、1990~1999 年表示出生年份。
资料来源：国家统计局和世行数据库。

三是现行的法定退休年龄缩短了健康人力资本的服务时间。健康水平提升表现为人均预期寿命的延长，尤其是不同世代出生人口的健康预期寿命增长非常明显。总体来说，女性预期寿命始终高于男性，即使男性预期健康寿命随着出生世代越近，提高得越多；其与女性的健康预期寿命之间仍有近5岁差距。统计数据显示，70后男性和女性的健康预期寿命分别为68周岁、73.22周岁，2010~2019年出生的男生和女性预期寿命则分别提高到了73.1周岁、77.97周岁（见图8）。

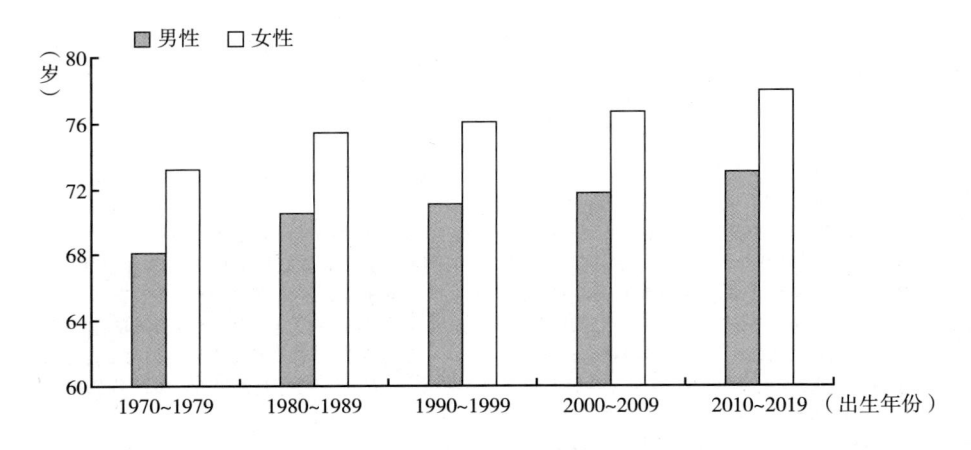

图8 不同出生世代人口的健康预期寿命

注：各世代的预期寿命是根据各世代出生年份新生儿的健康预期寿命均值计算而得。
资料来源：世界银行公开数据库（2020）。

现行法定退休年龄减少了健康劳动力供给，且减少规模正在加大。世行提供了15岁及以上和15~64岁两个统计口径的分性别劳动参与率，这为我们测度健康劳动力供给提供支持。据统计，2015年15~64岁参与经济活动的劳动力供给总量为76322.56万人，比按照15岁及以上参与经济活动的健康劳动力供给少了3763.74万人。其中，男性减少2316.95万人，女性减少1446.8万人。2019年，两个统计口径下的劳动供给总量差距扩大到了4026.95万人，其中，男性减少2486.95万人，女性减少1540万人（见图9）。

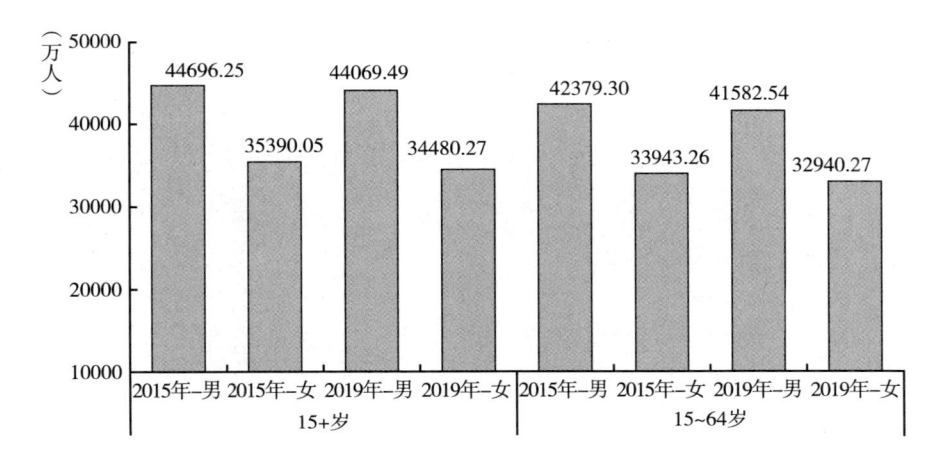

图 9 不同统计口径下的分性别劳动力供给情况

资料来源：不同统计口径下的劳动参与率来自世行公开数据库（2020）。

虽然女性健康预期寿命明显高于男性，但是女性劳动参与率比男性低，且还在持续下滑。同时，女性法定退休年龄比男性早 5～10 年。这使得劳动力市场上的女性劳动力供给远低于男性，且劳动力供给的性别差距还在进一步扩大。据估计，2015 年，15 岁及以上和 15～64 岁两个统计口径下的男性劳动力供给比女性分别高出 9306.2 万、8436.04 万人；2019 年劳动力供给性别差异分别增加到 9589.22 万人，8642.27 万人。

3."十四五"及中长期中国健康人力资本估计

通过传统的劳动力供给估算方法可以看到，中国即将迎来劳动力供给不足的局面。如果不能正确认识中国人力资本存量，并进行有效的劳动力供给政策调节，中国劳动力成本将更快速地上涨，这将对转型和结构调整中的经济发展产生负面影响。

整体而言，"十四五"是中国劳动力供给结构发生转变的重要时期。如果以 15～64 岁年龄人口作为劳动力供给主体，根据劳动力参与率水平进行估算，"十四五"时期的劳动力短缺规模将达到 560 万人。而如果按照健康人力资本方法进行估计，"十四五"时期的劳动力供给规模也会出现一个明显的转折，但平均供给规模达到 76792 万人（见图 10）。对照图 6 中的劳动

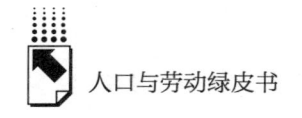

力需求估计，基本实现供需平衡。且从长期来看，健康水平能够提高中国劳动力有效供给。据测算，2025～2035年的健康劳动力供给水平预计从2020年的76000万提高到2035年的78000万人左右，比2035年传统劳动力供给增加了8000万人。按照不同经济增长假设下的劳动力需求，这些增加的劳动力供给，显然能够有效弥补传统意义上的"劳动力短缺"，而缓解因人口老龄化对就业市场的负效应。

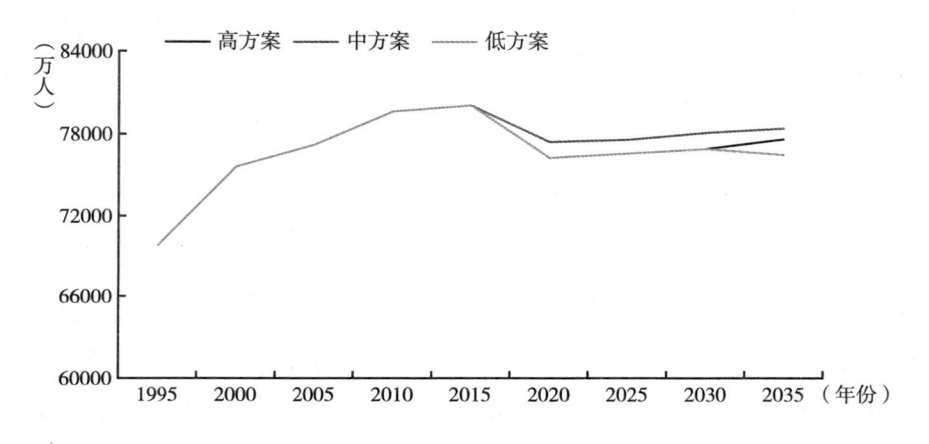

图10 "十四五"及未来一段时期健康人力资本绝对供给

资料来源：作者根据历年分性别15岁及以上人口规模和其劳动参与率计算整理而得。

三 结论和政策启示

综合上面的分析可以看到，"十四五"是中国劳动力市场供需总量明确显示供不应求的重要时期。积极开发和利用中国有限的人力资本，以应对未来长期的劳动力供给不足，是"十四五"时期的重要议题。本文结合健康预期寿命和教育人力资本积累的分析可以看到，中国需要根据预期寿命的延长而逐渐提高劳动力有效工作时间，以此延缓劳动力供应不足导致劳动力成本快速上升给经济增长下行带来的巨大压力。

健康人力资本发展对劳动力供给的贡献来自两个方面，一是新生代劳动力健康预期寿命延长,带来的劳动力供给增加;二是新生代劳动力教育水平大幅度提升,延迟退休的实施,能够有效提高新生代群体的劳动供给效率,缓解因劳动力总量不足带来的负向效果。前者的作用和影响在本文中得到数据支持。估算结果显示,健康人力资本发展可以使得"十四五"时期实现劳动力供需基本平衡。同时,也能让2025~2035年健康劳动力供给规模较传统劳动力供给提高8000万人,从而保障劳动力供需之间的缺口不会出现大幅度扩大。后者的作用和影响本文并没有进行有效测度,也是下一步研究的重点内容。

基于对未来中国经济增长发展的判断,中国需要出台更积极的人力资源开发政策,以应对劳动力供给不足的局面。

一是明确实施延迟退休政策。2017年7月公布的《人力资源和社会保障事业发展"十三五"规划纲要》提出,在"十三五"期间(2016~2020年)应制定出台渐进式延迟退休年龄方案。然而,受经济下行和"保就业"压力增大的影响,延迟退休政策迟迟未推行。延迟退休方案实施的必要性和紧迫性,受年轻劳动力受教育程度大幅度提升、经济潜在增长需求的人力资本投入增长,正一步步增强。

延迟退休政策是劳动力投入就业市场的信号,其对于积极的从业者具有正向激励。中国人力资本市场发展于1978年改革开放以后,人力资本投入快速增长兴起于高等教育扩招的1998年以后。因此70后和80后进入劳动力市场的平均年龄起点要晚于60后。且年轻群体的健康水平得到大幅度提升,退休年龄推迟,是对其人力资本投资做出的正向信号,也给予了年轻群体适应新技术、产业转型一定的时间。

国际经验表明,劳动者的实际退休年龄往往早于法定退休年龄。那些较早退出劳动力市场的群体中,需要社会保障制度进行托底的是那些无法适应市场需求而被淘汰的"沮丧的工人"。当前,中国临退休的劳动力群体是出生于1960~1969年转轨一代。该群体人力资本禀赋内部差距大,且与年轻劳动力之间的教育差距也很大。"十四五"时期开始实施延长退休年龄制度,关键就是要让这部分群体平稳退休。从社会稳定的角度来看,要确定受

延迟退休影响，需要进行政策托底群体的规模；并制定相配套的就业转移和再就业设计方案，减少因政策实施带来的结构性失业。

二是完善职业培训和终身学习计划。人口红利消失之后，企业"招工难"和大学生"就业难"的矛盾一直存在。2020年新冠肺炎疫情引起全球经济增长的停滞，国际摩擦频发，增加了中国出口的难度。预计未来经济增速会较2015~2019年有明显下滑。这意味着，就业市场中的摩擦性失业和结构性失业将持续存在。在劳动力短缺的情况下，政府需要做好协调资源配置的角色，建立起适合中国国情的人力资本开发计划。要让摩擦性失业和结构性失业群体，能更快地进行再就业培训，能更好地应对市场的结构性调整；让处于就业阶段或临近就业阶段的青年群体，适应产业发展需求，并具有延长工作时间的能力。

中国要正视人口结构巨大调整带来的"未富先老"的局面。要保持经济增长，在劳动力供给不足的情况下，必然需要依赖于全要素生产率的提升。健康人力资本的作用不仅仅是提高劳动潜在供给的可能，也是通过劳动生产效率提升促进全要素生产率的提升。完善职业培训和终身学习计划，是通过职业发展的方式，增加学习方式和渠道，扩展就业能力。健康劳动力发展也是给职业发展和新技术学习提供时间，更是给这些年轻劳动力适应产业转型和发展的时间。

G.4 "十四五"时期中国技能型人力资本需求特点、供需缺口与提升路径

周灵灵*

摘　要： 数字经济时代技能需求变化的速度大大加快，一些低技能就业岗位日益高级化，对技能转换能力的要求也越来越高。与此同时，新的职业不断涌现，合适的技能组合和终身学习变得越来越重要。中国劳动力市场求人倍率的演变表明，近二十年来劳动力市场对具有技术等级和专业技术职称劳动者的用人需求均大于供给。企业用工调查和地区实地调研也都表明我国存在较大的技能型人力资本缺口。"十四五"是我国技能型人力资本提质扩容的关键时期。建议着眼"两个大局"和构建新发展格局，围绕重点产业、重点领域、重点区域、重点群体，差异化设计技能型人力资本投资策略，坚持岗前培训与在职培训相结合、兼顾通用型与专用型技能，进一步打通职业教育与普通教育的制度性障碍，强化企业主体作用、有序引入市场化专业化培训，加快推进紧缺职业目录的研究制定和发布，探索通过职业预测来开展技能需求预测，不断提高培训的针对性和实效性。

关键词： "十四五"时期　技能型人力资本　技能需求　技能缺口

---

* 周灵灵，经济学博士，国务院发展研究中心公共管理与人力资源研究所副研究员，主要研究方向为劳动经济学、发展经济学。本文系周灵灵主持的国家社会科学基金青年项目"优化人力资本配置研究"（批准号：16CJY015）系列成果之一。

一 引言

"人猿相揖别。只几个石头磨过,小儿时节。"人类从远古洪荒时代走来,相继经历了石器时代、青铜器时代、铁器时代,继而进入工业社会和后工业社会。可以说,在工业革命之前的漫长历史中,人类社会的绝大多数时期都处在马尔萨斯贫困陷阱之中,经济增长近于停滞①②。工业革命以来,尤其是新一轮信息技术变革和产业革命以来,人类社会发展进入了快车道,现在一年创造的财富堪比过去千年。典型的,当前新型数字消费、数字生产、数字化网链、数字化产业生态、数字化资源配置都在快速发展③,人类的生产方式、生活方式和社交方式无不在深刻变革。

这些变革引致了对人力资本的新需求。毕竟,人们在享受技术变革和新一轮产业革命带来的红利的同时,技术变革和产业革命也对人力资本提出了更高要求。从人力资本构成看,职业教育和技能培训是人们获取生产生活所需知识技能的重要途径,由此形成的人力资本称为技能型人力资本(Skilled Human Capital)。对此,马克思有过精辟论述,"要改变一般人的本性,使他获得一定劳动部门的技能和技巧,成为发达的和专门的劳动力,就要有一定的教育和训练"④。对农民工、下岗失业人员和就业困难人员等重点群体而言,技能型人力资本是其获取就业机会、提高就业质量最为重要的人力资本类型⑤。

对经济增长和创新创业而言,技能型人力资本也至关重要。一项基于美国县域层面的实证研究显示,技能型人力资本有利于高增长的创业活动

---

① 蔡昉:《理解中国经济发展的过去、现在和将来——基于一个贯通的增长理论框架》,《经济研究》2013年第11期,第4~16页。
② 〔美〕罗伯特·戈登:《美国增长的起落》,张林山等译、银温泉校,中信出版社,2018。
③ 江小娟:《"十四五"时期数字经济发展趋势与治理重点》,《光明日报》2020年9月21日。
④ 马克思:《资本论》(第一卷),中央编译局译,人民出版社,2004,第200页。
⑤ 周灵灵:《改革开放以来职业培训研究的演进和嬗变》,载杨伟国、高文书主编《中国劳动经济学40年(1978~2018)》,中国社会科学出版社,2018,第184~202页。

(high-growth entrepreneurship),本地技能型人力资本的可用性是当地高增长创业的关键决定因素①。为加快建设知识型、技能型、创新型劳动者大军,本文在探讨数字经济时代技能需求若干特点的基础上,分析我国的技能需求与技能缺口情况,进而探讨"十四五"时期如何提升技能型人力资本。

二 数字经济时代技能需求的主要特点

众所周知,不同社会经济条件对技能型人力资本的要求是不一样的。在生产力相对落后的古代社会,人们只需掌握基本的生产和生活技能即可,而在新技术新业态层出不穷的现代社会,对劳动者素质的要求可谓天壤之别。一般而言,人口特征变化、劳动力受教育水平提高、产业结构升级和经济发展方式转变、技术进步与科技创新、商业模式和组织结构变迁、贸易自由化与经济全球化等因素皆会影响技能需求②。那么,数字经济时代的技能需求又会有什么特点?显然,明晰这些新特点有助于更好地提升技能型人力资本。

(一)技术进步正在重新定义技能需求

国际机器人联合会(IFR)数据显示,中国是世界最大的工业机器人市场,占全球市场装机量的36%。从经济发展和技术进步的历史看,机器人、人工智能是延续经济增长过程"自动化"驱动的新阶段产物,它们改变了技能需求,并且在重塑工作所需要的技能③。尤其是在那些可以实现自动化的领域,工业机器人、机器人分拣员、机器人服务员等智能装备的应用,使

---

① Balsmeier, Benjamin&Lee Fleming&Matt Marx&Seungryul Ryan Shin (2020). "Skilled Human Capital and High-Growth Entrepreneurship: Evidence from Inventor Inflows", NBER Working Paper No. 27605.
② 周灵灵:《新经济下的技能需求与技能培养》,载张车伟主编《中国人口与劳动问题报告 No. 18 新经济 新就业》,社会科学文献出版社,2017,第169~188页。
③ 屈小博:《机器人和人工智能对就业的影响及趋势》,《劳动经济研究》2019年第5期,第133~143页。

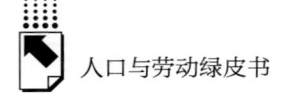

工作岗位的性质发生了颠覆性变革。理论上，智能替代在填补一些高空、高温、高辐射等高危艰苦作业的同时，也促使企业降低对低技能劳动力的需求，而更加重视专业技术人才，也就是说，智能替代会加速企业内部人力资本结构的分化。通过分析2019年青岛3000户企业用工监测数据，我们发现人工智能的应用确实会促使企业更加重视专业技术人员的招聘，而且专业技术人员的工作流动性也有所减弱。

（二）技能需求变化的速度在加快，对技能转换能力的要求越来越高

世界银行《世界发展报告2019》（*World Development Report 2019: The Changing Nature of Work*）探讨了工作性质变革问题，指出机器人正在接手成千上万的重复性工作，不少低技能岗位将被消除[1]。最明显的是，自动化导致制造业领域部分工作岗位的流失，那些从事"可被编码的"重复性工作的工人最容易被取代。这无疑会对劳动者的技能转换能力提出更高要求。如果技能转换缓慢或不成功，将在一定范围造成技术性失业。一项基于中国地区层面与行业层面机器人应用数据的研究显示，在低学历员工占比较高、劳动力保护较弱及市场化程度较高的地区，机器人应用所导致的技术性失业表现得更为明显[2]。从趋势看，新冠肺炎疫情导致的经济衰退和不断加速的自动化将促使劳动力市场的变革速度远超预期。世界经济论坛发布的《未来工作报告2020》（*The Future of Jobs Report 2020*）显示，全球约有80%的企业高管正在推进工作流程数字化，50%的雇主希望加快实现企业部分岗位的自动化，到2025年，自动化和人机之间全新的劳动分工将颠覆全球15个行业中的8500万个工作岗位[3]。在此进程中，技能需求变化的速度无疑将大大加快。

---

[1] World Bank (2018). *World Development Report 2019: The Changing Nature of Work*, Washington D. C.
[2] 孔高文、刘莎莎、孔东民：《机器人与就业——基于行业与地区异质性的探索性分析》，《中国工业经济》2020年第8期，第80~98页。
[3] World Economic Forum (2020). *The Future of Jobs Report 2020*, Geneva.

（三）新职业不断涌现，低技能就业岗位日益高级化

伴随着经济结构深入调整、产业转型升级持续推进和新业态、新商业模式不断萌发，新的就业岗位和职业也陆续涌现，不少低技能就业岗位正日益转化为具有较高技术含量的工作岗位。典型的，新冠肺炎疫情在给经济社会带来巨大冲击的同时，也助推了在线医疗、在线学习等业态的蓬勃发展，间接催生了一些新职业。在此背景下，2020年2月和7月，人力资源和社会保障部与市场监管总局、国家统计局联合认定了包括全媒体运营师、网约配送员、互联网营销师、供应链管理师、在线学习服务师、人工智能训练师等在内的25种新职业。又比如，线上消费、物流服务和最后一公里配送服务的增长，催生了对司机和客服人员的旺盛需求，但这些岗位的工作内容也在发生变化，人们的既有认知和技能已不能胜任新的工作要求，迫切需要更新从业技能、加强岗位培训。

（四）合适的技能组合和终身学习越来越重要

社会经济快速发展使得合适的技能组合（skill sets）在劳动力市场上的重要性与日俱增。尤其是高级认知技能（比如解决复杂问题的能力）、社会行为技能（比如团队工作能力）以及能够预测适应能力的技能组合（比如推理能力）。从人事经济学技能权重视角（skill-weights approach）看，劳动者的技能均为通用型技能，但不同企业和岗位所需要的技能组合并不相同，也即给不同的技能赋予不同的权重[1]。这较好地统一了加里·贝克尔关于通用型人力资本和专用型人力资本的两分法。但不管怎样，培育和提升这些技能及其组合，皆要求劳动者个体具有坚实的人力资本基础并持续地进行学习或接受培训。

---

[1] Lazear, Edward P. (2009). "Firm-specific Human Capital: A Skill-weights Approach", *Journal of Political Economy*, Vol.117, No.5, pp.914-940.

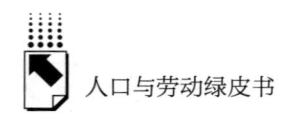

三 中国劳动力市场的技能需求与技能缺口

近二十年来，我国职业教育和技能培训事业发展迅速，技能型人力资本稳步提升。党的十八大以来，我国着力构建面向全体劳动者的职业培训体系，既突出重点群体又统筹兼顾，大力实施高校毕业生技能就业行动、开展以提升农民工职业技能为目的的"春潮行动"等，培训的针对性和实效性不断提升。数据显示，我国技工学校在校生数量从2000年140多万人增加到2019年360万人，中等职业学校在校生数从2004年1174万人增加到2019年1576万人；2019年我国共有就业训练中心2456所，民办培训机构22496所，全年共组织补贴性职业技能培训1877万人次，培训规模稳中有增。目前，我国技能劳动者数量已超过1.7亿人，约占就业人员总量的22%，其中，高技能人才数量已超过5000万人（见图1）。

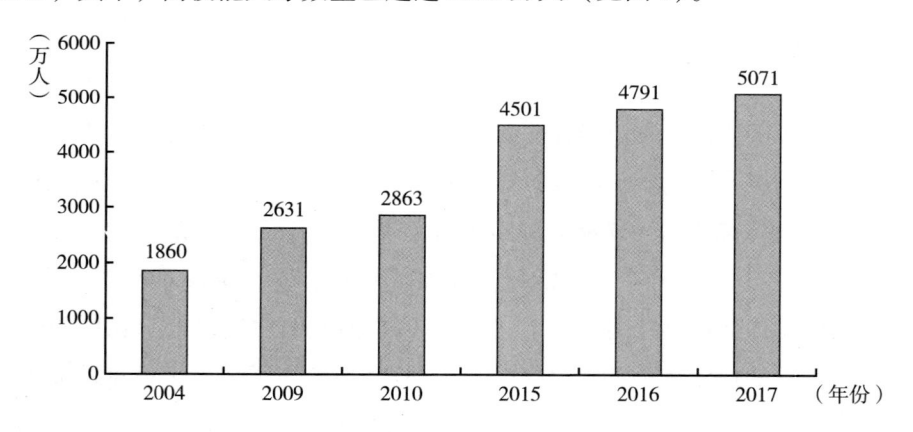

图1 中国高技能人才数量（2004~2017年）

资料来源：根据人力资源和社会保障部相关资料整理。

总体上，我国已初步形成一支规模日益壮大、结构日益优化、素质逐步提高的技能人才队伍。当然也需看到，技能人才队伍与经济结构调整、产业转型升级以及高质量发展的目标和要求还有较大差距，毕竟技能劳动者还只占就业人员总量的1/5，技能型人力资本建设任重道远。

（一）劳动力市场对技术等级和专业技术职称的要求及缺口

劳动力技能需求的变化实际上反映了对劳动力质量的要求，劳动力质量一旦满足不了市场需求，就会出现技能缺口。人力资源和社会保障部劳动力市场监测数据将技术等级分为职业资格五级（初级技能人员）、职业资格四级（中级技能人员）、职业资格三级（高级技能人员）、职业资格二级（技师）和职业资格一级（高级技师），将专业技术职称分为初级专业技术职称、中级专业技术职称和高级专业技术职称①。这为分析劳动力市场技能需求变化及技能短缺提供了便利。

在招聘活动中，招聘方和用人单位往往会在招聘广告或招聘通知中注明应聘的条件，通常会对求职者的年龄、学历、技术等级、专业技术职称等提出明确要求。从中国劳动力市场对技术等级的要求看，长达70多个季度的数据显示，2001年第二季度以来除了个别季度外，具有一定技术等级的求职者比重大多低于招聘方对技术等级的要求，缺口最为明显的是2005年第一季度到2009年第四季度，其比重平均相差4.54个百分点。2010年以来，这种供需缺口虽然在缩小，但依然在较长的时期内存在。

按技术等级划分，劳动者的职业资格从高到低可分为一至五级，一级到三级属于高技能等级，四级和五级为中级、初级技能。中国当前劳动力市场上，求职者的技术等级依然以初级技能和中级技能为主，具备高级技能、技师、高级技师等职业资格的求职者比重非常低。例如，2017年第一季度全部求职者中，只有0.7%的求职者具有高级技师职业资格，到2017年第三季度该比例也仅为1.0%。

从变化趋势看，2001年以来"无技术等级或职称"求职者的占比在下降，各技能等级求职者的占比呈上升趋势。需要澄清的是，具有相应技术等级的求职者比重偏低，虽然和近年来国家对职业资格许可和认定事项的整顿

---

① 技能等级是指以国家职业资格证书为凭证的职业技能水平，专业技术职称则是指以国家认可的专业技术职务证书为凭证的专业技术水平。在调查中，技术等级和专业技术职称相互独立，以招聘要求或个人具有的最高等级或水平为准进行统计。

清理有一定关系，但这并不能否认中国技能人才短缺的基本事实。总之，技能人才短缺这一事实自2001年以来就长期存在，是中国经济走向高质量发展的一大软肋。

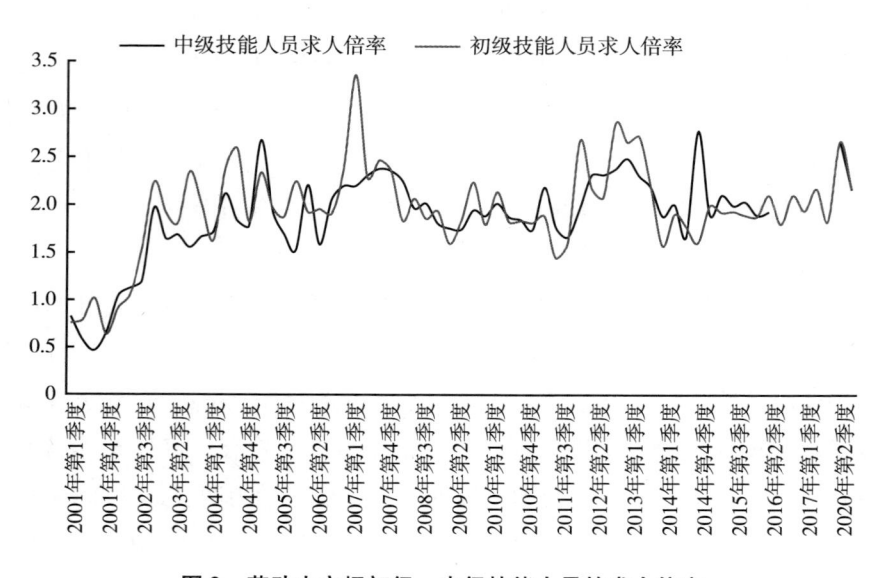

图2 劳动力市场初级、中级技能人员的求人倍率

资料来源：根据人力资源和社会保障部网站和中国人力资源市场网整理。

现在，我们分技术等级考察劳动力市场的求人倍率，以更全面理解中国技能型人力资本的短缺状况。图2直观展示了2001年第一季度至2020年第二季度中国劳动力市场初级和中级技能人员的求人倍率。从2002年开始，这两类技能人员的求人倍率便一直处于1以上，有不少季度处在2以上，个别季度甚至突破了3.0。例如，2020年第一季度初级技能人员的求人倍率为2.67，中级技能人员的求人倍率为2.68。在长达70多个季度的观测期内，初级技能人员求人倍率的均值为1.96，中级技能人员求人倍率的均值为1.88，意味着近二十年来我国初级、中级技能人员的需求－供给比例接近2:1，技能型人力资本缺口较大。

从高级技师、高级技能人员这两类高等级技能人才的需求和供给情况看，2002年第一季度以来，这两类高等级技能人才的求人倍率便一直处于1

以上，不少季度处在 2 以上，部分季度甚至突破了 3.0（见图 3）。例如，2020 年第一季度高级技能人员的求人倍率为 2.67。在长达 70 多个季度的观测期内，高级技师求人倍率的均值为 1.95，高级技能人员求人倍率的均值为 1.69，说明跟初级和中级技能人员的供求类似，高等级技能人才的短缺程度也很高。

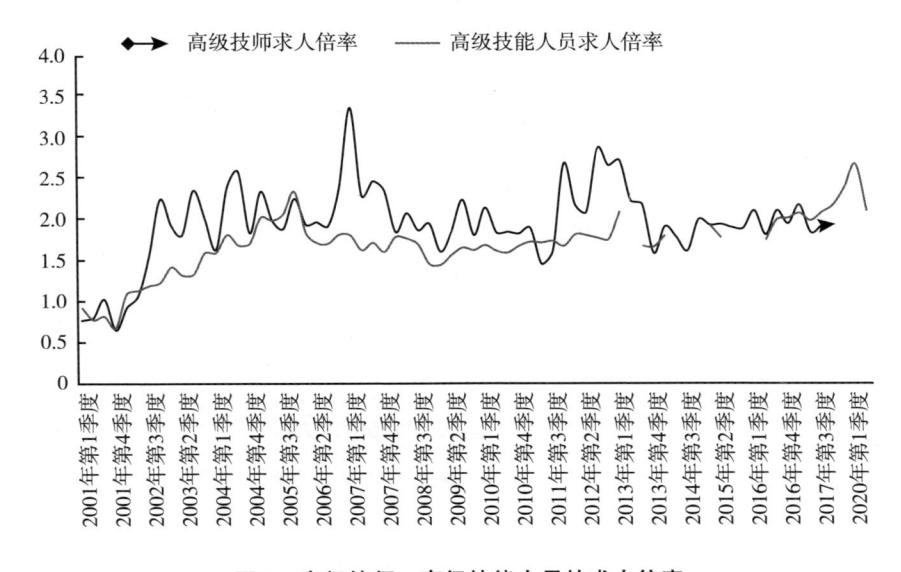

图 3　高级技师、高级技能人员的求人倍率

资料来源：根据人力资源和社会保障部网站和中国人力资源市场网整理。

专业技术职称方面①，劳动力市场供需情况表明，求职者具有一定专业技术职称的比重大多低于招聘方的要求，存在一定的缺口。跟技术等级有所区别的是，对专业技术职称的要求通常是出现在科研岗位的招聘中。从高级工程师这类高级专业技术职称人员的求人倍率看，2001 年第一季度至 2020 年第二季度，其求人倍率的均值高达 1.97，且有进一步提高的趋势（见图 4），2020 年第一季度高级工程师的求人倍率高达 3.23。显然，和技能人才

---

① 专业技术职称等级分为初级专业技术职称（包括研究实习员等）、中级专业技术职称（包括助理教授、助理研究员、讲师、工程师等）、高级专业技术职称（包括副教授、副研究员、高级工程师、教授、研究员等）。

的供求类似,专业技术人才的短缺程度也很高。总而言之,劳动力市场对具有技术等级和专业技术职称劳动者的用人需求均大于供给,我国依然存在较大的技能型人力资本缺口。

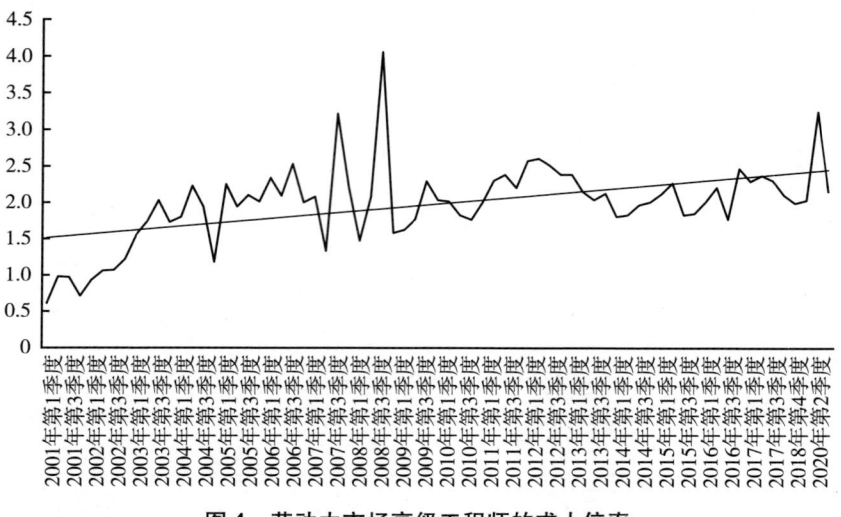

图4　劳动力市场高级工程师的求人倍率

资料来源:根据人力资源和社会保障部网站和中国人力资源市场网整理。

(二)技能需求与技能缺口:企业用工调查

目前,我国关于技能需求与技能缺口方面的调查数据还很少。考虑到数据的可得性,我们以青岛企业用工监测数据为例,探讨在新旧动能转换过程中,已进行"智能替代"的企业亟须哪些技能人才。2017年以来,青岛市人力资源和社会保障局探索实施企业用工情况监测,形成了连续三年的3000户企业用工监测数据。2019年的3000户企业调查数据显示①,青岛市已进行智能替代人工的企业共报告了105类紧缺工种。我们按照《中华人民共和国职业分类大典(2015年版)》划分这些紧缺工种所属的职业大类和

---

① 该调查采用概率比例规模抽样技术(PPS抽样),2019年实际上调查了青岛3008家企业的用工情况。青岛拥有34000多家工业企业,是我国重要的工业基地,在青岛开展企业用工监测和技能人才需求调查具有一定的代表意义。

职业中类（见表1），可知青岛进行过"智能替代"的样本企业中，生产制造及有关人员的需求最高，紧缺4182人，其次是专业技术人员，紧缺3216人，社会生产服务和生活服务人员紧缺1149人。在生产制造及有关人员中，焊工、装配钳工是企业紧缺的技能人才类型；专业技术人员中，安全生产管理工程技术人员、设备工程技术人员较为紧缺；社会生产服务和生活服务人员中，比较紧缺的是汽车维修工。

表1 青岛"智能替代"样本企业2019年紧缺工种

所属职业大类	职业中类	招聘总人数	招聘频次
专业技术人员	安全生产管理工程技术人员	886	16
	其他专业技术人员	615	3
	设备工程技术人员	557	5
	机械设计工程技术人员	238	11
	机械制造工程技术人员	236	12
	数据分析处理工程技术人员	90	1
	其他合计	594	50
社会生产服务和生活服务人员	汽车维修工	430	3
	保洁员	157	2
	客户服务管理员	126	4
	营销员	99	7
	客户服务员	60	3
	中央空调系统运行操作员	50	1
	其他合计	227	32
农、林、牧、渔业生产及辅助人员	动物检疫检验员	20	1
	其他林业生产人员	15	1
生产制造及有关人员	焊工	1255	11
	装配钳工	1087	2
	制鞋工	320	3
	缝纫工	221	9
	多工序数控机床操作调整工	192	16
	其他食品、饲料生产加工人员	135	3
	其他合计	972	59

资料来源：根据青岛2019年3000户企业用工监测数据测算。

从招聘专业看，样本企业当前对机电一体化、数控技术、机械工程等传统工科型人才的需求很高，市场营销、工程管理等人才类别也日益受到企业

的重视。分行业考察，制造业、教育业招工缺口人数较多，电力、热力、燃气及水生产和供应业招工缺口人数也较多，但主要集中在个别规模较大的企业。尽管农林牧渔业、住宿和餐饮业以及文化、体育和娱乐业用工需求量不如制造业，但企业招工缺口率较大，且较难满足用工需求。大多数企业认为招工不足与"求职人员达不到岗位要求""求职者少了选择余地小"等因素有关。

此外，万宝盛华集团（Manpower Group）的企业调查显示[①]，2019年中国大陆地区16%的企业面临人才短缺困扰，比2018年上升了3个百分点。随着知识密集型的高科技产业和智能装备制造业快速发展，技能型人力资本需求大幅增加，使专业与创新领域的技能缺口不断加剧。2019年中国大陆地区最难填补职位的前五名分别是销售与市场人员、技术工匠（电工/焊工/机修工等）、技术人员（质量管控、技术员工）、生产制造、专职人员（项目经理、律师、研究员），这意味着上述五类职位的技能型人力资本缺口最大。从更长时段看，2006年以来的调查显示，技术人员、技术工匠、销售与市场人员等技能人才一直是中国企业最难填补的职位，而且这些领域的技能人才短缺问题很难自我解决。和全球企业的人才短缺状况类似，中国大企业的人才短缺问题比中、小、微型企业严重。从原因看，多数雇主表示"缺乏有经验者"是招聘员工面临的最主要障碍。

（三）技能需求与技能缺口：地区调研观感

深入调查研究是理论和政策创新有根有据、合情合理的基本前提。为进一步直观了解我国技能型人力资本建设情况、弥补抽样调查数据的不足，近年来笔者调研了一些不同发展水平的区域。下面是部分区域的调研观感。

1. 内蒙古自治区技能型人力资本供求状况

笔者陆续调研了内蒙古自治区呼和浩特、包头、鄂尔多斯、乌兰察布、通辽、赤峰等地。除政府相关部门外，参与座谈讨论或实地调查的还有80余家企业，这些企业分布在农产品加工、乳制品加工、非金属矿加工、农机制造、

---

① Manpower Group: 2019 Talent Shortage Survey.

生物科技、医药制造、电力、煤化工、生态环保、商贸物流、文化服务等国民经济行业。调研过程中，笔者发现多数企业认为人力资源匮乏制约了企业发展，不少企业存在"招工难""人才少"等问题。在对当地劳动力素质进行评价时，43.53%的企业家认为劳动力素质一般，41.18%的企业家认为劳动力存在较大的技能缺口，只有15.29%的企业家认为劳动力素质较高。总体看，超过四成的企业家反映当地劳动力存在较大的技能缺口、难以完成招工计划。

分地区看，包头市高端技术人才和管理人才短缺、技术人才年龄结构偏大，由于工资待遇水平较低、教育医疗等设施不够完善，难以吸引和留住技能人才，生产一线的工作环境更不易吸引年轻人才。乌兰察布市技术人员短缺，主要缺乏电工焊工、家具产业工人和其他技术人员，产教融合不足，企业需要的人才与内蒙古高等院校的专业方向不一致。赤峰市人口流失严重，外出务工人口多，全市需培养和引进紧缺人才2万人，人才缺口较大。鄂尔多斯市创新型人才严重不足，企业科技创新能力薄弱，全市规模以上工业企业中近90%的企业无研发活动，人才工作体制机制不完善，大专院校数量少、吸纳和承载高端人才的能力不足，高层次人才只占全市人才的10%。这些地区还普遍面临着技能型人力资本流失问题，长时间培养的技能人才很容易被挖走。

2. 山东省日照市技能型人力资本供求情况

日照市共有技能人才24万人，其中，高技能人才数量约6.9万人，占全市技能人才的29.7%。从产业分布看，日照市的技能人才主要分布在第二产业中的机械制造业、港口及临港产业、汽车制造、钢铁等行业，约占全部技能人才的52%，第三产业中的旅游、社会服务业、物流、餐饮等行业的技能人才比重也较高，占全部技能人才的40%左右。伴随着山东省深入推进新旧动能转换工作，日照市的人才需求总量、结构和素质呈现出不同于以往的新特征，不少低技能就业岗位正日益转化为高技术含量的岗位，人才结构亟待调整优化。据日照市人力资源和社会保障局估计，日照市每年大约需补充技能人才1.5万人，面临着技能人才总体数量少、技能人才与新旧动能转换和新兴产业对接不够等突出问题，技能人才在数量和质量两方面都还不能满足全市经济社会发展的需要。

3. 福建省莆田市技能型人力资本供求情况

莆田调研最直观的感受是，学历教育与技能人才需求存在结构性矛盾。莆田市2019年春节前后的企业用工摸底调查显示，中专、中技学历层次的用工需求为80296人（占全部用工需求的26.94%），而这一学历层次的求职者只有21240人（占求职者的15.57%），求人倍率高达3.78。技校生的求人倍率更是高达79。对62家制鞋行业重点企业做的用工调查显示，排名前三位的岗位是成型普工、针车工、裁断等技术人员，技术工种人员短缺明显。值得重视的是，产业转型升级对人才需求的迫切性与人才培养的周期性难以同步，企业转型升级后对一些特定专业或技能型人才的需求难以实时满足。例如，福建华佳彩有限公司、福建永荣科技有限公司、福联集成电路有限公司等企业反映，通过近几年的多渠道招聘，企业中高层人才得到一定的满足，现在转型升级后，设备精密度较高，需要大量的有实际工作经验且文化程度较高的生产技术人员。

4. 海南省琼海市技能型人力资本供求情况

琼海市拥有专业技术人才7800多人、技能人才5433人，另拥有农村实用人才1.8万人。总体看，琼海市技能人才规模小、结构不合理、质量偏低。琼海市人才总量只占全市人口总数的7.4%。研究生学历或高级职称的高质素人才比重偏低，人才队伍中学科、学术和技术带头人严重短缺。高级职称人才绝大部分集中在教育和医疗卫生系统，农业、科技、规划建设等行业高级职称人才只占2.7%。技能人才发挥作用缺乏有效的平台和载体，全市非公有制经济企业大多规模较小，对创新创业人才的吸纳能力有限。受编制、经费、住房、子女教育等因素影响，人才引进培养成效不够显著，人才外流现象较为严重，人才市场化配置程度不高，培训针对性实效性不强等问题也比较突出。

四 "十四五"时期如何提升技能型人力资本？

本文的研究表明，数字经济时代技能需求变化的速度大大加快，一些低技能就业岗位日益高级化，对技能转换能力的要求也越来越高。与此同时，新的职业不断涌现，合适的技能组合和终身学习变得越来越重要。中国劳动力市场求人倍率的变化显示,近二十年来劳动力市场对具有技术等级和专业技术职称劳动者的用人需求均大于供给。企业用工调查和地区实地调研也都表明我国存在较大的技能型人力资本缺口。"十四五"是我国技能型人力资本提质扩容的关键时期。我们感兴趣的是,在实际操作层面有哪些可供选择的政策工具?

(一)总体战略:"十四五"时期技能型人力资本跃升计划

"十四五"时期要在深入贯彻落实终身职业技能培训制度基础上,进一步健全体制机制,立足我国经济社会发展实际需要,对所有劳动者进行整体开发,全方位培养适应经济社会发展的各类技能人才,加快建设知识型、技能型、创新型劳动者大军。特别是要着眼"两个大局"和构建新发展格局,在巩固《职业技能提升行动方案(2019~2021年)》目标任务的基础上,围绕重点产业、重点领域、重点区域、重点群体,实行新的技能型人力资本跃升计划。可以按照新进入劳动力市场的应届毕业生、创新创业人员、青壮年农民工、制造业产业工人、新经济新业态从业人员、产能过剩结构调整转岗人员、大龄劳动者、职业瓶颈期的都市白领等目标群体,差异化设计技能型人力资本投资策略,坚持岗前培训与在职培训相结合、兼顾通用型与专用型技能,有序引入市场化专业化培训,综合采用技能习得与积分落户挂钩、发放培训券等方式激励和提高培训效能。

(二)政策工具:"十四五"时期技能型人力资本开发举措

鉴于《职业技能提升行动方案(2019~2021年)》等文件已重点阐明"对就业重点群体开展职业技能提升培训和创业培训""加大贫困劳动力和贫困家庭子女技能扶贫工作力度""推动职业院校扩大培训规模""加强职业技能培训基础能力建设""创新培训内容""加大资金支持力度"等工作内容,这些举措"十四五"时期可以继续推行和完善。在此基础上,本文提出如下建议。

1. 坚持分类指导、统筹规划,始终以市场需求为导向

坚持分类指导、统筹规划主要是指充分发挥政府在技能型人力资本开发体系建设中的引导、规范和督促作用,深化重要领域和关键环节的改革。对

中央政府而言，主要是加强技能型人力资本开发体系的顶层设计，完善体系建设、管理、运行的法律法规和基本制度；地方层面主要是提升统筹能力，鼓励各地根据区域经济社会发展需要，探索职业技能培训体系建设模式，推动职业技能培训多样化、多形式发展①。职业技能培训内容应以市场需求为导向，不宜"有什么就培训什么"，而应"需要什么就培训什么"。据测算，目前接受就业技能培训的人员依然占着很大比例，接受岗位技能提升培训的人员只占全部培训人次的三成，接受创业培训的人员比重只有13%②。从趋势看，需强化岗位技能提升培训与创新创业培训的力度和范围，调整优化培训内容，让技能习得的"干中学"机制发挥得更充分。这不仅有助于提高技能型人力资本的供给质量，也有助于弥合技能培训方面的供需差距，促进经济社会高质量发展。

2. 注重系统培养、多样成才，打通职业教育与普通教育的制度性障碍

"系统培养"在《国务院关于推行终身职业技能培训制度的意见》中有相对完整的论述，即"以政府补贴培训、企业自主培训、市场化培训为主要供给，以公共实训机构、职业院校、职业培训机构和行业企业为主要载体，以就业技能培训、岗位技能提升培训和创业创新培训为主要形式，构建资源充足、布局合理、结构优化、载体多元、方式科学的培训组织实施体系"。下一步，是如何在"十四五"期间推动政策的落实落地。"多样成才"主要是建立技能人才多元评价机制、不唯学历和资历，让人人皆可成才、人人尽展其才。打通职业教育与普通教育的制度性障碍是职业教育和技能培训领域一直在努力从事的改革。这一改革精神早在2002年8月颁布的《国务院关于大力推进职业教育改革与发展的决定》中就有所体现。也就是说，对于妨碍"多样化选择、多路径成才"的主要制度性障碍，已经呼吁并推动了十多年，从现实看仍有较大改进空间，期待"十四五"期间取得更大

---

① 周灵灵：《中国职业培训体制改革40年回顾及展望》，国务院发展研究中心《调查研究报告专刊》34期（总1601期），2018。
② 周灵灵：《契合高质量发展的职业技能培训制度》，《中国发展观察》2018年第12期，第38~40页。

突破，更好地搭建人才成长"立交桥"。

3. 优化专业设置、注重产教融合，强化企业主体作用

目前，我国劳动者人力资本与社会需求之间还存在一定程度的结构性矛盾。一方面，部分院校对开办时间长、办学成熟的长线专业难以割舍，但随着社会经济发展，对这些长线专业的需求有所减少，造成专业设置的结构性矛盾。另一方面，部分院校持续扩大热门专业招生数量，而当这些热门专业学生完成学业时却发现，热门专业的毕业生数远远超过社会需求，甚至专业本身已变得不再热门，进而加剧毕业生专业分布与社会需求的结构性矛盾。鉴于此，技能型人力资本开发应推动专业设置与社会需求、学习内容与职业标准、教学过程与生产过程对接，努力实现职业教育、技能培训与技术进步和生产方式变革以及社会公共服务相适应。需大力推动产教融合，促进校企对接，扩大校企合作，支持高校以市场需求为导向，进一步优化专业设置，探索与企业或行业协会共办二级学院、联办相关专业。与此同时，进一步强化企业在职业技能培训中的主体作用、拓宽企业参与途径，比如鼓励企业以独资、合资、合作等方式依法参与举办职业教育与培训，强化企业职工在岗教育培训，足额提取职工教育培训经费等。

4. 探索通过职业预测来开展技能需求预测

技能需求预测是提升技能型人力资本投资效益的重要前提。从国际看，美国、加拿大、德国、法国等发达经济体通过制定全面的职业标准或进行每个职业的技能描述，将基于职业的评估与特定技能联系起来，取得了良好工作成效。"十四五"时期，可以考虑借鉴国外开展技能需求评估与预测的工作实践及经验，评估我国通过职业预测来开展技能需求预测的基础和可行性，并选取部分地区试点推行。事实上，参考《中华人民共和国职业分类大典（2015年版）》《国家职业标准目录》等工作文件对相应职业（工种）标准、操作规范和技能的描述，可以将基于职业的评估与特定技能紧密地联系起来，进而可以通过职业预测来开展技能需求预测。下一步，需研究国际经验的借鉴及转化问题，以及相应的工作支撑条件。

5. 推进紧缺职业（人才）目录的研究制定和发布

我国部分地区已开始探索紧缺职业（人才）目录的研究制定和发布，并开展一定规模的企业用工情况监测。这里面既有一些省级层面的探索，也有省会城市、计划单列市和地级市的工作尝试，例如，湖南省、湖北省、福建省、四川省、江苏省、天津市、广州市、南京市、长沙市、深圳市、东莞市、佛山市、苏州市、珠海市、温州市。但在制度设计上，短缺职业（人才）目录发布的层级、频率、内容和工作组织方式等还有待进一步优化。在发布层级上，可以考虑分为国家、省（自治区、直辖市）、地级市三个层级，增强目录的针对性和指导性，鼓励条件成熟的县（区）探索发布。在发布内容上，建议国家目录侧重于总体情况、区域特征、典型城市等信息，城市目录侧重于当地情况，不同层级的目录体例力求基本一致，以便进行比较分析。在工作组织上，建议明确由相应层级的人力资源和社会保障部门负责组织实施，进一步明确数据搜集、清理、审核等方面的具体要求，明确数据分析、成果发布等工作的基本流程。

6. 努力形成有利于涵养技能型人力资本的社会氛围

尽管国家采取了不少措施努力提高技能人才的薪资待遇和社会地位，但社会对职业院校毕业生和技能人才的学历学位歧视仍不同程度、不同范围的存在，这跟传统观念有较大关系。鉴于此，还需进一步采取有效措施提高技能人才的社会地位和待遇，更好发挥政府、企业、行业、社会的协同作用，完善技能人才培养、评价、使用、激励、保障等措施，实现技高者多得，增强技能人才职业荣誉感、自豪感和获得感，努力营造"劳动光荣、技能宝贵、创造伟大"的社会氛围。

G.5 "十四五"时期中国创新型人力资本发展现状、面临问题与提升建议

王博雅*

摘 要： "十四五"时期对我国的人力资本建设提出了新的要求，我国需要突破高层次人力资本瓶颈，尽快推动大规模的创新型人力资本建设。改革开放以来，我国尽管在创新型人力资本投资、培养、引进、储备等方面都有了长足的进展，但是创新型人力资本建设依然面临着许多深层次问题。投资方面高等教育生均投资不足、研发投资强度不高、基础研究投入过低，培养方面研究生培养比重偏低、创新教育长期缺失，引进方面国际创新型人力资本引进规模和质量整体偏低、吸引力和留存能力较弱，储备方面创新型人力资本整体规模还存在较大缺口、高水平创新型人力资本的规模相对较小且存在结构性缺陷。为此，本文建议设立国家创新型人力资本建设基金，增加创新型人力资本投入；创新人才培养模式，全面推行创新教育，强化创新型人才培养；实行更具包容和竞争力的人才引进制度，加大创新型人才引进；完善以市场为主体的创新创业激励机制，强化创新型人才激励。

关键词： "十四五"时期 创新型人力资本 创新型人才

---

* 王博雅，中国社会科学院人口与劳动经济研究所副研究员，研究方向为创新经济。

改革开放以来,随着人均受教育年限和人均预期寿命的不断提高,我国的人力资本能量得到极大释放,成为"中国经济奇迹"的主要推动因素。进入21世纪以来,国内国际环境都发生了巨大变化。一方面,我国步入老龄化社会和中等收入国家行列,结构性矛盾凸显,经济增长从高速增长阶段转向高质量发展阶段,创新驱动发展成为我国经济社会发展的重大战略;另一方面,全球进入第四次工业革命,人工智能快速发展,中美关系日趋紧张,逆全球化思潮重现,新一轮国际竞争愈演愈烈,世界正处于百年未有之大变局。新的国内外形势对人力资本提出了新的要求,我国对创新型人力资本等高层次人力资本的需求越来越大、越来越迫切。我们必须提高重视,深入研究,详细谋划,尽早行动,推动创新型人力资本建设,优化人力资本结构,构建一个能够支撑经济高质量发展和未来国际竞争的人力资本体系,实现人力资本转型升级。

一 "十四五"时期对人力资本的新要求

(一)我国需要大规模的创新型人力资本

人力资本是个人拥有的能够创造个人、社会和经济福祉的知识、技能、素养和特质[①]。人力资本的核心形态随着经济社会的发展而变化。从农耕时代到蒸汽时代,从第二次工业革命到第四次工业革命,社会经济对人的技能需求越来越复杂,对人的综合素质要求也越来越高。改革开放以来,我国积累了大量的中低端人力资本,有效满足了我国低成本工业化阶段的人力资本需求。但是随着我国进入高质量发展阶段,对高层次人力资本的需求量越来越大,当前的人力资本结构已经不能满足我国经济社会发展需要。一方面,随着经济增长向创新驱动转变,对劳动者的技能和素质有了更高的要求;另

---

① OECD, *The Well-being of Nations: The Role of Human and Social Capital*, (Paris: OECD Publishing, 2001), p. 18.

一方面，随着人工智能的快速发展，越来越多简单技能型的工作岗位消失，复杂技能型的岗位越来越多。世界经济论坛（World Economic Forum）2016年发布的《职业的未来：第四次工业革命的就业、技能和劳动力战略》报告认为，在未来的工作中，创新、创造力、分析和解决问题等复杂的思考能力以及领导力将越来越重要①。该论坛2020年发布的《未来职业报告2020》进一步明确了这一趋势②。因此，创新素养和创新能力是未来人才需要具备的核心素质，创新型人力资本也成为未来国家竞争力的关键支撑。

然而，当前我国人口还以中等学历人员为主，高学历人员不多，整体受教育程度与发达国家还存在不小差距。2018年，我国6岁以上人口中，25.3%具有小学学历，37.8%具有初中学历，17.6%具有高中学历，仅有14.0%具有大专及以上学历③。与之相比，2018年美国25岁及以上人口中，35%具有学士或更高学位，其中13.1%拥有硕士学位、专业硕士学位或博士学位。此外，我国高技能人才只有4791万人，仅占就业人员总量的6.2%，高级技工的求人倍率已经达到2以上，供需矛盾十分突出④。创新型人力资本等高层次人力资本的缺乏，已经严重制约了我国经济的转型升级和创新驱动发展。我国必须进行大规模的二次人力资源开发，大力推动创新型人力资本积累。

（二）我国创新型人力资本建设迫在眉睫

我国创新型人力资本的建设任务不但十分重要，而且十分迫切。人力资本的提升具有系统性和长期性，我国正处于人力资本结构升级的关键时刻。研究显示，大多数成功迈入发达国家行列的发展中国家（日本、韩国、新

---

① Klaus Schwab, Richard Samans, *The Future of Jobs: Employment, Skills and Workforce Strategy for the Fourth Industrial Revolution*, (Davos: World Economic Forum, 2016), p. 22.
② Klaus Schwab, Saadia Zahidi, *The Future of Jobs Report 2020*, (Davos: World Economic Forum, 2020), p. 36.
③ 根据国家统计局官网公布的"受教育程度人口数"计算得出。
④ 《中央表态了，今后"技术蓝领"会更吃香》，新华社，http://www.xinhuanet.com/politics/2018-01/25/c_1122312492.htm，最后检索时间：2020年11月23日。

加坡），都出现了"15年跃迁现象"，即"在产业升级初见成效的15年之前，都出现了人力资本的结构性跃迁"。这些成功跨越了"中等收入陷阱"的国家，都是先有15年的高层次人力资本储备，后有产业效率的持续提高和创新机制的形成①。也就是说，创新型人力资本的积累需要实施长期工程，才会见到显著成效。此外，当前我国内部正处于跨越"中等收入陷阱"的关键阶段，外部随着美国不断强化对我国的战略打压，正处于全球竞争的关键时刻，对创新型人力资本的需求也更加迫切。为此，从现在起，就要大力推动我国的创新型人力资本建设。党的十九大报告已经提出，要建设知识型、技能型、创新型劳动者大军，培养造就一大批具有国际水平的战略科技人才、科技领军人才、青年科技人才和高水平创新团队。这也对创新型人力资本建设提出了具体而直接的要求。

二 我国创新型人力资本的发展现状

创新型人力资本是"个人拥有的发现、引入、创造、开发以及整合有价值的新知识、新思想、新事物的素养和能力"。创新型人才是创新型人力资本的载体，创新型人力资本的积累需要通过创新型人才的投资、培养、引进和使用才能实现。按照职能类型，有5类主要的创新型人力资本：科学创新型人力资本、技术创新型人力资本、组织创新型人力资本、战略创新型人力资本和文化创新型人力资本。其中，（1）科学创新型人力资本是个人拥有的发现有价值的新知识、新思想、新事物的能力和素养，对应的创新型人才主要是科学家；（2）技术创新型人力资本是个人拥有的发现、引入、创造、开发以及整合有价值的新技术的能力和素养，对应的创新型人才主要是技术创新人员；（3）组织创新型人力资本是个人拥有的发现、引入、创造有价值的新的组织形式的能力和素养，对应的创新型人才主要是各类管理人

---

① 袁富华、张平、陆明涛：《长期经济增长过程中的人力资本结构——兼论中国人力资本梯度升级问题》，《经济学动态》2015年第5期，第11~21页。

才;(4)战略创新型人力资本是个人拥有的发现有价值的新机会和发展新方向的能力和素养,对应的创新型人才主要是各类企业家或决策部门的领导人;(5)文化创新型人力资本是个人拥有的创造、开发有价值的新的精神文化产品的能力和素养,对应的创新型人才主要是各类思想家、艺术家。

我国相关统计制度尚未建立,创新型人力资本的测算缺少许多必要的原始数据,使得准确测度创新型人力资本的难度较大。但是结合现有各类统计数据,我们也可以粗略了解我国创新型人力资本的基本情况。本文从投资、培养、引进、储备等四个方面,采用表1所示的各个指标对我国的创新型人力资本进行了估算,梳理了我国创新型人力资本的发展现状。

表1 本文创新型人力资本测度维度与指标

测度维度		测度指标
投资		创新投资规模(高等教育投资+研发投资)
培养		高等教育在校学生数量(专科+本科+硕士+博士)
引进		引进人才数量(引进外国专家+来华留学生+学成归国人员)
储备	科学创新型人力资本	基础研究人员数量
	技术创新型人力资本	技术研究人员数量(应用研究人员+试验发展人员)
	组织创新型人力资本	组织管理人才数量(党政人才+企业经营管理人才)
	战略创新型人力资本	创新企业数量
	文化创新型人力资本	–暂未测度–

资料来源:笔者整理。

(一)我国创新型人力资本的投资现状

创新投资是推动创新型人力资本建设的必要条件,创新投资主要包括高等教育投资、研发投资、与创新相关的培训投资以及其他能够提升个人创新能力和素养的投资,其中高等教育投资和研发投资是创新投资的重点。由于数据限制,本文只报告高等教育投资和研发投资的情况。从投资规模上看,2000年以来,我国对普通高等教育和研发活动的投入均不断增加,高等教育经费由2000年的428.51亿元增长到2018年的6905.46亿元,年均增长

17%;研发经费由 2000 年的 896.00 亿元增长到 2018 年的 19677.93 亿元,年均增长 19%。创新型人力资本总投入由 2000 年的 1324.51 亿元增长到 2018 年的 26583.39 亿元,年均增长 18%(见图 1)。

从国际比较上看,经过十多年的高速增长,我国研发经费已经跃居全球第二位,与美国的差距也不断缩小,2018 年只剩 254.55 亿美元的差距。我国的高等教育投资规模在 2005 年和 2010 年先后超过了德国和日本,但是与美国还存在巨大的差距,2015 年我国高等教育经费比美国少了 3498.09 亿美元,远大于与美国的研发投入差距①。

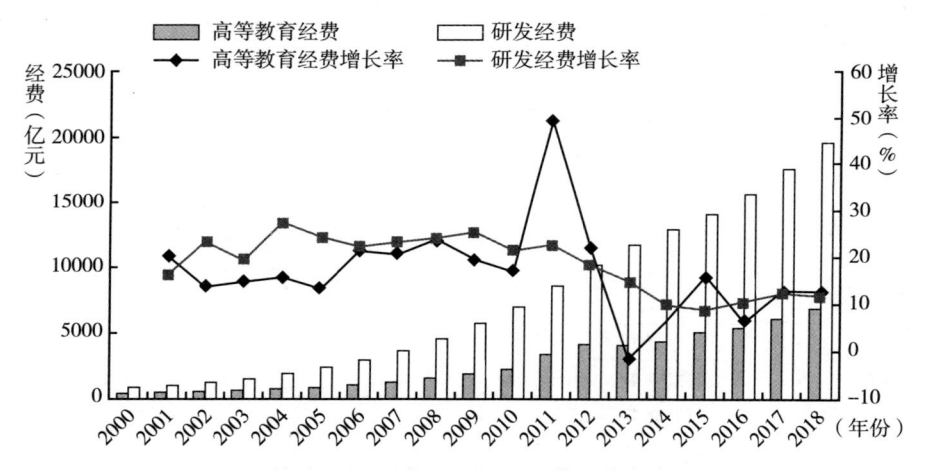

图 1 中国创新型人力资本的投资金额及增长率(2000~2018 年)

资料来源:由于数据限制,本文只统计了高等教育投资和研发投资两类创新投资;高等教育经费全称为"普通高等学校财政预算内教育经费",数据根据历年"全国教育经费统计快报"整理得到;研发经费全称为"研究与试验发展经费支出",数据根据国家统计局官网数据整理得到。

(二)我国创新型人力资本的培养现状

高等教育阶段是培养创新型人才、积累创新型人力资本的主要阶段。高

---

① 数据由作者测算得到;中国的原始数据来自国家统计局官网,美国、日本、德国的原始数据来自 OECD 数据库官网;数据均为 2015 年购买力平价汇率(PPP)美元价格。

等教育在校学生数量的变化一定程度上反映了创新型人力资本培养情况的变化。1999年大学扩招之前,我国每年招收的大学生只有几万人。2000年,我国高等教育在校学生总数为586.22万人,略高于日本和德国,但是与美国还存在较大的差距。1999年大学扩招之后,我国高等教育规模开始快速扩张,2000~2004年,高等教育在校学生总数以每年超过20%的速度增长,总数迅速超过了美国。2004年后,尽管增长率开始逐渐回落,从2004年的20.60%回落到2018年的2.87%,但是一直保持着增长趋势。2018年,我国高等教育在校学生总数已达到3104.16万人,比2000年增长了4.3倍(见图2)。

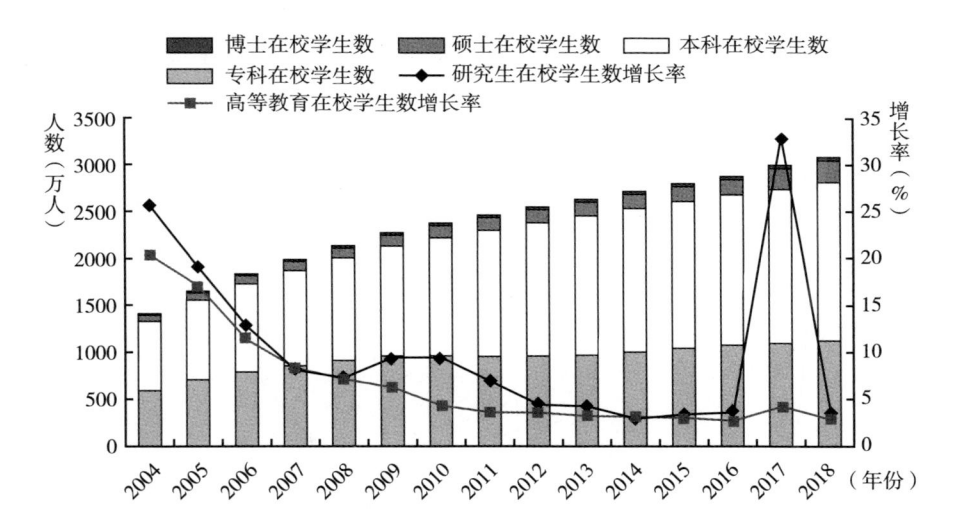

图2 中国高等教育在校学生数量及增长率(2004~2018年)

资料来源:根据国家统计局官网相关数据整理得到。

从培养结构上看,我国的高等教育当前还是以本科和专科教育为主,研究生教育规模还比较小(见图2)。2018年,我国专科、本科、硕士和博士在校学生数量分别为1133.70万人、1697.33万人、234.17万人、38.95万人,分别占高等教育在校生总数的36.52%、54.68%、7.54%、1.26%。在过去十多年的时间里,四类高等教育的规模也都经历了增长,其中以硕士

研究生的扩张最为明显，专科、本科、硕士和博士在校学生数量从2004年到2018年分别扩大了0.90倍、1.30倍、2.58倍、1.35倍。

（三）我国创新型人力资本的引进现状

近年来，我国全球人才吸引力不断增强，吸引的创新型人力资本也在不断增加（见图3）。从吸引的外国专家数量上看，从2002年到2015年，境外来中国大陆工作专家总量由35万人次增长到62.35万人次[①]，截至2018年，超过95万外国人在中国境内工作[②]。从吸引的外国留学生上看，从2000年到2018年，来华留学生的数量由5.2万人增长到49.22万人，增长了8.4倍，我国已经成为亚洲最大留学目的国[③]。从留学归国人员看，2008年以来，我国学成回国人数不断增长，2018年各类留学回国人员数量已经

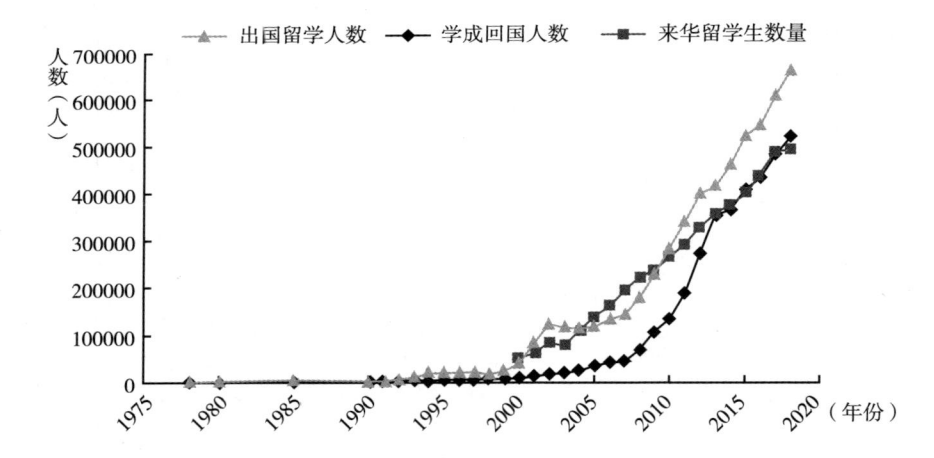

图3　中国出国留学、学成回国和来华留学生数量（1978~2018年）

资料来源：出国留学人数和学成回国人数根据教育部历年"我国出国留学人员情况统计"整理得到，来华留学生数量根据教育部历年"来华留学统计"整理得到。

---

① 周灵灵：《国际移民和人才的流动分布及竞争态势》，《重庆理工大学学报》（社会科学）2019年第7期，第1~15页。
② 《逾95万外国人在中国境内工作》，新华社，http://www.xinhuanet.com/fortune/2019-04/14/c_1124365178.htm，最后检索时间：2020年11月23日。
③ 根据教育部历年《来华留学生简明统计》整理得到。

达到了 51.94 万人，1978～2018 年底累计有 365.14 万人（占已完成学业群体的 84.46%）在完成学业后选择回国发展①。

(四) 我国创新型人力资本的储备现状

1. 科学创新型人力资本现状

研发人员中的基础研究人员是开展科学创新活动的主体，可以作为衡量科学创新型人力资本规模的代理变量。图 4 展示了 2000 年以来我国基础研究人员的数量和增长率变化情况。过去 18 年的时间里，我国基础研究人员全时当量不断增长，从 2000 年的 7.96 万人年增长到 2018 年的 30.50 万人年。从增长率的情况来看，除了 2001 年出现了小幅的负增长之外，其余年份均保持正的增长率，个别年份的增长率甚至达到了两位数（2004 年的增长率为 23.41%，研究区间内最高）。这表明中国拥有一支持续增长的基础研究型人才队伍，这也是中国推进自主创新的重要人力资本。

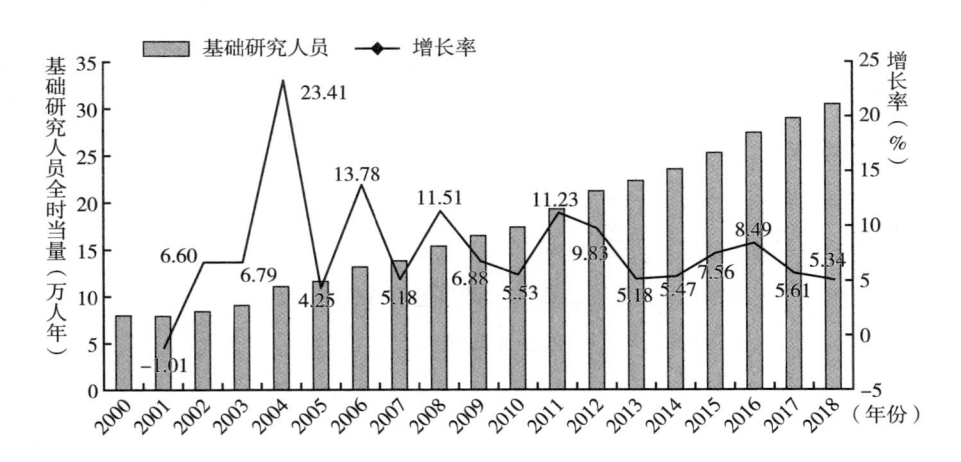

图 4　中国基础研究人员全时当量及增长率（2000～2018 年）

资料来源：根据国家统计局官网相关数据整理得到。

---

① 《2018 年度我国出国留学人员情况统计》，教育部，http://www.moe.gov.cn/jyb_xwfb/gzdt_gzdt/s5987/201903/t20190327_375704.html，最后检索时间：2020 年 11 月 23 日。

2. 技术创新型人力资本现状

研发人员中的应用研究人员和试验发展人员是开展技术创新活动的主体，可以作为衡量技术创新型人力资本规模的代理变量。图5展示了2000年至2018年我国研发人员中从事应用研究和试验开发两类活动的人员的全时当量和增长率变化情况。从数量上看，2000年两类人员的全时当量为84.24万人年，2018年达到407.65万人年，增幅达到384%，明显超过基础研究人员全时当量的增长。从增长率来看，在观察区间内增长率始终为正，特别是在2004年到2012年保持着较高速的增长。尽管在2012年至2015年增长率出现下滑，但在2015年之后增长率又开始逐年上升。

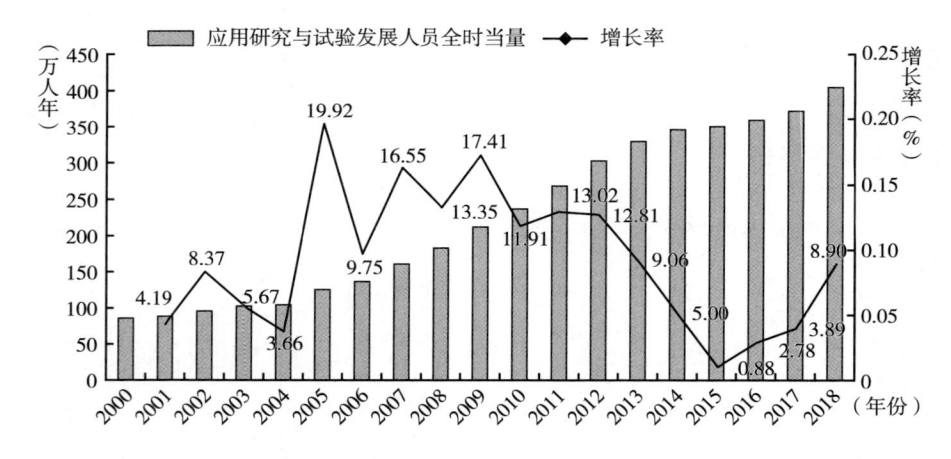

图5 中国应用研究和试验发展人员数量及增长率（2000～2018年）

资料来源：根据国家统计局官网相关数据整理得到。

3. 组织创新型人力资本现状

组织创新型人力资本是个人拥有的发现、引入、创造有价值的新的组织形式的能力和素养，对应的创新型人才主要是各类管理人才。中共中央组织部发布的相关数据显示：2010年，全国共有各类组织管理人才3680.8万人，其中党政人才701.0万人，企业经营管理人才2979.8万人（公有制经济532.9万人，占17.9%；非公有制经济2446.9万人，占82.1%）（见表2和表3）。2015年，全国组织管理人才总量增长到5063.1万人，其中党政人才729.0万人、企业经营管理人才4334.1万人，较2010年分别增长4.0%、45.5%。从学历上看，党政人才学历层次较高，以本科学历为主，企业经营管理人才的学历水平相对较低，大部分为中专及以下学历。2010年，党政人才和企业经营管理人才中具有大学本科及以上学历的比例分别为55.8%和25.8%[①]。

表2　中国党政人才概况（2010～2012年）

单位：万人，%

分布	指标	数量（万人）			占比（%）		
	年份	2010年	2011年	2012年	2010年	2011年	2012年
	人才总数	701.0	713.9	720.9	100.0	100.0	100.0
学历	研究生	30.7	35.3	39.9	4.4	4.9	5.5
	大学本科	360.1	381.8	400.0	51.4	53.5	55.5
	大学专科	248.7	242.3	232.1	35.5	33.9	32.2
	中专及以下	61.5	54.5	48.9	8.8	7.6	6.8
职务	县处级及以上	75.2	77.2	79.3	10.7	10.8	11.0
	乡科级及以下	601.4	575.4	560.2	85.8	80.6	77.7
	行政执法类人员	24.3	61.3	81.5	3.5	8.6	11.3

资料来源：《中国人才资源统计报告》（2010～2012年）。

表3　中国企业经营管理人才概况（2010年）

单位：万人，%

分类标准	指标	数量（万人）	占比（%）
—	人才总量	2979.8	100.0
经济领域	公有制经济领域	532.9	17.9
	非公有制经济领域	2446.9	82.1
学历	研究生	75.1	2.5
	大学本科	693.6	23.3
	大学专科	911.3	30.6
	中专及以下	1299.7	43.6

资料来源：《中国人才资源统计报告》（2010年）。

[①] 2010年数据来自《中国人才资源统计报告》（2010年），2015年数据来自《全国人才资源统计结果显示：我国提速迈向人才强国》，新华社，http://www.xinhuanet.com/2017-08/29/c_1121565760.htm，最后检索时间：2020年11月23日。

4. 战略创新型人力资本现状

战略创新型人力资本对应的创新型人才主要是企业家和国家决策部门负责人，但是企业家数量和国家决策部门负责人数量的直接数据难以获得。为此，我们以创新企业数量作为企业家的代理变量，暂不考察国家决策部门负责人的数量。过去二十多年，尽管经济发展经历了一些波折，但是我国创新企业依然实现了长足增长。图6展示了1995年以来中国科技企业数量及增长率的变化情况。从数量上看，过去20多年，我国科技企业数量实现了长足增长，科技企业孵化器累计毕业企业数量从2000年的2790个增长到2017年的110701个，高新技术企业数量从2000年的20867个增长到2017年的130632个，我国战略创新型人力资本得到了极大的提升。从增长率上看，除了个别年份（如2008年和2009年），我国高新技术企业数量基本实现了两位数增长，2012年后，科技企业孵化器累计毕业企业数量和高新技术企业数量都实现了20%左右的增长，增长率也均呈增长趋势，说明我国战略创新型人力资本的提升速度也在不断加快。

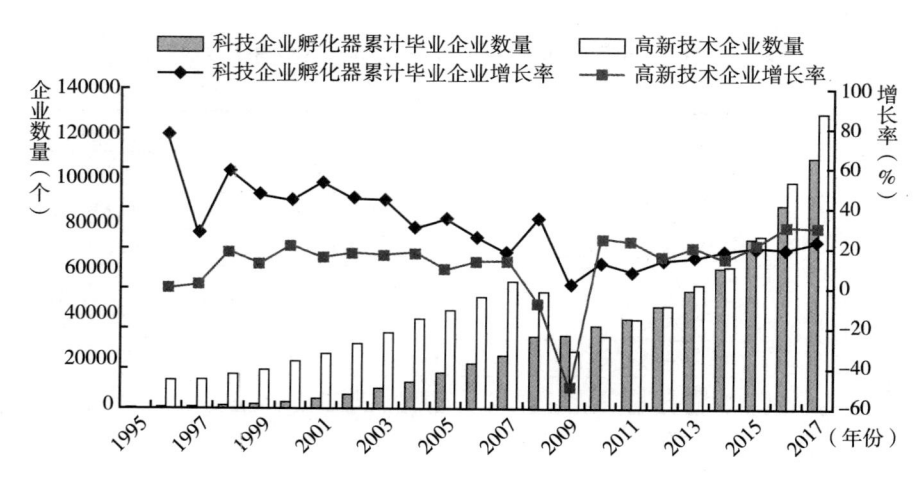

图6 中国科技企业数量及增长率（1995~2017年）

资料来源：根据科技部官网和Wind数据库相关数据整理得到。

三 我国创新型人力资本建设面临的问题

（一）我国创新型人力资本投资面临的问题

1. 高等教育生均投资不足

随着我国人才需求的提升，高等教育要由数量化发展阶段转向质量化发展阶段，提升高等教育生均投资是提升高等教育发展水平的物质基础。然而，我国不仅高等教育总投资与美国还有巨大差异，高等教育生均投资更是远远低于美国、德国、日本等主要创新型国家。2015年，我国高等教育生均教育经费为4687.29美元，而同期美国、日本、德国分别为30003.24美元、19289.16美元、17035.57美元，均远远高于我国（见图7）。

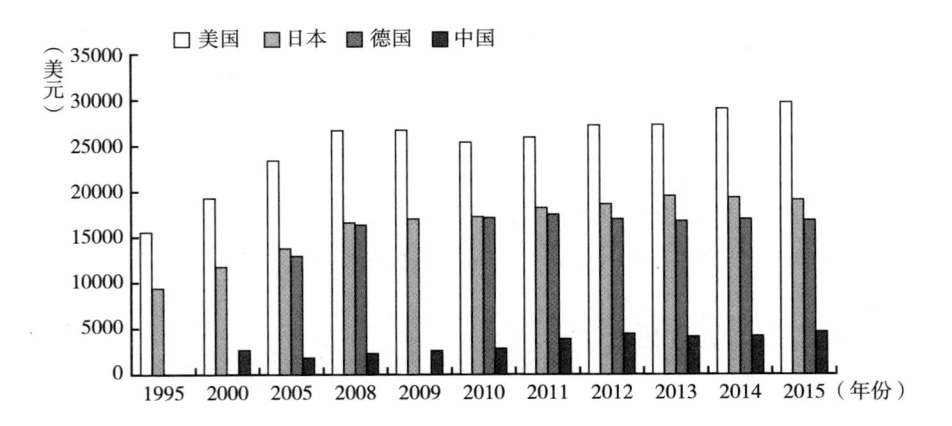

图7 中美德日四国高等教育生均教育经费比较（1995～2015年）

资料来源：中国数据来自国家统计局官网，美国、日本、德国数据来自OECD数据库官网；数据只涵盖1995～2015年的部分年份；数据均为2015年美元价格；中国数据先用居民消费价格指数调成2015年人民币价格，然后用OECD的购买力平价汇率（PPP）换算成2015年美元价格。

2. 研发投资强度不高

研发投资强度是研发投入占GDP的比重，是衡量创新投资力度的重要指标。全球主要发达国家研发投入占GDP的比重普遍长期稳定在2.5%以上，部分国家（如日本、芬兰、丹麦、瑞士、韩国、以色列等）长期稳定在3%以上。过去20多年，我国研发投资强度不断增长，从2000年的不到1%，增长至2018年的2.19%，与美国、德国、日本等主要创新型国家的差距明显缩小，但仍有一定差距（见图8）。我国2018年的研发投资强度还未达到美国和德国1981年的水平（美国2.27%、德国2.35%）。

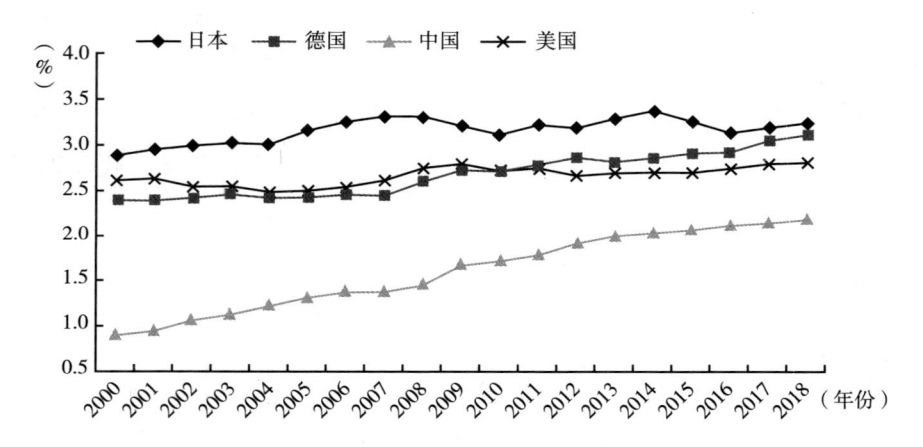

图8 中美德日四国研发投入GDP占比比较（2000~2018年）

资料来源：根据经合组织（OECD）官网相关数据整理得到。

3. 基础研究投入过低

表4展示了中国、美国、日本三国研究经费的结构分布情况。数据显示，中国的基础研究比重较低，与美国和日本差距明显，从2017年的数据来看，中国的基础研究比重仅为5.5%，远低于美国的17.0%以及日本的13.7%，基础研究成为中国与发达国家的主要差距。同时，中国应用研究的比重也明显低于美国与日本，由于基础研究和应用研究是创造新知识、新技术的主要途径，这种差距也是我国自主创新能力不强的原因。

表 4 中美日三国研究经费结构比较（2003~2017 年）

单位：%

年份	研究类型								
	基础研究			应用研究			试验发展		
	中国	美国	日本	中国	美国	日本	中国	美国	日本
2003	5.7	19.1	13.3	20.2	23.9	22.4	74.1	57.1	5.7
2008	4.7	17.3	8.8	13.0	22.4	40.6	82.3	60.3	4.7
2009	4.7	19.0	12.5	12.8	17.8	22.3	82.7	63.2	4.7
2013	4.7	17.6	12.6	10.7	19.9	20.9	84.6	62.5	4.7
2015	5.1	17.2	12.5	10.8	19.4	20.8	84.1	63.4	5.1
2016	5.2	16.9	13.2	10.3	19.7	19.7	84.5	63.4	5.2
2017	5.5	17.0	13.7	10.5	20.4	19.5	84.0	62.6	5.5

资料来源：根据历年《中国科技统计年鉴》相关数据整理得到。

（二）我国创新型人力资本培养面临的问题

1. 研究生培养比重偏低

国际上通常认为，高等教育毛入学率在15%以下时属于精英教育阶段，15%~50%为高等教育大众化阶段，50%以上为高等教育普及化阶段。2019年，我国高等教育毛入学率达到51.6%，首次超过50%，高等教育由大众化阶段进入普及化阶段。随着我国高等教育进入普及化阶段，人才培养结构需要进一步上移。联合国教育、科学及文化组织（United Nations Educational, Scientific and Cultural Organization）的统计数据显示，中国的研究生比重偏低，仅在6%上下浮动，与美、德、日等发达国家有明显的差距，美国、日本的研究生层次的学生占比均超过了10%，德国更是达到了40%（见表5），这说明，相较于主要发达国家，中国的研究生数量占比较低。

2. 创新教育长期缺失

创新素养和创新能力的形成是经年累月的过程，中小学是个体创新素养和创新能力的奠基阶段，本科是个体创新素养和创新能力的关键形成阶段，研究生是创新素养和创新能力的系统深化阶段，工作阶段是个体创新素养和创新能力的巩固拓展阶段。创新型人才的培养需要从小学到研究生各个教育阶段竞相接力,需要家庭教育、学校教育、社会教育共同支撑。然而,我国在人才培养的各个阶段和环节,创新教育都长期缺失。在基础教育阶段,为了满足升学率的考核要求,不少学校将主要精力放在了应试环节,缺乏对学生基础科学思维和科学方法的系统培养。在本科教育阶段,不少学校本科生的培养模式仍然是传统的灌输模式,课程内容仍然以传授知识为主,缺乏相应的实践学习和体验学习环节,大量学生缺乏自主学习的动力。在研究生教育阶段,学生缺少足够的实践性和前沿性训练,学生的探究学习、合作学习和创新学习能力培养不足,不少学校甚至将研究生教育本科化,许多研究生缺乏独立的科研创新能力。

表5 中美德日四国高等教育学生分布结构比较(2013~2017年)

单位:%

学生占比	2013年	2014年	2015年	2016年	2017年
中国-专科	40.78	42.79	42.64	42.51	42.22
中国-本科	52.55	51.36	51.51	51.62	51.81
中国-硕士	5.82	5.12	5.10	5.10	5.16
中国-博士	0.85	0.73	0.74	0.77	0.81
美国-专科	37.20	37.23	37.26	37.30	36.37
美国-本科	48.23	48.04	47.82	47.45	48.00
美国-硕士	12.61	12.74	12.90	13.18	13.78
美国-博士	1.96	2.00	2.02	2.07	1.85
德国-专科	0.02	0.02	0.01	0.01	0.01
德国-本科	58.85	59.57	60.19	60.22	60.15
德国-硕士	33.47	33.04	33.20	33.30	33.42
德国-博士	7.67	7.37	6.59	6.47	6.41
日本-专科	19.82	20.03	20.08	19.99	19.85
日本-本科	69.48	69.42	69.39	69.49	69.07
日本-硕士	8.77	8.63	8.61	8.60	8.99
日本-博士	1.93	1.92	1.92	1.93	2.10

资料来源:根据联合国教育、科学及文化组织(United Nations Educational, Scientific and Cultural Organization)官网相关数据整理得到。

(三)我国创新型人力资本引进面临的问题

1. 国际创新型人力资本引进规模和质量整体偏低

未来的创新型人力资本和人才竞争是面向全球的,想要提升国际竞争力,不仅要着力培养国内的创新型人力资本,也要"聚天下英才而用之",引进利用国际高水平的创新型人力资本。经过十多年的耕耘建设,我国引进利用的国际人力资本已经大大提升,但是全球创新型人才流动的总体趋势仍是由发展中国家向发达国家流动,我国人才引进总量和人口占比仍然很小,人才引进的质量整体偏低。国际移民组织(International Organization for Migration)发布的《世界移民报告2020》显示,截至2019年,印、墨、中、俄四国分别有1750万、1180万、1070万、1050万人移民国外,其中中国有300万人移民到美国,而且大部分为出国留学的专业学科内的拔尖人才;从移民的人口占比上看,2019年,世界移民人口占比平均为3.5%,发达国家基本超过10%,印度也有0.38%,而中国的外国人比例只有0.07%(103.1万)①。总体上看,美英等发达国家是全球人才的主要接受国,而中印等发展中国家是全球人才的输出大国。

2. 国际创新型人力资本吸引力和留存能力较弱

除了国际创新型人力资本的存量偏低之外,我国当前对国际创新型人力资本的吸引力和留存能力也较弱。欧洲工商管理学院(INSEAD)及其合作机构联合发布的《全球人才竞争力指数》报告显示,中国在人才培养方面表现突出,但对全球人才的吸引力和全球优秀人才的留存能力相对较弱。2016~2020年,中国的全球人才吸引力排名一直位于70名以后,而且近年来有退步的趋势,由2016年的71名退步到2020年的87名;全球优秀人才留存能力排名尽管有所上升,但是2020年依然排在全球50名以后(见表6),与美国(2020年全球人才吸引力排名11,全球人才留存能力排名12)、德国(2020年

---

① Marie McAuliffe, Binod Khadria, *World Migration Report 2020*, (Geneva: International Organization for Migration, 2019), pp. 19 – 122.

全球人才吸引力排名19，全球人才留存能力排名10）、日本（2020年全球人才吸引力排名40，全球人才留存能力排名16）等创新性大国还存在不小差距①。

表6　中国人才竞争力指数排名（2016~2020年）

排名	2016年	2017年	2018年	2019年	2020年
全球人才竞争力整体排名	48	54	43	45	42
人才基础设施排名	52	52	43	43	45
人才培养排名	27	39	29	24	22
全球知识技能排名	26	27	22	43	29
职业技术技能排名	73	81	66	67	73
全球人才吸引力排名	71	100	76	76	87
全球优秀人才留存能力排名	71	71	64	62	52

资料来源：根据历年《全球人才竞争力指数》报告整理得到。

（四）我国创新型人力资本储备面临的问题

1. 创新型人力资本整体规模还存在较大缺口

随着我国进入高质量发展阶段，越来越多的企业开始开展创新活动，对基础科学人才、高端研发人才、新经济领军人才等创新型人才的需求越来越多，形成了越来越大的创新型人力资本需求。在科学创新领域，国家开始大力推动基础研究发展，于2018年和2020年先后出台了《国务院关于全面加强基础科学研究的若干意见》（国发〔2018〕4号）和《加强"从0到1"基础研究工作方案》（国科发基〔2020〕46号），对科学创新型人力资本形成了更加迫切的需求。在技术创新领域，科学技术部公布的"2019年全国企业创新调查"结果显示，73.3%的受访企业家认为高素质人才对创新的成功至关重要，28.9%的企业家认为企业创新的主要障碍是"缺乏人才或人才流失"②。2017年"全国中高级人才洽谈会"的调查统计显示，70%的

---

① Bruno Lanvin, Felipe Monteiro, *The Global Talent Competitiveness Index 2020: Global Talent in the Age of Artificial Intelligence*, (Fontainebleau: INSEAD, 2020), pp. 265-342.
② 《2018年我国企业创新活动特征统计分析》，科学技术部，http://most.gov.cn/kjbgz/202004/t20200417_153225.htm，最后检索时间：2020年11月23日。

参会企业需要研发技术类人才①。而为了支持创新驱动发展，我们还需要更多的企业家和组织管理人才。

然而，我国创新型人力资本的储备还十分有限，存在较大缺口，不能满足当前和未来的经济社会发展需要。第十次"中国公民科学素质调查"结果显示，2018年我国仅有8.47%的公民具备科学素质，还未达到美国1988年（10%）的水平。在研究人才方面，我国研发人员密度仍远落后于世界主要创新国家，多数发达国家的每万名就业人员的R&D人员数量仍然是中国的2倍以上（见表7）②。在产业人才方面，我国2025年在机器人、新材料、节能与新能源汽车、生物医药和高性能医疗器械、新一代信息技术产业等领域的人才缺口将分别达到450万人、400万人、103万人、40万人和450万人③。

表7 R&D人员总量超过10万人年的国家R&D人员概况

国家	年份	R&D人员（万人年）	万名就业人员R&D人员数（人年/万人）	R&D研究人员（万人年）	万名就业人员R&D研究人员数（人年/万人）
中国	2017	403.4	52.0	174.0	22.4
澳大利亚	2010	14.8	133.0	10.0	90.3
巴西	2014	37.7	30.9	18.0	14.8
加拿大	2016	22.3	120.9	15.5	84.1
法国	2017	43.5	155.8	28.9	103.4
德国	2017	68.2	154.0	41.4	93.4
印度	2014	52.8	7.8	28.3	4.2
意大利	2017	29.2	116.2	13.6	54.3
日本	2017	89.1	131.9	67.6	100.1

---

① 《深圳研发技术人才市场需求最大》，人民网，http://sz.people.com.cn/n2/2017/0801/c202846-30554209.html，最后检索时间：2020年11月23日。
② 《科技统计报告汇编丨我国科技人力资源发展状况分析》，科学技术部，https://www.nstrs.cn/Admin/Content/ArtileDetails.aspx?arid=5570，最后检索时间：2020年11月23日。
③ 《新职业——人工智能工程技术人员就业景气现状分析报告》，人力资源和社会保障部，http://www.mohrss.gov.cn/SYrlzyhshbzb/dongtaixinwen/buneiyaowen/202004/t20200430_367110.html，最后检索时间：2020年11月23日。

续表

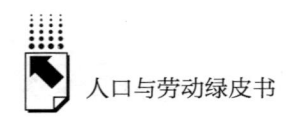

国家	年份	R&D 人员 (万人年)	万名就业人员 R&D 人员数 (人年/万人)	R&D 研究人员 (万人年)	万名就业人员 R&D 研究人员数 (人年/万人)
韩国	2017	47.1	177.5	38.3	144.3
荷兰	2017	13.8	152.1	8.5	93.8
波兰	2017	12.1	74.6	9.6	59.3
西班牙	2017	21.6	110.7	13.3	68.4
土耳其	2017	15.4	55.1	11.2	40.1
英国	2017	42.5	132.4	29.0	90.4
美国	2016	—	—	137.1	89.3
俄罗斯	2017	77.8	107.9	41.1	56.9

资料来源：根据经合组织（OECD）官网相关数据整理得到。

2. 高水平创新型人力资本的规模相对较小且存在结构性缺陷

除了整体规模较小，我国创新型人力资本还存在结构性矛盾，基础研究、前沿领域和具有世界领先水平的高水平创新人才严重短缺。截至2019年10月，诺贝尔科学奖（物理学奖、化学奖、生理学或医学奖）的616位获奖者中，42.2%（260人）为美国人，其他绝大多数获奖者也都来自英国（84人）、德国（68人）、法国（34人）、日本（22人）等主要创新国家；而中国（含中国香港）仅有屠呦呦（2015年）和高锟（2009年）两人获得了诺贝尔科学奖①。截至2018年9月，23项科技领域国际大奖②的2117位获奖者中，54%（1144人）的获奖者为美国人，而中国（包括港澳台地区）仅有14人。可以看出，我国在科技领域国际奖项的占有率上表现不甚

---

① 张小强等：《数说诺奖：谁称霸了自然科学的江湖》，《中国科学报》2019年10月16日，第4版。
② 科技领域国际大奖的获奖情况，直接反映了各个国家在科技领域的创新能力。张志强等（2018）选取了综合领域和8大科技领域（基础前沿交叉、能源、信息、先进材料、生命与健康、资源生态环境、海洋、光电空间）具代表性的23项国际重大科技奖项，具体奖项包括：菲尔兹奖、阿贝尔奖、狄拉克奖章、费米奖、艾夫斯奖章、普利斯特里奖、戴维奖章、先进材料奖、希佩尔奖、国际能源奖、拉斯克医学奖、盖尔德纳基金会国际奖、世界粮食奖、世界农业奖、斯维尔德鲁普金质奖章、泰勒环境成就奖、维特勒森奖、国际气象组织奖、图灵奖、冯·卡门奖、沃尔夫奖、日本京都奖、克拉福德奖。

理想，国际科技大奖的获奖人数与主要发达国家相比还有很大差距[①]。截至2019年11月，全球的"高被引科学家"[②]主要集中在美国（2019年2737人次上榜，占全球的44%），中国的高被引科学家世界占比2014年至2019年快速增长，陆续超越了德国、英国，在2019年首次升至世界第2位（2019年，中国内地有636人次上榜，港澳台地区有99人次上榜），然而与美国相比，差距依然巨大。同时，从2019年的数据来看，中国的高被引研究者主要集中于化学、工程学、材料学、计算机科学等少数学科，临床医学、经济学与商学、社会科学等学科高被引研究者数量较少，学科分布不均衡的问题较为突出[③]。

四 "十四五"时期我国创新型人力资本的提升建议

（一）设立国家创新型人力资本建设基金，增加创新型人力资本投入

针对我国当前和未来对创新型人力资本的战略需求，"十四五"时期我国要大力推动创新型人力资本建设，提升创新型人才的数量和质量，增加创新型人才有效供给。建议采用多元化筹资模式，整合财政资金、慈善资金、社会资金，由教育部、科学技术部、人力资源和社会保障部、财政部等相关部委联合设立"国家创新型人力资本建设基金"，成立"国家创新型人力资本建设基金委员会"，通过拨款资助、贷款贴息和资本金投入等方式扶持和引导中小学、大学、科研院所、企业设立创新型人才培养引进机构，成立创

---

① 张志强、田倩飞、陈云伟：《科技强国主要科技指标体系比较研究》，《中国科学院院刊》2018年第10期，第1052~1063页。
② "高被引科学家"是指21个ESI（Essential Science Indicators）学科领域中研究成果被引频次位于同学科前1%的自然科学家和社会科学家，2014年由汤森路透（后更名科睿唯安）开始统计发布。
③ 《重磅！2019年全球高被引科学家名单出炉！》，青塔网，https://www.cingta.com/detail/15404，最后检索时间：2020年11月23日。

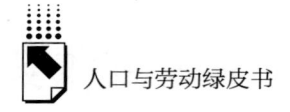

新型人才培养引进项目，开展创新型人才培养引进活动，从制度上保障创新型人力资本投入不断增加。在"十四五"结束时，将创新型人力资本投资提升到与创新型人力资本建设规模相适应的额度，并通过制度创新提高投资效益，有效缓解高水平创新型人力资本短缺问题。

（二）创新人才培养模式，全面推行创新教育，强化创新型人才培养

首先，建立好奇心驱动、问题驱动、使命驱动的人才培养机制，维护培养学生的好奇心，培养学生的问题意识、使命意识，注重完善学生的人格个性，使他们成为一个有作为的人、真正自由的人、具有个体独立性的人，具备较高的创新素养；其次，以培养学生创新能力为中心，为学生打下牢固的科学、技术和人文知识基础，培养创造性地发现问题和解决问题的能力，要站在全世界、全人类的视野，培养能够在学识、科学技术、经济社会、文化、艺术、体育等各个领域为国际社会做出贡献的创新型人才；最后，加强各个教育阶段的通力合作，加强社会、学校、家庭的教育合作，建设目标明确、层层递进、多元合作的创新型人力资本培养体系。

（三）实行更具包容和竞争力的人才引进制度，加大创新型人才引进

首先，进一步规范并适当放宽外籍高层次人才在我国的永居条件，广泛吸引海外高层次人才来华（回国）从事创新研究。其次，进一步完善"柔性引才"机制，支持国内的优质企业站位全球，建立海外人才基地，实现全球化引才。再次，进一步推动企业成为选才、引才、用才的主体，加大国家重大人才计划面向产业、服务企业选才引才力度。最后，进一步推动人才聚集，围绕国家确定的重点学科领域和创新方向，集中力量打造若干世界级的人才中心和人才高地，以点带面、示范引领，通过"以才聚才、以才引才"，推动人才引进"链式""裂变"发展。

（四）完善以市场为主体的创新创业激励机制，强化创新型人才激励

首先，在理念上重视、尊重创新型人力资本的市场价值，让创新型人才感受到社会对知识、对人才的尊重、理解和关心，根据创新型人才的技术、成果、态度、技能等因素，设计市场化的报酬机制，为创新型人才独立承担的创造性工作提供所需的财力、物力及人力支持，让他们在潜移默化中发挥工作积极性、发掘出自己的内在潜力。其次，在机制上打破各种制度性障碍，建立开放、包容的人才流动机制和环境，强化科研人员激励改革相关政策的落实；营造激励公平竞争的市场环境，打破制约创新的行业垄断和市场封锁，实行统一的市场准入制度，激发全社会创新创业的活力，培育激励保护企业家精神。

创新发展篇

Innovative Development

G.6 产业升级、人工智能对人力资本新要求

屈小博 王 强*

摘 要: 近年来,中国产业升级速度不断加快,而新基础设施建设将进一步加速产业升级的过程。产业升级改变了劳动力需求,提高了对劳动者人力资本水平的要求。人工智能等能够胜任重复性劳动任务的新技术加速应用,增加了更多发挥人具有比较优势技能的工作岗位,进一步改变了对劳动者人力资本结构的需求。为此,政策制定者需要实施能够适应劳动力需求变化趋势的人力资本积累政策、改革现有的人力资本积累体系,才能更好地适应经济发展对劳动者人力资本水平和结

---

* 屈小博,中国社会科学院人口与劳动经济研究所研究员,研究方向为劳动经济与就业;王强,中国社会科学院大学硕士研究生。

构需求的变化。

关键词： 产业升级　新基础设施　人工智能　人力资本　劳动技能

一　产业升级、新基础设施建设对人力资本的新要求

产业转型升级的重要特征就是生产率的提高。这一过程总是伴随着行业内企业劳动数量的下降和劳动技能的提高。其中第二产业在转型升级中对劳动力需求转变的过程尤为明显。就我国的经验看，制造业企业正从劳动密集型转向资本密集型，生产自动化程度不断增加，降低了对低技能劳动力的需求，但对劳动者技能水平的要求则进一步提高了。第三产业对劳动力的需求也在悄然改变。服务业是中国吸纳就业的主要行业，然而新的服务业就业岗位以及新兴的服务业就业模式，对劳动者的就业技能和人力资本结构都有新的要求。

（一）第二产业劳动密集型行业向资本、技术密集型行业升级的人力资本要求

第二产业升级的一个基本属性就是采用更少的劳动力、更多的资本或技术进行生产。在这个过程中产业结构逐渐从传统的劳动密集型产业升级为资本密集型产业，生产过程中使用到的资本大大增加。为适应生产过程中不断增加的资本，企业对劳动者技能水平的要求也在不断提高，相应减少了生产过程中对低技能水平劳动者的需求。得益于更多地使用高技能水平的劳动者和更多的资本，企业的生产率持续上升，这有助于加速产业的转型升级。

从图1可以看出，当前中国第二产业升级过程中，以受教育年限来衡量，制造业从业劳动力平均人力资本积累水平为10.7年[①]，高于劳动密集

---

① 需要说明的是，第二产业主要包括制造业、采矿业和建筑业等；而采矿业和建筑业的平均受教育程度不仅要低于制造业，同时也集中了第二产业大量的劳动密集型行业。

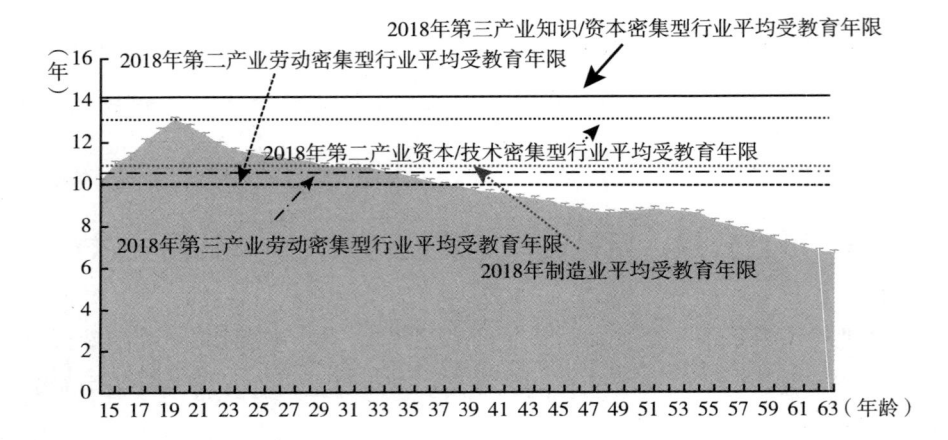

图 1　劳动年龄人口平均受教育年限与产业升级人力资本要求

资料来源：根据《2005年1%人口抽样调查资料》和《中国人口与就业统计年鉴2019》计算所得。

型第二产业的平均受教育年限 9.8 年，但距离目前第二产业资本/技术密集型行业平均受教育年限 13.2 年的水平相差 2.5 年的人力资本积累。再结合图 1 每个年龄组人力资本积累分布观察，第二产业升级过程中对人力资本的需求，即第二产业资本/技术密集型行业平均受教育程度，全部劳动年龄人口的受教育水平在最好的年龄段，也只有 20 岁上下的这个年龄段仅满足当前第二产业升级的需求。因此，第二产业升级对人力资本的要求以受教育程度来衡量，平均要提高第二产业从业劳动力受教育年限 3 年左右。在机器人、人工智能新技术加速应用的背景下，智能制造对第二产业劳动力人力资本提高的要求更为迫切。第二产业劳动密集型行业中农民工是主要就业群体，其人力资本主要是初中及以下，占 2/3 以上（见图 2）比例。虽然在过去 10 年农民工群体的受教育程度呈现提高的趋势，但幅度非常微弱。这说明在中国当前的人力资本积累模式下，要使普通劳动力的人力资本积累满足第二产业升级的要求非常困难，积累相应的受教育年限所花费的时间也相对较长。因为个人在进入劳动力市场后，提高受教育程度较为困难，作为人力资本积累的另一种途径，增加在职培训有助于弥补当前劳动者人力资本水平的不足。因而有必要大力发展在职培训等有别于传统的通过全日制学校教育积累人力资本的体系，通过政策调整提高农民工群体的实际技能水平和"干中学"的人力资本积累。

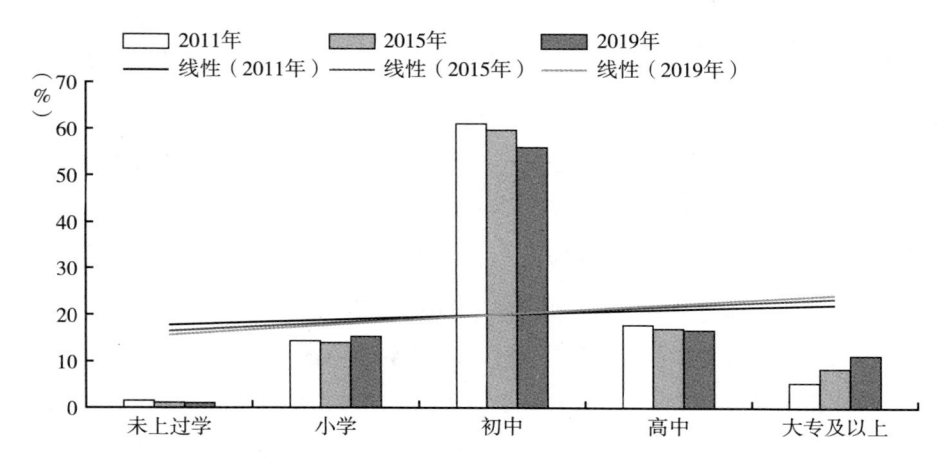

图2　2011~2019年农民工不同受教育程度占比

资料来源：根据国家统计局《农民工监测调查报告2011~2019》计算所得。

（二）第三产业服务密集型行业向知识、资本密集型行业升级的人力资本要求

第三产业结构调整和升级时，也只有具有更高教育水平和人力资本水平的劳动力才可以满足新产业对于新技能劳动力的需要①。向高收入阶段发展过程中，服务业中人力资本密集程度、知识密集程度将会大幅提高。服务业行业新兴的就业岗位也会更多地具有资本和技术密集型的特征，对劳动者的人力资本需求也会更多偏向知识和技术型。如图1显示，2018年中国第三产业劳动密集型行业的平均受教育年限是10.2年，而第三产业知识/资本密集型行业的平均受教育年限是14.2年。也就是说第三产业劳动密集型行业向

---

① Buera, Francisco. , Joseph. Kaboski, 2012, "The Rise of the Service Economy," *The American Economic Review*, 102（6）, pp. 2540 – 2569.

知识密集型、资本密集型行业升级过程中，以受教育程度来衡量，需要从业劳动力的人力资本提高平均4年的受教育年限。就业岗位对劳动者人力资本的需求与劳动者实际的人力资本供给之间存在着相当大的差距。第三产业劳动密集型行业也是农民工就业的主要行业，农民工平均受教育年限2011年为9.28年，2015年为9.48年，2019年也仅为9.62年。农民工的平均教育程度还没有达到目前第三产业服务密集型行业岗位平均人力资本积累的要求。

从工资刚性和产业结构调整的不可逆性来说，第三产业服务密集型行业虽然就业比重较高，但中国未来的第三产业结构是在不断调整和升级的，尽管增长速度会慢一些，但随着第三产业结构升级，岗位需求会迅速变化。即随着经济增长和技术进步的不断深化，第三产业人力资本密集程度和知识密集程度需求会不断提高，这些产业对人力资本的需求将会大幅度的增加。而第三产业服务密集型行业的需求由于劳动力成本的上升，不会高于目前第三产业技术密集型岗位需求。目前的普通劳动力，尤其是农民工群体将会面临人力资本积累难以达到就业岗位门槛的要求。目前农民工有其工作的岗位，但是未来这些岗位消失了，新的岗位对农民工人力资本水平的需求要高于其当前的水平，技能供给难以满足第三产业升级的岗位需求。

（三）新基础设施建设带动产业结构升级对人力资本的新要求

基础设施是驱动工业革命的三大核心要素之一。自2018年12月中央经济工作会议确定2019年重点工作任务时提出"加强人工智能、工业互联网、物联网等新型基础设施建设"，新基建首次出现在中央决策层面的会议中。新基建带动的产业结构升级主要包含三个方面：一是信息基础设施。包括以5G、物联网、工业互联网、卫星互联网为代表的通信网络基础设施，以人工智能、云计算、区块链等为代表的新技术基础设施，以数据中心、智能计算中心为代表的计算能力基础设施等。二是融合基础设施。主要指深度应用互联网、大数据、人工智能等技术，支撑传统基础设施转型升级，进而形成的融合基础设施。比如，智能交通基础设施。三是创新基础设施。主要是指支撑科学研究、技术开发、产品研制的具有公益属性的基础设施，比如，重大科技基础设施、科教基础设施、产业技术创新基础设施等。

新基础设施建设对人力资本积累提出更高更新的要求，突出的特征表现为：首先，新基建重点是投资科技端的基础设施建设。因而新基建有助于加快劳动者人力资本积累，进而提高企业的生产效率，助力企业转型升级。其次，新基建既是经济高质量发展的重要驱动力，也会显著推进我国数字经济、智能制造、新能源产业以及城市群、都市圈的新产业的发展。人力资本可能是主要的短板，要把人力资源转为人才红利。再次，"新基建"的投资项目必然催生对于高技能人才的需求。而人力资本投资与物质资本投资具有高度的互补性，投资高技能人才，可以导致企业采用更加偏好高技能劳动者的技术，从而内生地驱动产业升级与技术进步。最后，人力资本投资所带来的生产力水平提高，可以缓解人口低生育率和老龄化带来的负面影响。这也是我国在面临"人口红利"消退挑战下提高人口质量的应有之义。

二 人工智能、机器人新技术应用对人力资本的新要求

中国经济的快速发展，改变了中国劳动力市场的就业结构，也体现了经济发展对不同劳动力需求的变化。在就业结构改变的过程中，常规认知型和常规操作型的就业岗位呈现下降的趋势，非常规认知型和非常规操作型的就业岗位逐渐增加。人工智能等新技术的应用是改变中国就业结构变化的重要因素，也影响着对劳动技能的需求。创造性工作任务相较于重复性工作任务被新技术替代的可能性相对更低，因而在新技术应用的背景下劳动力市场对此类技能劳动力的需求将不断上升。就业结构、工作任务的变化趋势，对传统的人力资本积累提出了挑战，增加了对专业技能而不是通用性技能的需要，增加了对分析交流能力而不是处理重复性任务能力的需要。

（一）人工智能、机器人加速应用导致对工作任务需求的变化，产生对人力资本的新要求

首先，与以往技术进步不同的是，人工智能将替代更多的工作岗位，使

机器在替代体力工作、重复性"可被编码"工作任务的同时也增加了对智力工作岗位的替代[①]。从事常规和低技能工作任务的劳动者，其人力资本积累面临被淘汰的风险。人工智能还增加了以前由高技能工人所承担的非常规、认知型工作任务的自动化程度。工作任务的变化体现了市场对新技术可以取代技能的需求量变化。因此，工作任务的变化本质上就是技能需求的变化。

其次，人工智能等新技术使劳动力具有比较优势的新工作任务、生产组织方式及经济活动不断被创造[②]。一是人工智能技术进步降低了价格成本而促生新的工作岗位。人工智能在医疗、教育、养老等服务业领域的应用，会产生新的就业岗位，也会提高服务质量。从养老产业看，通过给老年人佩戴能够实时监测心跳、血压等能够反映老年人健康的智能设备，在老年人身体状况发生变化时，智能设备能够为医生及其他的护理者提供及时的反馈，减少了照护人员常规重复性监测任务的工作时间，也能根据老年人的实时身体状况进而提供具有个性化的照料服务，不仅有助于增加处理紧急事件医护人员的规模，还会相应增加设计养老计划的就业岗位。二是人工智能可以通过智能算法为许多服务行业创造需求，创造新的工作任务。例如，外卖行业通过优化送餐路线，扩大了商家的经营范围，有助于企业雇佣更多的"外卖小哥"。三是机器学习、深度学习和人工智能广泛涉及决策的过程，包括管理决策制定、提升数据管理，故障、缺陷和欺诈的检测，客户偏好、满意度的追踪等工作岗位和工作任务。

最后，人工智能在企业的广泛应用，不仅有助于提高企业的生产效率，也会改变就业岗位的技能需求。21世纪以来，各国劳动力市场均呈现对重复性工作任务需求的下降。在一些发展中国家，非重复操作性和非重复认知

---

① Acemoglu, Daron., Pascual. Restrepo, 2019, "Automation and New Tasks: How Technology Displaces and Reinstates Labor," *Journal of Economic Perspectives*, 33 (2), pp. 3 – 30.

② Acemoglu, Daron., Pascual. Restrepo, 2018, "The Race between Man and Machine Implications of Technology for Growth, Factor Shares, and Employment," *The American Economic Review*, 108 (6), pp. 1488 – 1542.

性工作任务的就业比重从不到20%上升至23%，主要的发达经济体中这一比例也从33%上升到41%，并且非重复性工作任务的回报也在不断增加①。一方面，非重复性工作岗位的劳动者有着相对高的分析、人际关系处理等技能。人工智能通过减少此类劳动者日常的重复性工作，使劳动者能够更专心地从事生产率高的非重复性工作任务。另一方面，当劳动者掌握的技能呈现专业化水平更高但仍属于重复性的工作任务范畴时，劳动者的就业将面临更大的不确定性威胁②。新技术大范围的应用，不仅会替代低技能水平的工作任务，还会替代一般看来属于高技能水平的工作任务。

（二）中国职业变化与工作任务需求趋势反映的对人力资本新要求

基于1990年、2000年、2010年的人口普查数据和2005年和2015年1%人口抽样调查微观数据，我们分析了当前我国劳动力的就业状况及其职业变化特征。按照工作任务的不同，可以将劳动者划分为四种类型，分别是常规操作性技能劳动者、非常规操作性技能劳动者、常规认知性技能劳动者、非常规认知性技能劳动者。其中操作性劳动者表示劳动者在日常工作中主要是体力劳动。认知性劳动者指的是劳动者日常工作中主要从事脑力劳动。非常规技能劳动者指的是劳动者在日常工作中更多地发挥了人具有比较优势的能力，如沟通交流、解决复杂问题等。常规技能劳动者指劳动者在日常工作中使用的是人不具有比较优势的能力，如物品运输、重复性的表格表单处理等。

我们利用历年人口普查数据反映出来的劳动力的职业数据，分析了中国劳动者在这四种类型就业的分布，并讨论中国劳动力市场在这四种就业类型中分布的变化。图3的结果显示，自1990年以来，常规性工作任务的就业岗位在中国的比重正呈现不断下降的趋势，从最高占据中国50%的就业下降到30%左右。这与近些年来国际劳动力市场呈现的劳动力极化现象

---

① Michaels, Guy., Ferdinand. Rauch, Stephen. Redding, 2013, "Task Specialization in U. S. Cities from 1880 – 2000," *LSE Research Online Documents on Economics*.
② 蔡昉：《经济学如何迎接新技术革命》，《劳动经济研究》2019年第2期，第3~20页。

相一致①②,也与已有根据行业就业将劳动者划分为常规性劳动者和非常规性劳动者得出的结论相一致③。与此同时,非常规性工作任务的就业岗位在我国则呈现不断上升的趋势。其中非常规操作性任务的就业增长幅度约为8%,而非常规认知性的就业任务岗位的增长幅度接近10%。

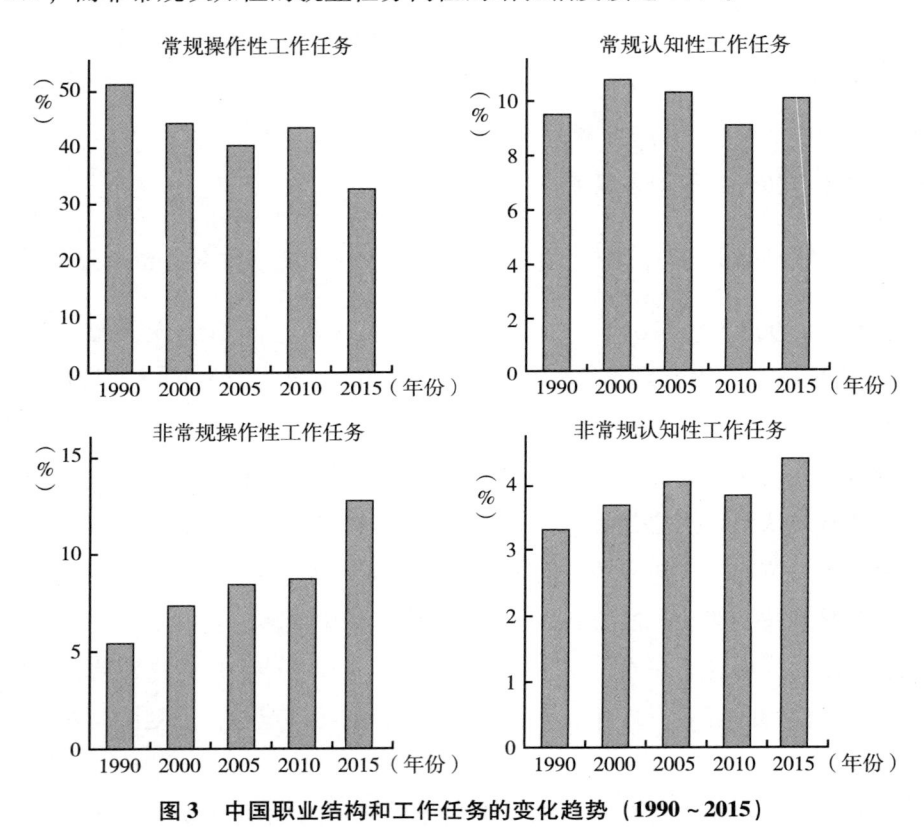

图3 中国职业结构和工作任务的变化趋势(1990~2015)

资料来源:根据1990年、2000年、2010年中国人口普查及2005年、2015年1%人口抽样调查微观数据计算所得。

---

① Goos, Maarten, Alan. Manning, Anna. Salomons, 2009, "Job Polarization in Europe," *The American Economic Review*, 99 (2), 58-63.

② Autor, David, David, Dron, 2013, "The Growth of Low-Skill Service Jobs and the Polarization of the US Labor Market," *The American Economic Review*, 103 (5), 1553-97.

③ 孙文凯、郭杰、赵忠、汤璨:《我国就业结构变动与技术升级研究》,《经济理论与经济管理》2018年第6期,第5~14页。

不同技能特征劳动者就业比重的变化，体现了中国劳动力市场对劳动者技能需求的变化。虽然操作性任务和认知性任务的相对就业比重没有发生显著的变化，但是从常规性任务和非常规性任务看，非常规性就业任务的工作岗位有着明显的增加。这在非常规操作性任务和非常规认知性任务就业的比重变化上均有所体现。不同就业任务工作岗位的变化，体现了中国劳动力市场对劳动力需求的变化。劳动力市场上人具有比较优势的就业岗位大幅增加，这要求当前及今后一段时期劳动者需要培养更多具有比较优势的技能。而简单重复性工作任务的就业将出现被机器大面积替代的现象，因而此类劳动技能的回报率也将不断降低。

（三）人工智能、机器换人使得传统的人力资本积累和内涵面临加速折旧的挑战，新技术革命正在重塑工作所需要的技能

以机器人、人工智能为主的新技术革命不断刷新就业岗位，带来工作任务的变化，改变着对劳动技能的需求，新技术革命正在重塑工作所需要的技能。相较于劳动者从事的就业岗位和具有的学位，劳动者掌握的工作技能和就业所需的技能更有助于反映劳动力市场的供给和需求。因为即使是同一职业，具体的工作内容也会随着时间的变化而发生较大的改变。劳动者学位所反映出来的知识也会面临随时间的变化加速折旧的挑战。世界经济论坛（2018）调查的企业数据统计结果显示，理工科学生取得四年学士学位时，他们在刚入学时所学的内容有近50%将会被淘汰。因此，以人工智能技术为代表的新兴产业扩散速度快、应用范围广，劳动力在大学教育中学习到的知识在未来会与技术进步错位。

当前劳动力市场对劳动需求的变化反映出来的技术变革，更多的体现为劳动技能的变化，而不是劳动者受教育年限的变化。LinkedIn（2018）基于全球6.3亿人的数据技能信息，包含超过35000项的技能，识别了那些在某个领域比其他领域更普遍的技能。过去四年增长最快的10个职位都是中高级管理职位，涵盖客户服务、营销、财务、产品、运营等职能。其中，增长最快的技能分为以下四类：（1）市场营销和客户服务等功能性技能，体现

的是交流能力；（2）领导力等软实力技能，注重的是分析和交流能力，对应的是非常规分析型工作任务；（3）社交媒体等数字技能，关注认知和交流能力；（4）英语等增值技能，对应的是认知能力。这些技能类别的需求增长表明，越来越多的技能与新技术革命紧密联系在一起。

人工智能新技术变革总体上改变了三类技能的需求。第一，无论是发达经济体还是对新兴经济体来说，对非重复性认知技能和交流、社会行为技能的需求都呈现上升的趋势。第二，对重复性工作任务所需要的具体工作技能的需求呈现下降的趋势。第三，对不同技能组合的需求也在增加，要求劳动者具备能够提高他们适应能力的技能组合，从而能够适应和改变自己的工作。这些变化不仅体现在新工作取代旧工作，而且体现在既有工作技能组合的变化上。当今劳动力市场需要的不再是单一的专业技能，而是综合掌握认知能力、沟通技能、社会行为能力以及语言和计算机操作等技能的组合。因为非重复性任务要求劳动者具备分析技能、人际关系处理技能或者对灵敏性要求很高的手工技能。

三 产业升级、人工智能对人力资本新要求：国际经验与启示

（一）产业升级对人力资本的要求：国际经验与启示

根据内生增长理论，经济增长伴随着产业结构升级及人力资本积累水平的提高。从国际经验看，中国产业结构升级过程中人力资本积累水平将面临更大的挑战。

从人均GDP与人口的受教育程度关系来看，经济发展阶段与人力资本积累水平之间存在密切正相关关系。图4是全球主要经济体最新的人均GDP与人均受教育年限的分布图，可以看出中国所处的位置相对较低（图中□代表中国），2018年中国人均GDP为9770.8美元（按美元现价），人均受教育年限为10.17年，只是相当于中等收入国家的平均水平，明显低于高

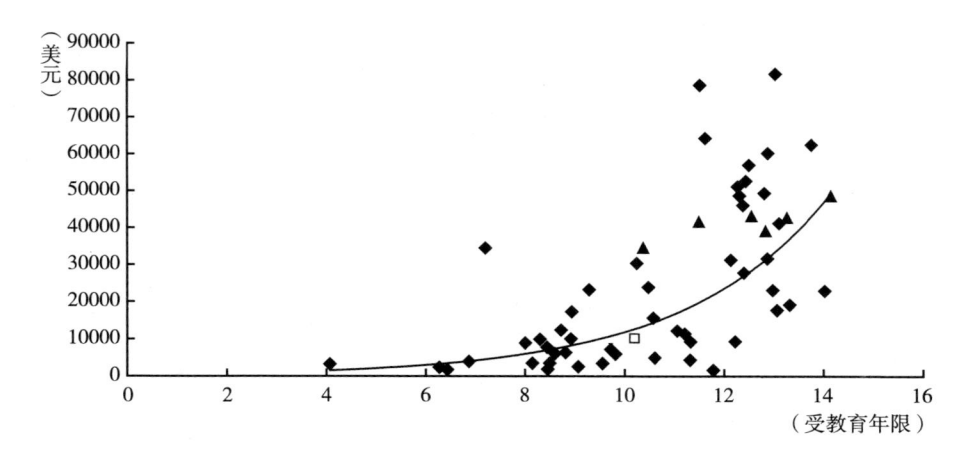

图4　全球主要经济体2018年人均GDP与人均受教育年限分布

注：图中□代表2018年中国所在位置，▲代表2018年G7国家所在位置；人均GDP为美元现价。

资料来源：根据联合国教科文组织UIS.Stat数据库计算所得。

收入国家的人均受教育年限。G7国集团的人均GDP在3.4万~4.8万美元，人均受教育年限在10.35~14.15年，中国与G7国集团的人力资本积累水平相差在3年左右。

如果以是否具有高中学历为例，在成功跨越"中等收入陷阱"的国家和地区中，同时也是产业结构升级成功的国家和地区，具有高中学历的劳动力平均占比为72%。这一比例接近经济合作与发展组织（OECD）成员国的平均水平（78%）；而大多数处于中等收入发展水平的国家，其劳动力中具有高中学历的比例均不超过50%。其中，土耳其、巴西、阿根廷、墨西哥和南非等国家具有高中受教育水平的劳动力平均占比为30%~40%。根据2015年1%人口抽样调查数据资料，在所有中高等收入国家和地区中，中国拥有高中学历的占比最低，平均每4个人中只有1个人拥有高中学历（包括职高），中国2/3的劳动力处于初中及以下水平。因此，从产业升级的国际经验来观察，"十四五"期间，提高普通劳动力高中学历的比例是主要任务。

一个国家的人力资本仅用受教育程度来衡量难以反映不同经济体规模、产业结构多元化以及开放程度的差异。世界银行发布的世界各国人力资本指数就是充分考虑不同经济体之间的差异,从教育、人口质量及规模等角度更为全面地核算全球所有国家的人力资本状况。从全球不同发展程度经济体人力资本综合指数来看(见图5),中国人力资本综合指数在全球的分布要明显好于仅用受教育程度测量的人力资本状况(见图4)。2018年中国的人力资本指数为0.67,高于中高等收入国家的0.57和中低收入国家的0.48,但低于高收入国家的0.73和G7国集团的0.78,与G20国集团的平均水平0.68接近。因此,国际经验给予启示,综合提升人口发展质量并由此提高人力资本的内涵,是产业经济升级发展迈向高收入阶段的基础。

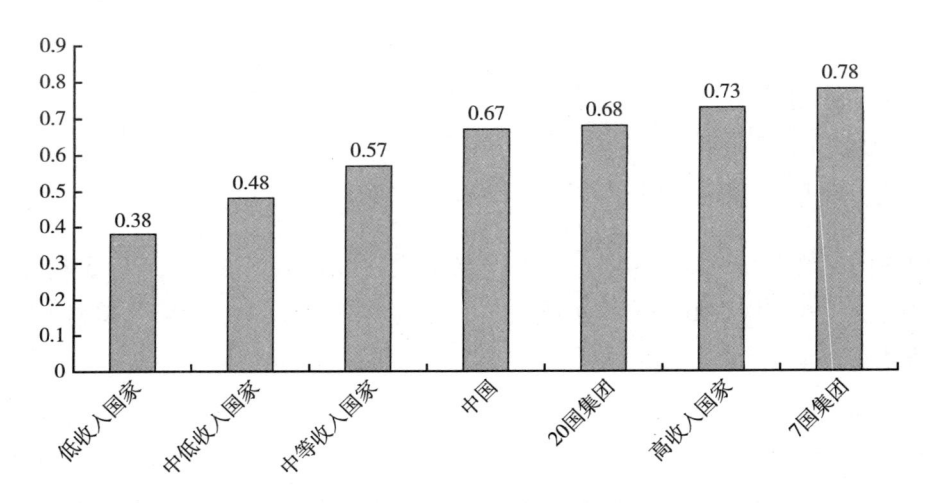

图5 2018年全球不同发展程度经济体的人力资本指数

注:这里的人力资本指数是指一个经济体整体人力资本的合成指数,具体含义和计算方法见 https://databank.worldbank.org/source/human-capital-index。

资料来源:根据World Bank Human Capital Index Database计算。

(二)人工智能新技术变革对人力资本的要求:国际经验与中国面临的独特挑战

从国际劳动力市场的经验看,新技术的大范围使用总是伴随着不断下降的技术成本。在这一过程中,规模较大的企业凭借着更为先进的智能算法,对市场的垄断程度将不断提高,也会使劳动者面临更为不利的劳动力市场状况。随着新兴产业就业规模的扩大，就业岗位对劳动者技能的需求与当前劳动力技能供给的差异，是中国劳动力市场面对的最大难题。经济发展对新技能的接受更快，而劳动力市场对新技术应用的反应更慢，两者之间的不同步带来了生产技术与劳动力市场技能供给的不一致。这会在一定程度上减弱新技术应用带来的劳动力市场回报，也可能会扩大劳动力市场不同技能劳动者之间的差距，增加收入不平等。中国劳动力市场上工作任务与劳动力技能错配的矛盾将更加突出，劳动力在高等教育中学习到的知识积累和掌握的认知能力在未来会陷入与技术进步错位的困境。劳动力要适应未来新的工作任务，需要发展和具备哪些技能，需要一系列公共政策提前应对，改革和提升人力资本积累体系。

中国在产业转型升级的过程中，不仅面临具有后发优势国家的竞争，还将面对具有技术优势发达经济体的挑战。应用新技术的新兴经济体，能够更好地发挥劳动成本较低的优势，这将加速中国就业需求的外流。同时，发达经济体具有的技术和人力资本优势，也不利于企业的转型升级。在面对未来的新技术应用对中国经济发展带来的挑战时，必须及早地在人力资本体系做出调整，让未来的劳动力能够更好地适应新技术对劳动力市场技能需求的变化。

四　应对产业升级、人工智能对人力资本积累新要求的重要举措

（一）适应产业结构升级发展态势的人力资本提升重要举措

无论是第二产业升级、第三产业升级还是新基础设施建设带动的产业发展态势，都对中国人力资本积累及其体系提出了严峻的挑战。能否有效提升劳动力素质尤其是普通劳动力的人力资本水平，与产业升级、高质量发展能否成功密切相关。

举措一："'十四五'提升劳动力素质的远程教育计划"

"十四五"期间，通过实施远程教育计划提高 20~45 岁劳动力平均受

教育年限3年左右，使现有青壮年劳动力的素质达到第二产业资本/技术密集型行业的平均受教育年限的要求。劳动力受教育程度在进入劳动力市场以前就已经完成，但相比名义高中学历、职业高中学历，提升普通劳动力实际的受教育素质、知识积累及技能水平更符合产业升级、新基建的发展趋势。人工智能的应用可以使提高劳动力素质的教育资源获得变得更大众化，对初中及以下受教育程度的青壮年劳动力采取广泛普遍的远程教育素质提升计划，在一定期限内通过完成相应普通高中或职业高中学历的课程，以及适应产业升级发展态势的技能型课程并通过考试，给予国家认可的相应程度的学历证书。新技术提供了更为便捷、灵活的学习方式，比如采用移动 App 等学习、授课及考试方式。

（二）应对人工智能、机器换人，改革和提升人力资本积累的重要举措

人工智能、机器换人对劳动力市场和人力资本积累体系的影响巨大而深远，应对技能与技术进步错位的严峻挑战，应该针对新技术革命对人力资本及其技能需求的特征，提前采取重要举措，未雨绸缪。

举措二：“儿童早期人力资本投资的行动计划”

政策应对和行动干预要从系统全局考虑如何避免机器人、人工智能对人力资本积累带来的严峻挑战。人工智能新技术革命趋势下，需要的不再是单一的专业技能，需要认知能力、沟通技能、社会行为能力以及语言和计算能力等的组合。而早期人力资本投资对一个人这些能力的培养至关重要。根据经济学、心理学、认知科学和神经科学等领域研究成果，0~3岁儿童能力发展状况不仅直接关系4~6岁儿童能力的成长，还会影响未来的学业表现和教育水平，以及成年后的人力资本积累。"十四五"时期主要的举措包括：第一，应当增加对学前教育的财政经费投入总量，逐步填补对0~3岁婴幼儿的公共教育服务的空白；第二，采用科学的随机干预措施来确定对儿童早期营养、健康及养育的人力资本投资政策制定，增强政策实施和投资的实际效果与目标性。

举措三:"应对新技术变革的技能培训与瞄准"

机器人、人工智能的加速扩散和应用,不但会造成技术性失业,还会导致因劳动者的技能过于专业化导致的人力资本脆弱的风险。在面临新技术冲击下的就业培训体系要更加注重提升劳动者的技能水平,使劳动者更加适应新的工作任务。人力资本是抵御自动化进程的根本所在,除发展基础技能之外,还要培育高阶认知技能和社会行为技能。"十四五"期间主要举措包括两方面:第一,瞄准面临被机器人、人工智能替代及技术性失业的工人,实施每年200万规模的免费"技术性失业"技能培训,帮助受冲击的劳动力重新适应并获得新技能;第二,机器人和人工智能新技术带来的工作任务变化,正在重塑工作所需要的技能,根据技能需求变化的趋势,设定培训目标、培训内容及培训效果评价。

举措四:"新技术革命下城乡人力资本积累体系差距的缩减计划"

城乡教育体系、教育资源及教育机会原本的差距,会在人工智能新技术革命的推动下呈放大趋势。北上广深等一线大城市的中小学生每年都会花大量时间去学习机器人、航模,甚至有机会参加全国性的机器人大赛,对"人工智能""机器人""3D打印"经常有亲临体验。而贫困地区的孩子,可能连真正的电脑都没见过,对时代和技术进步的景象全然不知。这种差距会造成我国人力资本积累体系的短板,政策应对需要逐步缩减这种差距,避免人力资本积累的不平等。"十四五"时期主要措施包括:第一,逐年提高对农村贫困地区的生均教育经费投入,使之高于全国和城镇地区教育经费支出的增长幅度,中西部农村地区教育投入增幅要高于东部农村地区;第二,着力加强在农村各个年龄组学龄人口中开展关于大数据和人工智能的教育,政府政策制定部门应长期注重对农村地区学校开展相关领域的教育课程。

G.7
人工智能与农民工就业变动

杨舸*

摘　要： 人工智能技术引领的产业革命已经成为大势所趋，未来人们的生产、生活方式都将随之发生变革，劳动力市场也将产生重大调整，文化程度不高、技能水平较低的农民工群体可能是最先受到冲击的群体。人工智能将对农民工就业产生三大影响：就业破坏、就业转换和收入极化；农民工就业状况正在发生变动：相较年龄较大农民工，青年农民工有明显的就业率下降，由制造业向服务业的行业转换也更显著；青年农民工的创业热情更高，但也遭遇就业极化的挑战，就业稳定性相对下降；农民工的收入内部差异缩小，但与非农民工的外部差异扩大。为此，本文从农村教育、科学教育体系、职业培训、社会保障和财税政策等方面提出了政策建议。

关键词： 人工智能　农民工　就业变动

一　研究背景与文献综述

人工智能技术正引领着人类历史上第四次工业革命，并以前所未有的速度改变人类的生活和生产方式，其变革强度也引发了人们的强烈担忧，人工

---

* 杨舸，中国社会科学院人口与劳动经济研究所副研究员，研究方向为人口统计与人口迁移流动。

智能技术的应用将替代越来越多的劳动岗位，造成大面积的失业，中低技能的劳动者将首当其冲。农民工作为劳动力市场上的弱势群体，可能面临相对更大的挑战。

随着技术运用的扩展，"人工智能"概念的含义也不断深化，人工智能在当前阶段的目标是以计算机为载体，建立模拟人类智能行为的理论和方法，构造人工智能系统来替代或超越人类智力的工作[1]。近年来，哲学社会科学关于人工智能的研究十分丰富，其中人工智能对劳动就业的影响研究也是其中的热点之一。从人工智能的就业替代方面来说，"技能偏向型技术进步"会增加高技能、高受教育水平的劳动者需求，减少低技能、低受教育水平的劳动者需求；"程序偏向型技术进步"对中等技术职业工人的替代也很显著，最终造成中等收入阶层的萎缩，两极分化加重[2]。受人工智能影响的工作领域，已经从简单重复的常规性工作扩展到需要复杂沟通和认知的非常规工作（如驾驶、医生、翻译、金融交易等）[3]。从人工智能的岗位创造效应来说，人工智能不仅带动相关产品或服务的研发、生产和销售，也提升了其他行业的消费量[4]，其岗位创造效应甚至大于其替代效应[5]。从人工智能对收入分配的效应来说，资本要素份额进一步扩大[6]，劳动要素份额集中流向创新能力更高的劳动群体[7]。但中国的经验数据研究仍然十分有限。

当前国内的人工智能理论研究以阐述和总结国外相关理论为主，对中国情况的实证研究较少，不同国家或地区的产业结构、劳动力结构和社会经济

---

[1] 李德毅：《网络时代人工智能研究与发展》，《智能系统学报》2009年第1期，第1~6页。

[2] Goos M., Manning A., "Lousy and Lovely Jobs: The Rising Polarization of Work in Britain". *Review of Economics and Statistics*, 2007, 89 (1): 118-133.

[3] Autor D. H., Katz L. F., Kearney M. S., "The Polarization of the US Labor Market". *American Economic Review*, 2006, 96 (02): 189-194

[4] Acemoglu D., Restrepo P., Robots and Jobs: Evidence from US Labor Markets. NBER Working Paper No 23285, 2017.

[5] 杨伟国、邱子童、吴清军：《人工智能应用的就业效应研究综述》，《中国人口科学》2018年第5期。

[6] 陈明真：《人工智能对就业的影响研究进展》，《中国经贸导刊（中）》2020年第6期。

[7] Dauth, Wolf gang, et al., German Robots-The Impact of Industrial Robots on Workers. Cepr Discussion Papers, 2017.

制度均存在较大差异，基于其他国家数据得到的理论不一定完全契合国内情况。同时，人工智能对于就业的影响研究仍然没有体系化，对具体行业、企业或特定地区劳动力市场影响的研究几乎没有，对特定人群（如：农民工）的就业影响研究也鲜见。为此，本文首先从理论层面分析人工智能对农民工就业的影响，其次利用数据来阐释近年来农民工就业选择的变动，最后总结人工智能时代农民工就业的挑战，以及我们应当如何应对挑战。

二 人工智能对农民工就业的影响

机器人将替代人类工作的担忧由来已久，但从来没有如此迫近现实。《全球机器人报告2019》显示，中国、日本、韩国、美国和德国是全球五大机器人市场，其中中国占全球市场的1/3。我国工业机器人的销量增长主要有两个方面的原因：一是劳动力短缺引起的劳动力成本上升推动工业企业投资于工业机器人；二是国家及地方政府的产业政策推动。由于新增劳动力和劳动力总量的减少，早在2004年沿海地区就开始出现企业招工难现象。劳动力的短缺促使工资不断上涨，从2013年至2018年，国家统计局公布的规模以上制造业企业就业人员平均工资年增长8%以上。劳动力成本的上升压缩了企业利润，使得企业管理者使用"机器换人"的动机越来越强烈。不仅如此，中国政府开始从战略高度注重人工智能技术和产业发展。2015年中国提出要着力发展智能装备和智能产品，推进生产过程智能化；2016年国家发改委发布了《"互联网+"人工智能三年行动实施方案》；2017年国务院印发了《新一代人工智能发展规划》。更重要的是，许多地方政府直接对"机器换人"企业进行补贴，如：重庆渝北区对机器人研发企业补贴研发经费的10%；浙江温州对企业购买新技术设备的补贴标准高达12%[①]，极大提高了企业进行设备智能化升级的积极性。

---

① 林契于宸：《汇总：国内七个地区机器换人补贴金额》，https://mp.ofweek.com/gongkong/a845653926406，最后检索时间：2020年9月25日。

改革开放以来,农民工是我国经济发展的"推动力"。然而,随着科技进步和产业升级,人工智能技术的加速发展和应用已经成为大势所趋,未来所有的行业都将随之发生升级和变革。年轻而缺乏工作经验、社会资本的青年农民工本来就是劳动力市场上的弱势群体,未来将可能是最先受到科技革命冲击的群体,依据当前的理论推测,农民工受到人工智能的影响将来自就业破坏、就业转换和收入极化三个方面。

(一)就业破坏

最令人担忧的是,人工智能技术对农民工就业行业可能带来"就业破坏"效应。那么,哪些工作岗位最容易被替代呢?如果把职业划分为四类,即重复性脑力劳动、重复性体力劳动、非重复性脑力劳动和非重复性体力劳动,那么前两类会是最容易被机器替代的工作岗位。从事重复性脑力劳动的职业包括:银行柜员、办公室文书、金融办事员等,其工作任务的潜在替代率高达70%;从事重复性体力劳动的职业包括各种制造业的流水线工人,也包括初级服务业的工作人员,其工作任务的潜在替代率高达80%;而从事非重复性工作任务的职业则较难被替代,如厨师、设计师、管理人员、科研人员[①]。相比于其他就业人口,农民工具有低受教育水平、低技能的特点,主要集中在传统劳动密集型的制造业或服务业,在"机器换人"的过程中,从事简单重复工作的劳动岗位是极容易被替代的。

国内外的实证研究表明,人工智能对于低端就业岗位的替代正在发生。法国、德国、意大利等六个欧盟主要工业机器人消费国的数据显示,每增加一个工业机器人,失业人数就会增长1.6~2人[②]。中国企业数据研究表明,过去10年人工智能技术的发展对低技能人员就业产生显著的负面影响[③]。

---

① 张刚、孙婉璐:《技术进步、人工智能对劳动力市场的影响———个文献综述》,《管理现代化》2020年第1期。
② Chiacchio Francesco, Petropoulos G., Pichler D., The Impact of Industrial Robotson EU Employment and Wages: A LocalLabour Market Approach. Bruegel Working Paper, 2018.
③ 蔡敏、鲁晨:《人工智能发展对中国工业就业影响的实证研究》,《铜陵学院学报》2020年第1期。

在苏州、昆山、东莞、杭州等东南沿海城市开展的调查发现，引入人工智能技术设备的企业减少了普通工人的就业岗位，但增加了技能工人、研发人员和管理人员的用工数量①。因此，自动化和人工智能装备的使用对普通工人或低技能岗位具有一定的"破坏效应"，这会对农民工就业造成较大冲击。

（二）就业转换

历史上任何一次工业革命都在淘汰旧产业的同时，产生了大量新兴产业部门，从而导致雇佣规模的扩大。人工智能技术的发展与应用也会创造许多新的就业岗位。一方面，随着人工智能技术的不断发展，对于智能机器人的需求必然会增多，围绕智能机器人的生产会衍生出大量的研发、设计、营销等部门，这些部门会吸引大量的专业性人才就业，即机器人的生产会促使就业规模的扩大。另一方面，人工智能技术的发展，会导致劳动生产率快速提高，加快经济的增长速度。经济的增长会带来劳动者工资的普遍上涨，劳动者工资的上涨能够增加社会整体消费，即扩大总需求。总需求的扩大必然会引起企业对商品的扩大再生产，从而扩大雇佣规模。

经验数据证明人工智能发展在消除劳动岗位的同时，也在增加就业岗位，总体上可能造成就业岗位的净增长。欧洲的机器人使用数量和劳动力就业之间呈现正向的相关关系②，1999~2016年机器人在欧洲的运用创造了2300万个劳动岗位③。在人工智能的相关企业中，新技术研发的投入对员工数量的增长有明显正效应④。普华永道研究报告表明，人工智能技术对中国

---

① 中国发展基金研究会：《投资人力资本 拥抱人工智能：中国未来就业的挑战与应对》，http://www.siia-sh.com/comp/file/download.do?id=144，最后检索时间：2020年9月25日。
② Gregory T., Salomons A., Zierahn U., "Racing with or against the Machine? Evidence from Europe". *ZEW Discussion Papers*, 2016.
③ 世界银行：《2019年世界发展报告：工作性质的变革》，世界银行集团出版，2018。
④ 邱玥、何勤：《人工智能对就业影响的研究进展与中国情景下的理论分析框架》，《中国人力资源开发》2020年第2期。

不同行业的就业影响是不同的,到2035年,服务业将增约30%的就业岗位,农业则会减少10%的岗位,工业的就业岗位数量基本不变①。

从短期来看,人工智能对农民工就业产生破坏效应,一旦企业引进工业机器人,流水线工人立刻就失去了工作;从长期来看,农民工面对的是"就业转换"的挑战。农民工的就业转换主要通过两种方式进行:一是原流水线的工人不得不接受培训,以胜任新的工作岗位,如人机互动的工作岗位,即他们需要实现在企业或行业内部转岗;二是彻底放弃之前的工作经验,转行从事其他工作。就业结构变动对农民工就业带来的挑战是十分巨大的。首先,大多数农民工受教育程度不高,通过企业培训从简单重复劳动转换到人机协作的岗位,难度较大;其次,农民工的就业单位大多为中小企业或个体经营者,社会保险的覆盖率不足,就业转换的失业过渡期的权益保障也较难实现。农民工就业转换还面临较大可能性的收入下降风险。

(三)收入极化

与人类历史上发生的科技革命一样,人工智能技术的发展和应用会对劳动者的收入分配造成极化效应,即劳动收入的不平等性加重②。这一影响路径包含三个方面:第一,人工智能技术的研发和相关产品的使用均需要大量资本投入,这使得资本要素在生产函数中所占的份额不断提高,劳动要素的回报便相应下降了;第二,人工智能技术对重复性的体力劳动和脑力劳动均存在较强的替代效应,意味着低技能和中等技能的劳动者将失去一些劳动岗位,这些劳动力不得不转入第三产业,或从事更低收入的工作,而人工智能技术创造出来的就业岗位往往需要掌握新技术和富有创新能力的人员,短期可能是供不应求的,这种劳动力市场的结构性矛盾,催生了劳动收入的更大

---

① 普华永道:《人工智能和相关技术对中国就业的净影响》,https://www.pwccn.com/zh/services/consulting/publications/net‐impact‐of‐ai‐technologies‐on‐jobs‐in‐china.html. 2018 年。

② Autor, D. H., and D. Dorn. "The Growth of Low-skill Service Jobs and the Polarization of the US Labor Market". *American Economic Review*, 2013, 103 (5): 1553–1597.

差异;第三,技术革命还会产生财富效应,一方面,会催生一些新兴产业,抓得住机遇的人可以脱颖而出成为新富豪,另一方面,传统产业也会因为新技术革命产生两极分化,率先拥抱新技术的企业在市场中占有更大份额,反之则可能被淘汰。因此,集中在中低技能劳动岗位的农民工可能面临就业率下降和收入下降的双重打击。

实证研究证实了就业极化和收入极化同时存在。中国制造业吸纳的就业量在整体劳动力市场上总体稳定,但内部结构发生显著变化,高技术行业和低技术行业吸纳的就业比例提升[1]。其他行业的就业结构也呈现极化趋势,即从业者平均受教育程度较高和较低的行业吸纳就业比例提升,而中等技能行业的就业比例下降[2]。农民工群体的就业收入结构也已经出现极化特征,把农民工就业岗位按收入划分等级的话,最低和最高收入等级的就业岗位数量增幅明显大于中等收入的就业岗位[3]。

因此,通过上述理论分析,人工智能时代的到来对农民工就业和收入造成了很大不利影响。特别是,刚进入劳动力市场的青年农民工,虽然比老一代农民工有文化程度更高的优势,但单薄的工作积累和社会资源使得其就业和收入增长具有更大的不确定性。下文将重点探讨农民工在人工智能时代的就业变动和受到的挑战。

三 农民工的就业变动

虽然技术进步一直在影响着生产和就业,但人工智能技术在我国的应用主要发生在最近10年,工业机器人在国内的市场销售量某种程度上反映了制造业企业"机器换人"的力度。2010年我国工业机器人的销量为1.5万

---

[1] 吕世斌、张世伟:《中国劳动力"极化"现象及原因的经验研究》,《经济学(季刊)》2015年第2期。
[2] 郝楠:《劳动力就业"极化"、技能溢价与技术创新》,《经济学家》2017年第8期。
[3] 屈小博、程杰:《中国就业结构变化:"升级"还是"两极化"?》,《劳动经济研究》2015年第1期。

台，2017年的销量已经达到11.5万台。下文将利用2010年和2017年中国流动人口动态监测数据①来查看农民工的就业变动。由于人工智能的影响主要发生在最近10年，因此对青年农民工的影响将比年长农民工更加明显，下文将农民工分为20~29岁农民工（以下简称20＋农民工）、30~39岁农民工（以下简称30＋农民工）和40~59岁农民工（以下简称40＋农民工）。

（一）就业率下降

从上文的理论分析可知，人工智能时代的技术更新和应用可以替代简单重复的劳动，从而对农民工就业产生破坏效应。但是，替代是否真的发生，还取决于许多因素。首先，企业进行技术和设备升级，需要为技术人员受培训和购买装备支付一笔不菲的资金，这更适合资本实力雄厚的大企业；第二，企业需要有足够的动机去升级技术装备，这通常使人工劳动力的成本升高至严重影响企业利润率；第三，一旦企业升级人工智能设备造成大量员工失业，企业需要准备承担后续后果，如失业员工的补偿、工会或其他组织的压力。

因此，比较2010年和2017年的数据结果，农民工的在业率确实略有下降，但下降幅度不大。分年龄来比较，20＋农民工的就业率下降比较明显，30岁以上农民工的就业率几乎没有变化（见图1）。初入社会的青年农民工在劳动力市场向来处于最劣势地位，特别是在工作经验和社会资本方面的欠缺，使得青年农民工最先受到失业冲击。

（二）行业转换

人工智能时代的"机器换人"后，农民工的"就业转换"通常通过企业内转岗和行业转换两种方式进行，数据显示，青年农民工的行业转换非常明显。制造业一直是吸纳农民工就业最多的行业，但制造业的岗位也最易被机器替代。20＋农民工在制造业就业的比例由2010年的49.60%下降至

---

① 该数据是国内流动人口研究领域最常用的数据之一，调查由国家卫生健康委员会流动人口服务中心组织实施，具体抽样方法和样本情况参见网页：http://www.chinaldrk.org.cn/wjw/#/data/classify/population。

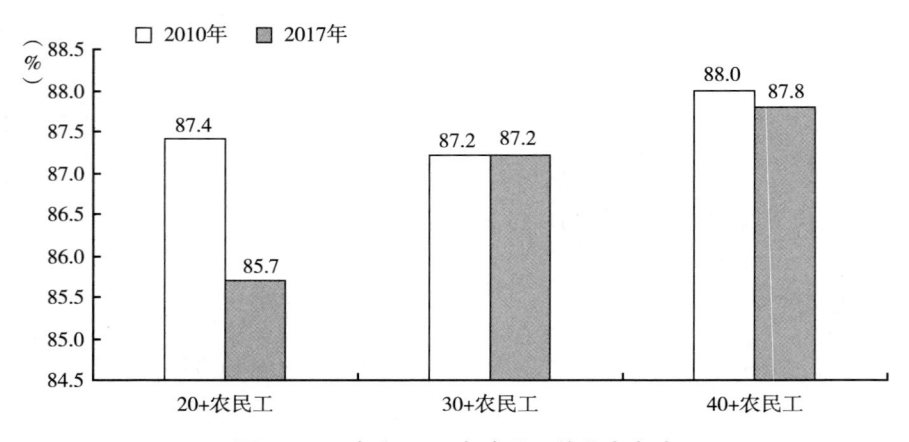

图 1　2010 年和 2017 年农民工就业率变动

资料来源：笔者计算结果。

41.79%，而 30 + 农民工与 40 + 农民工在制造业就业的比例分别由 2010 年的 38.08% 和 30.84% 上升至 2017 年的 40.19% 和 35.37%（见表 1）。这意味着，过去已经进入制造业工作的人可以通过企业或行业内部转岗留下来，新增劳动力却很难进入。从制造业内部的行业分类来看，纺织服装加工、木材家具制造、化学制品加工\医药制造、通信\计算机\仪器仪表及其他电子\元器件制造等吸纳就业的比例均明显下降（见表 2），20 + 农民工的就业数据比其他年龄组更明显反映这一趋势。不同的是，食品加工业较之前吸纳更多农民工，这与食品加工工作更难被机器替代有关。

越来越多的青年农民工进入服务业就业。其中，20 + 农民工在批发和零售业、金融业/房地产业、科学研究和技术服务业、教育/文化及体育和娱乐业、卫生和社会工作的就业比例都明显提升。一方面，青年农民工较之前有更高的受教育程度，可以从事技能需求更高的就业岗位；另一方面，技术革命带来的全社会生产效率的提高，也会促进全社会消费量的扩张，主要表现在服务业产值的扩张，带来服务业就业的增长。值得注意的是，建筑业向来被认为是年轻人不愿去干的脏、苦、累的工作，20 + 农民工的从业比例却在明显上升，30 +、40 + 农民工的从业比例明显下降，这一现象与人工智能技术的发展有关。建筑工人的工作并非简单重复的体力工作，与流水线工作有显著差异，并不容易被机器替代，这类工作在人工智能时代还能获得较高的工资，吸引年轻人入行。

表1 农民工就业行业构成

单位：%

行业分类	2010年			2017年		
	20+	30+	40+	20+	30+	40+
农、林、牧、渔业	0.40	1.20	2.58	0.89	0.94	1.96
采矿业	0.21	0.29	0.46	0.19	0.27	0.39
制造业	49.60	38.08	30.84	41.79	40.19	35.37
电力、热力、燃气及水生产和供应业	0.13	0.40	0.50	0.27	0.28	0.27
建筑业	3.25	7.01	10.44	6.44	5.96	8.66
交通运输、仓储和邮政业	3.15	4.28	3.36	3.62	4.07	3.31
批发和零售业	14.12	20.76	21.52	16.51	20.63	20.73
住宿和餐饮业	10.30	9.37	9.36	9.99	10.09	10.71
金融业/房地产业	0.99	0.58	0.22	3.78	3.01	2.94
科学研究和技术服务业	1.16	0.66	0.40	2.12	1.47	0.73
居民服务、修理和其他服务业	8.42	8.18	9.11	8.57	8.72	10.45
教育/文化、体育和娱乐业	0.85	0.50	0.41	2.84	1.90	1.42
卫生和社会工作	0.85	0.72	1.37	1.75	1.32	1.68
公共管理、社会保障和社会组织	0.14	0.12	0.07	0.44	0.49	0.47
其他	6.44	7.86	9.36	0.80	0.67	0.90
第二产业	53.19	45.77	42.24	48.69	46.70	44.69
第三产业	46.41	53.03	55.18	50.42	52.36	53.35
总计	100.00	100.00	100.00	100.00	100.00	100.00

资料来源：笔者计算结果。

表2 在制造业就业农民工的行业分类构成

单位：%

制造业分类	2010年			2017年		
	20+	30+	40+	20+	30+	40+
食品加工	1.7	2.4	4.0	6.1	6.5	8.9
纺织服装加工	35.0	34.8	33.8	17.3	18.3	18.6
木材家具制造	8.8	10.3	11.8	4.6	4.5	6.9
化学制品加工\医药制造	4.2	4.5	4.6	3.5	3.5	3.7
通信\计算机\仪器仪表及其他电子\元器件制造	22.1	14.1	8.1	16.3	13.0	5.4

资料来源：笔者计算结果。

（三）职业调整

人工智能时代的农民工就业除了发生行业转换之外，职业调整也十分明显。农民工中生产工人/运输工人和有关人员的比例大幅度下降，尤其是20+农民工，该职业的从业比例从2010年的43.35%下降至2017年的33.09%，下降10.26个百分点，30+和40+农民工从事该职业的比例分别下降7.07个和4.8个百分点。农民工主要转为商业工作人员，20+农民工从事该职业的比例上升9.1个百分点，而30+和40+农民工从事该职业的比例均上升11个百分点左右。农民工也更多从事服务性工作，20+农民工从事该职业的比例上升4.73个百分点，30+和40+农民工从事该职业的比例分别上升1.58个和1.29个百分点（见表3）。

人工智能时代的青年农民工创业激情高涨，一方面是由于技术进步的大跨越，许多新兴行业诞生，使得创业机会增多，另一方面也可能是由于传统行业的就业岗位减少，农民工创业是迫不得已的选择。从就业身份来看，20+和30+农民工成为雇主的比例由2010年的2.54%和4.61%上升至2017年的5.04%和8.14%，40+农民工的相应比例变化不大。同时，20+农民工成为自营劳动者的比例由2010年的15.72%上升至2017年23.87%，30岁以上、40岁以上农民工的相应比例变化不大（见表4）。

表3　农民工的职业构成

单位：%

制造业分类	2010年			2017年		
	20+	30+	40+	20+	30+	40+
国家机关、党群组织、企事业单位负责人	0.07	0.12	0.05	0.19	0.29	0.09
专业技术人员	12.49	11.32	7.90	10.35	8.50	4.60
公务员、办事人员和有关人员	5.24	3.03	1.04	1.38	1.03	0.50
商业工作人员	10.70	16.74	17.15	19.80	27.47	28.22
服务性工作人员	25.14	24.85	26.47	29.87	26.43	27.76
农林牧渔水利业生产人员	0.52	1.22	2.80	0.73	0.80	1.56

续表

制造业分类	2010 年			2017 年		
	20 +	30 +	40 +	20 +	30 +	40 +
生产工人/运输工人和有关人员	43.35	37.81	36.69	33.09	30.74	31.89
无固定职业	2.49	4.91	7.91	1.24	1.50	2.62
其他				3.36	3.25	2.75
总计	100.00	100.00	100.00	100.00	100.00	100.00

资料来源：笔者计算结果。

表 4 农民工的就业身份构成

单位：%

就业身份分类	2010 年			2017 年		
	20 +	30 +	40 +	20 +	30 +	40 +
雇主	2.54	4.61	4.43	5.04	8.14	5.57
自营劳动者	15.72	31.87	35.75	23.87	31.27	35.57
雇员	80.53	62.08	57.88	69.76	59.58	57.75
（其中有劳动合同）	64.79	58.99	49.46	69.76	59.58	57.75
其他	1.21	1.43	1.94	1.32	1.02	1.11
总计	100.00	100.00	100.00	100.00	100.00	100.00

资料来源：笔者计算结果。

（四）收入差距分化

人工智能时代会使得劳动报酬下降，不同工作岗位的劳动收入差距扩大。由于缺乏一致的资料来源，我们无法评估技术革命对社会整体收入差距的影响。但从流动人口群体来看，收入差距的变动呈现复杂的局面。一方面，农民工内部的收入差距正在缩小，不论是哪个年龄组的农民工，其月收入都呈现快速增长的态势，但基尼系数呈现下降的趋势（见表5）。但是另一方面，流动人口中的农民工与非农民工的收入差距在扩大。同样是利用流动人口动态监测数据计算，从 2010 年至 2017 年，全部流动人口的月收入均值增长超过一倍，年均增长 12.8%，不仅高于同期全国 GDP 的增速，也高于同期国民收入增长的速度。而农民工的月收入均值年均增长 7.8%，与同期国民收入的增长速度比较接近。

表5　农民工的月收入指标

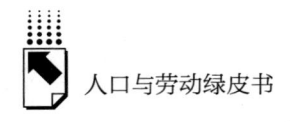

年龄组	2010年			2017年		
	均值（元）	中位数（元）	基尼系数（%）	均值（元）	中位数（元）	基尼系数（%）
20+农民工	2525	1998	33.5	4709	4000	31.4
30+农民工	2853	2009	38.0	5028	4000	34.9
40+农民工	2785	1988	42.9	4073	3300	33.5

资料来源：笔者计算结果。

（五）就业稳定性两极化

就业稳定性也是衡量就业质量的重要因素。人工智能对就业稳定性的影响体现在以下两个方面：从正面来说，技术设备更新和技术人员培训需要大量资金投入，这意味着只有资本雄厚的大企业能进行生产升级，生产效率提高使得大企业更有竞争力，小企业则逐渐被淘汰，而大企业能够提供更正规、更规范的就业（如在签订劳动合同、缴纳职工社会保险方面）。也就是说，科技革命对小企业的淘汰机制使得留下的就业岗位更稳定。从数据可知，农民工雇员的劳动合同签订率（见表4）和社会保险覆盖率均呈现不断改善的趋势。但是，从反面来说，在多重因素的推动下，农民工中的自营劳动者更加普遍了，也意味着非正规就业比例提高了，这些初创业者的收入和劳动保障都处于非稳定状态。

四　挑战与对策

科技变革带来生产和生活的大跃进是人类历史发展的必然趋势，在第四次工业革命中，谁能迎合趋势在科技和应用层面领先，谁就能获得发展的先机，对国家、企业、个人都是如此。从长期来看，人工智能技术在中国的发展和运用是必然的，也是必需的。一方面，人工智能技术能弥补中国劳动力供给的短缺，新技术应用减少了工业和服务业对劳动力的依赖，尽管短期会造成劳动力岗位的损失，但只要把握人工智能引导产业升级的速度和程度，便能实现就业有序转换。另一方面，人工智能是老龄化社会的发展机遇，新技术能提高劳动生产率，是劳动力供给下降背景下保持我国产业竞争力的最佳方式。那么，在这种大趋势下，农民工该如何应对挑战？政府应该提供哪些政策支持？

（一）补齐农村教育短板，提高农民工基础教育水平

我国城乡教育在硬件设施、教育投入、师资队伍、教育质量等方面一直存在较大差距。农民工之所以在劳动力市场处于弱势地位，与其受教育程度低下直接相关，技能培训的提升潜力也基于其受过的基础教育水平。尽管政府已经开始逐步将教育补贴倾斜农村和贫困地区，但农村儿童受教育机会的减少不仅在于学校教育供给，家庭教育投入、家长思想观念的城乡差距也造成了农村儿童在升学竞争下处于劣势。提升我国在人工智能时代的科技竞争力绝不仅限于培养科技尖端人才，提升全体国民的教育水平才能提升全社会的整体创新能力，为迎接科技革命做准备。因此，补齐农村的教育短板，不仅有利于提高农民工受教育水平，提升其职业上升空间，也是我国长期科技兴国战略的重要组成部分。

（二）由上至下创新教育体系，增强国民科技素养

拥抱科技革命需要对当前的教育体系提前进行调整，以使得劳动力的人力资源结构符合科技发展趋势。通常来说，教育体系中知识、教材的更新总是滞后于新技术、新知识的开发运用速度，这导致正规教育体系的毕业生进入劳动力市场后难以胜任现任工作岗位。随着信息时代知识更新的加快，这一问题越来越突出。我国要在人工智能时代实现弯道超车，必须由上至下创新整个教育体系，不仅要在职业教育、高等教育阶段强化计算机、数据和信息工程前沿知识的普及，也要从幼儿教育、小学、中学开始直至大学教育的各个阶段重视对数学、科学、技术和工程等学科的学习。特别是对于教育投入较低的农村地区、贫困地区，当地儿童接受计算机与信息科学熏陶的机会

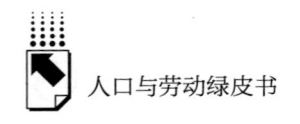

少之又少,这与一线城市家庭在科学思维、少儿编程等课外教育上的高额投入形成鲜明对比。不断提升包括农村儿童、农村劳动力在内的全体国民的科学素养是我国不惧科技革命就业冲击的保障。

(三)注重职业培训教育,促进农民工就业转换

人工智能引导的技术革命使得劳动力市场的结构性矛盾突出。一些简单重复的劳动岗位被机器人替代,新产生的就业岗位则需要更多专业技能,即便企业有意开展培训促进工人在企业内转岗,但刚入行、基础受教育水平较低的农民工则不一定能获得培训机会。人工智能时代的劳动力市场所需技能要求和工作性质将会发生改变,目前我国的职业培训存在重文凭轻技能、重应试轻应用、小规模和碎片化等问题。因此,一方面,需要政府就业相关部门增加公益性的职业教育培训,以帮助失业者尽快掌握新的技能,重新竞聘上岗;另一方面,需要引导和规范职业教育和职业培训的相关产业健康可持续性发展,真正成为产业升级和经济发展的推动力。

(四)继续扩大社会保障覆盖范围,提高农民工风险抵御能力

鉴于农民工正遇到更大的失业风险,有必要提高其社会保障的水平,减少这一风险对其家庭带来的影响。然而,老生常谈的问题是,农民工以中小企业和非正规就业为主,社会保险的覆盖率改善缓慢。根据2017年流动人口动态监测数据,20+农民工和30+农民工在流入地参加医疗保险的比例分别为30.8%和32.2%,尽管大部分农民工加入了新型农村合作医疗保险,但其保障水平还是偏低。社保保障能力不足使得农民工缺乏风险抵御能力,必须进一步扩大社会保障覆盖范围和提高保障能力。

(五)探索灵活的企业激励机制,保障"机器换人"后的职工权益

为推动产业结构升级和经济发展,我国当前的政策偏向鼓励企业进行人工智能设备和技术的升级转换,如:采用税收优惠和财政补贴的方式对相关企业进行激励。但是,鉴于人工智能对低端劳动力的就业替代效应,一些发

达国家开始探索"机器人税"来弥补失业或降薪人员的损失。我国科技创新层面与发达国家仍然有较大差距,征收"机器人税"的时机还不成熟。但是,政府对企业购置机器人的补贴可以向该企业的失业职工倾斜,也可以作为职工换岗的培训经费。只有平衡资本、技术和劳动力的利益分配,才能使得技术革命推动社会经济的全面发展。

参考文献

陈秋霖、许多、周羿:《人口老龄化背景下人工智能的劳动力替代效应——基于跨国面板数据和中国省级面板数据的分析》,《中国人口科学》2018年第6期。

程虹、陈文津、李唐:《机器人在中国:现状,未来与影响》,《宏观质量研究》2018年第3期。

段海英、郭元元:《人工智能的就业效应述评》,《经济体制改革》2018年第3期。

吕荣杰、郝力晓:《人工智能等技术对劳动力市场的影响效应研究》,《工业技术经济》2018年第12期。

谢萌萌、夏炎、潘教峰、郭剑锋:《人工智能、技术进步与低技能就业——基于中国制造业企业的实证研究》,《中国管理科学》2019年12月。

俞伯阳:《人工智能技术促进了中国劳动力结构优化吗?——基于省级面板数据的经验分析》,《财经问题研究》2020年第3期。

张鹏飞:《人工智能与就业研究新进展》,《经济学家》2018年第8期。

G.8
第四次工业革命背景下我国人才供给体系面临的挑战与优化思路

王博雅　于晓冬*

摘　要： "十四五"时期在我国实现民族伟大复兴过程中具有承上启下的重要意义，也是我国参与第四次工业革命的重要时期。在第四次工业革命的背景下，民众的生产生活呈现智能化的趋势，一些传统岗位被替代，也有新的岗位被创造出来，这会对我国的人才供给体系产生新的需求，也使得人才培养与人才引进工作更加重要和紧迫。本文以第四次工业革命所带来技术变革为出发点，识别出当前的技术发展趋势对人才种类与质量所提出的新要求，并且分析了中国的人才供给现状，指出了我国当前在人才培养和人才引进方面的成果与问题，最后提出相应的政策建议。

关键词： 第四次工业革命　人才供给　人才培养　人才引进

"十四五"时期是我国全面建成小康社会、实现第一个百年奋斗目标之后，乘势而上开启全面建设社会主义现代化国家新征程、向第二个百年奋斗目标进军的第一个五年，因此，"十四五"规划将是迈进新时代的第一个五年规划，承担着巩固全面建成小康社会成果、为基本实现社会主义现代化开

---

* 王博雅，中国社会科学院人口与劳动经济研究所副研究员，研究方向为创新经济；于晓冬，中国社会科学院大学（研究生院）博士研究生，研究方向为宏观经济。

好局的功能。"十四五"规划既是以往五年规划的延续,又要体现出新时期的特征与发展趋势。在"十四五"时期,一个显著的时代特征便是以人工智能技术为标志的第四次工业革命已经到来,其深度和广度将超过以往的三次工业革命,国际竞争中的科技竞争不断加剧。对于中国而言,第四次工业革命是一个与发达国家站在同一起跑线的机会,同时也是充满风险与挑战的一次变革。要抓住第四次工业革命的科技潮流,占据科技高地,并将科技成果转化为经济收益,离不开人才队伍的建设,而我国的人才供给体系建设目前仍存在一些问题。本文以第四次工业革命为背景,从技术变革对劳动力市场造成的影响出发,分析我国人才供给体系的现状以及面临的挑战,并提出相应的政策建议。

一 我国在第四次工业革命中的发展机遇

人类发展史中曾发生数次生产与科技的颠覆性变革,学术界将其称为"工业革命"。目前,世界已经历三次工业革命,包括以珍妮纺纱机的发明为开端、蒸汽机的改良为标志的第一次工业革命,电气化革命所带来的第二次工业革命,以及由半导体、计算机、互联网的发明和应用所催生的第三次工业革命。每一次工业革命均带来了生产方式的巨大变革,极大地促进了生产力的发展,同时也引发了产业结构的不断变化,并对劳动者提出了新的需求。目前,人工智能、机器人、新一代通信技术等新型技术带来了制造领域的革新,生命科学技术带来了人类健康和生活方式的综合性革命。新技术的出现重新定义了行业,模糊了传统的界限,创造出新的机会,学术界将其称为"第四次工业革命",开启了以智能生产、创新驱动、数字集成等为核心特征的经济发展新范式。

中国自改革开放以来,国民经济始终保持着强劲的增速,在 2010 年成为世界第二大经济体,是世界经济发展的重要一极。然而,从历史的角度看,中国在历次工业革命中扮演的角色是在不断变化的(见表1)。在第一次和第二次工业革命中,中国处于闭关锁国时期,没有参与到世界范围内的深刻的技术变革中,也因此陷入了近代积贫积弱的困境之中;而中国虽然是第三次工业革命的参与者,但由于科技基础薄弱,只能算是搭上了计算机革命的"末班车"。如今,改革开放的成果凸显,中国特色社会主义制度的优越性得到越来越多的体现,经济、科技实力也不断增强。清华大学教授李稻葵撰文指出,我国改革开放以来教育的飞速发展、巨大的市场空间、经济上良好的较快增长为我国参与第四次工业革命提供了坚实的基础,中国已具备参与第四次工业革命的条件①。

表1 世界主要经济体在四次工业革命中的历史阶段与工业革命参与状态

工业革命	中国	美国	日本	德国	英国	法国
第一次工业革命 18世纪60年代至19世纪中期 机械化	封建君主专制、闭关锁国时期 未参与工业革命	经历独立战争、确立民主政权 工业革命末期参与	幕府统治、闭关锁国时期 未参与工业革命	封建割据时期 未参与工业革命	君主立宪体制 主导第一次工业革命	经历法国大革命 除英国外最早受到工业革命的影响
第二次工业革命 19世纪下半叶到20世纪初 电气化	半殖民地半封建时期 未参与工业革命	废除奴隶制 主导第二次工业革命	倒幕运动胜利、明治维新 参与第二次工业革命	德意志帝国统一 参与第二次工业革命	议会制君主立宪制 主导第二次工业革命	第二帝国、第二共和国、第三共和国更迭 参与第二次工业革命
第三次工业革命 20世纪后半期 信息化	新中国成立、1978年开始改革开放 搭上第三次工业革命的"末班车"	总统制共和制 主导第三次工业革命	议会制君主立宪制 参与第三次工业革命	经历两德统一 参与第三次工业革命	议会制君主立宪制 参与第三次工业革命	共和制 参与第三次工业革命
第四次工业革命 21世纪 智能化	人民代表大会制度 深入参与第四次工业革命	总统制共和制 深入参与第四次工业革命	议会制君主立宪制 深入参与第四次工业革命	共和制 深入参与第四次工业革命	议会制君主立宪制 深入参与第四次工业革命	共和制 深入参与第四次工业革命

资料来源:根据相关历史资料整理。

---

① 李稻葵:《李稻葵:中国会错过第四次工业革命吗?》,《财经界》2016年第16期,第63~65页。

而从现实的角度看，第四次工业革命引发了中国经济结构的深刻变化。从产业层面看，以人工智能为代表的新技术迅速发展，其产业化行动也不断取得突破。张车伟、王博雅等（2017）将此次工业革命所催生的新产业和以新技术与传统产业相融合形成的新业态定义为"创新经济"[①]。根据中国社会科学院人口与劳动经济研究所的测算，2016年中国"创新经济"对GDP的贡献已达14.6%[②]。从细分领域来看，中国参与此次工业革命的程度也较高，举例来说，在人工智能领域，2013~2018年，中国发表人工智能相关论文7.4万篇，世界占比近三成，超越美国的5.2万篇[③]，截至2018年上半年，人工智能企业达到1040家（位列全球第二，仅次于美国）[④]；在新一代通信技术领域，由东南大学移动通信重点实验室和华为公司合作研发的Polar Code（极化码）成为5G控制信道场景编码的国际标准，从而在5G技术的国际竞争中占据主动。

毫无疑问，中国是第四次工业革命的重要参与国，参与到世界范围内的激烈的技术竞争中。而人才储备正是赢得竞争的关键要素。因此，准确识别人才的需求，认清中国人才现状，制定出人才队伍建设的政策，是赢得技术竞争的关键。

二 第四次工业革命对我国人才供给体系的新要求

（一）工业革命影响劳动力市场的机理分析

工业革命首先表现为一系列科技创新成果的出现，然后技术融入企业与家庭之中，继而改变全社会的生产生活方式。从技术创新的视角看，新技术

---

① 张车伟、王博雅、高文书：《创新经济对就业的冲击与应对研究》，《中国人口科学》2017年第5期，第2~11页。
② 张东伟主编《人口与劳动绿皮书：中国人口与劳动问题报告 No.18：新经济 新就业》，社会科学文献出版社，2017，第1~43页。
③ 国家工业信息安全发展研究中心：《2019中国人工智能产业发展指数》，人民网，http://ah.people.com.cn/n2/2019/0922/c358428 - 33376283.html。
④ 中国信息通信研究院：《2018世界人工智能产业发展蓝皮书》，http://www.caict.ac.cn/kxyj/qwfb/bps/201809/t20180918_185384.htm。

的应用通常以自动化的方式来替代某些工作的劳动者,并将劳动者推向依靠知识和技术的工作中,表现为既会淘汰传统的岗位,也能创造出新的岗位。工业革命的历史事实表明,新技术在取代某些岗位的同时也会创造新的就业机会,同时对劳动者的技能提出新的要求。一些研究结果也证实了这一点,克劳斯·施瓦布在所著的《第四次工业革命》中展示了Carl Benedikt Frey和Michael Osborne两位学者的研究成果,指出工作任务重复性较强的岗位容易被技术占据,而对知识和技术要求较高的岗位仍然离不开人类劳动者。

从产业结构演化的角度分析,在工业革命的背景下,一方面新技术的产业化(如人工智能、大数据等已具备较大的产业规模)催生出新兴产业,另一方面一些传统产业吸收新技术向"智能化"发展,产业结构变化会产生出新的岗位和职业,并对劳动者的数量和质量提出新的需求,产业结构与人力资源的协调会促进双方的进一步升级和开发①。

尽管技术进步的影响从长期来看是积极的,但是在技术变革的过渡时期,其会导致工作性质的深刻变化,造成一定的失业;技术进步使得生产过程更依赖劳动者的知识和技能,对劳动者的能力提出了新的要求;同时由于产业结构的变化,就业结构也发生变化,简单劳动出现被技术替代的趋势,知识型劳动占据越来越重要的位置。

(二)第四次工业革命对人才种类和技能的需求分析

历史上的三次工业革命,所诞生的蒸汽机、电力、电子计算机等发明改变了时代特征,但是这种革新主要是在生产工具的替代层面,其对人才的新需求更多的是从一个专业转向另一个专业。而第四次工业革命具有"智能化"特征,且发展速度快、影响范围广,对人才的新需求也呈现了不同的特点,表现出对多种高层次人才的需求。

基础研究是创新成果的源泉,同时第四次工业革命中技术创新的实践证

---

① 战炤磊:《人力资源与产业结构耦合互动的绩效及影响因素研究》,《吉林大学社会科学学报》2018年第4期,第87~96页。

明，其成功有赖于多个相关学科基础理论并行的突破，如人工智能技术理论的发展，需要数学、计算机科学、电子信息、生物学、神经科学等多个学科理论融合发展作为支撑。要抢占第四次工业革命下的发展先机，需要一个国家在各个学科领域内均拥有高质量的基础科研人才，基础科研人才在工业革命的背景下更加凸显出重要性。

第四次工业革命发展速度递增，呈几何增长，对新技术对口人才的需求非常急迫，从主要新兴领域的用人需求中，便可以看出这一点：在人工智能领域，算法研究以及芯片开发的人才不仅在中国，而且在全世界范围内均是急需的人才，同时由于人工智能在医疗、教育、金融等领域均有广泛的应用，复合型的应用人才也存在大量需求；在新一代通信技术领域，据中国信通研究院预测，到2030年5G的直接经济产出以及间接产出分别将达6.3万亿元以及10.6万亿元，带来的直接以及间接就业机会近2000万个[1]，而猎聘网发布的《中国5G人才需求大数据报告》显示，2018年5G领域的人才需求较2017年增长超过50%，人才需求持续旺盛。

创新理论的提出者熊彼特强调了具有创新精神的企业家在推动创新过程中的支柱作用。企业家群体的崛起是国家经济发展质量与速度的重要保障，特别是在当前工业革命的背景下，新兴技术不断涌现，要真正实现技术的价值，将技术创新转化为商业价值，需要企业家将技术市场与商品市场串联起来。当有新技术出现或者技术出现重大革新时，需要具有创新创业精神的企业家，或利用新的技术改造传统生产过程或商品，或在新兴技术领域进行创业，将技术成果投入市场以满足消费者需求。

表2整理了部分省和市在其人才政策中界定的重点引进人才的种类。可以看出，各地区重点引进的人才种类与上文界定的基础科研人才、新兴领域的紧缺人才以及企业家三类人才基本一致，这也可以佐证当前时期对这三类人才的迫切需求。

---

[1] 中国信息通信研究院：《5G经济社会影响白皮书》，http：//www.caict.ac.cn/kxyj/qwfb/bps/201804/t20180426_158438.htm。

表2 部分地区重点引进人才种类汇总

地区	人才引进范围	来源
北京市	①科研骨干人才 ②高技能、技术革新人才 ③投资人、经营管理人才 ④创新创业团队	《关于优化人才服务促进科技创新推动高精尖产业发展的若干措施》
山西省	①主攻领域内的科研创新领军人才及团队 ②高水平企业家和金融专家	《中共山西省委关于深化人才发展体制机制改革的实施意见》
四川省	①原始创新科学家 ②核心技术应用人才 ③高级管理人才和金融人才 ④紧缺专业人才。	《关于大力引进海外人才、加快建设高端人才汇聚高地的实施意见》
湖南省长沙市	①知识产权型人才 ②产业推动型人才。	《长沙市高精尖人才领跑工程实施细则(试行)》

资料来源：根据相关政策文本整理。

从此次工业革命中最重要的几大领域的实例来看，对人才技能的要求反映出了多样性的特点。从总体来看，创新能力已经是当前阶段必不可少的能力。在先进制造领域，由于制造手段的数字化与智能化以及产业目标由生产产品向实现客户价值转变，要求劳动者能够融合多个学科的知识，将理论与实践相结合；在人工智能领域，人工智能在垂直领域内的应用（即"AI+"）是人工智能技术价值的主要体现，特别是在商业、医疗健康、金融领域的应用最为广泛，复合应用能力是人工智能从业者最重要的技能之一；在5G领域，云计算、大数据、App开发等技术背景以及智慧城市、物联网等从业经历更受用人单位青睐。

（三）小结

新技术的发展不可避免地会对传统劳动力市场造成影响。当前，人工智能、工业机器人等新技术已经在许多工作任务中替代了低技能劳动者，这种替代趋势仍在强势发展，如在"新冠"阻击战中，无人机、自动驾驶、护理机器人等技术，又取代了一些传统岗位，同时，大量匹配此次工业革命新技术的新岗位也在同步涌现，第四次工业革命中新技术对低技能劳动者的替代、对新型劳动者的需求,已经成为影响我国劳动力供需是否充分、平衡的重要因素。为保证在第四次工业革命背景下劳动力市场的健康发展,我们迫切需要从供给端发力,重塑劳动者队伍,满足我国在第四次工业革命中对人才的需要。

三 第四次工业革命中我国人才供给体系面临的挑战

(一)我国人才储备及能力的现状与挑战

1. 基础研究的顶尖人才储备不断扩大,学科之间不均衡成为主要问题

基础研究的成果通常以论文形式体现。科研服务公司科睿唯安自2014年起,根据Essential Science Indicators(ESI)数据库论文被引情况(其被引频次位于同学科前1%),发布全球各个基础学科内的高被引研究者名单,可以作为衡量一国高水平基础研究人才的重要参考。图1和图2分别反映了2014~2019年中国的高被引研究者的数量以及世界占比的国际对比情况。

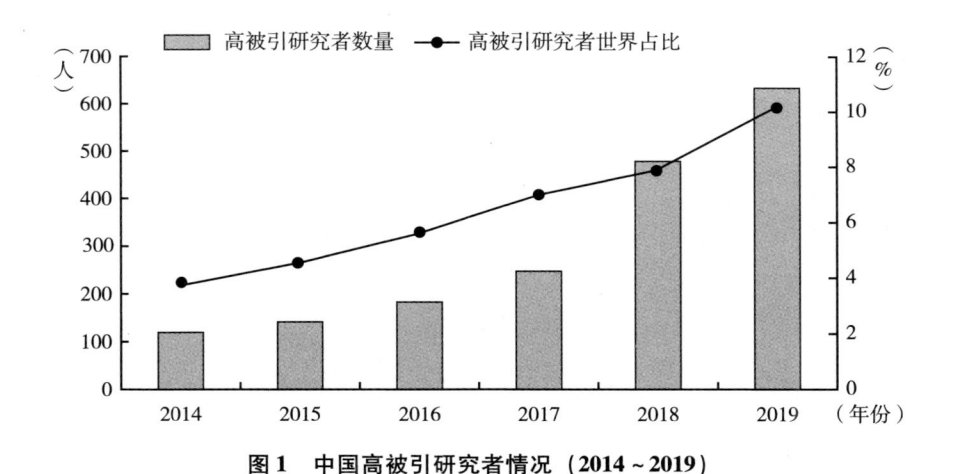

图1 中国高被引研究者情况(2014~2019)

资料来源:Clarivate:Highly Cited Researchers(2014~2019)。

图1显示中国高被引研究者的数量和世界占比在2014~2019年均实现了持续的增长。从数量上看,由2014年的122人增长至2019年的636人,

增长4.2倍；世界占比从2014年的不到4%，增至2019年的10.23%。图2反映了中国的高被引研究者世界占比呈现出了明显的增长趋势，且陆续超越了德国、英国，在2019年已升至世界第2位。数据表明，中国基础领域的顶尖人才数量呈现持续上升的趋势，同时国际影响力不断提升，知识创造和传播能力显著增强。

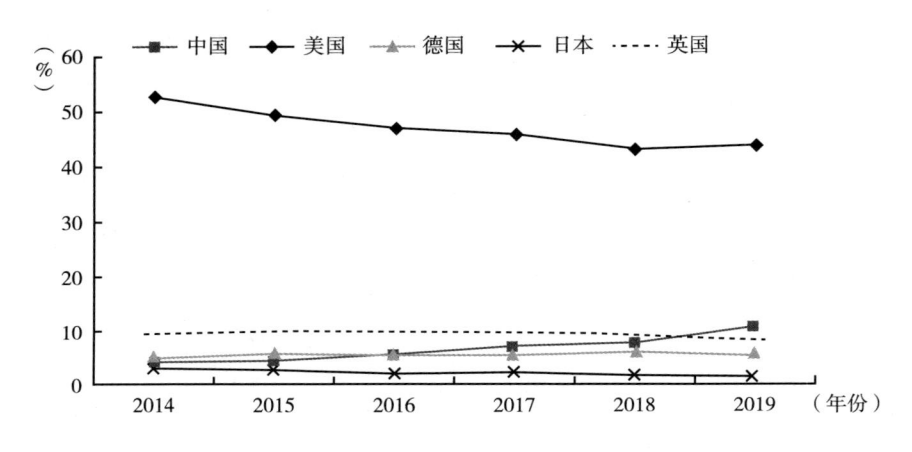

图2 主要经济体高被引研究者世界占比（2014~2019年）

资料来源：Clarivate：Highly Cited Researchers（2014-2019）。

然而，人才储备的现状远达不到乐观的状态。图2显示美国的高被引研究者世界占比远远领先于其他各国，尽管比例有下降趋势，但优势依然巨大。同时，从2019年的数据来看，中国的高被引研究者主要集中于化学、材料学、工程学、计算机科学等少数学科，临床医学、经济学与商学、社会科学、生物科学等学科高被引研究者数量较少，学科分布不均衡的问题较为突出（见图3）。

2. 新技术对口人才出现缺口，技术型劳动者面临短缺的危机

中国大多数人工智能企业虽然有着一定数量的人工智能技术型人才，但是原创算法人才的缺失成为中国在人工智能领域占据主导的障碍，各公司均积极挖掘AI算法方面的人才，同时，应用型人才也始终是劳动市场的抢手人才。而5G领域内也存在巨大的人才缺口，在东南大学举办的无线通信与信号处理国际学术会议上，与会专家预测我国的5G技术的人才缺口未来将

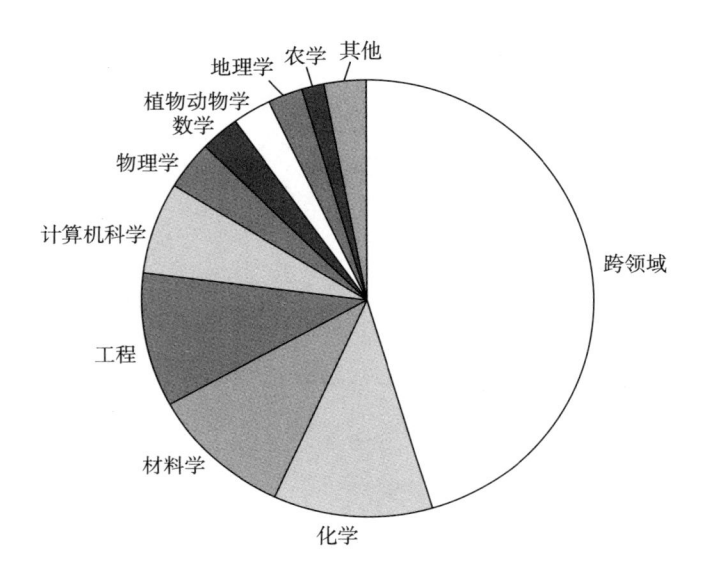

图 3 中国高被引研究者学科分布（2019 年）

资料来源：Clarivate：Highly Cited Researchers（2014 – 2019）。

达到 2000 万人，猎聘网的招聘信息指出，许多公司开出百万级高年薪争夺 5G 人才。由上一节的我国顶尖科研人才情况来看，我国在生物技术领域的科研人才数仍然相当单薄，且仍有大量人才留在海外工作。我国在此次工业革命的几大重点领域中均出现了不同程度的人才缺口，人才培养与人才引进工作不容忽视。

3. 中国企业家队伍"量""质"双升，但仍有缺陷

《中国企业家队伍成长与发展调查综合报告》（以下简称《报告》）以企业家调查系统课题组（国务院发展研究中心公共管理与人力资源研究所）25 年的调查数据为依据，全面展示了中国企业家队伍的成长情况。《报告》指出，课题组每年针对 3000 名企业家进行调查，在调查群体中，认为我国企业家的数量有了显著增长的比重为 73.6%，认为我国企业家的素质有明显提升的比重在 53% 左右。

但是企业家队伍也存在一定的问题，《报告》将企业家进行了代际划分，其中 2012 年之后的"双创时代"企业家虽然在决策能力和创新能力两

方面较强,但是其先动性和韧性弱于改革开放初期的企业家。同时,由于中国企业家队伍的成长时间较短,走向国际市场的经验不足,对国际市场规则的了解不足,容易进入"风险地带"。

4. 科研人才的创新能力与世界强国仍有较大差距

创新能力作为当前最为紧缺的能力之一,了解我国科研人才的创新能力现状并发现其与国际强国的差距是对未来发展的重要指导依据。创新是一个抽象概念,目前尚未有衡量创新能力的官方统计指标。本文考虑到数据可得性,以单位科研人员的科学工程论文发表数衡量人才的基础创新能力、以单位科研人员的专利申请数以及授予数衡量人才的应用创新能力,科研人员数据(全时当量)来自OECD的统计数据,科学工程论文发表数量(篇)来自美国国家科学委员会,专利申请数与授予数来自WIPO数据库(见图4~图6)。

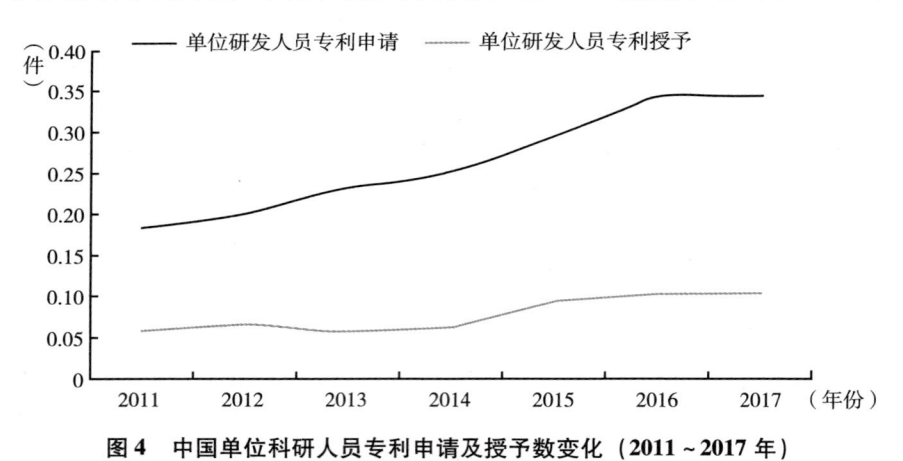

图4 中国单位科研人员专利申请及授予数变化(2011~2017年)

资料来源:根据《中国科技统计年鉴》、WIPO世界专利数据库计算。

图4反映了中国单位科研人员专利申请以及授予数量的变化。从图中可以看出,中国单位科研人员的专利申请数呈现持续上升的状态,从2011年的0.18件/人年上升到2017年的0.34件/人年,相较之下,单位研发人员的专利授予数增长情况与申请数相差较大,仅从2011年的0.06件/人年上升到0.1件/人年。同时必须注意到,人均专利授予数不及申请数的1/3,专利研发效率较低。

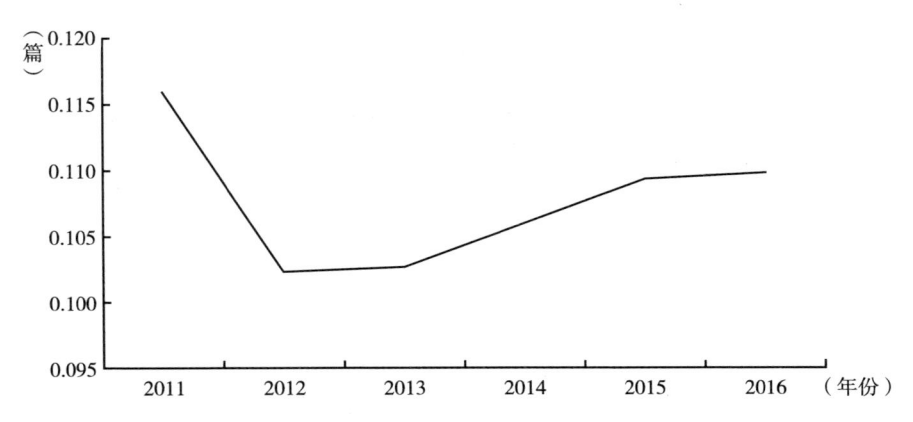

第四次工业革命背景下我国人才供给体系面临的挑战与优化思路

图 5　中国单位科研人员科学工程论文发表数变化及趋势（2011~2016 年）

资料来源：根据《中国科技统计年鉴》、美国国家科学基金会（NSF）《科学与工程指标 2018》计算。

图 5 反映了中国单位科研人员科学工程论文发表数变化情况，从趋势线来看，2011~2016 年，人均论文发表数量出现了略微下降的趋势，说明我国科研人才的基础知识创造能力在近年来并未有所提升，这一点也值得教育部门和科研部门予以重视。

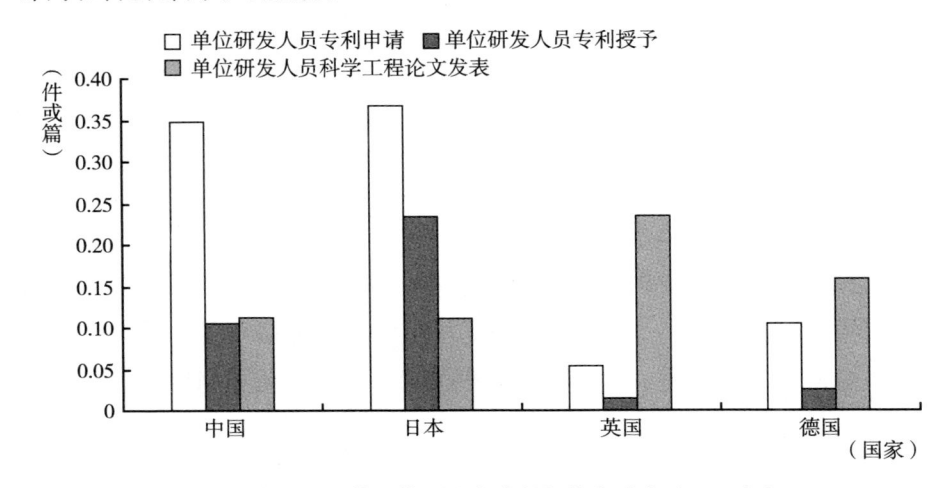

图 6　中、日、英、德四国人才创新能力对比（2016 年）

资料来源：根据《中国科技统计年鉴》、OECD statistics、WIPO 世界专利数据库以及美国国家科学基金会（NSF）《科学与工程指标 2018》计算。

图6反映了在2016年,中国、日本、英国、德国的单位科研人员的专利申请数、专利授予数以及科学工程论文发表数量的对比。中国的单位研发人员专利申请数(0.345件/人年)已近接近日本的水平(0.365件/人年),但授予水平却相差较大(中:0.104件/人年;日:0.233件/人年)。而在以论文发表衡量的知识创造方面,中国与英、德两国也有不小的差距。由此可见,中国科研人才的创新能力距离国际先进水平仍有较大差距。

(二)我国人才培养的现状与挑战

1. 高等教育呈现普及化趋势

根据2019年全国教育事业统计,全国各级教育普及水平不断提高,各阶段教育入学人数均有提升。作为高级人才培养主要渠道的高等教育,2019年毛入学率达到51.6%,较2018年提升3.5%。全国共有普通高校2688所,各种形式的高等教育在校学生总规模达到4002万人,普通本专科招生914.90万人,比上年增加123.91万人,增长15.67%[①]。美国国家科学委员会(National Science Broad)在其发布的 *2018 Science & Engineering Indicators* 中指出,在2000年至2014年,中国科学与工程的学士学位授予数量增长了350%,增速明显高于同时期的美国、欧洲以及亚洲其他地区。中国高等教育的普及已成为明显的趋势。

2. 教育改革进入攻坚阶段

在工业革命迅速发展的时代,适应时代特点的优质教育资源是培养人才的关键因素,教育事业的发展方式也应从规模扩张的方式转向优化结构和提高教学质量的方式。然而,着眼于优化结构与提高质量的教育改革是一个复杂的系统性工程,横向看,教育观念、教师队伍、制度建设、培养方案等多方面的改革缺一不可;纵向看,学前教育、小学教育、中学教育和高等教育之间需要协同推进。这样的特点决定了单项改革往往很难推进,

---

① 教育部:《2019年全国教育事业发展统计公报》,http://www.moe.gov.cn/jyb_sjzl/sjzl fztjgb。

多维度改革相互配合的客观需要增加了教育改革的难度。同时需要注意，院校在教育改革中的话语权仍不足，不利于准确把握改革方向并调动各方积极性。

3. 新学科的实际建设与完善程度尚不理想

在2018年全国教育事业发展基本情况年度发布会上，教育部介绍了高等学校新学科的建设规划，其中与第四次工业革命密切相关的新工科增设新兴领域急需专业点近400个，主要涉及大数据、人工智能、机器人、物联网等领域。但从目前实际建设的效果来看，仍存在明显的问题：以人工智能学科为例，尽管学科建设在全国范围内迅速开展，相关专业以及学院均已出现，但是其教学和科研分散在计算机、自动化等学科中，导致智能类专业课程不是重点学习内容，存在碎片化的问题。人工智能学科尚属于国内发展较快的学科，而一些其他新兴领域内的技术所对应的专业和课程尚未建立起来，这也会导致相应人才培养的滞后。

（三）我国人才引进的现状与挑战

1. 海外可供引进人才储备大，但面临激烈竞争

中国是移民出口大国，特别是自改革开放以来，中国向海外移民累计超过1000万人[①]。海外华人已成为一个庞大的群体，这是一个重要的人才储备：一方面，中国的海外留学生数量庞大；另一方面，海外华人中有大量的科研领域的顶尖人才（美国科学院和工程院不乏华人院士）。这反映了有大量海外人才可供挖掘。然而，无论是传统强国还是新兴经济体，都为国家间的人才争夺而频出手段，如美国通过完善技术移民制度以及建立高科技园区等手段集聚海外科技人才，韩国投资建设国际科技人才信息库与交流市场，马来西亚、泰国等国则是采用财政手段对人才补贴[②]。国家之间的人才争夺

---

① 联合国：《2019全球移民报告》，https://www.un.org/development/desa/pd/themes/international-migration。

② 高显扬、周尊艳：《2019我国高层次科技人才引进政策研究》，《合作经济与科技》2019年第1期，第99~101页。

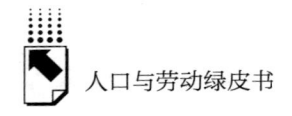

已成为国际人才流动的常态,并会在长期内持续,因此,我国的人才引进工作面临许多强劲对手的竞争。

2. 地区之间展开人才争夺,但不平衡的问题突出

2017年以来随着各大中城市制定人才政策,地区之间的人才争夺进入白热化状态。中国省份众多,由于各省的区域特点和经济社会发展的情况不同,人才吸引力存在差距,同时不同地区在人才引进的政策和制度方面的建设程度也不同。东部发达地区具备人才引进的天然优势,在相关制度建设方面也更加完善,如江苏省的人才引进政策已经历"探索期"、"快速增长期"以及"加速增长期"三个阶段,已经形成丰富的政策体系,近年来的政策更加强调"国际化人才体系""人才服务保障体系""创业活动扶持"三个方面,体现出了针对新形势的应对思想①。而中西部地区由于大中城市缺乏,人才吸引力和制度建设水平均不高,在人才竞争中处于劣势。另外,即使在同一地区,人才大多流向省会城市,偏远地区以及乡村地区的人才引进工作面临较大难度。

3. 人才引进缺乏精度,"留住人才"成为新的问题

目前,很多地区和科研机构引进高层次科技人才的工作仅仅局限在"引入"阶段,规划与制度并不健全,存在巨大的改进空间。一方面,高层次科技人才的引进工作太过盲目,仅仅为了完成人才引进的指标政绩而引才,引进的人才与引进地区和单位的实际需求缺乏匹配性,达不到高层次科技人才引进工作的既定标准,既不利于引进人才工作的开展,也达不到引进地区和单位的预期效果。另一方面,对人才引进和使用未形成一个有机的整体,在人才引进之后,引进地区和单位对于后续在"用才"环节的环境与制度建设发力不足,对于人才发展以及价值实现的实际需要的满足程度也不足,导致很大程度上造成了"引得进、用不好、留不住"的现象。

---

① 陈文、胡翔、李燕萍:《江苏省科技领军人才引进与培育政策演进脉络——2003~2017年政策文本内容分析》,《科技进步与对策》2018年第23期,第43~51页。

四 提升我国人才供给体系建设水平的政策建议

（一）进一步深化改革并扩大对外开放程度

从历史上来看，凡是工业革命的引领国或重要参与国，均是在国内建立民主制度的前提下，广泛参与到世界范围内的技术合作与交流中。我国应当继续深化改革，破除科研单位的官本位现象，推动人才的市场化配置与流动；扩大对外的人才交流，强化海外专家资源供给侧改革，开辟高层次人才的合作交流渠道，推进海外人才资源信息库建设，整合专家信息、项目信息、成果信息，并帮助地区和单位建设线下对接合作平台，促进国际人才交流。

（二）更好地发挥政府在资源信息协调方面的作用

政府应当充分发挥其在资源协调以及信息汇集方面的优势，整合各方力量参与人才培养。由政府牵头，完善教育合作网络的建设：在纵向上，建立贯穿国家层面、省层面、地市层面的教育指导保障体系，为教育改革和新学科建设相关精神以及政策的贯彻执行提供有效的渠道；在横向上，将行业、企业以及各类高等院校融合为教育合作联盟，整合各方力量，协调各方资源配置，保障各方的充分参与，增强产教结合、"产学研"的资源共享，推动基础设施特别是网络平台建设用以教育培训。

（三）推进高等学校课程改革以及教师队伍建设

高等教育是整个教育层次的最高层次，是优质人才培养的最主要途径，也是新思想、新知识与新技术的主要来源。高等院校首先应从办学理念出发，树立正确的人才观和教育质量观，以培养高素质人才为目标，以就业为导向，不断推进教育方式与课程内容改革，及时捕捉教学内容、教学方法的新趋势，突出学校特色。同时，要更加强调培养一支高素质高水平的教师队伍，一方面要提高教师的教学能力和科研水平，另一方面要营造良好的学术

氛围，改变科研课题管理繁杂、僵化、低效的现状，使高校教师能够认真教学，安心科研，充分发挥高等教育在人才培养、技术创新、科技研发等方面的重要支撑作用。

（四）引导并保障企业参与职业教育过程

职业人才培养的主流发展方向是校企合作和产教融合的人才培养模式，欧美发达国家普遍推行的由企业和学校成为职业教育的"双元主体"的做法便体现了这一点。企业在职业教育领域的广泛参与，会使得人才培养的目的性、针对性和有效性更强。应当继续推进校企合作、产教融合及"产学研"合作的实行和创新，克服实践中存在的"两张皮"问题，切实引导企业对职业教育的深度参与，提升其对人才培养的热情，为学生开辟从职业教育到终身学习的渠道，使学生能够经历从学习到实践再到学习的循环过程；同时让企业参与职业资格认定以及课程设置，促进课程与实际工作相适应、职业资格与实际需求相匹配。

（五）精准识别人才需求以实现按需引进

当前国家、各地区以及科研机构与企业均具有多种高层次人才的引进计划指标，如各类"千人计划""百人计划"等，这些人才引进计划使得人才引进成为系统化工程，但也容易造成急功近利、做成政绩工程的风险，不仅会带来资源的错配，也将难以实现人才引进的预期效果。人才引进地区和单位应展开广泛的调研，精确识别对人才种类和数量的需求，将"精准引才"作为人才引进工作的原则，以大数据等先进信息化手段建立人才需求数据库，明确引才需求、引才目标，完善引才用才的具体配套政策以及后续支撑体系，优先引进工业革命背景下经济社会发展所急需的人才，做到人尽其用。

（六）做好人才引进后的后续服务工作

人才引进工作不能仅局限于"引进来"，要以更加宏观以及动态的视角定义人才引进工作，让人才的吸引、留住及使用成为一个连续的整体，环环相扣。在成功引入高层次人才后，政府部门要营造开放包容的地区环境，促进人才的融入，完善基础设施建设以保障其基本需求，并提供日常生活中的优惠条件以保证其生活、健康等需求；用人单位要为人才提供良好的科研以及创新创业平台，建立人才的跟踪服务系统，为引进人才打造聚精会神、心情舒畅做科研的"软环境"，为人才进步提供平台，帮助人才实现其人生价值。

就业发展篇

Employment Development

G.9
疫情对就业和收入的影响
——应对结构性失业风险

张车伟 赵 文*

摘 要： 本文建立一个基于投入产出表的就业数据面板，分析了疫情带来的冲击型失业的主要特征，观察随着经济恢复，各行业就业的恢复情况。结果发现，疫情发生以来，我国经受住了内需和外需双下滑的严峻考验，复工复产稳步恢复，就业市场呈现前高后低的"V"字形走势。在常态化防控的形势下，国民经济结构发生了明显的变化，劳动密集型产业、出口密集型产业和接触性服务业的就业恢复缓慢，食品行业、通信设备电子设备行业的就业持续增加，但增加的规模还不足以

---

* 张车伟，中国社会科学院人口与劳动经济研究所所长、研究员、博士生导师，主要研究方向为劳动经济学；赵文，中国社会科学院人口与劳动经济研究所副研究员，研究方向为宏观经济、收入分配。

抵消失业的规模。经济恢复最快行业并不是先前失业最多的行业,这意味着失业的性质正从冲击型失业转变为结构型失业。下半年促进就业恢复,关键在于扩大消费内需。

关键词： 失业 收入 就业

就业是民生之本、财富之源。保住就业,才能守住基本民生底线。居民收入中,劳动报酬占比超过70%,保就业就是保住千家万户的"饭碗"。近14亿人口的发展中大国,实现比较充分就业至关重要。上半年,围绕稳就业、保民生,政府采取了强有力的措施,失业率逐渐下降,就业政策确实取得了积极成效。6月份城镇调查失业率降到了5.7%,是疫情以来的最低点。城镇就业总量超过疫情前规模,其中在职未上班比重降至1%以下,已恢复到正常水平。同时应该看到,此次疫情对就业的冲击力度之大、影响之广在上百年的历史当中也是绝无仅有的,应对难度空前巨大。在疫情防控常态化之下,消费需求和贸易需求快速变化,投资结构和产业结构也随之快速变化。一些过去看不到、摸不清的投资方向,突然变得明确起来。这意味着,就业格局不可避免地发生了结构性变化,而且很多的变化在可预见的将来是持续的、不可逆的。一次性的冲击型失业正在转变为常态化的结构型失业。这需要我们提前做好准备。下一步,要按照《政府工作报告》要求,继续千方百计保就业。首先,要稳住市场主体,落实好减税降费、减免社保费用和房屋租金等政策,帮助企业渡过难关。其次,鼓励新业态就业和灵活就业,鼓励劳动者积极适应产业结构变化,促进高校毕业生就业,带动更多农村劳动力就地就近就业。

一 疫情带来的冲击型失业和隐性失业

此次疫情对就业的冲击和传统的就业冲击是完全不同的,它完全是外在

的，和我们过去谈到的自然失业、结构性失业、周期性失业都不太一样。这次冲击力度之大、影响之广在上百年的历史当中也是绝无仅有的，应对难度空前加大。城镇调查失业率由2019年略高于5%的水平提高到了2020年6%左右，城镇就业在岗率在2月份低至64%，居民实际收入明显下降。

判断当前的就业形势是比较困难的，如果开始是一个小的冲击并且持续的时间比较短，这样的冲击应该是快速呈现"V"字形反弹趋势，很快就能够恢复。但目前来看，疫情的冲击还会持续很长一段时间，而这种冲击型失业可能就会慢慢演变成结构性的失业。从疫情的发生到现在已经有几个月的时间，从国际上来看，还远远没有达到可以控制的程度。虽然我国疫情防控取得积极成果，但疫情对经济的负面影响依然没有消除，我国经济还没有完全回到正轨上。现在需要担心的是我国所受到的冲击性失业正在慢慢变成结构性失业。这种结构性失业是和疫情对经济的冲击密切相关的，这次疫情过后，我们经济发展、结构转变都会经历比较大的阵痛，就业结构也会有明显的变化。

（一）疫情造成的冲击型失业

受疫情影响，餐饮、旅游、文化娱乐、交运、教育培训业需求下降明显，制造业企业停工停产较多，就业压力明显加大。2月份，全国城镇调查失业率升至6.2%，同比环比均上升0.9个百分点（见图1）。随着防疫形势好转，企业生产经营逐步恢复，6月份城镇调查失业率为5.7%。仅仅从数字来看，疫情对我们就业影响不是特别大，失业率同比增加了不到1个百分点。但真实的就业形势远远比数字体现得要严峻得多，造成失业率不能反映失业情况的原因有以下几点。

第一，我们国家的基本体制和基本国情决定了我们的显性失业率不会特别高。遭受疫情冲击时，正值我国春节假期。春节后，大批农民工暂时退出了工作岗位。就统计数据而言，就业受疫情影响最大的群体就是农民工群体，而农民工群体在失业统计时很难被统计到数据当中。所以虽然失业率看起来并不是很高，但真实失业率有多少，这个数字恐怕很难掌握和判断，但可以肯定的是疫情对就业的冲击还是非常大的。

第二，受疫情影响，企业生产经营困难突出，招聘用工需求下降，一些个体工商户和小微企业疫后恢复较慢，吸纳就业受到一定影响。大学生等重点群体就业压力仍大。2020年高校毕业生规模达到874万，创历史新高，还有约60万海外毕业生回国待业待学。随着高校毕业生集中进入劳动力市场，大学生失业率可能继续上升。随着国外疫情暴发，失业风险转移到外贸部门。我国外贸依存度仍超过30%，主要贸易伙伴受疫情冲击购买力下降，可能通过外贸外资、供应链、资金链等渠道对我国就业市场产生影响，出口部门失业风险加大。统计显示，新出口订单指数连续四个月低于枯荣线，4月份仅有33.5%，比上年同期下降16个百分点，比前一个月下降13个百分点。随着在手订单逐渐消化完毕，出口产业链尤其是中小企业的失业压力逐渐显现。我们预测全年城镇调查失业率为6.0%[1]。

第三，疫情对就业的冲击不仅仅体现在失业率数字上，失业率仅仅是我们观察就业形势的一个指标，我们更需要关注收入水平的变化。虽然收入水平的变化统计数字很难反映，但我们能明显感觉到疫情对老百姓收入的影响非常大。一是存在一个群体，他们丢掉工作、已经没有收入，却在统计上没有显示出失业，在职未上班的情况普遍存在；二是存在一部分即使有工作但收入下降非常大的劳动者，这是因为有些企业可能没有裁员但实际工资发放与劳动时间、工作量密切相关。在就业受冲击的情况下，收入出现了明显的下降。上半年，全国居民人均可支配收入15666元，比上年同期名义增长2.4%，扣除价格因素，实际下降1.3%。

总体来讲，现在的就业面临这个世纪以来又一次比较严峻的形势，这一点我们应该有一个清醒的认识。所以在"六保"当中我们把保就业放在第一位是很有必要的，因为我们从"六稳"到"六保"，只有保住了就业才能保住基本的民生。

---

[1] 赵文：《失业预警研究》，中国社会科学院人口与劳动经济研究所工作论文，2020。

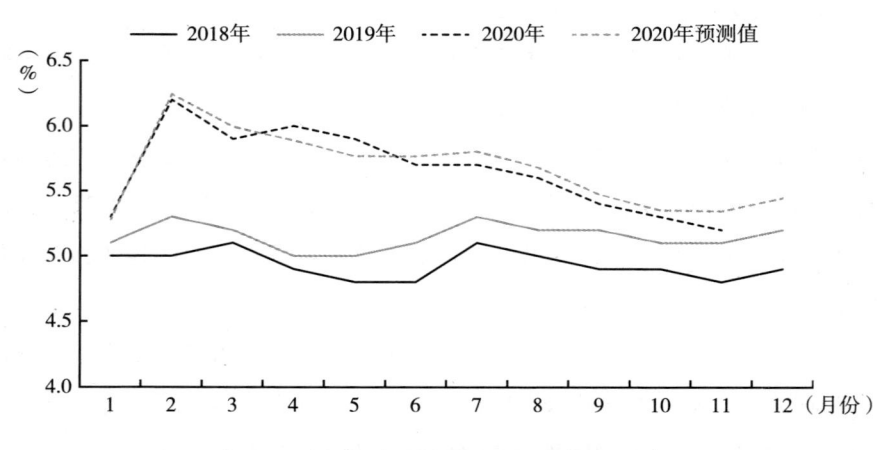

图 1 2020年全国城镇调查失业率和预测

资料来源：根据国家统计局数据计算。

（二）疫情期间的隐性失业

虽然显性失业规模不大且较为稳定，但我们还要警惕隐性失业的风险。2020年6月城镇调查失业率为5.7%，与上年同期相比，多失业了220万人。这是显性失业。就业受疫情影响最大的群体就是农民工群体，但他们在失业统计时很难被统计到数据当中。因此，在上述显性失业之外，还存在隐性失业。隐性失业主要是失业风险相对较高的灵活就业者、农民工。我们估计，本地农民工和节后未外出农民工较节前增加了1701万人。

疫情期间，虽然全国城镇调查失业率较为平稳，但实际离开工作岗位的人员的规模较大。城城转移人口和城乡转移人口规模大、流动性强，是这一特征存在的基础。比如，2009年国际金融危机期间，城镇登记失业率几乎没有变化，但约有1200万到2000万农民工返回农村①，这一数量规模被统计为退出劳动力市场，而不是由就业转为失业。农民工的这种离岗即退出的

---

① 新华社：《温家宝总理接受英国〈金融时报〉专访》，http：//www.gov.cn/ldhd/2009-02/02/content_1219988.htm，2009，最后检索时间：2020年4月25日。陈锡文：《金融危机致2000万农民工失业》，《WTO经济导刊》2009年第3期，第18~19页。

现象，符合国际惯例对失业和退出劳动力市场的定义，也符合我国劳动力市场的特色，但会降低城镇调查失业率的指引性和国际比较性。我国月度劳动参与率权威数据缺失，也增大了判断就业形势的困难。2020年2月，城镇调查失业率为6.2%，环比和同比都提高了0.9个百分点。这意味着城镇就业岗位减少，农民工返乡、退出劳动力市场的比例提高。因此，对于具有自我稳定性的城镇调查失业率，其数字的些许跳动，也许反映了我国就业形势的重要变化。

疫情期间恰逢春运，节前大批流动人员返乡，节后商务、旅游、探亲、返校等非必要出行近乎零，这为我们估测离岗返岗情况提供了便利。本文根据交通运输部月度发布的公路、水运、铁路和民航的客运量和旅客周转量数据，通过对四类就业人员（城城流动人员、跨省流动农民工、省内流动农民工和本地就业农民工）的出行频率和出行距离进行赋值模拟，结合月度失业率、2019年《国民经济和社会发展统计公报》和《农民工监测调查报告》提供的人口就业数据，推算了2020年1~4月的四类就业人员在岗未返乡规模和节后返岗情况。综合来看，以1月份就业岗位总量为参照，2月份在岗率为64.2%，3月份为77.4%，4月份为95.4%（见图2）。

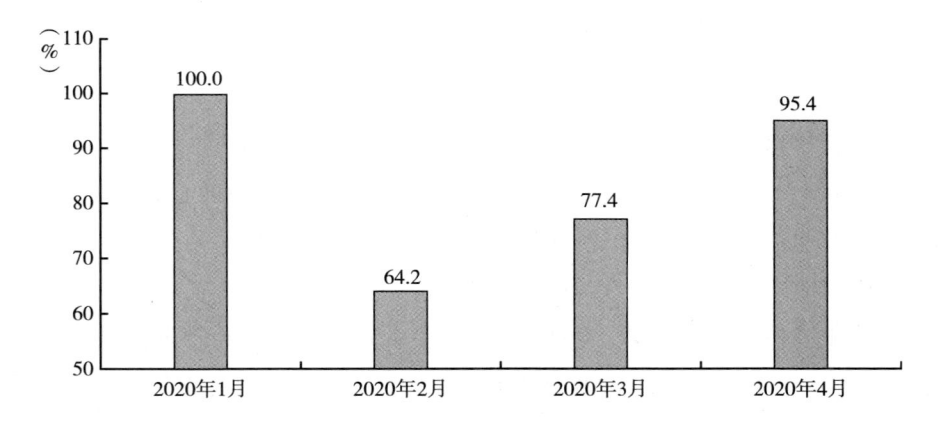

图2 2020年1~4月城镇就业的在岗率

资料来源：根据国家统计局和交通运输部数据计算。

2月，城镇就业总量约28395万人，较1月减少了15852万人；城城流动人员、跨省流动农民工和省内流动农民工三类人员的在岗比例（返岗人数加上春节未返乡的人数之和占节前全部岗位数量的比例）均为23.6%；失业人员为1877万人（见表1）。4月，城镇就业总量提高到42220万人，较1月减少了2027万人；三类人员在岗比例为90.2%；失业人员为2695万人。进一步分析发现，尽管4月的城镇调查失业率较2月降低了0.2个百分点，但失业人数增加了818万人。本地农民工和节后未外出农民工较节前增加了1701万人。

表1 2020年1到4月在岗情况

单位：万人

月份	城镇就业人员	城镇失业人员	城城流动人员在岗累计	农民工在岗累计：跨省	农民工在岗累计：省内	本地农民工+未外出农民工
1月	44247	2476	7257	7508	9917	11652
2月	28395	1877	1715	1774	2344	24959
3月	34268	2149	3768	3898	5149	20029
4月	42220	2695	6548	6775	8949	13353
4月减去1月	-2027	219	-709	-733	-968	1701

注：本文测算，城城流动人员、跨省流动农民工和省内流动农民工春节未返乡的规模分别为425万人、440万人和581万人。

资料来源：根据国家统计局和交通运输部数据计算。

这意味着判断就业形势，不能简单地依靠失业率，还至少必须掌握总就业和流动人口返岗就业情况。实际上，我们的政策措施也的确是这样做的。根据《就业促进法》，对于就业困难人员应该实现应保尽保。疫情发生以来，全国发放失业保险金93亿元覆盖230万名失业人员，实施失业保险稳岗返还政策和减免社会保险费政策[①]。这些有效措施为劳动者重归就业争取了宝贵时间。但同时，我国城镇的失业救助更为完善，农村相对薄弱，农民

---

① 人力资源和社会保障部：《2020年第一季度新闻发布会》，http://www.mohrss.gov.cn/SYrlzyhshbzb/dongtaixinwen/fbh/202004/t20200421_365967.html，最后检索时间：2020年4月21日。

工群体中仍然有数量众多的就业困难人员需要救助。对此，全国已经开始对领取失业保险金期满仍未就业的失业人员、不符合领取失业保险金条件的参保失业人员，发放6个月失业补助金①。预估就业困难人员，尤其是农村就业困难人员的规模，这是失业预警研究的应有之义。

二 疫情对居民收入的影响

（一）疫情对居民全年收入的影响

党的十八大确立了2020年实现城乡居民人均收入比2010年翻一番的目标。2010年我国居民人均可支配收入为12507.6元，按不变价计算，2019年已经提高到24604.5元，2020年只要达到1.7%的增长速度即可实现目标。但同时，我们也要关注疫情对居民收入的影响。

目前来看，疫情主要影响了居民工资性收入的增长。疫情造成返城延期和职工到岗率低，不能开工或开工不足的现象普遍，对中小微企业的冲击比较明显。假设2月份按照平均到岗率65%计算，3月份按照平均到岗率77%计算，2月3~29日损失等效工作日9.45天，平均月收入损失33%。

国家统计局公布，2019年全国居民工资性收入名义增长8.6%，2018年农民工月均收入增长6.8%。农民工的就业环境主要是中小微企业，就业身份主要是城乡私营企业和个体雇工，主要收入来源是工资性收入。假设2019年，城乡私营企业和个体雇工的工资增长率与农民工收入增长率持平，仍为6.8%，则城镇单位就业人员工资增长率约10.2%。

从全部雇员和雇工来看，月平均工资4613元，疫情造成开工不足，2月份约损失1522元，3月份损失1061元，4月份损失231元。折算成年收入增速为3.1%，比8.6%的原有增速降低了5.5个百分点。从城镇单位就

---

① 新华社：《国务院办公厅关于应对新冠肺炎疫情影响强化稳就业举措的实施意见》，http://www.gov.cn/zhengce/content/2020-03/20/content_5493574.htm，最后检索时间：2020年3月19日。

业来看，城镇单位就业人员月平均工资7530元，疫情造成开工不足，2月份、3月份和4月份共约损失4593元。折算成年收入增速为4.6%，比10.2%的原有增速降低了5.6个百分点。从私营企业就业和个体雇工来看，私营企业就业人员月平均工资3838元，疫情造成开工不足，2月份、3月份和4月份共约损失2341元；个体雇工月平均工资636元，2月份、3月份和4月份共约损失388元；折算成私营企业就业和个体就业人员年收入增速为1.4%，比6.8%的原有增速降低了5.4个百分点（见表2）。

表2 疫情对居民全年收入的影响估算

年份	年工资（元）			
	全部雇员	城镇单位职工	私营企业	个体雇工
2018	50973	81978	43119	7149
2019	55357	90356	46051	7635
	月工资（元）			
2020	4613	7530	3838	636
2月损失率	0.33	0.33	0.33	0.33
2月损失(元)	1522	2485	1266	210
3月损失率	0.23	0.23	0.23	0.23
3月损失(元)	1061	1732	883	146
4月损失率	0.05	0.05	0.05	0.05
4月损失(元)	231	376	192	32
疫情后年工资(元)	52543	85763	43710	7247
收入原有增速（%）	8.6	10.2	6.8	6.8
疫情后收入增速（%）	3.1	4.6	1.4	1.4
增速变化（个百分点）	-5.5	-5.6	-5.4	-5.4

资料来源：根据国家统计局和交通运输部数据计算。

2019年，工资性收入占居民可支配收入的比重为56%。由此推算，受疫情影响，居民可支配收入名义增长率下降3.1个百分点。2020年第1季度，居民可支配收入总额占GDP的比重为58%，比2019年第1季度提高了3.5个百分点（见图3）。这一变化是由于2020年第1季度GDP为206504.3亿元，按当年价计算，较2019年同期有所下降，而居民可支配收入总额则有所提高。我们预测，随着经济逐渐恢复，2020年全年名义GDP将录得

5%~6%的增速,均值为5.6%,居民可支配收入的名义增速预测值为2.1%,实际增速为负的0.9%(预测物价指数为3%),2020年全年居民可支配收入总额占GDP的比重约为42.4%。

新冠肺炎疫情虽然会对经济活动造成负面影响,但终究是一次性冲击现象,对居民收入增长不会产生长期影响。根据我国经济社会发展态势和可能受到疫情影响的情况来判断,疫情造成的暂时性干扰虽然会小幅降低居民收入增长速度和其他发展指标,但总体上,2020年全面建成小康社会的目标能够如期实现。

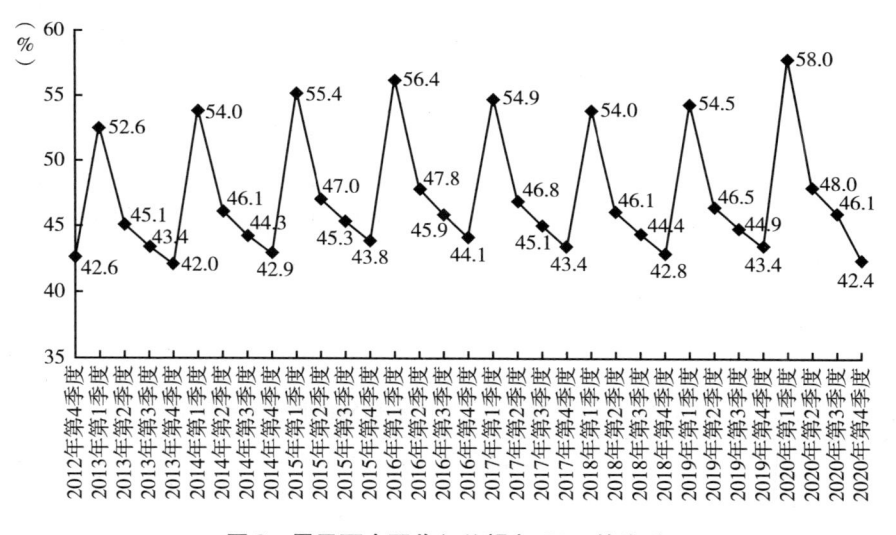

图3 居民可支配收入总额占GDP的比重

注:2020年第4季度为预测值。
资料来源:根据国家统计局和交通运输部数据计算。

(二)疫情对中低收入居民的影响

从收入实际增长率来看,新冠肺炎疫情对中低收入居民的影响更为明显。中低收入居民的就业以私营企业、自雇农业和个体经济为主,容易受到疫情冲击。居民收入实际增长率是名义增长率与居民消费价格指数之差。不同收入阶层的居民,对居民消费价格指数的敏感程度不同。目前,居民消费价格指数中，食品类基本生活品指数明显高于其他消费品。中低收入居民的恩格尔系数更高，对基本消费品的价格更敏感，疫情对中低收入居民的影响更大。

根据现有统计资料，我们定义中低收入居民的口径要考虑到统计监测的可持续。根据住户调查提供的就业身份，劳动者可以分为七种类型，分别是（1）雇主、（2）公职人员、（3）事业单位人员、（4）国有企业雇员、（5）其他雇员、（6）农业自营、（7）非农自营。我们把城镇居民中其他雇员50%、农业自营95%、非农自营80%，农村居民中其他雇员50%、农业自营75%、非农自营80%作为基础数据，按照户均常住从业人口推算这些居民的家庭情况，得到了城镇和农村中低收入群体的总规模和在全部居民中的占比情况（见表3）。2019年，城镇中低收入群体规模为3.8亿人，农村中低收入群体规模为3.6亿人，合计占全国居民总数的53%，规模庞大。从收入水平来看，中低收入群体人均收入约为居民平均收入的57%。这一比例在2013年到2018年变化不大，2019年略有提高，受疫情影响，预计2020年会再度下降。

表3 城镇和农村中低收入群体规模和收入情况

项目	2013年	2014年	2015年	2016年	2017年	2018年	2019年
全国中低收入群体占比（%）	51.3	51.6	53.1	52.7	51.4	54.3	52.8
城镇中低收入群体占比（%）	40.2	38.6	42.2	42.3	42.6	46.2	45.1
农村中低收入群体占比（%）	64.2	67.4	67.1	66.7	63.9	66.2	64.6
全国中低收入群体规模（万人）	69824	70630	73052	72906	71505	75704	73933
城镇中低收入群体规模（万人）	29377	28907	32555	33559	34656	38369	38300
农村中低收入群体规模（万人）	40447	41724	40497	39347	36850	37335	35633
全国中低收入群体人均收入（元）	10405	11473	12381	13521	14940	15794	17456

续表

项目	2013 年	2014 年	2015 年	2016 年	2017 年	2018 年	2019 年
城镇中低收入群体人均收入（元）	15745	17858	18490	19920	21516	22372	24477
农村中低收入群体人均收入（元）	5830	6167	6694	7278	8054	8468	9372
全国中低收入群体人均收入/全国平均收入（%）	56.8	56.9	56.4	56.8	57.5	56.0	56.8
城镇中低收入群体人均收入/城镇平均收入（%）	59.5	61.9	59.3	59.3	59.1	57.0	57.8
农村中低收入群体人均收入/农村平均收入（%）	61.8	58.8	58.6	58.9	60.0	57.9	58.5

资料来源：根据国家统计局和交通运输部数据计算。

判断居民收入差距的重要指标是居民收入差距指数，计算公式是"全国居民人均可支配收入"的平均数除以中位数，数据由国家统计局按季度发布。居民收入差距指数越大，说明居民收入差距越大。研究表明，居民收入差距指数与基尼系数的走势和波动幅度基本同步，且计算方法更为简便，数据容易及时获得，是监测收入差距的重要参考[①]。通过居民收入差距指数和中低收入群体规模两个指标，能够大致了解疫情以来中低收入群体的收入情况。

如图4所示，居民收入差距指数的基本特征是每年第1季度为全年最高。原因是高收入群体所享有的更高的年终奖励通常在第1季度发放，农民工也常常在春节期间将务工收入带回农村老家。2020年上半年，全国居民收入差距指数为1.174，明显高于2017年、2018年和2019年。分城乡来看，也有类似的现象。这说明，在全国层面，2020年上半年居民收入差距有所扩大。城镇个体经济收入下降和农村居民务工收入下降是全国居民收入差距扩大的主要原因。从全国居民可支配收入的结构来看，工资性收入、经营净收入、财产净收入和转移净收入的占比中，经营净收入占比下降幅度较

---

① 张车伟、赵文：《国民收入分配形势分析及建议》，《经济学动态》2020年第6期。

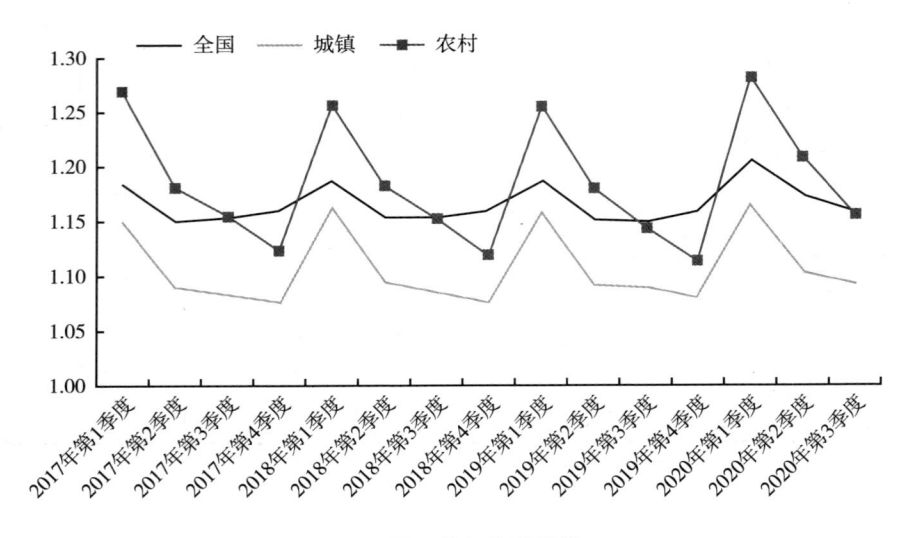

图 4　居民收入差距指数

大。全国居民人均经营净收入由 2019 年第 1 季度的 1486 元下降到 2020 年第 1 季度的 1376 元，下降了 7%，第 2 季度继续下降。这一下降主要是城镇个体经济收入下降的结果。2020 年第 1 季度农村居民工资性收入较 2019 年第 1 季度下降了 0.6%，也是收入差距扩大的重要原因。

三　疫情给经济结构带来的影响

经济是一个复杂循环系统，从产业上游到产业下游，从生产到流通再到消费，一点不畅，全程受阻。我国最终消费支出对国内生产总值增长的贡献率接近 60%，居民有工作才能有收入，才能有消费，经济发展才有基础。扩大国内需求，畅通经济循环，都有赖于就业形势的稳定。保住就业，才能牢牢把握住发展主动权。疫情冲击下，世界经济衰退难以避免，各国经济调整力度空前加大，但全球化仍是长期趋势。"中国制造"的优势之一就是拥有能够适应全球复杂分工的完整的产业链条和优质的劳动大军。保住就业，才能握有完整产业链供应链，在未来的全球经济竞争中继续赢得主动。

消费、投资和净出口是国民经济三大需求。为了观察疫情的影响，使用国家统计局公布的月度数据，我们构建了一个相对增长率指标：

$$(V_{i,j}^{20.06} - V^{20.06})w_{i,j}^{20.06} - (V_{i,j}^{19.06} - V^{19.06})w_{i,j}^{19.06}$$

用来观察疫情对三大需求各自经济结构的影响。i 表示三大需求，j 表示产品或者行业。V 表示 2019 年 6 月和 2020 年 6 月 i 需求中 j 产品或行业的消费额、投资额或者净出口额的增长速度。w 表示产品或者行业 j 的消费额、投资额或者净出口额的权重。$(V_{i,j}^{20.06} - V^{20.06})w_{i,j}^{20.06}$ 表示 2020 年上半年 i 需求中的 j 相对于 i 需求总额的增长速度，这样处理是为了消除总的需求变化对某个产品或者行业增速的影响，以及行业规模大小的影响。以 2020 年上半年的相对增速，减去 2019 年上半年的相对增速，能够观察到消除了季节影响后的、主要由疫情引起的经济结构的变化，并且行业之间能够直接比较。

（一）需求结构

1. 社会消费品零售

社会消费品零售总额是指企业（单位、个体户）通过交易直接售给个人、社会集团非生产、非经营用的实物商品金额，以及提供餐饮服务所取得的收入金额。个人包括城乡居民和入境人员，社会集团包括机关、社会团体、部队、学校、企事业单位、居委会或村委会等。按照消费类型，社会消费品零售总额可以分为商品零售额和餐饮收入两大类。限上商品零售额还可以按照具体的商品类型进一步划分。另外，按照销售渠道，还可以分为网上零售和其他零售两类。

表 4 显示了与 2019 年上半年相比，2020 年上半年商品零售结构的变化情况。受疫情影响，消费品零售增长较明显的是粮油食品类商品、饮料类商品、日用品类商品、文化办公用品类商品、通信器材类商品共五大类；消费品零售减少较明显的是服装鞋帽针纺织品类商品、服装类商品、金银珠宝类商品、家用电器和音像器材类商品、中西药品类商品、石油及制品类商品、

汽车类商品、餐饮共八大类。

受疫情期间的居家办公倾向增加的影响，粮油食品类商品、饮料类商品、日用品类商品、通信器材的消费增加，相应地，餐饮、燃料的消费减少。服装、金银珠宝等个性化消费也暂时失去了需求。疫情期间，消费者对大额消费持谨慎态度，因此家电类和汽车类的消费减少。一些商家抓紧疫情萧条期，对店面进行了升级改造，拉动了建筑及装潢材料类商品消费。受疫情影响，2020年上半年，网上消费相对增速是3.2%，实现了非常快的增长。

表4 商品零售结构变化

单位：%

商品	零售增长率	商品	零售增长率
粮油、食品类商品	2.0	家用电器和音像器材类商品	-0.3
饮料类商品	0.3	中西药品类商品	-0.4
烟酒类商品	0.1	文化办公用品类商品	0.4
服装鞋帽、针、纺织品类商品	-0.6	家具类商品	0.0
服装类商品	-0.6	通信器材类商品	0.6
化妆品类商品	0.0	石油及制品类商品	-1.2
金银珠宝类商品	-0.2	建筑及装潢材料类商品	0.2
日用品类商品	0.3	汽车类商品	-1.1
体育、娱乐用品类商品	0.1	餐饮	-1.8
书报杂志类商品	0.0	网上零售	3.2

资料来源：根据国家统计局数据计算。

2. 投资

固定资产投资（不含农户）是指城镇和农村各种登记注册类型的企业、事业、行政单位及城镇个体户进行的计划总投资500万元及以上的建设项目投资和房地产开发投资。民间固定资产投资是指具有集体、私营、个人性质的内资企事业单位以及由其控股（包括绝对控股和相对控股）的企业单位在境内建造或购置固定资产的投资。

表5展示了固定资产投资结构变化。从行业门类来看，农林牧渔业、电力热力燃气及水的生产和供应业、交通运输仓储和邮政业、信息传输软件和

信息技术服务业、科学研究和技术服务业、水利环境和公共设施管理业、教育、卫生和社会工作等的固定资产投资明显增加，采矿业、制造业、房地产业、文化体育和娱乐业等的固定资产投资明显减少。这些行业中，信息传输软件和信息技术服务业、教育、卫生和社会工作、采矿业、制造业、房地产业、文化体育和娱乐业主要是受到了疫情的直接影响。电力热力燃气及水的生产和供应业、交通运输仓储和邮政业、水利环境和公共设施管理业则主要是一种政府的逆周期投资。

从行业大类来看，投资增长较多的是电力热力生产和供应业、畜牧业、计算机通信和其他电子设备制造业、公共设施管理业、卫生、医药制造业等，投资下降较多的是非金属矿物制品业、化学原料和化学制品制造业、生态保护和环境治理业、通用设备制造业、专用设备制造业、汽车制造业、纺织服装服饰业等。

表5 固定资产投资结构变化

单位：%

行业	占比	行业	占比
农、林、牧、渔业	0.72	铁路、船舶、航空航天和其他运输设备制造业	0.01
农业	-0.05	电气机械和器材制造业	-0.02
林业	0.04	计算机、通信和其他电子设备制造业	0.33
畜牧业	0.67	仪器仪表制造业	-0.01
渔业	-0.11	废弃资源综合利用业	-0.04
农、林、牧、渔专业及辅助性活动	0.20	金属制品、机械和设备修理业	-0.03
采矿业	-0.27	电力、热力、燃气及水的生产和供应业	1.40
煤炭开采和洗选业	-0.08	电力、热力生产和供应业	1.18
石油和天然气开采业	-0.14	燃气生产和供应业	0.01
黑色金属矿采选业	0.01	水的生产和供应业	0.17
有色金属矿采选业	0.01	建筑业	-0.02
非金属矿采选业	-0.04	批发和零售业	0.02
制造业	-2.47	交通运输、仓储和邮政业	0.30
农副食品加工业	-0.02	铁路运输业	-0.02
食品制造业	-0.05	道路运输业	0.18

续表

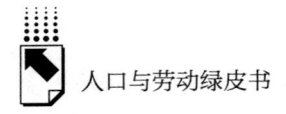

行业	占比	行业	占比
酒、饮料和精制茶制造业	-0.11	水上运输业	0.07
烟草制品业	-0.01	航空运输业	-0.07
纺织业	-0.16	管道运输业	0.00
纺织服装、服饰业	-0.28	装卸搬运和仓储业	0.01
皮革、毛皮、羽毛及其制品和制鞋业	-0.03	住宿和餐饮业	0.06
木材加工及木、竹、藤、棕、草制品业	-0.18	信息传输、软件和信息技术服务业	0.24
家具制造业	-0.12	电信、广播电视和卫星传输服务	0.09
造纸及纸制品业	0.00	金融业	-0.05
印刷和记录媒介复制业	-0.06	房地产业	-0.13
文教、工美、体育和娱乐用品制造业	-0.11	租赁和商务服务业	-0.03
石油、煤炭及其他燃料加工业	0.04	科学研究和技术服务业	0.13
化学原料和化学制品制造业	-0.39	水利、环境和公共设施管理业	0.16
医药制造业	0.18	水利管理业	0.13
化学纤维制造业	0.01	生态保护和环境治理业	-0.34
橡胶和塑料制品业	-0.16	公共设施管理业	0.28
非金属矿物制品业	-0.40	居民服务、修理和其他服务业	0.01
黑色金属冶炼和压延加工业	-0.09	教育	0.11
有色金属冶炼和压延加工业	0.01	卫生和社会工作	0.30
金属制品业	-0.07	卫生	0.23
通用设备制造业	-0.33	文化、体育和娱乐业	-0.35
专用设备制造业	-0.30	文化艺术业	0.04
汽车制造业	-0.31	公共管理、社会保障和社会组织	-0.04

资料来源：根据国家统计局数据计算。

单独观察民间投资，其结构变化有所不同。表6展示了民间固定资产投资相对增速高于各行业平均相对增速的程度。这显示了民营经济和国有经济投资方向和力度的不同之处。民间投资更倾向于投资农林牧渔业、采矿业、汽车制造业、铁路船舶航空航天和其他运输设备制造业，更倾向于回避文化体育和娱乐业、计算机通信和其他电子设备制造业、铁路运输业。大多数行业的民间投资增速都低于行业平均增速，这说明民营企业对投资更为谨慎。2020年上半年，固定资产投资额同比下降3.1%，其中国有及国有控股固定资产投资额同比增长2.1%，民间固定资产投资同比下降7.3%。

表6 民间固定资产投资结构变化

单位：%，个百分点

项目	民间固定资产投资相对增速	高于行业平均增速
农林牧渔业	1.2	0.5
采矿业	-0.1	0.2
制造业	-2.6	-0.1
电力、热力、燃气及水的生产和供应业	1.2	-0.2
建筑业	0.0	0.0
交通运输、仓储和邮政业	0.4	0.1
水利、环境和公共设施管理业	0.1	-0.1
教育	0.1	0.0
卫生和社会工作	0.2	-0.1
文化、体育和娱乐业	-1.1	-0.7
公共管理、社会保障和社会组织	0.0	0.1

资料来源：根据国家统计局数据计算。

3. 贸易

疫情之后，国内外需求会受到明显的冲击，并且本次疫情对国际贸易冲击非常明显。所以很多依赖外部需求的外向型经济体受本次疫情影响明显，即使疫情控制，外部需求能否恢复还是有疑问的。外部需求结构也可能发生根本的变化，即外部需求可能还在，但过去的产业或产品需要会发生变化，这必然会对就业结构产生冲击。疫情发生以来，我国国内需求也发生了明显的变化。在注意到这样的趋势之后，政府已经开始有意识地培育国内需求。然而更重要的是我们要把一些受到影响的外部需求转化为内部需求进而应对疫情带来的外部冲击。

从2020年上半年贸易的相对增速来看，出口方面，初级产品出口略有下降，主要是矿物燃料、润滑油及有关原料的出口相对下降。工业制品出口略有增长，主要是机械及运输设备类产品相对增长较多。防疫物资、"宅经济"产品出口增长较快，机电产品和劳动密集型产品出口降幅均低于总体降幅。上半年，包括口罩在内的纺织品出口相对增长2.3%，"宅经济"消费提升办公机械和电信设备出口，相对增速分别为0.8%和0.7%。同期，我国机电产品和纺织服装等七大类劳动密集型产品出口下降较多。

进口方面，初级产品进口下降幅度较大，主要是矿物燃料类进口下降较大（见表7）。工业制品进口增加较多，主要是工业制成品和机械及运输设备进口相对较多。主要大宗商品和重点农产品进口量增加。上半年，肉及肉制品进口相对增长1.5%，大豆、铁矿砂、原油、煤和天然气进口数量增加较多，但由于大宗商品价格下降，因此进口额增加不明显。

表7 进出口结构变化

单位：%

项目	出口	进口
一、初级产品	-0.15	-3.43
0类食品及活动物	0.15	0.87
1类饮料及烟类	-0.01	-0.06
2类非食用原料（燃料除外）	-0.04	-0.09
3类矿物燃料、润滑油及有关原料	-0.25	-3.56
4类动植物油、脂及蜡	0.02	-0.03
二、工业制品	0.14	3.13
5类化学成品及有关产品	0.52	-0.63
6类按原料分类的制成品	0.83	1.28
7类机械及运输设备	1.26	3.10
8类杂项制品	-2.44	-0.22
9类未分类的商品	0.48	0.24

资料来源：根据国家统计局数据计算。

（二）供给结构

三大需求内部的结构变化必然引致产业结构变化。为了观察这种变化，我们使用2017年《投入产出表》，计算每个产业三大需求的变化对产值的影响，结果如图5所示。

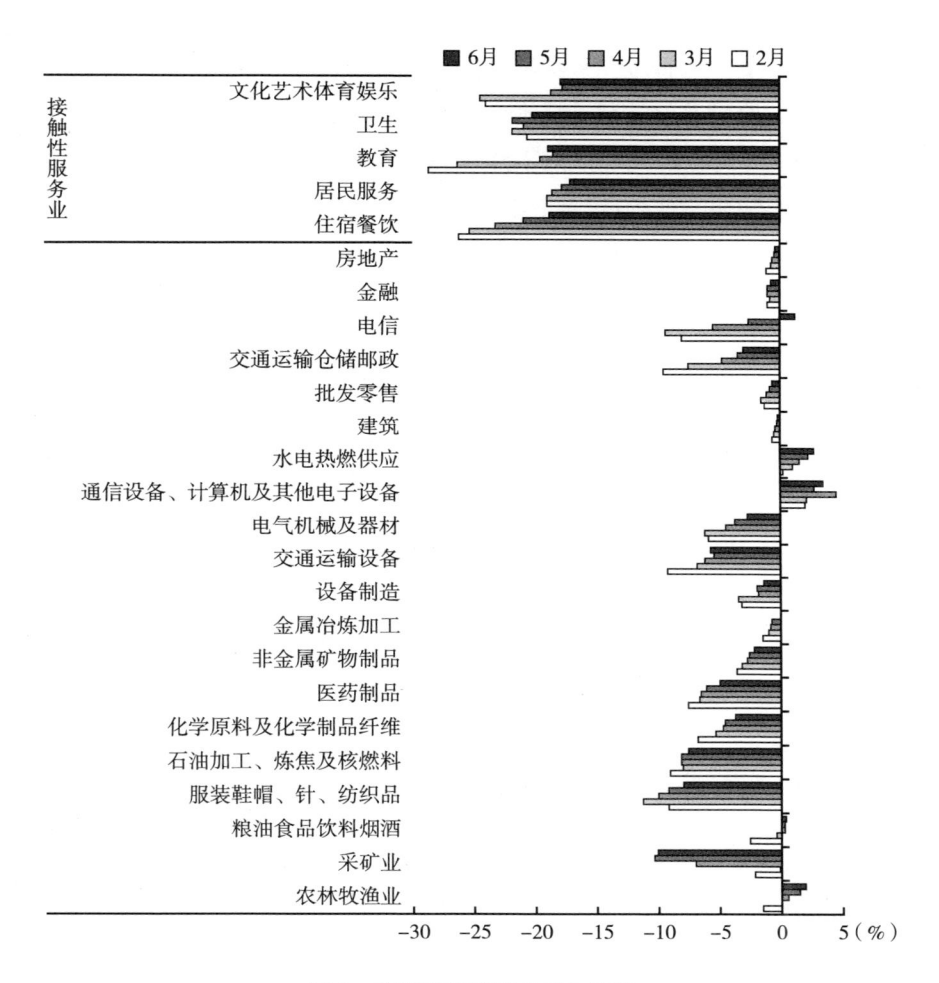

图 5 疫情以来的产业结构变化

资料来源：根据国家统计局数据计算。

第一，农业和制造业受冲击小于服务业，而且恢复速度快于服务业。2月份，制造业产值相对下降了4%，6月份累计相对下降2%，下降幅度减少了一半。2月份，服务业产值相对下降了6.9%，6月份累计相对下降4%，下降幅度减少了42%。农业产值2月份相对下降了1.5%，到6月份累计相对增加了2%。

第二，制造业中，劳动密集型和出口密集型产业受影响较大，通信设备计算机及其他电子设备行业实现增长。服装鞋帽针纺织品、石油加工炼焦及核燃料、化学原料及化学制品纤维、医药制品四个行业的产值的下降幅度较大，主要原因是外需和内需双双下降。装备制造业持续明显改善，高技术制造业生产继续加快，新兴产品高速增长。

第三，服务业中，接触性服务业不仅受冲击较大，而且恢复缓慢。文化艺术体育娱乐、卫生、教育、居民服务、住宿餐饮是接触性服务业的代表。它们的产值下降幅度在20%以上。第2季度，居民服务和住宿餐饮两个行业出现了连续性的恢复，产值的下降幅度恢复到了20%以内，而文化艺术体育娱乐、卫生和教育的恢复过程还在反复。

四 疫情带来的结构性失业风险分析

在疫情防控常态化之下，消费需求和净出口快速变化，投资结构和产业结构也随之快速变化。一些过去看不到、摸不清的投资方向，突然变得明确起来。这意味着，就业格局不可避免地发生了结构性变化，而且很多的变化在可预见的将来是持续的、不可逆的。一次性的冲击型失业正在转变为常态化的结构型失业。三大需求内部的结构变化所引致产业结构变化，进而引致的总就业和就业结构变化，可以通过投入产出关系计算出来。本文使用2017年《投入产出表》中每个行业劳动报酬，以及国家统计局发布的分行业城镇单位雇员和其他类型就业人员的平均工资，计算了投入产出表中细分行业的就业人员数量。按照每一类需求在行业增加值中的份额和每一类需求的相对增速，计算了行业增加值的相对变化程度。按照这一变化程度，推算了各行业就业的变化情况。

从三次产业来看（见表8），截至6月份，第一产业失去就业15万人，增加就业150万人，净增加就业135万人。就业增加的主要原因是畜牧业就业增加，就业减少的主要原因是渔业就业减少。第二产业就业减少588万人，其中制造业减少523万人。第二产业就业增加173万人，其中制造业增加151万人。因此第二产业净增加就业为负的415万人,其中制造业净增加负的372万人。第三产业失去就业892万人,增加就业7万人,净增加就业为负的885万人。三次产业合计减少就业1165万人。

表8 2020年上半年的就业情况

单位:万人

月份	就业情况	第一产业	第二产业	制造业	第三产业	合计
2月	失去就业	373	3433	3205	4824	8631
	增加就业	0	457	408	0	457
	净增加就业	-373	-2975	-2797	-4824	-8173
3月	失去就业	108	2348	2241	3230	5687
	增加就业	91	433	392	0	524
	净增加就业	-17	-1915	-1849	-3230	-5163
4月	失去就业	51	1399	1273	2065	3515
	增加就业	128	344	310	4	476
	净增加就业	78	-1055	-963	-2062	-3038
5月	失去就业	25	972	867	1344	2341
	增加就业	170	213	186	1	384
	净增加就业	145	-759	-681	-1343	-1957
6月	失去就业	15	588	523	892	1495
	增加就业	150	173	151	7	330
	净增加就业	135	-415	-372	-885	-1165

资料来源:根据国家统计局数据计算。

按照需求分类(见表9),截至6月份,消费下降带来的就业减少是874万人,投资下降带来的就业减少是160万人,贸易带来的就业减少是131万人。从时间上看,2月份消费需求下降导致的失业占全部失业的比重为56%,到6月份上升到75%,投资需求下降导致的失业占比从2月份的29%下降到了6月份的14%，贸易需求下降导致的失业占比从2月份的15%下降到了6月份的11%。这说明，消费需求对经济和就业的影响在上升，投资需求对经济和就业的影响在下降。上半年，固定资产投资增速为-3.1%，社会消费品零售总额累计增长-11.4%。这说明，上半年的经济恢复，尤其是二季度的经济增长，主要是投资带来的。从投资结构来看，国有及国有控股固定资产投资额累计增长2.1%，民间固定资产投资累计增长-7.3%，这说明，投资的增长，主要是宏观调控的逆周期行为。我们要防止刺激政策过头带来的消极影响，因此，逆周期投资的规模不应过分扩大。要增强下半年经济增长的后劲，必须把重点转到促进内需上来。

表9　2020年上半年按照需求分类的就业减少情况

单位：万人

月份	项目	消费	投资	贸易	合计
2月	累计就业减少	4597	2350	1227	8173
	占全部失业比重	56%	29%	15%	100%
3月	累计就业减少	3078	1204	881	5163
	占全部失业比重	60%	23%	17%	100%
4月	累计就业减少	1876	715	447	3038
	占全部失业比重	62%	24%	15%	100%
5月	累计就业减少	1289	338	330	1957
	占全部失业比重	66%	17%	17%	100%
6月	累计就业减少	874	160	131	1165
	占全部失业比重	75%	14%	11%	100%

资料来源：根据国家统计局数据计算。

从行业来看（见图6），劳动密集型产业、出口密集型产业和接触性服务业的就业恢复缓慢，食品行业、通信设备和电子设备行业的就业持续增

疫情对就业和收入的影响

加,但增加的规模还不足以抵消失业的规模。截至6月份,在1165万就业损失中,服装鞋帽针纺织品、住宿餐饮、居民服务、教育、卫生、文化艺术体育娱乐6个行业合计损失就业985万人,占比为85%。而在2月份,这一比例仅为55%。经济恢复最快行业并不是先前失业最多的行业,这意味着失业的性质正从冲击型失业转变为结构型失业。

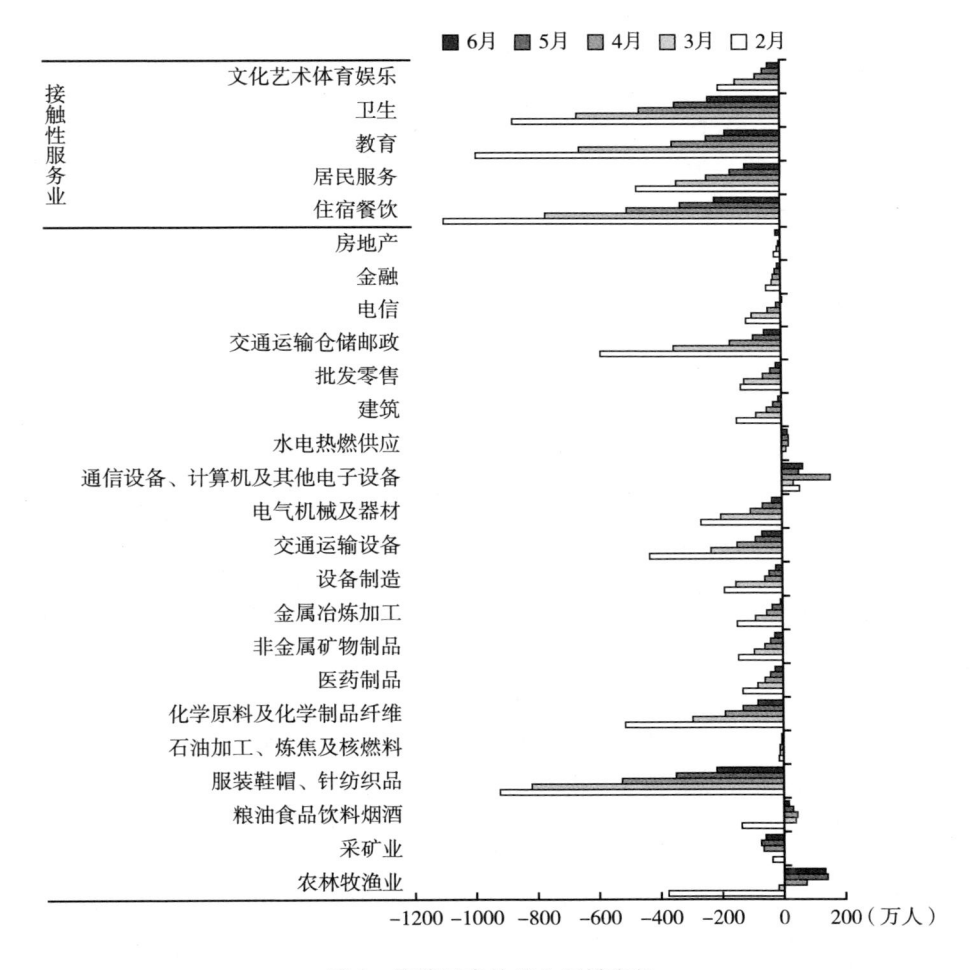

图6 疫情以来的就业规模变化

资料来源:根据国家统计局数据计算。

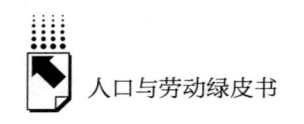

五 稳就业的思路和建议

疫情对我国居民的就业不可避免地产生了影响。2月份城镇务工人员在岗率为64.2%,3月份恢复到77.4%,4月份恢复到95.4%。我们预计,在城镇就业岗位稳定在4.4亿人的前提下,全年城镇调查失业率维持在6%左右。居民可支配收入名义增速约为2.1%,实际下降0.9%。居民可支配收入总额占GDP的比重约为42%。居民收入差距有所扩大,城镇个体收入下降和农民工务工收入下降是收入差距扩大的主要原因。

疫情发生以来,我国经受住了内需和外需双下滑的严峻考验,复工复产稳步恢复,就业市场呈现前高后低的"V"字形走势,目前处于恢复期。在常态化防控的形势下,国民经济结构发生了明显的变化,劳动密集型产业、出口密集型产业和接触性服务业的就业恢复缓慢,食品行业、通信设备和电子设备行业的就业持续增加,但增加的规模还不足以抵消失业的规模。经济恢复最快行业并不是先前失业最多的行业,这意味着失业的性质正从冲击型失业转变为结构型失业。

疫情冲击带来的结构性失业问题应该引起重视。疫情冲击是一种外在力量,首先使外部需求产生了根本性的变化,而我们的内部需求在疫情冲击之后也会产生根本性的变化。这意味着下一步经济发展会进行结构调整,这会带来结构性失业问题。结构性失业问题的解决是一个长期问题,这需要我们思考如何才能让劳动者素质、技能以及大学教育、职业技能教育、培训教育更好地适应经济社会发展。

应对结构型失业应该是一个长期的战略问题。就业问题不能仅仅从就业角度来看,因为就业是劳动力市场的一个结果,是整个经济体系运行的一个结果。从长期来看要解决我国的就业问题,必须要将其同我国经济的长期发展密切联系起来。从根本上讲,解决我国的就业问题,要从国家下一步经济发展的大趋势着手。上半年的经济恢复,尤其是第2

季度的经济增长，主要是国有经济的逆周期投资带来的。我们要防止刺激政策过头带来的消极影响，因此，逆周期投资的规模不应过分扩大。要增强下半年经济增长和就业恢复的后劲，必须把重点转到促进内需上来。

应对结构型失业，关键在于实现劳动者和就业岗位的重新匹配。现在中国就业所面临的问题和过去经济变化发展密切相关。过去我国在城市创造更多的就业机会，农民工和农村劳动力从中西部地区迁移到沿海发达的城市地区，实现了劳动者和就业岗位的匹配，但也使我国出现了一些问题。今后发展的大势会发生一些变化，我们会看到东部沿海地区或者大城市中的就业岗位创造速度与过去相比大大减弱，也不再能吸收数量众多的外来劳动力就业。同时，农村发展和乡村振兴也带来了一些不同的机会，城乡融合发展是我国下一步发展的大势。在这个过程中，让劳动力供给能够适应今后中国经济发展的大势，在经济发展、转型过程中创造新的就业机会，并且能够找到适合的劳动力，这是解决就业问题的关键。

在这个过程中，除了看到横向的变化之外，也要看到在这一轮经济发展和转型过程中新技术、新产业革命带来的一些变化，这种变化使得传统的就业模式和就业形态也在发生变化。可以看到在第四次产业革命中，尤其是AI、大数据、互联网、5G技术的应用对就业形态产生新的冲击，这种冲击对劳动力素质要求会有明显的不同。而且就业创造分布的地区也有所不同，过去主要集中在沿海地区和发达城市，而现在中小城市可能会有一些新机遇。在这个过程中，实现劳动力资源合理配置、让劳动者能够适应经济发展需要是解决就业问题过程中要解决的一个根本问题。只有解决好这个问题，才能实现经济社会的可持续发展。

另外，消极劳动力市场政策需要进一步改革。失业保险制度在应对失业中发挥的作用不是太大，真正需要失业保险的人不一定能够领到相关补贴，而我国失业保险存在很大的结余。所以说当前的失业保险并没有起到应有的作用，需要我们从根上进行改革，让它能够更好地适应劳动力市场的变化。

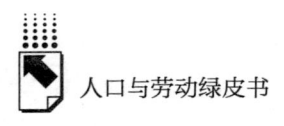

在面临比较大的结构调整的时候，让失业保险为临时失业者提供一个临时的、短期的基本生活保障。逐步把失业风险相对较高的灵活就业者、农民工等完全纳入保障范畴，未来要进一步发挥其"兜底保障"作用，在利用大数据等手段遏制骗保行为、提高基金安全性的同时，科学设定适应非标准就业人员特点的参保门槛、支付标准。

G.10
"十四五"时期就业主要矛盾及化解思路

曲 玥*

摘 要： 在中等收入阶段，产业结构快速变迁和分化，劳动力受教育水平和技能难以与这些变化匹配，成为就业领域的主要矛盾。与此同时，叠加于此之上的，我国在经济发展过程中尚存的区域发展不均衡、城乡分割等问题仍在一定程度上限制了人口自由流动和劳动力的充分配置，进而加剧并进一步复杂化就业在结构方面的矛盾。解决这些矛盾，为产业转型和经济发展的动能转换过程提供源源不断满足其需求的劳动力，成为我国跨越中等收入阶段、迈入高收入阶段的关键所在。在化解就业主要矛盾方面，未来一段时间需要在完善教育的顶层设计、深化户籍制度改革和优化区域发展布局等方面同时发力，支持促成产业经济转型升级并完成经济增长的动能转换。

关键词： "十四五"时期 就业矛盾 教育匹配

一 人口和劳动力态势的总体判断：相比于总量矛盾，结构矛盾更为突出

中国当前已经形成了劳动年龄人口逐步减少的长期趋势，人口态势已发

---

* 曲玥，中国社会科学院人口与劳动经济研究所研究员，研究方向为劳动经济与产业经济。

生重大转变。自2013年以来,我国的16~59岁劳动年龄人口到达顶点后开始减少。图1显示2013年劳动年龄人口数目约为9.2亿,随后每年以几百万的数目下降。与此同时,总抚养比逐年提高,其中老年抚养比的提高更为明显,从2013年的22.0%提高至2019年的28.3%;少儿抚养比也有略有提升,从不到26%提升至27.9%;总抚养比从48.0%提升至56.2%。也就是说平均每1.8个劳动年龄人口就要负担1个老人及儿童的抚养。

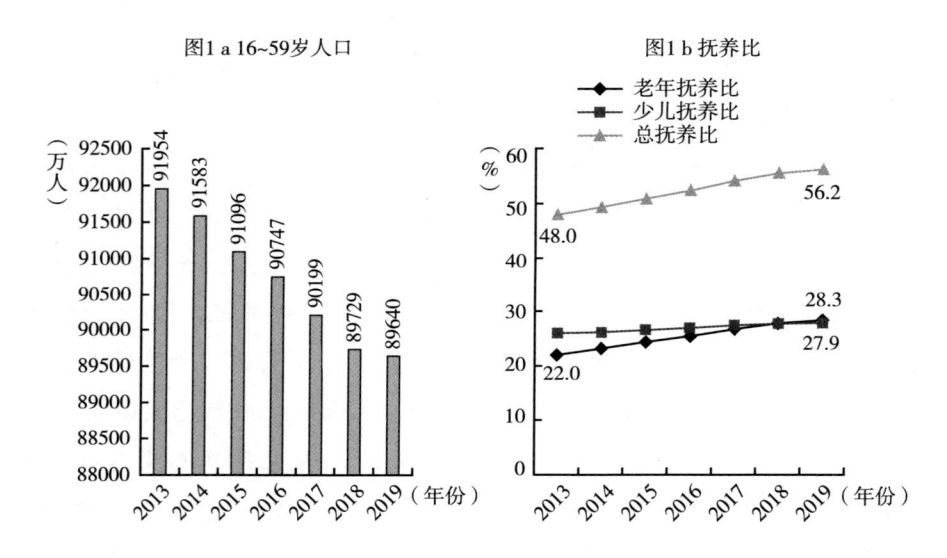

图1 中国劳动年龄人口及抚养比状况

资料来源:根据《国民经济社会发展统计公报》(历年)以及《中国人口与就业统计年鉴》相关数据估算整理,国家统计局。

除了劳动年龄人口的绝对数目有所下降外,劳动参与率在近年也呈下降的趋势。根据相关测算,2005~2010年,16~65岁人口的劳动参与率下降了1个百分点(相对于其他条件不变的情况下,减少有效劳动供给941万人)。2010~2015年,16~65岁人口的劳动参与率下降了4.7个百分点(相对于其他条件不变的情况下,减少有效劳动供给4669万人)。[①]

---

① 都阳、贾朋:《劳动供给与经济增长》,《劳动经济研究》2018年第3期。

在劳动年龄人口总量逐年减少且叠加劳动参与率下降进而总体经济活动人口（就业和积极找工作的人）减少的情况下，我国的总体人力资本水平如就业人员受教育年限等指标稳步提高。图 2 显示，全部从业人员（包括农林牧渔业从业人员）的平均受教育年限从 2002 年的 8.18 年提高到 2017 年的 10.10 年，制造业从业人员的平均受教育年限从 9.60 年提高到 10.43 年。

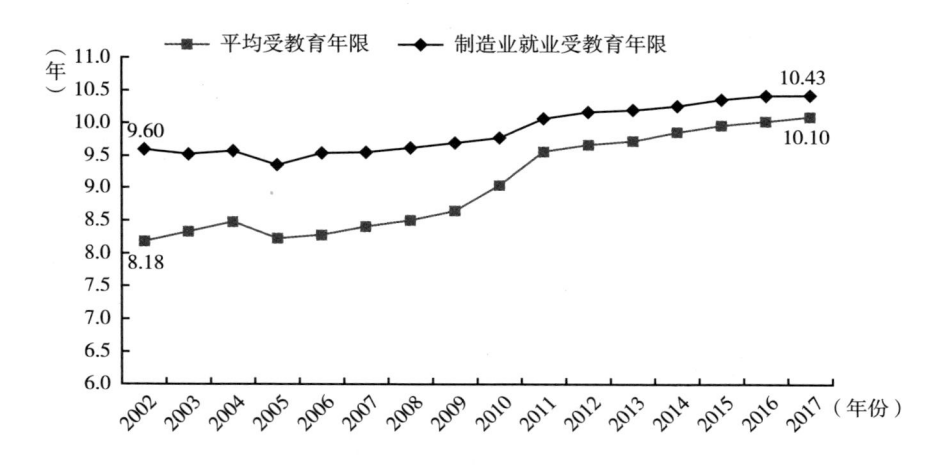

图 2　就业人员受教育程度

资料来源：《中国劳动统计年鉴》各年。

　　从对不同劳动力群体的供求关系上看，城镇单位就业人员和农民工作为两个不同群体，其各自的工资增长率在一定程度上体现了对于劳动力需求的结构性变化。随着我国经济发展和产业转型的推进，对传统劳动密集型产业对应的低端劳动力的需求增长开始放缓；与此同时，产业升级也增加了对于具有更高受教育水平的技能劳动力的需求。从工资水平的变化上也看到了这样的变化，在"十三五"时期城镇就业人员工资增长赶超了农民工工资增长（见表 1）。其中，城镇单位就业人员（不含私营企业和个体）的工资水平在一定程度上反映了在城镇正规部门就业人员的供求关系，而农民工的工资水平更多地反映了传统劳动密集型产业中较低端劳动力的供求关系，前者对后者的赶超也体现了当前劳动需求更加偏向于对高端技能劳动力的需求的结构变化。

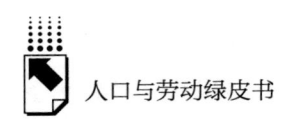

表1　城镇单位就业人员与农民工工资增长状况

单位：%

年份	城镇单位就业人员	农民工
2010	13.5	19.3
2011	14.3	21.2
2012	12.1	11.8
2013	10.1	13.9
2014	9.5	9.8
2015	10.3	7.2
2016	9.1	6.6
2017	10.3	6.4
2018	11.3	6.8
2019	—	6.5

资料来源：《全国农民工监测调查报告》（各年）；《中国统计年鉴》（各年）。

通过以上描述的相关情况可以看出，在总量方面，在劳动年龄人口减少和劳动参与率有所下降的双重背景下，挖掘劳动供给的潜力成为短期需要面临的就业问题。在中长期，中国面临劳动力成本上涨背景下产业结构升级、"机器换人"等结构变化和技能需求变迁，匹配这些变化成为解决就业结构性矛盾的关键所在。

二　就业主要矛盾的经济发展背景：产业结构快速变迁并分化

得益于大量农村剩余劳动力向城市现代部门的转移，中国工业化快速进行。在近年来，第三产业更是超越第二产业成为国民经济最重要的部门。而经济结构变化的一般规律表明，进入中等收入后期，产业结构的变化将主要表现为产业内部部门的多元化。

（一）第二产业：产业升级加快，吸纳就业能力下降

面对工资、劳动力成本的快速上升，我国传统的劳动密集型产业逐步开

启了技术和资本对劳动力的替代的转型升级。表2中给出了第二产业和第三产业在进入21世纪以来的就业增长、产值增长以及就业弹性。就业弹性即产值增长1个百分点所带来就业增长的百分点,这个指标体现了产值增长对就业的拉动效果。可以看到第二产业已经开始出现就业净损失。在2013年后,第二产业的就业弹性由正转负,产值的增长伴随着就业的减少,其中在2015~2018年就业的连续下降程度最显著,分别达到1.5%~2.4%,共下降7个百分点以上,2017年和2018年两年的负的就业弹性绝对值最高,分别为-40%和-34%。

表2 非农产业的就业、产值变化及就业弹性

年份	产值增长(%)		就业增长(%)		就业弹性	
	第二产业	第三产业	第二产业	第三产业	第二产业	第三产业
2000	9.50	9.80				
2001	8.50	10.30	0.090	1.722	0.0106	0.1672
2002	9.90	10.50	-3.399	3.934	-0.3433	0.3747
2003	12.70	9.50	1.563	3.085	0.1231	0.3247
2004	11.10	10.10	4.912	5.185	0.4426	0.5134
2005	12.10	12.40	6.323	3.144	0.5226	0.2535
2006	13.50	14.10	6.352	3.002	0.4705	0.2129
2007	15.10	16.10	6.835	1.081	0.4527	0.0672
2008	9.80	10.50	1.820	2.800	0.1857	0.2666
2009	10.30	9.60	2.563	3.070	0.2488	0.3198
2010	12.70	9.70	3.614	1.837	0.2846	0.1894
2011	10.70	9.50	3.214	3.607	0.3003	0.3796
2012	8.40	8.00	3.092	1.495	0.3681	0.1869
2013	8.00	8.30	-0.305	7.028	-0.0382	0.8467
2014	7.20	8.30	-0.306	5.831	-0.0426	0.7025
2015	5.90	8.80	-1.758	4.703	-0.2979	0.5344
2016	6.00	8.10	-1.511	2.795	-0.2519	0.3451
2017	5.90	8.30	-2.353	3.303	-0.3989	0.3980
2018	5.80	8.00	-1.989	3.057	-0.3429	0.3821
2019	5.70	6.90	-0.400	2.180	-0.0701	0.3159

资料来源:《中国统计年鉴》(各年)。

无论是产值份额还是就业份额方面，第三产业都已经赶超第二产业，然而从劳动生产率的情况上看，第二产业的生产率始终高于第三产业。如表3所示，在2019年，第二产业的劳动生产率约为第三产业劳动生产率的1.25倍。而在今后的一段时间，第二产业会加快地展现出结构转型、技术升级、"机器换人"等多方面的深刻升级，因此第二产业在未来将承担起提升劳动生产率的重要担当。另外，虽然第二产业在结构升级过程中会带来大量对于技能劳动力的需求，但其吸纳传统非技能就业的能力开始逐渐下降。

表3 非农产业产值份额、就业份额与生产率状况

年份	劳动生产率(万元/人)		增加值份额		就业份额	
	第二产业	第三产业	第二产业	第三产业	第二产业	第三产业
2000	2.815	2.013	0.4554	0.3979	0.2250	0.2750
2001	3.059	2.266	0.4479	0.4122	0.2230	0.2770
2002	3.450	2.454	0.4445	0.4225	0.2140	0.2860
2003	3.936	2.673	0.4562	0.4203	0.2160	0.2930
2004	4.446	2.933	0.4590	0.4118	0.2250	0.3060
2005	4.958	3.303	0.4702	0.4134	0.2380	0.3140
2006	5.523	3.801	0.4756	0.4182	0.2520	0.3220
2007	6.273	4.745	0.4688	0.4287	0.2680	0.3240
2008	7.296	5.454	0.4697	0.4286	0.2720	0.3320
2009	7.598	5.985	0.4596	0.4441	0.2780	0.3410
2010	8.773	6.914	0.4650	0.4418	0.2870	0.3460
2011	10.071	7.922	0.4653	0.4429	0.2950	0.3570
2012	10.526	8.843	0.4542	0.4546	0.3030	0.3610
2013	11.306	9.380	0.4418	0.4688	0.3010	0.3850
2014	12.004	9.905	0.4309	0.4827	0.2990	0.4060
2015	12.398	10.650	0.4084	0.5077	0.2930	0.4240
2016	13.218	11.578	0.3958	0.5236	0.2880	0.4350
2017	15.193	12.570	0.3985	0.5268	0.2811	0.4491
2018	17.056	13.626	0.3969	0.5327	0.2757	0.4632
2019	18.126	14.548	0.3897	0.5392	0.2750	0.4740

资料来源：根据《中国统计年鉴》各年数据测算整理。

注：按当年价格计算。

（二）第三产业：低端服务业吸纳就业，高端服务业带动生产率提高

第三产业已经超越第二产业成为国民经济构成和就业构成中最重要的产业。在第三产业的内部，则需要进一步区别分析生活服务业和生产服务业，或者高端服务业和传统低端服务业。两类服务业在生产率创造和吸纳就业方面有着截然不同的特点。其中就业的创造更多地依赖于第三产业中的生活服务业或者相对低端服务业的发展，然而这些行业的生产率水平相对较低，且没有太大的增长空间。而新兴高端服务业，包括互联网、金融等，其依赖更多的现代前沿技术，生产率的提高具有很大的潜力，然而在吸纳就业方面并无优势。

国家统计局的相关分类标准将生产性服务业界定为：为生产活动提供的支持服务，具体为交通运输、仓储与邮政业，信息传输、软件和信息技术服务业，金融业，租赁和商务服务业，科学研究和技术服务业。此外，除生产性服务业外，我们进一步借鉴相关做法将余下服务业分为消费性服务业和公共基础服务业[①]。消费性服务业直接提供物质或精神消费的产品、服务，多为最终产品或服务，包括批发与零售业，住宿和餐饮业，房地产业，居民服务修理和其他服务业，文化、体育和娱乐业。公共基础性服务业为水利、环境和公共设施管理业，教育，卫生和社会工作，公共管理、社会保障和社会组织。

图 3 给出了服务业内各行业就业人员的受教育构成。可以看到，吸纳就业最多的批发和零售业，其员工的受教育程度并不高，70%以上的就业人员都由高中以下学历人员构成。而受教育程度较高的金融业，员工构成中约 41% 由本科及以上学历员工构成，而其吸纳的就业并不多（58万人）。在生产性服务业中，除交通运输仓储和邮政业、租赁和商务服务业以外，其他的

---

① 邓仲良：《就业"服务业化"：就业创造与生产率提升的两难》，载张车伟主编《中国人口与劳动问题报告 No.20》，社会科学文献出版社，2019年。

信息、金融、科研等行业的就业人员的受教育程度均较高（平均受教育年限在 14 年以上），本科及以上人员比例较高；而消费性服务业中，就业人员普遍受教育程度较低，除房地产业就业人员平均受教育年限为 12 年左右外，其余的批发和零售业、住宿和餐饮业以及居民服务等就业人员的平均受教育年限都在 10 年左右，就业人员多为高中及以下学历人员。

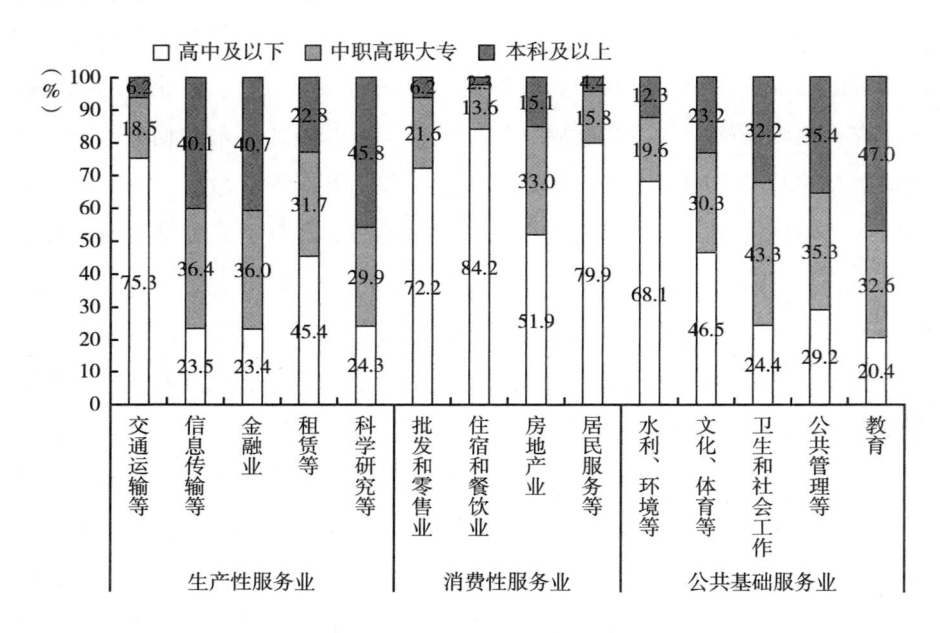

图 3 服务业各行业就业人员受教育构成

资料来源：《中国劳动统计年鉴》。

进一步的，以行业增加值除以城镇就业人数可粗略计算第三产业内部部分行业的劳动生产率情况，可以看到（见表 4），第三产业内部不同行业的生产率表现差异很大。在 2018 年，交通运输、仓储和邮政业的劳动生产率仅为 49.51 万元/人，住宿和餐饮业的劳动生产率为 59.39 万元/人，仅为金融业的一半左右。这些劳动生产率低的服务业行业也正是员工受教育程度较低的行业。由此也可以看到，由于在第三产业内部，大多数人员就业于较低劳动生产率的部门，因此第三产业总体的劳动生产率也较低，为 49.99 万元/人，仅略高于生产率最低的部门，那些生产率较高的部门由于就业人数较少，因此未对总体第三产业劳动生产率起到太大的拉动作用。

表4 第三产业部分行业劳动生产率

单位：万元/人

年份	第三产业	批发和零售	交通运输、仓储和邮政业	住宿和餐饮	金融	房地产
2010	26.39	67.10	29.76	36.86	54.63	111.39
2011	29.63	67.54	32.95	35.29	60.71	113.30
2012	32.01	70.01	35.60	35.97	66.67	114.17
2013	32.35	63.18	30.78	33.60	76.58	96.30
2014	34.90	70.25	33.09	38.57	82.40	94.48
2015	38.52	74.93	35.68	44.02	95.37	99.93
2016	42.00	81.48	38.92	49.53	91.88	111.63
2017	45.91	92.14	44.05	55.25	94.94	121.32
2018	49.99	102.27	49.51	59.39	98.81	128.43

资料来源：《第三产业统计年鉴》各年，国家统计局。
注：按当年价格计算。

随着我国经济发展到中高收入阶段，产业结构的调整和分化开始加速。对于第二产业，其将逐渐由低端的劳动密集型产业升级为资本和技术密集型产业。对于第三产业，则由传统服务业逐渐升级为以金融、信息等生产性服务为代表的现代高端服务业。在我国当前这样产业快速调整的过程中，也必然会带来相应快速的就业变化，新形式、新工种和新职业将快速涌现。在分化后的产业中，传统产业承担稳定就业的功能，而转型升级的高端产业将依托技能劳动力担当起提升生产率的重任。

三 就业矛盾的根本问题：教育和技能的需求匹配

得益于义务教育的全面普及和扩大高等教育，我国劳动力受教育水平显著提高。表5显示，从业人员的平均受教育年限从2002年的8.18年提高到2017年的10.10年。2002年，就业人员中本科及以上的比例仅为1.70%，从2010年开始就业人员中本科及以上的比例从4.1%提高到8.8%。这样有效并持续的人力资本积累为过去几十年中国经济的快速发展奠定了坚实的基础。然而，虽然总体上我国人力资本水平已获得了稳步提升，但教育的相关顶层设计仍然薄弱，尚难以支撑未来的创新性需求，教育与未来经济发展以及就业需求仍然需要深入匹配。

表5 就业人员受教育程度构成

受教育程度	2002年	2010年	2011年	2012年	2013年	2014年	2015年	2016年	2017年
不识字(%)	7.80	3.41	2.0	2.0	1.9	1.84	2.82	2.60	2.30
小学(%)	30.00	23.86	19.6	19.0	18.5	18.15	17.75	17.51	16.90
初中(%)	43.20	48.80	48.7	48.3	47.9	46.66	43.29	43.26	43.40
高中(%)	13.10	13.87	16.7	17.1	17.1	17.24	17.31	17.2	18.00
大专(%)	4.30	5.96	7.6	8.0	8.5	9.32	10.56	10.93	10.60
大学本科(%)	1.60	3.71	4.9	5.2	5.5	6.24	7.52	7.72	8.00
研究生(%)	0.10	0.39	0.4	0.5	0.5	0.55	0.75	0.78	0.80
平均受教育年(年)	8.18	9.05	9.56	9.67	9.72	9.86	9.97	10.03	10.10

资料来源：《中国劳动统计年鉴》（各年）。

通过观察不同群体在劳动力市场上的表现可以窥探劳动力市场上不同受教育层级劳动力的供求态势。最新的招聘情况显示，专科应届生的平均期望薪资与市场价格基本持平，本科及以上学历应届生的平均期望薪资高于招聘薪资，其中硕士及以上学历应届生平均期望薪资与招聘薪资的失衡程度较高。造成这种情况的根本原因可能有以下几个方面：（1）总体的经济增长速度放缓。随着我国经济发展进入新的阶段，经济增长率已有所放缓，产业也开始了转型升级进程，相应的对于劳动力需求总体规模的增长有所放缓，叠加2020年新冠肺炎疫情对于全球和中国经济的相应冲击，企业经营面临困难，直至完全恢复还需要一定的时间，因此相应的劳动需求也受到了冲击。（2）教育的发展与劳动力市场的状况不平衡。过去一段时期我国的大学扩招进展迅猛，这在一方面提高了我国总体劳动力的受教育程度；但另一方面，过快的扩张可能导致教育质量在某种程度不能保障，并且导致该群体劳动力的供给数量快速提高，而劳动力市场上的相关需求尚未达到相应的规模。

（3）从失衡程度不同的群体上可以看出，硕士毕业生群体最为严重，其次为本科群体。这可能源于本科扩招导致本科毕业生找工作困难进而涌入考研大军；而进一步研究生的扩招使得劳动供求矛盾推迟在硕士毕业生的群体凸显。

面对不断变化的劳动力市场的需求，相比于扩大招生规模，教育的发展尤其要注重与需求方面的匹配。首先，强化通识教育。除了更高的受教育程度之外，拥有扎实的基础学科教育等通识教育（如数学、英语、计算机操作等），有助于劳动者在面临不断变化和革新的技术岗位需求时经过短暂的适应和专门培训即可适应新的需求。相比于针对特定职业、特定岗位的一些传统职业教育，进一步扎实义务教育和高等教育显得更为重要。其次，拓展传统的义务教育至学前阶段。已有研究表明，教育阶段从低到高具有社会回报率递减的特点。虽然学前教育不涉及更多的具体知识，然而幼儿期间的性格养成、兴趣开发和情绪培养有助于促进幼儿智力、社会交往能力、价值观和自我意识发展，因而对于促进社会进步、人力资源开发具有长远意义。从这个角度上看，拓展传统的义务教育至学前阶段，是一件事半功倍的举措。

四　就业区域矛盾方面：东中西部协同发展带动区域间就业优化配置

鉴于我国现存的区域发展差异以及与此相关的流动人口的区域特征，就业矛盾同样体现在区域方面，不同区域的经济发展特征和就业以及劳动参与等状况都存在较大的差异。中国自改革开放以来，其整个经济发展特别是最初制造业的发展依赖于沿海地区制造业特别是劳动密集型产业的快速成长，其中在很大程度上得益于充足低廉的劳动力从农村大量涌向城市，特别是向东部沿海地区的流入。从流动人口和农民工的区域分布状况上可以看出这样的典型区域特征，表6给出了农民工的输入地分布，可以看到2015年约57.69%的农民工都分布在东部地区，随后农民工在东部地区的占比有所下降，2019年为53.99%。

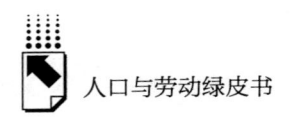

表6 农民工的输入地与输出地分布

单位：%

地区	2015年	2016年	2017年	2018年	2019年
输出地					
东部	37.12	36.92	36.40	36.10	35.82
中部	33.06	32.94	32.98	33.08	33.08
西部	26.59	26.85	27.27	27.46	27.69
东北地区	3.23	3.30	3.34	3.36	3.41
输入地					
东部	57.69	56.65	55.82	54.82	53.99
中部	20.18	20.40	20.63	20.98	21.40
西部	18.77	19.47	20.08	20.78	21.23
东北地区	3.10	3.21	3.19	3.14	3.08

资料来源：《农民工监测调查报告》（各年）。

从各地区的人均GDP水平上看（见表7），总体上东部地区的人均GDP在2018年达到9.63万元，同时中西部地区仅为5万元左右。与此呼应，经济发展方面的不均衡也直接导致相应劳动力市场上就业表现在区域间的分化。从表7可以看出，经济发展较为领先的区域，劳动参与率也更高；而在经济发展相对落后的区域，由于劳动需求不足因而缺乏就业机会等因素，更多的劳动年龄人口成为"沮丧的求职者"，劳动参与率也较低。可以看到在东部地区，区域平均的劳动参与率为64%左右，而在其他的中部、西部以及东北地区，区域平均的劳动参与率都不到60%，东北地区区域平均的劳动参与率仅为49.80%。

表7 2018年分区域人均GDP及劳动参与率

地区	人均GDP(元)	平均劳动参与率(%)
东部	96332	63.81
中部	51698	56.62
西部	49371	58.13
东北地区	52298	49.80

资料来源：劳动参与率的情况来源于《中国人口与劳动问题报告 No.20》，社会科学文献出版社，2019。

然而在人口态势转变、劳动力成本上涨的背景下，我国制造业产业结构转型升级已成为必然趋势。与此同时，相关的原本聚集于东部沿海地区的劳动密集型产业逐渐向中西部以及周边国家转移[①]。近期我国的人口流动也体现出了这些新的趋势和特征，流动人口在规模缩减的同时，流动范围呈现短距离化趋势，省内流动的比例提高，跨省流动的比例下降（见表8），流入中心由东部向中西部转移。

表8　跨省农民工和省内农民工比例

单位：%

地区	2015年		2019年	
	跨省流动	省内流动	跨省流动	省内流动
总计	45.9	54.1	43.1	56.9
东部	17.3	82.7	17.1	82.9
中部	61.1	38.9	59.2	40.8
西部	53.5	46.5	48.4	51.6
东北地区	—	—	29.8	70.2

资料来源：《农民工监测调查报告》（各年）。

随着我国经济从低收入阶段向中等收入阶段转变，从二元经济结构特征向新古典经济特征转变，相应的区域发展政策重点也应随之变化。在过去的低收入阶段，我们更多地强调通过区域发展计划促进地区发展。然而随着总体经济发展的推进，区域政策也应逐渐转向在遵循各区域比较优势的基础上，促成区域间的协同发展。在东部率先发展地区实现转型升级的同时，劳动力相对充足的中西部地区可以承接一部分劳动密集型产业。进而中西部人口相对充裕的地区得以完成区域内部甚至省内的人口流动，原本流入东部地区的中西部农村人口，转而在本地区内流动。这样短距离本地化的流动得以促成更大范围的劳动力向城市转移。

[①] 曲玥、蔡昉、张晓波：《"飞雁模式"发生了吗？——对1998~2008年中国制造业的分析》，《经济学（季刊）》2013年第3期。

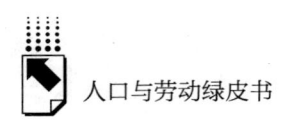

五 就业城乡矛盾方面：城乡融合引导深度人口和劳动力流动

中国自改革开放以来的经济发展伴随着大规模的人口流动，经济发展模式也由二元经济模式向新古典模式逐渐转变。随着城镇化进程的推进，农民工和流动人口在中国"经济奇迹"中扮演了不可或缺的角色。农民工和流动人口在一定程度上扩大了流入地劳动力市场规模、优化了所流入城市的年龄结构，促进了流入地劳动力市场的细致分工，为流入地带来了经济活动的动力。当前我国的城镇化过程已经进入后期，2019年常住人口城镇化率已达到60%以上，但城乡就业结构的转换仍然没有结束，农村劳动力向城市流动的进程仍将延续。随着中国经济进入更高的发展阶段，以工业化和城市化为推动力的结构调整也将发生转变。以往中国快速城市化的过程既是经济高速增长的体现，也是对计划经济时期长期压制城市化的补偿。随着这些因素逐步释放，"十四五"时期，城市化的速度将可能逐步放缓，就业在农业与非农业之间的配置也将逐步趋于稳定。

随着劳动力流动使农村人口老龄化程度不断加剧以及城市化水平的不断提升，可供转移的农村劳动力资源很可能面临枯竭，外出农民工总量的增加将进一步放缓乃至停滞。从流动人口和农民工的规模上看（见表9），在"十二五"期间，我国的流动人口和农民工的总体规模基本呈现增长的态势；而从2015年开始，流动人口即开始了负增长，2019年流动人口比上年下降了2个以上百分点。与此同时，农民工的数量虽然一直有所增长，但增长明显放缓；在"十二五"初期的2011年，农民工数量比上年提高4.36%，而在"十三五"末期的2019年，农民工的增长率仅不到1%。

随着城镇化的快速推进，流动人口和农民工规模持续扩大，户籍制度的改革也进入了深层次的攻坚阶段，与外来流动人口相关的一些深层次问题开始凸显，主要体现在以下两个突出的方面。首先，在短期内，外来人口难以深度融入流入地，抑制了进一步的人口流动。附着在户籍上的相关教育、医

表9 流动人口和农民工的规模变化

年份	流动人口(亿人)	农民工(亿人)	流动人口增长率(%)	农民工增长率(%)
2010	2.21	2.42		
2011	2.30	2.53	4.0724	4.3554
2012	2.36	2.63	2.6087	3.8888
2013	2.45	2.69	3.8136	2.4104
2014	2.53	2.74	3.2653	1.8629
2015	2.47	2.77	-2.3715	1.2849
2016	2.45	2.82	-0.8097	1.5281
2017	2.44	2.87	-0.4082	1.7074
2018	2.41	2.88	-1.2295	0.6422
2019	2.36	2.91	-2.0747	0.8358

资料来源:《国民经济和社会发展统计公报》(各年)。

疗、社会保障等隐性福利使得流动人口难以深刻融入城市,在一定程度上阻碍了进一步流入城市的动力。这一现象与当前劳动年龄人口数量开始下降等因素叠加,则进一步抑制了短期劳动供给。其次,从长期来看,如若农村教育得不到更加精准有效投入以获得长足发展,那么未来农村人口的人力资本水平难以满足今后的经济发展需求,进而难以流入城市。在我国改革开放、城市化和工业化的初期,经济发展更多需要的是简单的非技能劳动力投入,此时具有较低受教育程度的农民工得以满足就业需求。然而随着未来结构转型和技术变迁,城市部门对于技能劳动的越来越多的需求与农村较低受教育程度劳动力之间和结构性矛盾将更为突出。因此,对于体现在城乡间的就业矛盾问题而言,推进户籍制度的深化改革、大力发展农村教育将有助于进一步引导人口和劳动力流动,推动深度的城乡一体化。

六 就业矛盾面临的新情况:人工智能对就业的替代和创造并存

劳动和资本是生产中最基础的两种生产要素,工资的快速上涨使得两种生产要素的相对价格发生变化,为了节约成本实现利润最大化目标,企业也就会据此调整两种生产要素的使用数量,更倾向于以资本(包括机器人)

替代劳动。从宏观层面来看，这也构成了经济结构变迁和产业结构升级的过程。而对于机器人的使用，其一方面替代了一部分传统具有常规性工作任务（重复性工作、程序性工作）的就业部分，另一方面也带来了新的就业创造。因此，包括机器人在内的自动化、智能化等新技术的兴起并快速应用，既带来了就业替代也带来了部分就业创造，其对于就业总量的影响并不明确，但明确导致更复杂的就业结构匹配问题。

随着我国人口态势的转变，劳动力成本已经大幅提高。有测算表明我国制造业的单位劳动力成本呈现 U 形变化趋势，在 2004 年前逐年下降，在 2004 年后有所提高①。这里我们简单采用制造业的平均工资水平占第二产业劳动生产率的比值来度量粗略的单位劳动力成本。表 10 表明自 2010 年起单位劳动力成本快速提高至 2016 年后略有下降，从 2010 年的 0.352 提高到 2018 年的 0.423。如果再次观察工资和生产率各自的表现则可以发现，2010～2018 年平均工资增长 1.33 倍，劳动生产率增长 0.94 倍。工资的增长快于生产率的增长，那么以单位劳动力成本衡量的劳动力成本优势在下降。

表 10 工资、生产率及单位劳动力成本情况

年份	单位劳动力成本	平均工资（万元）	劳动生产率（万元/人）	工资增长	生产率增长
2010	0.352	3.092	8.773	0.153	0.155
2011	0.364	3.667	10.071	0.186	0.148
2012	0.396	4.165	10.526	0.136	0.045
2013	0.411	4.643	11.306	0.115	0.074
2014	0.428	5.137	12.004	0.106	0.062
2015	0.446	5.532	12.398	0.077	0.033
2016	0.450	5.947	13.218	0.075	0.066
2017	0.424	6.445	15.193	0.084	0.149
2018	0.423	7.209	17.056	0.118	0.123
2010～2018	—	—	—	1.332	0.944

资料来源：作者依据《中国劳动统计年鉴》和《中国统计年鉴》相关指标估算。

① 曲玥：《中国制造业单位劳动力成本状况及变化态势——对 1998～2012 年制造业规模以上企业数据的测算》，《劳动经济研究》2017 年第 4 期。

面对劳动力成本的上涨，智能化和自动化的应用对于就业的影响是多方面的。首先，对于就业的替代。有经验表明，智能化和自动化对从事常规性劳动的大量替代大多为收入分布中处于中间位置的岗位。因此"机器换人"也促成了就业的两极化[1]。至此对于非常规工作岗位需求相对提升。其次，对于新就业的创造。那些需要处理随时可变形势的工种，无论是相对低端的生活服务业岗位还是具有创造性、创新性的技术开发、艺术设计等高端岗位，其需求均相对提升。此外，新技术的应用本身创造了新的业态部门，也催生一批新的就业，例如线上服务连带的实物交易部分催生了大量物流行业的外卖和快递岗位。

值得一提的是，2020年暴发的新冠肺炎疫情大大减少了人员的聚集，在疫情期间，大量行业，特别是对于现场办公依存度较低的部分服务业探索了远程办公、在线教育等办公模式以及点播电影等新兴业态模式。在疫情期间如若这些新的模式得以探索成功，可能借此带来一波快速的新型经济和就业形态的产生。那么，包括新冠肺炎疫情在内的不断出现的新的社会经济现象，也会带来新的就业业态的不断出现。这些新的就业形式对应的新兴职业、岗位以及工种在一定程度上可以弥补在经济发展和转型升级过程中，以及不断快速变化的社会经济现象下可能被淘汰掉的部分就业。从这个角度上看，在政策和公共服务方面，出台对相应新职业和新工种的支持政策，引导旧的不适应新形势的可能被淘汰的原就业人员适应新岗位等措施有助于缓解就业问题以及相应的社会问题。另外，在劳动力市场上，灵活性和安全性始终是需要权衡的两个方面。不断涌现的新的就业形式体现了劳动力市场的灵活性变化，而如何实现对新形式就业的统计和监管（劳动合同、社会保险等）方面的覆盖，保证劳动力市场上供求双方的安全性（包括劳动合同的签订、社会保险的缴纳、雇佣和解雇的各方面约定等），成为公共政策需要构建的重要方面。

---

[1] 都阳、贾朋、程杰：《劳动力市场结构变迁、工作任务与技能需求》，《劳动经济研究》2017年第3期。

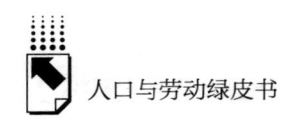

七 "十四五"时期化解就业矛盾的主要思路和具体举措

本文在梳理我国人口态势变化和老龄化加速时期产业结构快速变迁状况的基础上，回顾过去一段时期，特别是"十三五"时期我国经济、就业等各方面发展态势，并以此为背景探讨了我国在"十四五"时期可能面临的就业方面的矛盾和挑战。在就业总量方面，从劳动供给的角度上看，劳动年龄人口叠加劳动参与率双重下降，经济活动人口的总量难以满足经济的进一步发展成为就业的总量问题；另外，经济转型升级伴随着资本、技术对劳动力的替代，这在一定程度上抵消了劳动供给方面发生的总量缩减，因此就业的总量问题虽然存在，但并不严峻。在此进程中，不同产业的发展态势和规律也使其承担不同的职责。在短期内，进一步通过户籍制度的深化改革推动城乡深度融合、区域协调发展的政策引导农村劳动力的深度流动，挖掘劳动参与率成为缓解供求总量问题的重要方面。而长期，劳动需求出现了结构性的分化，在就业结构方面矛盾更为突出。传统劳动密集型产业对于低技能劳动力的需求相对下降，经济转型产生更多的对于技能劳动力的需求。对此，我国教育的平稳推进虽然在一定程度上适应这些变化，然而当前各层级受教育程度的劳动力与劳动力市场的匹配状况并不乐观。此外，就业的结构性矛盾还体现在新旧就业方面的替代与创造并存。劳动力成本上涨带来的机器换人、人工智能等对大量传统就业带来了替代风险，但也同时产生新形态就业。与此同时，产业结构的快速变迁以及不断涌现的经济社会现象也将带来新形态的经济运营模式和就业形式，互联网等技术的普及则会加速这样的变化。在劳动力市场上不断发生这样的变化，在体现其灵活性的同时，加强对于新业态就业模式的相关监管和管理，有关劳动合同签订、社会保障的覆盖及时运行延展至这些新形态的就业下，成为保护劳动力市场安全性的重要方面。

我们从城乡深入融合、全面发展教育、区域协调发展以及公共管理和公共政策等几个方面探讨了化解我国劳动力市场上就业结构性矛盾的相关思路和具体举措。未来一段时间需要在完善教育的顶层设计、深化户籍制度改革和优化区域发展布局等方面同时发力，支持促成产业经济转型升级并完成经济增长的动能转换。根据以上分析思路，提出以下具体举措。首先，深化户籍制度改革，促进城乡公共服务均等化，全面提高城镇化质量。保障流动人口和农民工群体在教育、医疗、社会保障等方面享受同等的公共服务，共享城镇化成果。其次，推动区域协同发展，根据区域比较优势发展区域适宜的产业，推动传统劳动密集型产业从东部地区向中西部地区转移，促进中西部地区劳动力的本地就业和区域内流动。再次，完善教育的顶层设计，加强其与经济发展需求的匹配。人工智能等新技术的发展加快了传统技能的贬值，一方面要加强通识教育，提高劳动者适应技术变迁的能力；另一方面要加强学前教育改革，着重培养幼儿的创造力和创新能力。还要进一步加强对低技能劳动力的培训，帮助其更好地实现职业转变，更好地缓解结构转型对低技能劳动力的冲击。此外，在教育的顶层设计方面，要格外重视对于农村教育的加强，提高农村劳动力素质，以更好地适应未来经济转型的需求。最后，除了以上几个方面以外，加强对新型职业的监管和劳动保护，对劳动力就业的统计和监管要覆盖不断涌现的新形态就业，注重对新型职业的劳动保护，保证劳动力市场的安全性。

G.11
工作与健康

——就业人口体育锻炼特征及其影响因素分析

王 磊 夏翠翠*

摘 要: 本文利用第三期中国妇女社会地位调查数据,分别采用了描述统计和序次 Logistic 回归模型,探讨了中国就业人口体育锻炼频度与体育锻炼场所的特征及其影响因素。研究发现:2010 年被调查就业人口中只有 12.5% 经常参加体育锻炼,只有 6.2% 经常在收费的体育场所或健身场所进行体育锻炼;在控制个体特征和家庭特征后,就业人口的工作岗位特征及工作时间特征显著影响了他们的体育锻炼行为。在继续提高就业人口受教育程度、工作技能水平和劳动生产率的前提下,建议国家适度缩减工作时间、增加休闲时间,倡导就业人口采取体育锻炼健康生活方式,鼓励就业人口形成体育锻炼习惯,促进大众体育事业和体育产业发展。

关键词: 就业人口 体育锻炼 健康生活方式

一 问题的提出

党的十八大提出了"创新驱动发展战略",人才,尤其是创新型人才是

---

* 王磊,博士,中国社会科学院人口与劳动经济研究所副研究员,研究方向为家庭人口学和老年人口学;夏翠翠,博士,中国社会科学院人口与劳动经济研究所助理研究员,研究方向为老年健康。

战略成功实施的关键。健康是人力资本的重要组成要素，健康也是人才发挥创新功效的关键基础性条件，而健康状态与良好体育锻炼存在密切联系。国家高度重视国民体育锻炼。2014年国务院下发的《关于加快发展体育产业促进体育消费的若干意见》将全民健身上升为国家战略。2016年国务院令第666号修订《全民健身条例》。2017年党的十九大提出了"健康中国战略"。体育锻炼是实现健康生活的重要途径，全民体育锻炼能够有效促进"健康中国战略"和"创新驱动发展战略"的实施。已有研究[1]总结了国内体育锻炼行为研究的三条主线：一是通过全国或局部调查数据进行现状分析，讨论行为特点、习惯养成、体质与体育锻炼的关系；二是将研究视角转至阐释锻炼行为模式及影响因素；三是进一步细化研究维度，更加关注体育权利对锻炼行为的影响，锻炼行为与人格发展、心理健康关系等多领域交叉研究。尽管现有国内研究文献已经涵盖了全体居民[2]和成年女性、青少年、老年人、中年人、大学生和肥胖者等人口群体[3]，也涵盖了公务员、警察、教师、知识分子等职业人口群体[4]，但尚未发现直接聚焦我国全体就业人口体育锻炼行为的研究文献。在老龄化不断加深和生育水平长期低迷的人口发

---

[1] 王富百慧、江崇民、王梅、张彦峰：《中国成年女性体育锻炼行为代际变化特征及影响因素研究》，《体育科学》2015年第9期，第24~34页。

[2] 江崇民、张彦峰、蔡睿等：《2007年中国城乡居民参加体育锻炼现状分析》，《体育科学》2009年第3期，第9~19页。

[3] 金亚虹、刘敬雯、姚家新等：《青少年锻炼认知与行为的选择及其制约因素》，《上海体育学院学报》2013年第4期，第48~52页。乔玉成：《青少年锻炼习惯的养成机制及影响因素》，《体育学刊》2011年第3期，第87~94页。沈梦英：《中国成年人锻炼行为的干预策略：TPB与HAPA两个模型的整合》，北京体育大学博士学位论文，2011。王富百慧：《家庭资本与教养方式：青少年身体活动的家庭阶层差异》，《体育科学》2019年第3期，第48~57页。王智平、同英、何建文：《我国老、中、青年城乡居民参加体育活动现状与变化趋势》，《体育科学》2004年第5期，第72~74页。

[4] 王琳：《天津市滨海新区在职公务员体育锻炼动机的研究》，《体育世界（学术版）》2011年第9期，第69~70页。叶光华：《对山东省在职警察体育锻炼的现状分析与对策研究》，山东大学硕士学位论文，2010，第1~30页。张艳永、周月红：《山西省高职院校在职女教师体质健康与体育锻炼现状的研究》，《长春师范学院学报》2011年第6期，第117~120页。于志华、吴殿、柯茜：《武汉高校在职中高级知识分子健康信念与体育锻炼行为关系的研究》，《体育科技文献通报》2012年第7期，第80~81页。

展背景下,我国经济发展已经从依赖人口红利转向依靠人才红利。第六次全国人口普查数据显示,2010年中国的就业人口规模有大约7.155亿人。本研究分析我国7亿多就业人口体育锻炼行为特征及影响因素,提出促进就业人口参与体育锻炼的对策建议,具有重要现实意义。

二 概念界定与研究假设

就业人口是指一定年龄范围内、具备劳动能力、从事一定社会劳动并取得劳动报酬或经营收入的人口。在我国,就业人口特指16岁及以上人口中具有上述特征者。体育锻炼行为是指人们在内因与外界环境相互作用下,有目的、有意识地利用闲暇时间,采用体育手段和方法,为谋求身心健康或达到其他某种目的而进行的身体活动[①]。基于全国代表性抽样调查数据,本研究的体育锻炼特征主要包括体育锻炼频度和体育锻炼场所这两个方面,其中,体育锻炼频度包括:过去一年"从不"、"偶尔"、"有时"和"经常"参加体育锻炼。体育锻炼场所则包括:在"家里"体育锻炼、在"免费的公共场所"体育锻炼和在"收费的体育场所或健身场所"体育锻炼。

体育锻炼是人们健康生活方式的一大要素。健康生活方式并非完全是个人的自由选择,而会受到个人所处社会分层的基本结构和社会条件的影响。2008年,世界卫生组织提出了健康的社会决定因素理论,认为人们的出生、成长、生活和工作环境影响了不同社会阶层的健康状况[②]。个人的行为方式并非是个人的自由选择的结果,而会受到物质条件、文化资本、社会资本等因素的影响。比如,针对英国公务员的研究发现,社会经济地位较低的男性更加缺乏体育锻炼[③]。韦伯认为人们的生活方式由其所处的社会阶层决定。

---

① 江崇民、张彦峰、蔡睿等:《2007年中国城乡居民参加体育锻炼现状分析》,《体育科学》2009年第3期,第9~19页。
② World Health Organization. The World Health Report 2008: Primary Health Care Now more than Ever., 2008, 25 (7): 617.
③ Marmot M. G., Rose G., Shipley M., et al., "Employment Grade and Coronary Heart Disease in British Civil Servants". *Journal of Epidemiology & Community Health*, 1978, 32 (4): 244-9.

人们必须具有一定的经济资源、社会地位、公民权利、社会关系和支持来完成生活方式的选择，生活方式是被人们所处的社会经济地位所形塑的①。布迪厄认为阶层的区隔和再生产通过文化品位和生活方式的区隔来体现，他分析了人们的饮食习惯、对某项运动的偏好来解释习惯或者以阶层为基础的特定生活方式，比如，工薪阶层更喜欢足球，而中上层更喜欢网球②。在韦伯和布迪厄理论基础上，考克汉姆 2005 年提出了健康生活方式理论，该理论认为社会经济地位对生活方式具有强大的影响力，且与人口特征变量发挥交互作用。人们所处的阶层决定了个人的生活机会，并通过影响社会经历影响到人们的生活选择。生活机会和生活选择共同作用于人的习惯倾向，从而影响个人是否会养成吸烟、酗酒等坏的生活习惯③。另外，研究发现国内人群体育锻炼行为存在明显的家庭特征④，家庭成员构成和代际关系对家庭锻炼行为存在重要影响。

有规律的体育锻炼行为有利于各个年龄人口的身体健康。欧美等西方国家对就业人口体育锻炼行为开展了长期研究。研究发现，德国中年就业人口体育锻炼行为存在显著的社会经济差异，不同受教育程度、职业和收入的就业人口具有特征差异十分显著的体育锻炼行为⑤。基于德国第一次国家健康调查数据，针对德国就业总人口和各类亚人口体育锻炼行为的研究发现：较低受教育程度和较低社会经济地位的就业人口群体面临着较高的发病风险，然而，这类就业人口群体却最不可能在闲暇时间进行体育锻炼。生活条件差和生活方式缺陷是社会剥夺的一种体现，这些剥夺导致仅采取一次性举措很

---

① 韦伯：《阶级、地位与政党》，载〔美〕戴维·格伦斯基著《社会分层》，王俊等译，2005，第 108~118 页。华夏出版社，2005 年出版。
② 刘晓春：《布尔迪厄的"生活风格"论》，《民俗研究》2017 年第 4 期，第 5~15 页。
③ Cockerham W C., "Health Lifestyle Theory and the Convergence of Agency and Structure". *Journal of Health and Social Behavior*, 2005, 46 (1): 51-67.
④ 王富百慧、王梅、张彦峰等：《中国家庭体育锻炼行为特点及代际互动关系研究》，《体育科学》2016 年第 11 期，第 31~38 页。
⑤ Jens Hoebel, Jonas D. Finger, Benjamin Kuntz, Thomas Lampert. "Socioeconomic Differences in Physical Activity in the Middle-aged Working Population". *Bundesgesundheitsblatt Gesundheitsforschung Gesundheitsschutz*, 2016, 59 (2).

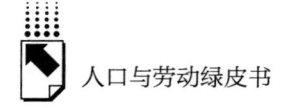

难促进这类就业人口进行体育锻炼①。理论与实证分析都表明，工作后的疲劳是闲暇时间参加体育锻炼的一个障碍性因素。针对西班牙就业人口体育锻炼行为的研究认为，为了更好地提升就业人口的劳动生产率，可以通过创造条件并鼓励体力就业人口在工作时间内抽出一段时间进行体育锻炼②。经济因素对就业人口体育锻炼存在重要影响，应采取措施，通过降低体育锻炼的机会成本来提高就业人口体育锻炼的方便程度、增加就业人口体育锻炼频度③。

基于以上文献综述分析，本文提出以下假设：（1）工作时间特征对就业人口体育锻炼行为有显著影响，在其他约束条件相同情况下，工作时间越短、休闲时间越长、休息日的时候，就业人口体育锻炼频度更高的可能性越大、选择在收费场所进行体育锻炼的可能性越大。（2）就业人口所属工作单位类型及岗位特征对其体育锻炼行为有显著影响，在其他约束条件相同情况下，工作于党政机关/人民团体、事业单位和企业等单位类型、工作岗位是单位负责人/高层管理人员和中层管理人员的就业人口，其体育锻炼频度更高的可能性越大、选择在收费场所进行体育锻炼的可能越大。（3）就业人口的个体（经济社会地位）特征对其体育锻炼行为有显著影响，在其他约束条件相同情况下，城镇、更高受教育程度、更好健康自评和更高收入的就业人口体育锻炼频度更高的可能性越大、选择在收费场所进行体育锻炼的可能性越大。（4）就业人口的婚姻家庭特征对其体育锻炼行为有显著影响，在其他约束条件相同情况下，处于结婚状态、家庭规模更大的就业人口体育锻炼频度更低的可能性更大。

---

① Sven Schneider, Simone Becker., "Prevalence of Physical Activity among the Working Population and Correlation with Work-Related Factors: Results from the First German National Health Survey". *Journal of Occupational Health*, 2005, 47 (5).
② Bláfoss Rúni, Micheletti Jéssica K, Sundstrup Emil, Jakobsen Markus D, Bay Hans, Andersen Lars L. "Is fatigue after Work a Barrier for Leisure-time Physical Activity? Cross-sectional Study Among 10,000 adults from the General Working Population". *Scandinavian Journal of Public Health*, 2018.
③ Heather Brown, Jennifer Roberts. "Exercising Choice: The Economic Determinants of Physical Activity Behaviour of An Employed Population". *Social Science & Medicine*, 2011, 73 (3).

三 实证分析

（一）数据、变量与方法

1. 数据

本研究以全国妇联和国家统计局联合组织实施第三期中国妇女社会地位调查个人调查主问卷数据为基础，2010年12月1日为标准时点。个人调查主问卷的对象是：调查标准时点上全国除港澳台以外居住在家庭户内的18～64周岁的男女两性中国公民。抽样设计采用按地区发展水平分层的三阶段不等概率（PPS）抽样方法选取样本。本次调查结束后召开的由社会学、人口学和统计学等领域专家组成的评审组认为，本次调查的调查及抽样设计科学严谨，组织实施过程周密严格，质量控制认真有效，数据具有较好的代表性和可信性[1]。本研究聚焦就业人口群体，因此将样本的年龄限定在18～59周岁、在业状况限定为目前在业，最终得到有效样本数量为19321人。

2. 变量与方法

体育锻炼频度是本研究的第一个因变量。调查问卷中询问被访者"今年您有过锻炼身体行为么"，答案选项包含"从不"、"偶尔"、"有时"和"经常"共4类。其中，从不、偶尔、有时和经常的界定是"没有、每月1～2次、每周1～2次和几乎每天"。体育锻炼场所是本研究的第二个因变量。调查问卷中询问被访者"您在哪里锻炼身体"，答案选项包括"家里"、"免费的公共场所"（免费场所）和"收费的体育场所或健身场所"（收费场所）共3类。本研究有以下四组自变量。第一组是工作时间特征变量，包括：工作时间长度、休闲时间长度和工作日/休息日。第二组是所在单位及岗位特征变量，包括：所在单位类型和所处单位岗位层级。第三组是个体

---

[1] 第三期中国妇女社会地位调查课题组：《第三期中国妇女社会地位调查主要数据报告》，《妇女研究论丛》2011年第6期，第5～15页。

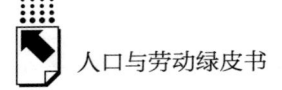

特征变量，包括：性别、年龄、城乡、受教育程度、健康自评和个人年收入（自然对数值）。第四组是婚姻家庭特征变量，包括：婚姻状态和家庭规模。本研究控制变量包括省份（省、自治区和直辖市）和区域（京津沪、东部8省、中部8省和西部11省）。

本模型设计中被解释变量就业人口体育锻炼频度为四分类：从不、偶尔、有时和经常，分类间有序次关系，针对被解释变量为分类型数据的情况选用 Logistic 回归，所以采用有序多分类逻辑斯蒂回归（Ordered Logistic Regression）。有序多分类 Logistic 模型不仅可以测算解释变量变化引起被解释变量的发生风险比变动，还可以计算解释变量变动对被解释变量各分类影响的边际效应。

被解释变量之一"就业人口体育锻炼频度"分为"从不"、"偶尔"、"有时"和"经常"共4类，分别用"0"、"1"、"2"和"3"来表示，被解释变量之二"就业人口锻炼场所"分为"家里"、"免费场所"和"收费场所"共3类，分别用"0"、"1"和"2"来表示。有序 Logistic 模型的累积概率可以写为：

$$C_{i,j} = \Pr(y_i \leq j \mid x_i) = \frac{\exp(\alpha_j + \beta_i x'_i)}{1 + \exp(\alpha_j + \beta_i x'_i)}$$

令 $l_j(x_i)$ 表示 $y_i \leq j$ 相对于 $y_i > j$ 的累积 logit，那么

$$l_j(x_i) = \ln\left[\frac{\Pr(y_i \leq j \mid x_i)}{\Pr(y_i > j \mid x_i)}\right] = \alpha_j + \beta_i x'_i$$

其中，j 表示就业人口体育锻炼频度或体育锻炼场所，$j = 0，1，2，3$ 或 $j = 0，1，2$，分别代表就业人口"从不"、"偶尔"、"有时"和"经常"参与体育锻炼或代表就业人口"在家锻炼"、"去免费场所锻炼"和"去收费场所锻炼"。χ_i 表示一系列影响就业人口参与体育锻炼频度或体育锻炼场所的变量，本研究中包括就业人口个体、社会、经济等基本特征，工作时间特征、工作单位类型及所处单位岗位职级特征等一系列变量。β_i 表示影响因素的回归系数。

(二)描述性统计分析

总体看来,被调查中国就业人口参与体育锻炼的比例不高,只有12.5%经常参与体育锻炼,从不锻炼、偶尔锻炼和有时锻炼的比例分别为48.7%、24.4%和14.4%。被调查就业人口在免费场所锻炼的比例最高、达到60.5%,在收费场所锻炼的比例最低、仅为6.2%,在家里锻炼的比例居中、为33.3%。不同特征就业人口在体育锻炼频度和体育锻炼场所上存在显著差异。比较而言,具有城镇、受教育程度更高、自评健康更好、未婚或离婚、在党政机关/人民团体或事业单位工作、属于中层管理人员及以上工作岗位等特征的就业人口具有更高的锻炼频度,具有城镇、受教育程度更高、健康自评更好、未婚、企业或党政机关/人民团体或事业单位工作、属于基层管理人员及以上工作岗位的就业人口在收费场所进行体育锻炼的比例更大(见表1)。

表1 体育锻炼行为特征概况

单位:%

变量名	锻炼频度				锻炼场所		
	从不	偶尔	有时	经常	家里	免费场所	收费场所
城乡							
城镇	30.4	30.9	19.9	18.8	21.5	69.5	9.0
乡村	65.3	18.5	9.4	6.8	54.8	43.9	1.4
受教育程度							
初中及以下	63.1	19.9	9.8	7.2	45.8	53.0	1.2
高中或中专	34.5	30.1	18.3	17.1	27.2	67.6	5.2
大专及以上	15.0	33.4	26.1	25.5	19.9	64.9	15.2
婚姻状态							
未婚	40.7	28.0	18.6	12.8	28.4	55.7	15.9
已婚	49.5	24.1	14.0	12.4	34.0	61.0	5.0
离婚	41.2	26.1	16.3	16.3	26.7	64.7	8.6
丧偶	60.5	19.5	10.0	10.0	41.1	57.7	1.2

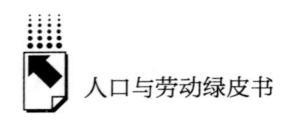

续表

变量名	锻炼频度				锻炼场所		
	从不	偶尔	有时	经常	家里	免费场所	收费场所
自评健康							
很差	66.5	13.4	8.4	11.7	48.3	50.0	1.7
较差	66.6	14.9	9.4	9.1	42.1	55.4	2.5
一般	51.5	23.0	13.9	11.7	34.1	60.1	5.8
较好	45.3	27.4	15.4	11.9	30.7	62.9	6.4
很好	47.4	24.2	14.6	13.9	34.0	59.2	6.8
所在单位类型							
党政机关/人民团体	13.9	30.7	25.1	30.3	19.2	70.9	9.9
社会团体/基层自治组织	21.4	34.9	21.2	22.6	24.4	70.8	4.8
事业单位	19.4	31.3	23.9	25.4	21.8	69.3	8.9
企业	33.0	31.9	18.9	16.2	22.3	67.4	10.4
民办非企业	38.0	31.2	16.7	14.2	27.5	64.5	8.0
个体工商户	48.5	27.5	14.6	9.4	29.5	66.6	3.9
所在单位岗位							
负责人/高层管理	21.1	27.1	25.9	25.9	23.0	63.7	13.3
中层管理人员	13.0	27.3	25.1	34.7	14.8	70.4	14.8
基层管理人员	19.5	32.0	23.9	24.7	19.5	67.4	13.2
普通职工/职员	31.6	32.3	19.2	16.9	23.8	68.6	7.7
工作日或休息日							
工作日	45.6	25.8	15.2	13.4	29.6	63.6	6.9
休息日	41.7	25.0	17.0	16.4	29.8	62.0	8.2
合计	48.7	24.4	14.4	12.5	33.3	60.5	6.2

资料来源：第三期中国妇女社会地位调查。

注：除了工作日或休息日的锻炼场所外，其他各个变量的锻炼频次和锻炼场所均具有显著性差异。

（三）回归分析

1. 体育锻炼频度的回归分析

本研究采取逐步纳入自变量的方式，构造了4个回归模型对影响就业人口体育锻炼频度的因素进行分析（见表2）。

表2 体育锻炼频度回归模型

自变量和控制变量	因变量:锻炼频度(从不、偶尔、有时、经常)			
	模型1	模型2	模型3	模型4
1. 自变量-工作时间特征				
①工作时间长度(小时)	-0.047***	-0.047***	-0.047***	-0.049***
②休闲时间长度(小时)	0.124***	0.054**	0.058***	0.053**
③休息日(参照工作日)	0.413***	-0.205*	-0.268**	-0.275**
2. 自变量-单位及岗位特征				
①单位类型(参照党政机关\人民团体)		-0.263***	-0.115***	-0.119***
②岗位层级(参照负责人\高层管理)		-0.279***	-0.098**	-0.106**
3. 自变量-个体特征				
①性别(参照男)			-0.020	-0.010
②年龄(岁)			0.025***	0.027***
③城乡(参照乡村)			0.593***	0.554***
④教育程度(参照不识字)			0.298***	0.290***
⑤健康自评(参照很差)			0.111***	0.110***
⑥个人年收入(自然对数)			0.045	0.046
4. 自变量-婚姻家庭特征				
①婚姻状态(参照未婚)				-0.148**
②家庭规模(参照1人)				-0.069**
5. 控制变量-行政区域特征				
①省份(参照北京)	-0.007***	-0.001	-0.001	-0.001
②区域(参照京津沪)	-0.159***	-0.059*	-0.053*	0.053*
样本量	15482	7577	7417	7417
Pseudo R^2	0.0117	0.0211	0.0542	0.0551
LRchi2检验值	460.00	436.27	1098.29	1116.57
LRchi2检验显著性	0.0000	0.0000	0.0000	0.0000
对数似然值	-19475.38	-10140.31	-9590.36	-9581.22

注:***、**、*分别代表$p<0.001$,$p<0.01$和$p<0.10$。
资料来源:第三期中国妇女社会地位调查。

模型1纳入自变量-工作时间特征和控制变量-行政区域特征。模型结果显示,工作时间长度的回归系数为负,休闲时间长度、休息日的回归系数为正,并且均在1‰的水平上显著,说明工作时间长度显著降低了就业人口的体育锻炼频度,而休闲时间长度、休息日显著提高了就业人口的体育锻炼频度。模型的伪 R^2 为 0.0117,模型总体解释能力较弱,需要继续纳入更多自变量。LRchi2 检验在 1‰ 显著性水平上显著,说明模型整体拟合效果较好。模型 1 的结果验证了第一个研究假设:工作时间特征对就业人口体育锻炼行为有显著影响,在其他约束条件相同情况下,工作时间越短、休闲时间越长、休息日的时候,就业人口体育锻炼频度更高的可能性越大。

模型 2 在模型 1 的基础上加入了自变量 – 单位及岗位特征。模型的伪 R^2 增大为 0.0211,模型解释力得到增强。LRchi2 检验在 1‰ 显著性水平上显著,模型整体拟合效果较好。工作时间长度、休闲时间长度的回归系数符号与模型 1 一致,工作时间长度和休闲时间长度分别在 1‰ 和 1% 的水平上显著。但是,休息日的回归系数符号与模型 1 相反,并且在 10% 的水平上显著。一种可能的解释:在休息日里,就业人口生活重心转移到家庭,家庭事务需要集中处理,挤占了个体参加体育锻炼的时间。同时,在工作单位环境下参与体育锻炼的设施便利和同事群体正向体育锻炼影响在减弱。单位类型和岗位层级的回归系数都为负,并且都在 1‰ 显著性水平上显著。模型 2 的结果验证了第二个研究假设:就业人口所属工作单位类型及工作岗位层级对其体育锻炼行为有显著影响,在其他约束条件相同情况下,工作于党政机关/人民团体、事业单位和企业等单位类型、身处岗位是单位负责人/高层管理人员和中层管理人员的就业人口体育锻炼频度更高的可能性越大。

模型 3 在模型 2 的基础上继续加入了自变量 – 个体特征。模型的伪 R^2 增大为 0.0542,模型解释力进一步增强,LRchi2 检验在 1‰ 显著性水平上显著。模型 3 的自变量 – 工作时间特征和自变量 – 单位及岗位特征的回归系数的方向和显著性水平与模型 2 高度一致。自变量 – 个体特征中的年龄、城乡、教育程度和健康自评的回归系数都为正、并且都在 1‰ 水平上显著。这说明,年龄更长的城镇、更高受教育程度、更健康的就业人口参加体育锻炼的频度更高。这个结果证实了第三个研究假设,就业人口的个体特征对其体育锻炼行为有显著影响,更高社会经济地位的就业人口参加体育锻炼的频度明显更高。

模型4在模型3的基础上继续加入了自变量-婚姻家庭特征。模型4的自变量-工作时间特征、自变量-单位及岗位特征和自变量-个体特征的回归系数的方向和显著性水平与模型1、模型2、模型3高度一致。婚姻状态和家庭规模的回归系数为负、并且分别在1%和1‰的显著性水平上显著。这说明，与未婚相比，其他婚姻状态就业人口体育锻炼频度更大的可能性更低，家庭规模更大的就业人口体育锻炼频度更大的可能性更低。就业人口需要平衡家庭和工作，工作之余，他们可能花费更多时间和精力处理体育锻炼之外的婚姻和家庭需要。模型4验证了第四个研究假设。

2. 体育锻炼场所的回归分析

本研究采取逐步纳入自变量的方式，构造了4个回归模型对影响就业人口体育锻炼场所的因素进行分析（见表3）。模型5中，纳入自变量-工作时间特征和控制变量-行政区域特征。模型结果显示，工作时间长度、休闲时间长度、休息日的回归系数都为正，并且均在1‰的水平上显著，说明工作时间长度、休闲时间长度、休息日对就业人口体育锻炼场所具有显著的正向影响。模型的伪R^2为0.018，LRchi2检验在1‰显著性水平上显著。

表3 体育锻炼场所回归模型

自变量和控制变量	因变量:锻炼场所(家里、免费场所、收费场所)			
	模型5	模型6	模型7	模型8
1. 自变量-工作时间特征				
①工作时间长度(小时)	0.071 ***	0.007	-0.005	-0.006
②休闲时间长度(小时)	0.059 ***	0.054 *	0.046 *	0.041 *
③休息日(参照工作日)	0.516 ***	0.095	0.017	-0.022
2. 自变量-单位及岗位特征				
①单位类型(参照党政机关\人民团体)		-0.027	0.023	0.019
②岗位层级(参照负责人\高层管理)		-0.192 ***	-0.069 *	-0.073 *
3. 自变量-个体特征				
①性别(参照男)			-0.096	-0.079
②年龄(岁)			-0.009 *	-0.006
③城乡(参照乡村)			0.755 ***	0.738 ***
④教育程度(参照不识字)			0.093 ***	0.086 ***

续表

自变量和控制变量	因变量:锻炼场所(家里、免费场所、收费场所)			
	模型5	模型6	模型7	模型8
⑤健康自评(参照很差)			-0.012	-0.016
⑥个人年收入(自然对数)			0.318 ***	0.322 ***
4. 自变量-婚姻家庭特征				
①婚姻状态(参照未婚)				-0.201 **
②家庭规模(参照1人)				-0.041
5. 控制变量-行政区域特征				
①省份(参照北京)	0.001	0.005 *	0.003	0.003
②区域(参照京津沪)	-0.317 ***	-0.239 ***	-0.185 ***	-0.179 ***
样本量	8434	5419	5309	5309
Pseudo R^2	0.0180	0.0097	0.0363	0.0374
LRchi2 检验值	254.34	85.86	314.70	323.48
LRchi2 检验显著性	0.0000	0.0000	0.0000	0.0000
对数似然值	-6944.61	-437740	-4172.12	-4167.723

注: *** 、** 、* 分别代表 $p<0.001$, $p<0.01$ 和 $p<0.10$。
资料来源: 第三期中国妇女社会地位调查。

模型6中在模型5的基础上加入了自变量-单位及岗位特征。LRchi2检验在1‰显著性水平上显著。工作时间长度、休闲时间长度和休息日的回归系数符号与模型1一致，只有休闲时间长度在10%的水平上显著。单位类型和岗位层级的回归系数都为负，只有岗位层级在1‰水平上显著。这说明，在体育锻炼场所影响因素方面，休闲时间长度和单位内部岗位层级的影响较大，这与体育锻炼频度的影响因素存在较大差别，即与影响体育锻炼频度的因素不同，经济条件对在收费场所进行体育锻炼的影响更加突出，与经济条件更加密切的单位内部岗位层级和休闲时间对体育锻炼场所的影响更大。模型6的结果验证了第二个研究假设：在其他约束条件相同情况下，所处工作岗位为中层管理人员及以上的就业人口在收费场所进行体育锻炼的可能越大。

模型7中在模型6的基础上加入了自变量-个体特征。模型的伪R^2增大为0.0363, LRchi2检验在1‰显著性水平上显著。模型7的自变量-工作时间特征的休闲时间长度和自变量 - 单位及岗位特征的岗位层级的回归系数的方向和显著性与模型6一致。自变量 - 个体特征中的城乡、教育程度和收入回归系数为正,并且都在1‰的显著性水平上显著。这说明,城镇、更高教育程度和更高收入的就业人口在收费场所进行体育锻炼的可能性更高。模型7的结果验证了第三个研究假设。

模型8中在模型7的基础上加入了自变量 - 婚姻家庭特征。模型8的自变量 - 工作时间特征、自变量 - 单位及岗位特征和自变量 - 个体特征的回归系数的方向和显著性水平与模型5、模型6、模型7基本一致。婚姻状态和家庭规模的回归系数为负,婚姻状态在1%的水平上显著。这说明,与未婚就业人口相比,已婚就业人口在收费场所体育锻炼的可能性显著更低。这个结果验证了第四个研究假设。与表2的模型4相比,模型8中单位类型的影响变为不显著。这可能跟单位类型自身有很大关系。在党政机关/人民团体或事业单位或大型国企等,作为一种福利,工作单位提供的体育锻炼场所和设施条件较好,同时,单位组织的体育锻炼活动较多,单位类型由此对体育锻炼场所的影响变得不显著。

四 结论与建议

健康生活方式理论认为,社会经济地位对生活方式具有强大的影响力,人们所处的阶层决定了个人的生活机会,并通过影响社会经历影响到人们的生活选择。国内已有研究发现了我国青少年身体活动的家庭阶层差异已初具特点[1]。本研究认为,当今中国社会,个体的工作单位及工作岗位特征、人口社会经济特征和婚姻家庭特征是表征就业人口社会经济地位或社会阶层的主要方面。一般而言,更高的受教育程度、更高的收入水平与更好的健康水平紧密关联,而这些和体育锻炼频度更高、更多在收费场所体育锻炼存在直接联系。

---

[1] 王富百慧:《家庭资本与教养方式:青少年身体活动的家庭阶层差异》,《体育科学》2019年第3期,第48~57页。

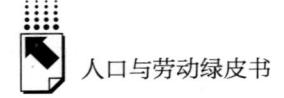

本研究利用第三期中国妇女社会地位调查数据，分别采用了描述性统计分析和序次 Logistic 回归模型，探讨了中国就业人口体育锻炼频度与体育锻炼场所的特征及其影响因素。研究发现：2010 年被调查中国就业人口经常参加体育锻炼的比例不高、只有 12.5%，经常在收费的体育场所或健身场所进行体育锻炼的比例更低、仅有 6.2%。除人口社会经济特征之外，工作单位及岗位特征和婚姻家庭特征对就业人口体育锻炼频度与场所存在重要影响。当今中国社会中，就业人口普遍面临着平衡家庭和工作的难题，处于不同类型单位和单位内部不同层级岗位的就业人口在应对工作与家庭平衡问题时会有所不同，单位和家庭对就业人口体育锻炼频度和场所的促进作用或制约作用存在很大差别。从工作单位类型看，与其他单位类型相比，党政机关/人民团体、事业单位和企业（尤其是大型国企）普遍可以提供更多福利性质、完备的体育锻炼场所、设施和设备给职工来进行体育锻炼，开展职工健身体育活动（比如运动会和各类体育比赛等）的机会也更多。从工作岗位特征看，与其他岗位层级相比，单位负责人/高层管理人员和中层管理人员拥有更高的经济收入和相对宽裕的体育锻炼时间，他们体育锻炼频度更高的可能性更大、在收费场所体育锻炼的可能性也更大。从婚姻家庭特征看，一般情况下，未婚、没有生育子女或没有老人需要照料的就业人口承受的家庭责任或负担较轻，在工作之余拥有更多的闲暇时间和更充裕的可支配收入来进行体育锻炼，他们的体育锻炼频度更高的可能性更大、在收费场所体育锻炼的可能性也更大。

基于实证分析发现，本研究建议国家采取更多政策措施，在继续提高就业人口的受教育程度、工作技能水平和劳动生产率的基础上，适度缩短工作时间、增长休闲时间，提倡经常参与体育锻炼的健康生活方式，培养就业人口体育锻炼良好习惯，促进大众体育事业和体育产业发展，为"健康中国战略"和"创新驱动发展战略"助力。受研究数据所限，本研究仅仅探讨了体育锻炼频度与体育锻炼场所这两项体育锻炼行为特征，没有对体育锻炼的参与程度、活动类型、时间长度、强度和消费种类及消费水平等更广维度的诸多体育锻炼问题进行更深入的分析。

G.12
农村青少年人力资本投资问题的分析

吴要武*

摘　要： 本文使用2015～2017年在中西部5个贫困县对137所寄宿制小学做的调查数据，分析了农村小学生的人力资本状况，发现这些小学生的身高、体重等指标，显著低于全国平均水平，这些反映长期营养状况的指标，又显著影响学生的认知能力和非认知能力。从农村小学生的家庭背景、教师状况，可以理解他们在人力资本投资上所处的不利地位：父母受教育程度低，有47%的学生父母一方或双方在外务工，有64%的学生为住校生。他们的老师，第一学历为本科生者只有20%。与家人的分离，无论对学业还是对非认知能力，都产生了负面影响。农村小学生面临的环境变化也值得关注：当家庭条件好、学习成绩好的学生流向城镇学校时，农村中小学的班级和学校规模缩小，留下的是在升学上缺少竞争力的青少年，他们更可能成为未来劳动力市场上的弱势群体。

关键词： 农村小学生　人力资本　认知能力　非认知能力

2019年，中国按常住人口计算的城镇化水平已经超过60%，按户籍人

---

* 吴要武，中国社会科学院人口与劳动经济研究所研究员，研究方向为劳动经济学，微观经济计量学。

口计算的城镇化水平却只有44.38%①，中间的差额，大致相当于城乡之间候鸟式流动的"农民工"及其家属。这个庞大的劳动力群体，从农村进入城镇的劳动力，超过1.7亿人。由于大多数流动人口将子女留在了家乡出发地，不仅产生了"留守儿童"问题，也使农村青少年所占比例，高于城镇化数据所显示的比例：2015年的1%人口抽样调查显示，在5~15岁人口中，约54%在农村②。农村青少年数量仍然占主导地位，因此，应该成为人力资本投资的重点关注群体。本文利用课题组在河北省与四川省的5个县搜集的三轮追踪调查数据，分析农村小学阶段青少年的人力资本状况，依据Heckman提出的新人力资本理论③，我们从认知能力与非认知能力两个维度，考察农村寄宿制小学的人力资本投资状况。

从新人力资本理论可以推断，由于在生命周期的早期阶段，人力资本投资的收益率最高，而这时，主要是由家庭在为子女进行健康和认知能力、非认知能力投资，农村家庭的经济地位不利，留守导致青少年过早脱离了父母的监护与养育，他们在人力资本积累上会低于那些非留守的同伴。由于技能的产生过程具有累积性——技能生出技能，这些在生命周期早期未得到充分投资的人，在小学阶段，已经开始在认知能力和非认知能力上，呈现不平等。面对这样的差距，政府和社会各界应引起关注，因为人力资本投资的对象是人，那些生长在弱势家庭的青少年，也有平等的政治权利，他们的平等发展愿望，不能被社会忽视。

最近40年来，中国的人口结构已经发生了转变，而家庭收入的增加，使那些选择了"少数量-高质量"生育模式的家庭，可以对子女进行更多的人力资本投资，青少年在人力资本上的不平等，在小学阶段已经清晰显现出来。那些在小学阶段较好掌握了基础知识与基本技能的同学，会顺利地升

---

① 参见国家统计局《2019年国民经济与社会发展统计公报》，http://www.stats.gov.cn/tjsj/zxfb/202002/t20200228_1728913.html。
② 作者根据2015年1%人口抽样调查汇总数据推算。
③ Heckman James, 2000. "Policies to Foster Human Capital," *Research in Economics* 54, No. 1. pp. 3-56.

入初中、高中，超过一半的人会升入大学；那些在小学阶段没有充分掌握相应认知技能的青少年，在以后的升学阶段，会不断地被分流，甚至流失。所以，关注小学阶段的人力资本的不平等，是寻找有效干预手段的关键。

本文使用北京大学与中国社会科学院人口与劳动经济研究所联合课题组在2015~2017年所做的三轮抽样调查数据，分析四川与河北省5个县137所农村寄宿制小学的追踪样本。由于学习成绩是决定中小学生升学的主要依据，本文主要分析小学生的学习成绩，而心理健康既与学习成绩相关，又是非认知技能的经验内容，也是本章关注的另一个产出结果。我们发现，农村寄宿制学校的小学生，在身高体重上，显著低于全国平均水平，这意味着长期营养水平低下。这些可观测的外在健康指标，又显著影响了小学生的学习成绩和非认知技能。因此，在下一阶段的普及高中教育工作中，农村青少年将会是政府关注的重点和难点。

一 农村青少年的人口学特征：身高、体重

为什么要关心身高体重？健康是人力资本的重要内容，青少年的身高体重则是健康的最直观描述，它显示了青少年的身体发育状况，这是家庭和学校长期在营养上累积投资的结果。贫困家庭的孩子因为在婴幼儿阶段蛋白质和能量摄入不足，更容易在身高与体重上低于同伴[1]。这些可观测特征的背后，反映着学生的家庭背景。那些脑神经科学研究文献显示：低收入家庭的孩子，海马体前区的体积会更小，也会因此有更差的认知能力[2]。经济学家

---

[1] Puentes Esteban, Fan Wang, Jere R. Behrman, Flavio Cunha, John Hoddinott, John A. Maluccio, Linda S. Adair, Judith B. Borja, Reynaldo Martorell, and Aryeh D. Stein, 2016. Early Life Height and Weight Production Functions with Endogenous Energy and Protein Inputs. *Economics & Human Biology*. Volume 22, September, Pages 65 – 81. https://doi.org/10.1016/j.ehb.2016.03.002.

[2] Decker, A. L., Duncan, K., Finn, A. S. et al. Children's Family Income is Associated with Cognitive Function and Volume of Anterior Not Posterior Hippocampus. *Nat Commun* 11, 4040 (2020). https://doi.org/10.1038/s41467 – 020 – 17854 – 6.

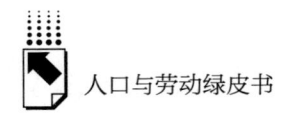

从观察劳动者的市场表现发现，那些热量摄入更多的劳动者，通常也有更高的生产率，从而有更高的工资或收入[①]。有研究者发现，身材更高的人，在劳动力市场上也会获得更高的收入[②]。

关心身高体重的另一个考虑是，身高体重提供了一个既客观又准确的标准。不受时间和地域的限制，都能用来比较。凭借这个自然特征，可以把5个贫困县寄宿制小学生的体质状况信息，与全国历次青少年调查数据作对比，从而判断5个贫困县青少年，在全国处于什么水平。表1提供了国家体育总局公布的2014年全国青少年体质状况的数据信息，时间上，与本文使用的四川、河北5个贫困县农村寄宿制小学采集时间（2015~2017年），较为接近。

首先，农村小学生身高显著低于全国平均水平。从表1可以看出，这5个县的农村小学生，在每个年龄上，其平均身高几乎一直低于全国平均水平。在8岁的样本中，略高于全国平均水平，但从9岁开始，便低于全国平均水平，这个差距随年龄增长在持续拉大，在13岁时，农村小学生样本中男女学生的身高分别为153.3厘米和151.9厘米，要比全国平均水平的161.1厘米和157.0厘米，分别低7.8厘米和5.1厘米。从国家体育总局公布的分年龄身高信息看出，14~17岁的农村青少年，会在身高上追赶并缩小与城镇同伴的差距，但两个群体之间会一直保持显著的差距。

其次，体重变化与身高变化的趋势一致。8岁的样本中，5个县农村小学生的体重，与全国平均水平没有差距，但在9~13岁，却持续拉大了差距。在13岁时，农村男女青少年的体重，要比全国平均体重轻8.3公斤和4.8公斤。从这两个体质状况信息，可以看出贫困县的农村青少年发育相对迟缓，背后则是长期营养状况的欠缺。

[①] Strauss, John, 1986. "Does Better Nutrition Raise Farm Productivity?" *Journal of Political Economy*, vol. 94, No. 2, pp. 297–320.
Strauss, John, and Duncan Thomas, 1998. "Health, Nutrition, and Economic Development." *Journal of Economic Literature*, vol. 36, No. 2, pp. 766–817.

[②] Schick, Andreas, and Richard H. Steckel. 2015. "Height, Human Capital, and Earnings: The Contributions of Cognitive and Noncognitive Ability." *Journal of Human Capital*, vol. 9, No. 1, pp. 94–115.

附表 1 还报告了国家体育总局在 2005 年和 2010 年对全国青少年体质测试的结果,从这些信息里可以评估本文 5 个样本县农村小学生的身高体重,尚未达到全国同龄青少年 2005 年的水平。

按照新人力资本理论的推断,青少年阶段是人力资本投资收益率较高的关键时期,农村青少年营养与发育上的弱势,势必影响他们的认知能力和非认知能力的形成,使他们在一个累积的人力资本投资过程中,处于不利地位:营养与健康的不平等,会转化为学习成绩上的差距,从而影响他们的升学或辍学。

表 1　农村寄宿制小学生与全国青少年的体质对比位

单位:厘米,公斤

年龄	全国(身高)		5 县农村(身高)		全国(体重)		5 县农村(体重)	
	女	男	女	男	女	男	女	男
8 岁	130.5	132	132.1	133.2	27.6	29.2	27.8	29.1
9 岁	136.3	137.2	135.6	135.7	31.3	33.6	29.7	30.7
10 岁	142.6	142.1	140.7	139.7	35.5	37.2	33.0	33.3
11 岁	149.3	148.1	145.8	144.2	40.6	41.9	37.1	36.7
12 岁	153.7	154.1	150.0	149.3	44.5	46.6	41.2	40.6
13 岁	157.0	161.1	151.9	153.3	48.0	52.0	43.2	43.7

资料来源:全国青少年身高体重信息来自《2014 年国民体质监测公报》[①];5 县农村青少年身高体重信息来自课题组在河北与四川 5 个贫困县 137 个寄宿制学校的测量。在此为 2015～2017 年三年的混合样本,共 53203 人。

注:①http://www.sport.gov.cn/n16/n1077/n1422/7331093.html。

农村青少年身高体重显著低于全国平均水平,而身高体重又影响着学生的认知能力与非认知能力,我们从身高体重入手,探讨农村不同青少年群体,在一系列衡量人力资本产出结果上出现的差异,使本报告在缺少全国相应指标的情况下,仍然能观测出农村青少年弱势群体的特征。

二　寄宿与留守对农村小学生体质的影响

本文数据采集自农村寄宿制小学生,缺少城镇学生作对比,这 5 个样本县都是国定贫困县，本文的分析结论，代表着中西部贫困县农村青少年的人力资本情况。从对不同群体的测量结果比较中可以看出，寄宿生的人力资本状况不如走读生。对不同群体的比较，我们仍然从可以直接观测的身高体重开始。

1. 农村寄宿生的体质状况

农村寄宿制小学的学生，父母有一方外出或全部外出的比例为47%，样本中寄宿生的比例为64.4%。无论是父母外出务工还是在学校寄宿，都会影响小学生的身高与体重，而且，小学生群体之间的身高体重差距，会随着年龄的增长而增大。如果父母均外出，小学生寄宿的比例为69.3%，这个群体的平均身高最低，在每个年龄上都低于父母均未外出的同学，从8岁时的不足1厘米，增长到13岁时的2.5厘米。在农村家庭中，母亲通常是小学生生活的主要照料者，我们推测，母亲外出对小学生营养与健康的影响会更大。然而，与父亲外出的同学相比，母亲外出的同学身高几乎相等，在体重上略微要低于父亲外出者。

从经验上可知，一个农村家庭，通常是父亲外出务工，如果母亲单独外出务工，很可能是家庭遭遇了特殊的变故，比如，父亲生病，家庭陷入困境，迫使母亲放下子女照料的任务，外出务工。在所有的样本中，母亲外出务工的比例只有3.4%，显著低于父亲外出务工的比例18.3%，也远低于父母同时外出务工的比例25.3%。

与走读生相比，住校生的身高体重都更低。在8~13岁的小学生中，身高的差距从0.3厘米，增大到11岁时的1.3厘米；到13岁时，虽然有所回落，仍然有1厘米的差距。体重上的差距，也呈现同样的趋势，8~11岁之间的体重差距从0.3公斤增加到1.4公斤，在12岁进一步拉大到1.9公斤，但在13岁时，减少到1.1公斤（见表2）。

可以说，缺少了父母的陪伴与照顾，这些小学生的长期营养状况呈现显著的弱势，低于那些有父母照顾的同学。身高体重等健康指标，是与学生的生产率联系在一起的，影响学生的学习成绩，甚至影响其非认知技能，我们在后文考察两者之间的关系。

表2 不同小学生群体的身高体重信息

单位：厘米，公斤

项目	8岁	9岁	10岁	11岁	12岁	13岁
A:是否留守						
父母均未外出	132.8	136.1	140.6	145.5	150.2	153.5
父亲外出	133.2	135.8	140.4	145.0	149.7	152.2
母亲外出	133.1	135.6	140.3	145.1	149.6	152.6
父母均外出	131.9	134.8	139.2	143.8	148.1	151.0
B:是否寄宿						
不住校	132.7	136.0	140.7	145.8	150.9	153.5
住校	132.4	135.4	139.9	144.5	149.1	152.5
平均身高(厘米)	132.6	135.6	140.2	145.0	149.6	152.8
父母均未外出	28.7	30.7	33.7	37.5	41.6	44.3
父亲外出	28.7	30.1	33.5	37.0	40.8	43.2
母亲外出	27.6	29.9	32.9	37.0	40.2	42.4
父母均外出	27.6	29.3	32.0	35.3	39.0	41.1
不住校	28.5	30.5	33.7	37.8	42.2	44.3
住校	28.2	29.9	32.9	36.4	40.3	43.2
平均体重(公斤)	28.3	30.2	33.2	36.9	40.8	43.5

资料来源：来自137个寄宿制学校调查数据。

2. 农村小学生的性别特征与学业表现

近年来，经济学家注意到，在发达国家的高等教育领域，女性开始占据优势，而发展中国家，女性快速追赶并缩小了与男性的差距[①]。女性在中国高等教育领域也同样显示出优势，在2015年的1%人口抽样调查数据中，18~22岁接受了高等教育的女性人口占比超过了50%。在一个存在持续的技能偏向型需求增长的劳动力市场上，接受高等教育是避免落入弱势地位最有效的手段。对农村小学生来说，在初中阶段的辍学、进入高中阶段时的分流——选择普通高中还是职业高中，主要是由学习成绩决定的。我们从性别视角来分析农村小学生

---

① Becker Gary S., William H. J. Hubbard and Kevin M. Murphy, 2010. "Explaining the Worldwide Boom in Higher Education of Women." *Journal of Human Capital*, Vol. 4, No. 3 (September 2010), pp. 203-241.

的学习成绩,可以看出,在这个相对弱势的群体里,男生处于最不利的地位。

Becker 等推断,女生在竞争高等教育时之所以有优势,是因为她们有更好的非认知能力①。表 3 提供的信息是,女生在认知能力上,同样有显著的优势:女生的语文成绩,一直显著领先于男生,超过 11~14.5 个百分位,从小学 4 年级,到小学 6 年级,这个优势一直保持着。男生被推测更擅长数理思维,然而,从数学成绩看,女生的数学成绩排位,在小学 4 年级和 5 年级,几乎没有显著的差距,在小学 6 年级,则超过男生 1 个百分位。从小学 4 年级到 6 年级,女生在语文成绩上的优势,一直在保持着,还有拉大的趋势;在数学上的均势则逐渐演变为优势。

为什么女生在小学阶段就在学业上呈现显著的优势呢?根据经验,除了女生更好的课堂表现外,同伴效应也是影响学生成绩的重要因素。在小学阶段,男生和女生是相对分离的两个群体,可以推断,女生受益于友好且积极交流的同学关系,而男生更差的成绩,不仅对学习成绩带来负面的同伴效应,也会影响他们以心理健康为特征的非认知技能。

表3　分年级和性别的学习成绩

单位:百分位

年级	语文		数学	
	女	男	女	男
2015 年				
4 年级	54.2	42.6	48.2	48.8
5 年级	54.6	42.2	48.7	48.5
2016 年				
4 年级	54.7	42.3	48.8	48.3
5 年级	54.4	42.7	48.5	48.7
2017 年				
5 年级	54.7	42.1	49.2	48.4
6 年级	55.7	41.6	49.3	48.3

资料来源:来自 137 个寄宿制学校调查数据。

① Becker Gary S., William H. J. Hubbard and Kevin M. Murphy, 2010. "Explaining the Worldwide Boom in Higher Education of Women." *Journal of Human Capital*, Vol. 4, No. 3 (September 2010), pp. 203–241.

我们进而考察了寄宿生和走读生的学业表现,结果见附表2。走读生的学习成绩要优于寄宿生,而且,寄宿对女生的不利影响更显著:虽然女生一直在语文成绩上有较大的优势,但比起走读的女生,寄宿女生的语文成绩相对下降了约1.6个百分位,男生只下降了1个百分位。女生的数学成绩并不占优势,寄宿女生相对于走读女生,数学成绩要低2.7个百分位,而男生则只低0.9个百分位。在走读生中,女生的数学平均成绩要比男生领先0.6个百分位,在寄宿生中,则落后0.4个百分位。

三 家庭对小学生学业的影响

在人力资本形成中,家庭是一个重要因素,尤其是在新人力资本的生命周期模型里,婴幼儿时期的人力资本投资收益率更高[①]。除了必要的营养和健康投入,还有父母的陪伴时间与陪伴质量,父母会在婴幼儿的智商形成和非认知技能形成的关键期,教给他们使用终生的技能。农村的父母,由于选择了生育更多的孩子和给予每个孩子更少的投资,甚至会因外出务工或经商而缺少陪伴孩子,使农村青少年在学前阶段,已经有低于城镇同伴的知识技能。在缺少城镇同学作对比的情况下,本文通过描述农村学生父母的受教育状况,来揭示他们内部的学业差异以及在人力资本投资上所处的弱势地位。

在本文使用的5个贫困县小学生数据里,有大约80%的样本,其父亲受教育水平为初中及以下;有83%的样本,其母亲受教育程度为初中及以下。尽管无法观察每个小学生父母的陪伴时间,但与人力资本理论的预期相一致,父母受教育程度在小学到高中之间时,确实存在较为显著的正相关关系:父亲或母亲的受教育程度提高,小学生的期末语文和数学成绩也显著提高。但在父母受过大专及以上教育的群体,其子女的学业成绩不再提高,甚至还略低于父母为"高中"的群体。这个现象背后,应该是测量误差导致

---

① Heckman James, 2000. "Policies to Foster Human Capital," *Research in Economics* 54, No. 1. pp. 3–56.

的：一些被调查的小学生，并不真正知道自己父母的实际受教育程度，在填写父母受教育程度时，误填写了大专及以上。农村接受过高等教育的人，通常在从事非农就业，比如，教师、医生，甚至基层政府机关和事业单位的职工，他们很少会把子女送到农村寄宿制小学，而是送到县城的学校。

按照人力资本投资理论，由于母亲投入陪伴子女学习的时间更多，因此，母亲的受教育程度更容易与子女学业正相关。但在农村寄宿制小学里，父亲的表现至少和母亲一样显著，甚至更高。在义务教育体系下，每个县的期末考试，通常是由县政府教育部门统一组织出题，甚至统一组织改卷的，因此，每个县小学生的期末考试成绩应该有可比性。报告小学生的原始分数，可以让读者有个更直观的认识。如果是经过排序处理的测量结果，则遗失了这样的信息。

表4 父母的受教育程度与学生的成绩

单位：分

年级	语文			数学		
	2015	2016	2017	2015	2016	2017
父亲受教育程度						
小学	76.5	75.9	77.0	74.4	74.5	70.3
初中	79.3	78.9	80.0	77.2	77.6	74.0
高中	81.3	80.5	80.9	78.8	79.5	75.6
大专+	82.3	81.0	80.3	78.1	78.7	75.1
母亲受教育程度						
小学	77.6	77.0	78.2	74.9	75.3	71.7
初中	79.4	79.0	79.9	77.7	77.9	74.2
高中	81.2	80.1	80.6	78.8	79.1	74.6
大专+	79.6	79.3	79.4	75.1	76.9	73.2

资料来源：来自137个寄宿制学校调查数据。

以学生在本校本年级的排名来测量所处的百分位，是一种标准化测量。当把所有学生语文成绩或数学成绩在年级内排位时，其均值通常为50，经过这样的处理，可消除各种干扰因素的影响，使学生在同一个学校和同一个年级内，有一个相对位置。

表5报告了不同小学生的成绩百分位。与表4提供的信息相一致，父母受教育程度提高，能显著提高小学生在本校同一年级内所处的百分位。尤其

是在父亲为小学程度和初中程度之间，有一个约 5 个百分位的增长；母亲为小学文化程度和初中文化程度之间，有一个 2~4 个百分位的增长。那些自称父亲受过高等教育的小学生，无论是语文还是数学成绩，所处百分位都高于父亲为高中程度的同学，高出 1.2~3.8 个百分位；但自称母亲受过高等教育的同学，其语文成绩要比母亲为高中程度的同学，落后约 1 个分位，数学成绩则要落后 0.5~2.5 个百分位。

父亲受教育程度提高对小学生学习成绩的影响，百分位跨度达到 6~9 个分位，而母亲受教育程度提升则只提高了 0.8~3.2 个百分位。如果这个统计结果是可信的，则会使农村小学生的人力资本投资，呈现非典型性特征。

表5　父母受教育程度与小学生成绩

单位：百分位

年级	语文			数学		
	2015	2016	2017	2015	2016	2017
父亲受教育程度						
小学	44.8	45.0	45.0	45.6	45.5	45.5
初中	49.5	49.9	50.0	49.3	49.4	49.9
高中	49.6	50.0	50.2	50.2	51.1	51.1
大专+	53.4	51.2	51.5	53.2	52.4	52.3
母亲受教育程度						
小学	46.2	46.6	47.0	46.8	47.1	47.3
初中	49.6	50.0	49.7	49.4	49.6	50.0
高中	49.5	49.5	50.1	50.1	50.2	49.9
大专+	49.4	48.4	48.6	47.6	48.5	49.1

资料来源：来自 137 个寄宿制学校调查数据。

四　农村小学的师资状况

2001 年以来，政府对农村教育的投入快速增长[①]。根据课题组成员在

---

① 袁贵仁：《从农民办学走向政府办学——农村税费改革以来农村义务教育的发展与展望》，《中国财经报》2011 年 12 月 10 日，第 003 版。

2015~2017年的现场观察,发现农村寄宿制小学的教学楼、操场、图书馆,甚至住宿条件等硬件设施近年来都得到很大的改善,教师素质也在提高,接受了高等教育的青年教师所占比例,35岁以下者已经超过90%。但详细考察这些教师的学历,有本科学历者,只有48.4%;有大专学历者,占44.4%。农村学校教师的学历,很多是通过成人教育获得的,我们区分了刚开始从事教学工作时的学历,发现在所有的教师中,本科学历者不到21%;大专学历者不到35%,有44.3%的教师,初始学历为中专/中师/高中和更低的初中、小学。即使在那些25岁及以下刚从教的青年教师中,本科学历也只达到40.7%(见表6)。这样的受教育水平,与城镇教师的学历水平,存在显著的差距,教师不足和结构不合理的问题,仍然存在。

表6 农村寄宿制小学的师资状况

单位:%

年龄	初始学历			最高学历			总计
	本科	大专	中专及以下	本科	大专	中专及以下	
25岁及以下	40.7	54.7	4.6	48.2	50.3	1.5	11.5
26~34岁	38.2	54.1	7.7	71.6	27.5	0.9	39.3
35~44岁	3.7	22.9	73.4	52.5	43.0	4.5	22.4
45岁及以上	1.3	8.1	90.6	11.3	67.8	20.9	26.9
总计	20.8	34.9	44.3	48.4	44.4	7.2	100.0

资料来源:来自137个寄宿制学校调查数据。

Krueger在介绍1985~1986年研究小学生师比对学业成绩影响的一个实验项目时指出,在学前班到小学3年级,美国田纳西州的小学教师中,有硕士学位的比例已经达到38%[1]。2015年和2017年,在课题组调查的5709名教师中,只有4名教师的最高学历是"研究生",经过核实,都是"在职研究生"。没有一个教师是以"研究生"学历参加工作的。由于中国每年高校

---

[1] Krueger Alan B., 1999. "Experimental Estimates of Education Production Functions," *The Quarterly Journal of Economics*, Vol. 114, No. 2 (May), pp. 497-532.

毕业生中，本科生接近387万（2018年数据），硕士研究生超过60万人。可以招聘更多的高学历青年教师，补充到农村义务教育中。

在所有教师中，只有3/4的人有正式编制，其余的为"特岗教师"（14%）和"代课教师"（5%），这是农村小学的特殊情况。虽然我们会推断，缺少正式编制的"特岗教师"，体现了农村义务教育与城镇存在差距，但在调研过程中了解到，特岗教师通常是刚毕业的大学生，这些青年教师，能胜任英语、计算机、体音美等课程的教学，又熟悉网络的使用，受到农村小学校长和学生的欢迎。这些青年教师尽管尚未正式入职，却被寄予厚望，是改善农村小学教育质量的中坚力量。这也是政府为实现城乡教育服务的均等化而做出的制度性创新。然而，特岗教师的工资只有正式教师的2/3，尽管服务满三年可以转正，但月均工资不到2300元，很难吸引到真正优秀的大学毕业生。特岗教师主要来自师范院校的毕业生，其中，大专生仍然超过了一半。

农村青少年在人力资本投资过程中，学校和教师是重要的一个环节。按照价值增值假说，学校和教师环节上的不足，既会影响学生当期的学业，也会累积并影响到下一阶段的学业和非认知能力[①]。

五 学业与非认知能力

下面，我们在教育生产函数框架下，对学业成绩和非认知能力的影响因素做分析，从小学生的个人特征、家庭特征、学校特征，以及社区特征等方面，分析这些投入因素对学业和非认知能力的影响。本文着重从个体特征来分析不同因素对教育产出的影响。表7报告的回归结果中都控制了调查时间、年级和县固定效应。被解释变量为语文和数学成绩，第（1）和（2）列是原始分数，第（3）到（6）列则是语文和数学成绩在本校同年级内的

---

① Cunha Flavio, James J. Heckman, 2008. Formulating, Identifying and Estimating the Technology of Cognitive and Noncognitive Skill Formation. *The Journal of Human Resources*. XLIII. 4，pp. 738 – 782.

百分位。在模型设定时,我们在个人层面上进行聚类估计。

第(1)和(2)列报告的结果显示,语文成绩随着年龄增长呈现下降趋势;性别因素对语文成绩有显著的影响,女性要高出5.1分;但性别对数学成绩没有显著影响。身高,无论是对数学分数还是语文分数,都有显著为正的系数;体重对学习成绩的影响不是线性的,那些轻体重者和超重者,都意味着不健康,本报告进行分类处理,以体重正常者为控制组,轻体重者与超重者,都有负的系数,但对语文成绩的影响,在统计上不显著;轻体重对数学成绩有显著为负的影响。"住校"对语文和数学成绩都有显著为负的系数,要低0.68分和0.52分。父母外出务工,依外出方式的不同,对小学生学习成绩产生了不同的影响:父亲外出者,都显著降低了小学生的语文和数学成绩;母亲外出务工,对小学生成绩的影响更大,尤其是数学,下降了2分多;那些父母同时外出务工的小学生,学习成绩似乎没有受到负面影响:语文成绩还有提高,统计上显著;数学成绩有正的系数,但统计上不显著。

第(3)和(4)列报告了小学生语文和数学成绩所处百分位的变化。这时,年龄和性别的影响都显著增大了,年龄每提高一岁,语文和数学成绩会下降约3个和3.5个百分位;而男性在语文成绩上的百分位要落后12个百分位;在数学成绩上则有正的系数,但不显著。身高能显著提高语文和数学成绩,但系数似乎不太大,即使身高提高10厘米,也不过把语文和数学成绩提高约1个百分位。但体重过轻者,语文和数学成绩会下降1.4个和1.6个百分位;体重超重者,则下降了1个和1.2个百分位。住校生的成绩更低,语文和数学要比非住校生低1.1个和1.5个百分位。父亲外出务工,虽然有负的系数,但统计上都不显著;母亲外出务工者,语文和数学成绩,都要比控制组低1.3个和2.8个百分位。父母同时外出务工或经商的小学生,语文和数学成绩反而要高于控制组1和0.9个百分位。

第(5)和(6)列增加控制了父母的婚姻状况,被解释变量与第(3)和(4)列相同。我们关注的这些个人特征变量,估计系数和统计显著性,几乎没有什么变化。说明这些个人特征的系数是非常稳健的。

表7 不同因素对学习成绩的影响（被解释变量：分数或年级的百分位）

项目	语文 （1）	数学 （2）	语文 （3）	数学 （4）	语文 （5）	数学 （6）
年龄	-1.556	-2.586	-2.962	-3.499	-2.856	-3.388
	(0.141)	(0.189)	(0.251)	(0.259)	(0.251)	(0.259)
男性	-5.144	-0.091	-12.037	0.260	-12.027	0.261
	(0.184)	(0.255)	(0.360)	(0.377)	(0.360)	(0.376)
身高	0.066	0.069	0.115	0.103	0.114	0.103
	(0.016)	(0.021)	(0.029)	(0.030)	(0.029)	(0.030)
轻体重	-0.490	-1.102	-1.446	-1.564	-1.497	-1.617
	(0.349)	(0.488)	(0.698)	(0.715)	(0.698)	(0.715)
超重	-0.246	-0.323	-1.032	-1.198	-1.048	-1.215
	(0.199)	(0.270)	(0.387)	(0.406)	(0.387)	(0.405)
住校	-0.682	-0.518	-1.050	-1.546	-0.881	-1.372
	(0.181)	(0.253)	(0.363)	(0.381)	(0.363)	(0.381)
父亲外出务工	-0.423	-0.677	-0.485	-0.289	-0.268	-0.045
	(0.206)	(0.280)	(0.399)	(0.417)	(0.399)	(0.417)
母亲外出务工	-0.505	-2.007	-1.349	-2.777	-0.592	-1.977
	(0.399)	(0.575)	(0.807)	(0.853)	(0.810)	(0.855)
父母同时外出务工	0.401	0.154	1.019	0.936	1.089	1.028
	(0.188)	(0.276)	(0.401)	(0.417)	(0.400)	(0.416)
截距项	92.179	93.206	65.894	66.891	46.329	45.437
	(2.144)	(2.867)	(3.959)	(4.155)	(8.779)	(7.968)
观测值	51560	51548	51560	51548	51560	51548
R-sq	0.119	0.033	0.054	0.009	0.057	0.012

注释：第（1）和（2）列的被解释变量分别为语文和数学分数，控制了年级、调查时间和县固定效应；第（3）和（4）列被解释变量为语文和数学的校内同年级排名百分位，控制变量同（1）和（2）；第（5）和（6）列的被解释变量同（3）和（4）列，但增加控制了父母的婚姻状态，作为家庭因素。括号内为稳健标准差。

资料来源：来自137个寄宿制学校调查数据。

非认知能力是一个受到多个学科关注的重要概念，成为新人力资本理论的核心构成部分[1]。在经验层面，研究者会设计一系列的问题和选项，通过

---

[1] 周金燕：《非认知技能的概念及测量进展》，《全球教育展望》2020年第5期，第53~66页。

被测试者的回答来测量非认知能力①。我们在2015~2017年的三期调查中，都设计了同样的问题，每个分类的得分，都是由一系列题目得分汇总而来。在这里以5个分类指标的得分，作为测量心理健康状况的产出性结果。表8报告了各种可观测因素对这些得分的影响。抗逆力意味着从不利的冲击状态恢复过来，有人把这个词（Resilience）翻译为"坚韧性"。这个指标衡量一个人忍受挫折并从中恢复的能力。抗逆力得分越高，意味着心理承受能力越强。而自尊得分，则是对自己的自我认同。得分越高，越自信，心理越健康。抑郁得分、内化得分和外化得分，都是测量心理不健康的程度。

首先，从抗逆力的回归结果看，年龄增加了，这些小学生的抗逆力反而在显著下降，每提高一岁，会下降0.34个得分；与女生相比，男生则处于更不利的地位，比女生要低约1.5分；父母的婚姻遭遇冲击（母亲再婚除外）或父母去世时，对抗逆力有负的系数，但统计上不显著。身高对抗逆力有显著为正的系数；体重过轻，有显著为负的影响，体重超重则没有显著的影响。住校生有正的系数，但统计上不显著；父母外出务工，无论是父亲外出，还是母亲外出，都使小学生的抗逆力增加。根据经验，这种与父母的分别，会使小学生难过，想念父母，甚至在睡前哭泣，但既然与父母分开是一种长期状态，这些学生就必须自我调整，忍耐这种分隔状态并恢复正常。

其次，抑郁得分的提高意味着更差的心理健康水平。年龄增加，显著提高了抑郁得分，男性虽然有正的系数，但统计上不显著；父母的婚姻出现了冲击，或者父母去世，都让小学生的抑郁得分显著增加。身高越高，越能减轻抑郁得分，心理更健康；而体重的过轻或过重，分别有负的系数和正的系数，但统计上都不显著。住校生的抑郁得分，显著高于走读生，相差1.2分。父母外出务工，则显著提高了小学生的抑郁得分，无论是父亲外出，母亲外出，还是父母同时外出，与那些父母都不外出的同学相比，这些留守儿童的抑郁得分都显著提高。

---

① Leng, L. and Park, A. (2010). Parental Migration and Child Development in China (Working Paper). Gansu Survey of Children and Families. https://repository.upenn.edu/cgi/viewcontent.cgi?article=1023&context=gansu_papers.

再次，自尊代表着一种健康的心理状态。可以看出，年龄提高，小学生的自尊得分在显著下降；男性的自尊得分，显著低于女生；父母婚姻遭遇冲击或者父母有人去世，让小学生的自尊得分出现显著下降。身高对自尊得分有显著的正效应。体重过轻或过重，都有负的系数，但统计上不显著。父母外出务工对学生自尊的影响是不一致的：父亲外出有负的系数，父母同时外出，为正的系数，但统计上不显著；母亲外出则有显著为负的系数。

最后，内化行为问题和外化行为问题，是负面情绪的不同表达方式，但通常具有一致性[1]。内化行为问题包括焦虑、抑郁和退缩三个行为特征；外化行为问题包括破坏性行为、冲动、攻击性和过度活跃四个行为特征。在本文选择的解释变量中，对内化行为问题和外化行为问题的影响方向，大小与显著性上，几乎完全一致：年龄增加，显著提高了外化行为问题和内化行为问题得分；男性的内化行为得分和外化行为得分都显著提高，但在外化行为上表现得更显著：男性的外化行为得分比女性高出2分，即男性更容易向外释放愤怒情绪、冲动，表现出攻击性等。父母离婚，使小学生的内化行为和外化行为得分提高，即使父母再婚，也同样提高了得分；父母去世，与父母离婚一样，加深了小学生的心理危机。身高对内化行为和外化行为几乎没有影响，不仅系数较小，而且统计上不显著。体重过轻或过重，有正的系数，但统计上不显著。父母的外出务工，对内化行为与外化行为都有显著为正的影响，但从系数大小看，似乎更严重地影响了内化行为。

经济学者把心理健康视为新人力资本的重要内容并予以关注和测量，是近年来的事情。可以看出，这里面的情况较为复杂，不同的心理健康内容，与不同的人口特征之间，相关性是不同的。但经济学家认识到，这些处于不

---

[1] Achenbach TM, Edelbrock CS. 1978. "The Classification of Child Psychopathology: A Review and Analysis of Empirical Efforts." *Psychol Bull*. Nov; 85 (6): 1275 – 1301. PMID: 366649.
Dearing, E., McCartney, K., & Taylor, B. A. (2006). "Within-child Associations Between Family Income and Externalizing and Internalizing Problems." *Developmental Psychology*, 42 (2), 237 – 252.

利市场地位的青少年,如果无法在认知技能上与来自高收入家庭的同伴相竞争,那么,他们必须在非认知技能上得到必要的训练,以便将来参加劳动力市场后,能与高认知技能的伙伴,形成互补的知识技能,以便在同一个分工链条上,找到自己的位置①。否则,这些处于弱势地位的青少年,就会沦为真正的市场脆弱群体。

表8　非认知技能的影响因素分析

项目	抗逆力	抑郁	自尊	内化	外化
年龄	-0.340	0.666	-0.222	0.400	0.658
	(0.095)	(0.071)	(0.033)	(0.065)	(0.064)
男性	-1.495	0.085	-0.335	0.082	2.006
	(0.130)	(0.101)	(0.046)	(0.092)	(0.089)
父母离婚	-0.299	1.659	-0.435	0.835	0.953
	(0.260)	(0.206)	(0.093)	(0.180)	(0.186)
父亲再婚	-0.070	1.473	-0.293	0.790	1.019
	(0.430)	(0.327)	(0.150)	(0.296)	(0.290)
母亲再婚	0.070	1.685	-0.427	1.151	0.910
	(0.410)	(0.317)	(0.147)	(0.299)	(0.286)
父母去世	-0.285	1.352	-0.356	0.932	1.064
	(0.477)	(0.340)	(0.174)	(0.313)	(0.317)
身高	0.035	-0.022	0.018	0.006	0.011
	(0.011)	(0.008)	(0.004)	(0.008)	(0.007)
体重过轻	-0.579	-0.044	-0.038	0.092	0.137
	(0.269)	(0.197)	(0.091)	(0.183)	(0.176)
体重过重	0.089	0.067	-0.058	0.004	0.103
	(0.151)	(0.114)	(0.054)	(0.103)	(0.100)
住校生	0.224	1.216	-0.186	0.634	0.395
	(0.134)	(0.104)	(0.048)	(0.096)	(0.091)
父亲外出务工	0.502	0.723	-0.023	0.387	0.211
	(0.162)	(0.118)	(0.057)	(0.109)	(0.104)

---

① Cunha Flavio, James J. Heckman, 2008. "Formulating, Identifying and Estimating the Technology of Cognitive and Noncognitive Skill Formation." *The Journal of Human Resources*. XLIII. 4, pp. 738-782.

续表

	抗逆力	抑郁	自尊	内化	外化
母亲外出务工	0.510	0.924	-0.232	0.998	0.875
	(0.299)	(0.246)	(0.113)	(0.219)	(0.211)
父母皆外出务工	0.708	0.636	0.045	0.427	0.138
	(0.154)	(0.120)	(0.057)	(0.109)	(0.106)
截距项	106.448	17.728	15.484	30.413	20.258
	(1.508)	(1.138)	(0.523)	(1.047)	(1.014)
观测值	52670	52546	52982	52898	52888
R-sq	0.0152	0.0217	0.0736	0.0118	0.0315

资料来源：来自137个寄宿制学校调查数据。

六 影响学习成绩的其他因素

在农村寄宿制学校调研时发现，学校高度重视对学生手机的管理，不许手机进校园。校长和教师，对学生拥有手机是警惕的。因为很多智能手机，功能众多，容易让学生成瘾。然而，由于是寄宿制学校，留守儿童占比高，很多家长为了联系孩子方便，还是给孩子配置了手机。我们在调查问卷里，也设计了是否拥有手机等问题，初步发现，在2015年10月，我们的调查样本还在小学4年级和5年级时，只有6%的同学拥有手机，在2016年5月，这些学生仍然是4年级和5年级，但拥有手机的比例已经上升到29%；到2017年5月，这些学生分别进入小学5年级和6年级的下学期，这时，拥有手机的比例已经上升到了43.4%。我们从统计结果发现，一旦拥有了手机，这些学生的成绩就显著下降了。

2020年6月和9月，我们对这些已进入初中2年级和3年级的学生样本做了追访，虽然数据尚未出来，但从现场看问卷就能发现，很多学生会在周末玩手机，而抖音、快手、各种网络游戏，是学生访问最多、花费时间最长的项目。如果成年人使用手机都很少用于真正的阅读和重要信息查询，对青少年来说，限制智能手机的使用，就是一个重要的防范。

农村寄宿制小学里的校园霸凌现象。对寄宿制学生来说，校园是他们主要的生活与学习环境，如果存在校园霸凌，无论是主动霸凌了别人还是被别的同学霸凌了，他们都是受害者。被霸凌是受害者，很容易理解，为什么那些主动施暴的学生也是校园霸凌受害者呢？这些主动施暴的学生，通常在心理健康方面是高风险群体，他们缺少耐心，不会通过正当的方式表达诉求，用简单粗暴的方式解决问题，或许可以一时奏效，却会养成解决问题的习惯，随着年龄增长，很容易滑向违法犯罪的泥潭。

在转型过程中，有一个影响中小学生的学业，又容易被忽视的重要事实是农村家庭的稳定性：小学生父母在进城务工或经商的过程中，由于长期分离，对家庭的稳定性产生负面影响，一旦出现了离婚，那么，受到伤害最大的往往是这些还处于青少年时期的小学生。我们的三年样本里，有大约12%的样本，其父母经历了离婚，尽管一部分家庭，父母已经实现了再婚，但这些小学生的学业表现，明显不如那些家庭稳定的同学。农村的父母一旦出现了离婚，也更可能把孩子送到寄宿学校：在走读生中，父母经历了离婚或去世的比例，只有9%；而在寄宿生中，相应的比例却达到13.5%。社会学家早就指出了转型给农村家庭带来的负面影响，农村劳动力在追求城镇就业机会的时候，不仅家庭受到了冲击，而且，子女的学业也因此受到了负面影响。

表9报告的学习成绩为：那些父母为"在婚"的学生，学习所处的百分位，要高于所有学生的平均水平，而遭遇了父母婚姻冲击的小学生，无论父母处于离婚状态，还是处于一方再婚状态，小学生的学习成绩都显著低于平均水平。在学校内同一年级的各科排位中，相差5.7~6.1个分位。

表9 父母的婚姻状况与学业

单位：百分位

项目	语文			数学		
	2015年	2016年	2017年	2015年	2016年	2017年
在婚	49.0	49.1	49.1	49.2	49.2	49.5
离婚	43.7	42.4	43.1	43.4	43.1	43.5

续表

项目	语文			数学		
	2015年	2016年	2017年	2015年	2016年	2017年
父亲再婚	43.0	43.4	44.6	43.5	44.6	44.7
母亲再婚	45.0	48.5	48.7	44.8	45.3	44.5
丧偶	41.5	43.5	46.1	43.6	44.7	45.8
平均	48.4	48.5	48.5	48.5	48.6	48.8

资料来源：来自137个寄宿制学校调查数据。

七 对农村青少年人力资本投资的思考

在党的十九大上，中央政府提出了普及高中阶段教育的社会发展目标。1999年以来的高校扩招，使今天的适龄人口队列中，上大学的比例超过了一半，人们相信，政府和全社会对青少年人力资本投资力度的加大，也会帮助农村青少年，改变在市场上的弱势地位。然而，经验证据显示，与城镇的同伴相比，农村青少年的人力资本状况处于更不利的地位。城镇家庭不仅收入高、子女少，在竞争优质教育资源上更有利，而且，可以把选择的范围拓展到全世界。2018年，中国出国留学人数超过66万人，成为中国高等教育体系的一个重要补充。可以想见，与城镇同伴相比，无论是竞争国内的高等教育资源还是国际资源，农村青少年都是弱势群体。一些研究发现，尽管在大学的适龄队列中，农村人口占一半以上，但优秀大学里来自农村的比例在持续下降[1]。2012年以后，政府对此进行了干预，要求那些建设双一流的大学，必须拿出一定的名额优先支持中西部农村考生，才使得农村学生占比稳定在一个相对较低的比例上。

从优秀大学的生源结构变化可以看出，在市场竞争中，城镇家庭越来越占有优势。即使政府有意识地对农村家庭的孩子进行反向援助，农村孩子的

---

[1] 黄晓婷、关可心、熊光辉等：《"超级中学"公平与效率的实证研究——以K大学学生学业表现为例》，《教育学术月刊》2016年第5期，第32~37页。

不利地位仍然是无法改变的。社会分层，在农村青少年时代就已经开始了。当我们思考一些教育上的不平等时，几乎总会想到，给处于弱势地位的农村青少年增加投资，进行营养干预，甚至为他们优先招募年轻且受过高等教育的特岗教师。然而，在一个向城镇流动的大背景下，农村的中小学规模都在萎缩，留下的都是家庭背景和自身条件都处于弱势的学生。在这样的环境里，同伴效应，很可能是负面的相互影响。老师在组织课堂时，要花费更多的精力，教学效果也会更差。

这样的经验事实，通常是数据难以反映出来的。我们应该牢记一个事实：弱势群体，都是以具体的经验上的内容展示出来，而不是理论上或数据上的界定。中国各级政府都在为这些弱势群体而努力，以"一个不能少的"责任心，帮助他们。但在市场经济的环境下，我们总能体会到，这种帮助还不够有效。

今天，农村中小学的班级规模在缩小，因为农村劳动力在向城镇流动，这些青少年也同样随同父母进入城镇求学。班级规模缩小，不仅减弱了同伴效应，更可能是恶化了同伴效应。这是很多教育界人士，对超级中学痛心疾首且毫不妥协地进行反对的主要原因[1]。

八 结论与含义

中国已进入中高收入阶段，传统的增长动力逐渐消失，寻找增长新动能成为各级政府的关注点，从长期看，对青少年进行充分的人力资本投资，实现人尽其才，是应对各种挑战最可靠的手段。中国政府在不同的发展阶段，陆续实现了普及小学阶段教育，普及初中阶段教育，1999年以来，迅速扩大高等教育规模，在党的十九大上，又提出普及高中阶段的教育。对青少年进行大规模的人力资本投资，为中国经济的可持续增长积蓄动力，这个目标

---

[1] 杨东平、王帅：《从"衡中模式"看基础教育治理的困境与出路》，《清华大学教育研究》2018年第4期。第87~93页。

是正当的，但在实现目标的过程中，则会出现优胜者和失败者。优胜者会沉默，而失败者则会抱怨不公平。中国政府重视这种"公平感"，对那些无法选择出身的来自弱势家庭的青少年，设法进行帮助，尤其是在他们的青少年阶段，这是人力资本形成的最佳窗口期、敏感期，可帮助农村青少年更充分发展。

改革开放以来，农村义务阶段的教育，由政府和农民合办，逐渐演变为政府独立承担①。由于城乡家庭收入增加和对子女教育投资增加，各级教育内部出现了严重的分化：城镇富裕家庭更多投资于子女的教育，通过上超级中学——在各省主要集中在省城②，私立学校，竞争国内外优秀的大学；而大多数农村家庭很难参与这样的竞争，只能把孩子送入农村的中小学。这些农村中小学生与城镇同伴的差距逐渐拉大，他们会因学业不佳在初中阶段辍学，在面对普通高中与职业高中的选择时，因为普通高中指标有限，他们被迫接受了职业高中，在快速转型时期，职业高中的毕业生并未显示出适应市场方面的优势。这些农村小学生走向成年的过程，也是阶层分化的过程。

近年来，政府一直在积极推进公共服务的均等化，尤其要重视义务教育阶段的均等化：那些高收入家庭让孩子上私立学校、参加各种补习班，其对子女教育的投入远远多于农村学校的学生，因此，需要对农村学校进行特别的帮助：为小班额的农村中小学招募更多高学历的青年教师，提高教师的收入水平，以缩小与城镇学生实际投入的差距，帮助这些农村青少年健康成长，尽管他们中间的绝大多数人无法通过竞争而升入国内外的优秀大学，但要确保他们绝大多数能在未来劳动力市场上，成为有一技之长的合格劳动者，成为未来社会的守法公民。

---

① 袁贵仁：《从农民办学走向政府办学——农村税费改革以来农村义务教育的发展与展望》，《中国财经报》2011年12月10日，第003版。
② 郭丛斌、王家齐：《我国精英大学的生源究竟在何方——以A大学和B大学2013级生源为例》，《教育研究》2018年第12期。
黄晓婷、关可心、熊光辉等：《"超级中学"公平与效率的实证研究——以K大学学生学业表现为例》，《教育学术月刊》2016年第5期，第32~37页。

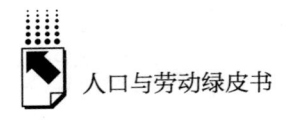

附录

附表1　全国青少年身高与体重信息

单位：厘米，公斤

年龄	2005年		2010年		2005年		2010年	
	女	男	女	男	女	男	女	男
8	128.3	129.5	129.4	130.7	25.7	27.5	26.5	28.5
9	133.8	134.4	135	135.8	28.7	30.4	29.7	31.8
10	139.8	139.3	141.3	140.9	32.5	33.9	33.8	35.5
11	146.1	144.7	147.2	146.2	36.9	37.5	38.2	39.6
12	150.8	150.6	152.2	152.4	40.6	41.7	42.3	44
13	154.9	157.9	156	159.9	44.7	46.7	46.2	49.4

附表2　不同性别与寄宿状况学生的成绩

单位：百分位

年份	语文		数学	
年级	女	男	女	男
不住校				
2015年	55.0	42.6	49.7	49.0
2016年	56.1	43.6	51.0	49.2
2017年	56.0	42.3	50.8	49.0
三年平均	55.7	42.9	50.5	49.1
住校				
2015年	54.0	42.2	47.5	48.5
2016年	53.6	41.9	47.3	48.2
2017年	54.7	41.7	48.5	48.1
三年平均	54.1	41.9	47.8	48.2

G.13
教育人力资本的测量与数据基础

牛建林*

摘　要： 教育作为人口文化素质和人力资本水平的重要反映，对各国人口与社会经济发展规划以及发展成果评估起着重要的作用。本章围绕教育人力资本的主要测量指标，以人口普查为例，梳理了中国近半个世纪以来主要教育指标的特征、内涵及其演变；并结合全国人口及劳动力教育发展状况与主要趋势，探讨了改进教育测量及其数据基础的方向。研究指出，近半个世纪以来，中国教育体系的发展变革也带来了教育测量和数据基础的历史性演变，教育指标内涵的变化和历时可比性成为教育人力资本统计和预测、跨时期比较研究效度的潜在障碍。研究认为，教育统计和调查在兼顾指标的延续性和兼容性的基础上，应当增加反映教育发展时代特征、内在规律和未来趋向的测度，提高教育指标对教育发展特征测量的敏感性。坚持指标设置的科学性和测量效率，在注重指标设计前瞻性的同时，尽可能地保障指标内涵的一致性和历时可比性，为教育人力资本研究及相关社会经济发展规划提供高质量的数据基础。

关键词： 人口普查　教育测度　历时演变　内在一致性　预测效度

---

* 牛建林，博士，中国社会科学院人口与劳动经济研究所研究员，研究方向为人力资本与人口统计。本研究是国家社会科学基金重大项目（16ZDA090）的阶段性研究成果。

教育指标是衡量人口文化素质和人力资本水平的重要工具，在各国人口与社会经济发展规划、预测决策中起着关键的作用。现代人口普查和多数抽样调查均收集教育数据，这些数据为及时了解教育发展状况、教育人力资本水平，全面评价社会经济发展成果和人类发展进程提供了重要的依据①。简言之，开展科学研究和社会发展规划离不开及时、有效、高质量的人口教育指标。在教育体系和制度不断发展变化的背景下，系统考察不同教育测度的特征、内涵及其潜在规律，对于理解和把握测量与研究的效度具有重要的理论及现实意义。

目前，关于教育测度的内涵及其指标稳定性的研究尚不多见。尽管近年来有研究讨论教育扩张对高等学历教育质量的潜在影响②，但很少有研究系统考察不同教育测度内涵的历时变化及其对指标测量效度的影响。鉴于此，本研究以人口普查数据为例，系统梳理近半个世纪以来中国主要人口教育测量的演变轨迹，在此基础上分析教育指标内涵的稳定性及其历时可比性。

一 中国人口普查中的教育测度及其演变

教育测度主要反映个体的教育活动、教育类型和最终教育获得等特征。近几十年来，世界各国人口普查中较为常用的教育测量包括识字情况或读写能力、受教育程度、在校状况、学业完成情况、最高学历所在专业等③，这些测度为了解目标人群中教育资本的存量、增量及结构特征提供了重要的数

---

① 不少国际通用的综合性指数均包含基本的人口教育测度，如人类发展指数（Human Development Index）、物质生活质量指数（Physical Quality of Life Index）、OECD 幸福指数（Better Life Index）等。
② 王平杰：《大学毕业生与农民工工资趋同问题研究》，华中师范大学硕士学位论文，2011；喻绍贤：《高校扩招与保证教育质量问题初探》，《教育探索》2003 年第 3 期，第 48 页。
③ 其中，受教育程度和在校状况在各国人口普查中最为常见；其他教育测度的使用情况不一而同。例如，近年来巴西（2000、2010 年）和印度（2009 年）人口普查仍收集关于"读写能力"的信息；韩国、新加坡等国的人口普查收集关于学业完成情况的信息；不少国家最新的人口普查收集了最高学历或高等学历所在专业的信息（如巴西、韩国、加拿大、美国、新加坡等）。

据基础。中国人口普查从 1964 年起开始收集教育信息①，1982 年开始形成相对标准和规范的教育测度，针对 6 岁及以上居民收集基本教育信息。表 1 展示了 1982 年以来中国人口普查数据中收集的教育测度的数量、内容和具体测量方式的历史沿革。

表 1　1982 年以来中国历次人口普查数据中教育测度的沿革

年份	变量数	变量名	类别数	类别赋值	目标人群
1982	1	文化程度	6	①大学毕业 ②大学肄业或在校 ③高中 ④初中 ⑤小学 ⑥不识字或识字很少	6 岁及以上
1990	2	文化程度	7	①不识字或识字很少 ②小学 ③初中 ④高中 ⑤中专 ⑥大学专科 ⑦大学本科	6 岁及以上
		在校情况	4	①在校 ②毕业 ③肄业 ④其他	6 岁及以上
2000	4	是否识字	2	①是 ②否	6 岁及以上
		受教育程度	9	①未上过学 ②扫盲班 ③小学 ④初中 ⑤高中 ⑥中专 ⑦大学专科 ⑧大学本科 ⑨研究生	6 岁及以上
		是否成人学历教育	2	①是 ②否	6 岁及以上
		学业完成情况	5	①在校 ②毕业 ③肄业 ④辍学 ⑤其他	6 岁及以上

---

① 中国人口普查从 1964 年开始收集教育信息。其中，1964 年的全国人口普查仅设置了一个教育测度，即"文化程度"；且采取开放式填答方式收集数据，未对填答人群进行明确界定。鉴于该年度的人口普查数据并未公布，本研究主要针对此后的人口普查进行梳理和分析。

续表

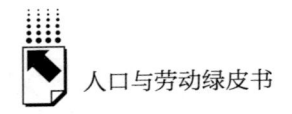

年份	变量数	变量名	类别数	类别赋值	目标人群
2010	3	是否识字	2	①是 ②否	6岁及以上
		受教育程度	7	①未上过学 ②小学 ③初中 ④高中 ⑤大学专科 ⑥大学本科 ⑦研究生	6岁及以上
		学业完成情况	5	①在校 ②毕业 ③肄业 ④辍学 ⑤其他	6岁及以上

资料来源：作者根据历次全国人口普查问卷整理而得。

由表1可见，过去几十年间，中国人口普查收集的教育测度的数量经历了先增加后减少的变化过程。1982年，第三次全国人口普查中教育测度的数量仅为1个；到1990年，相应测度的数量增加为2个；2000年人口普查首次采用长短表设计，在长表调查中教育测度数目增加到4个，达到历史最高。此后，受调查成本和实施难度的影响①，2010年全国人口普查的长表中教育测度的数量减少到3个。

从测量的内容来看，历次人口普查收集的教育信息也经历了先增加、后减少的转折。1982年全国人口普查使用的"文化程度"变量，涉及了三个方面的教育信息，即识字情况（是否识字）、受教育程度和在校状况。其中，在校状况仅针对大学阶段进行测量。由于测量的实际操作化方式过于综合，该测量未将大学阶段的不同在校状况"在校"与"肄业"加以区分。这一特殊测量方式在一定程度上适应了当时教育发展阶段的特殊需求。由于此前"文化大革命"导致高考制度和高等教育中断长达近十年，多个队列人口的教育经历受到冲击，其中既包括在校大学生"被迫"肄业，也包括适龄人群推迟进入大学的现象。这些外生性冲击决定了当时人口教育构成的特殊性，"大学肄业或在校"不仅是当时人口教育特征的重要组成部分，而且在特定队列中代表了最高教育水平。根据普查结果估计，1982年全国30

---

① 国务院人口普查办公室、国家统计局人口和就业统计司编《2010年人口普查方法研究》，中国统计出版社，2013。

岁及以上[1]有过高等教育经历的人群中，大学肄业或在校的比例接近 1/10（9.2%）。由于测度设计的特殊性，这一指标与后续人口普查中的教育指标兼容性较低，也在客观上限制了全面了解当时人口在校状况和教育活动特征的可能性。

1990 年，全国人口普查首次将"在校情况"与"文化程度"相分离，测量教育特征的不同方面。其中，"在校情况"的操作化方式进一步将"在校"和"肄业"等不同教育状态予以区分。这为了解各年龄人口教育活动的具体特征、预测中短期人口教育发展趋势、规划教育发展需求提供了重要的信息。根据 1990 年的普查结果，假定年龄别人口教育活动模式（或"在校率"）相对稳定，可以估算得出当时中国人口平均预期受教育年限约 8.6 年，接近于初中毕业水平。同一时期，男性的平均预期受教育年限（约 9.5 年）比女性（8.4 年）长一年左右。

除"在校情况"外，1990 年人口普查的另一个教育测度"文化程度"详细测量了教育水平。该测度在变量操作化过程中，首次将"中专""大学专科"等教育类别从相近的教育水平中区分出来，适应了当时中国教育体系设置不断细化、专科教育快速发展的时代特征。由普查结果可得，1990 年全国 16~60 岁人口中最高学历为"中专""大学专科"的比例分别为 2.3% 和 1.4%；相比之下，同一人群中最高学历为"大学本科及以上"的比重仅 0.9%。这些数据反映了 20 世纪后半叶中国工业化和社会经济发展对实用型人才（如专科等）需求增加，以及教育体系的相应变化，这与近代以来世界发达国家教育发展的一般规律相吻合[2]。这些教育测量无疑为当时教育人力资本研究和社会发展规划提供了必要的数据基础和依据。

到 2000 年，全国人口普查中教育测度的数量达到历史最高，测量的内容也更为丰富。与以往的人口普查相比，2000 年人口普查中教育测度的变

---

[1] 按照中国教育制度中关于学制年限的规定，相应年龄已超过正常的大学学龄。因而，30 岁及以上人口中大学肄业或在校者主要由上述"被迫"推迟或中断大学教育者组成，相应比例受年龄选择的主观性而导致的右删失效应很小，可以忽略不计。

[2] 张斌贤主编《外国教育史》第 2 版，教育科学出版社，2015。

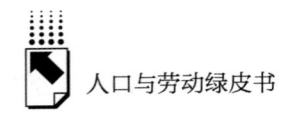

化主要表现在以下几个方面。

首先,"识字情况"首次从"文化程度"中分离出来,单独进行测量。

其次,"受教育程度"专门测量个人接受的最高正规教育。与以往普查相比,2000年人口普查对该变量的操作测量进一步细化,增加了"扫盲班"和"研究生"2个类别,以反映教育梯度两端具体教育经历的不同。这些调整为提高教育测量的精度和测量效率提供了条件,也便利了教育指标的国际比较。

最后,"学业完成情况"拓展了以往普查收集的"在校情况",不仅区分测量了个人最高学历的完成情况和在校状况,而且首次将"辍学"与其他学历完成情况相区别,单独进行测量。这一拓展为研究20世纪末以来全国各教育阶段辍学现象的发生情况及其变化趋势提供了重要的数据基础。

此外,为适应学历获得方式的演变以及成人教育机会的发展,2000年全国人口普查针对高中及以上学历收集了"是否成人学历教育"的信息。普查结果显示,2000年全国16~60岁人口中,成人学历在高中、中专、大学专科、大学本科学历中占比分别为5.8%、21.0%、45.2%和18.2%。这从一个侧面展现了成人教育方式在中、高等学历获得中的重要地位,为研究相应时期中国人口教育发展中继续教育、终身教育实践提供了重要的基础数据。

进入21世纪以来,受调查成本快速攀升和一系列调查实施困难的影响,2010年全国人口普查收集的教育测度数目减少为3个。与2000年相比,2010年普查中受教育程度的测量不再单独区分中专教育,也不再收集学历获得方式(是否为成人教育)的信息。这些变化在一定程度上与当时教育体系的结构性变化相关:20世纪90年代末以来,随着高等教育扩招,"中专热"、中等职业教育快速发展的黄金时期宣告结束①;与此同时,随着高等教育机会的增多,年轻队列中成人教育的需求和类型也面临新的变革②。

---

① 中国教育年鉴的统计结果显示,高级中等学校学生数中,中专学生的比重在20世纪最后二十年间呈持续上升趋势,由1980年的10.4%,上升到1985年的13.6%和1990年的17.0%,到1999年相应比重高达23.5%;不过此后,中专学历学生的比重开始转为下降。2000年中专学生的比重为21.6%,相应比重在2001年、2002年依次下降到19.2%和16.9%(《中国教育年鉴》,2003)。

② 李剑萍:《中国现代教育问题史论》,人民出版社,2005。

综上所述，过去近半个世纪中国人口普查对教育数据的收集、其测度的调整变化，大体上适应了教育体系和人口教育状况的阶段性发展特征。这些教育测度为分析和全面总结中国人口教育发展轨迹、进行教育及社会经济规划提供了高质量的数据，在教育资本及相关社会调查研究中，为抽样设计和调查数据的质量检验提供了重要参照。值得注意的是，教育测量的调整变化也为指标的延续性和历时可比性带来了不确定性，成为教育资本研究必须重视的研究议题。本章以下部分将分析中国历次人口普查中主要教育测度的特征与内涵，在此基础上检验其测量效度和历时稳定性。

二 人口教育测度及相关教育指标的内涵与应用

（一）识字情况与人口文盲率

如上文表1所示，1982年以来中国历次人口普查针对6岁及以上人口收集了识字情况信息，该测量是估计全国人口文盲率的主要数据基础。根据普查结果中年龄别的识字情况进行估算，1982年全国6岁及以上人口文盲率[1]约为32%，其中女性文盲率（43.8%）约相当于男性（20.6%）的两倍。到2010年，相应年龄段人口文盲率已下降到5%左右，男女两性均低于10%。对比各时期不同队列的文盲率可见，20世纪70年代以后出生的队列[2]中，男性的文盲比例持续低于1%，女性的相应比例也已降到5%以下（见图1）。

这些数据表明，过去几十年来中国人口文盲率下降很快，目前已降到很低的水平。文盲率的下降，一方面，源于基础教育普及带来的（年轻队列中）

---

[1] 常用的人口文盲率针对15岁及以上人口进行计算。本研究出于对比各时期、不同队列文盲人口的特征及其变化的需要，对不同年龄段（6岁及以上、10岁及以上等）分别计算了文盲率，以拓展对相应教育指标的对比与联系。

[2] 例如，1975年及此后的出生队列在图1中分别对应于1990年普查时15岁及以下人口、2000年普查时25岁及以下人口和2010年普查时35岁及以下人口；其余以此类推。

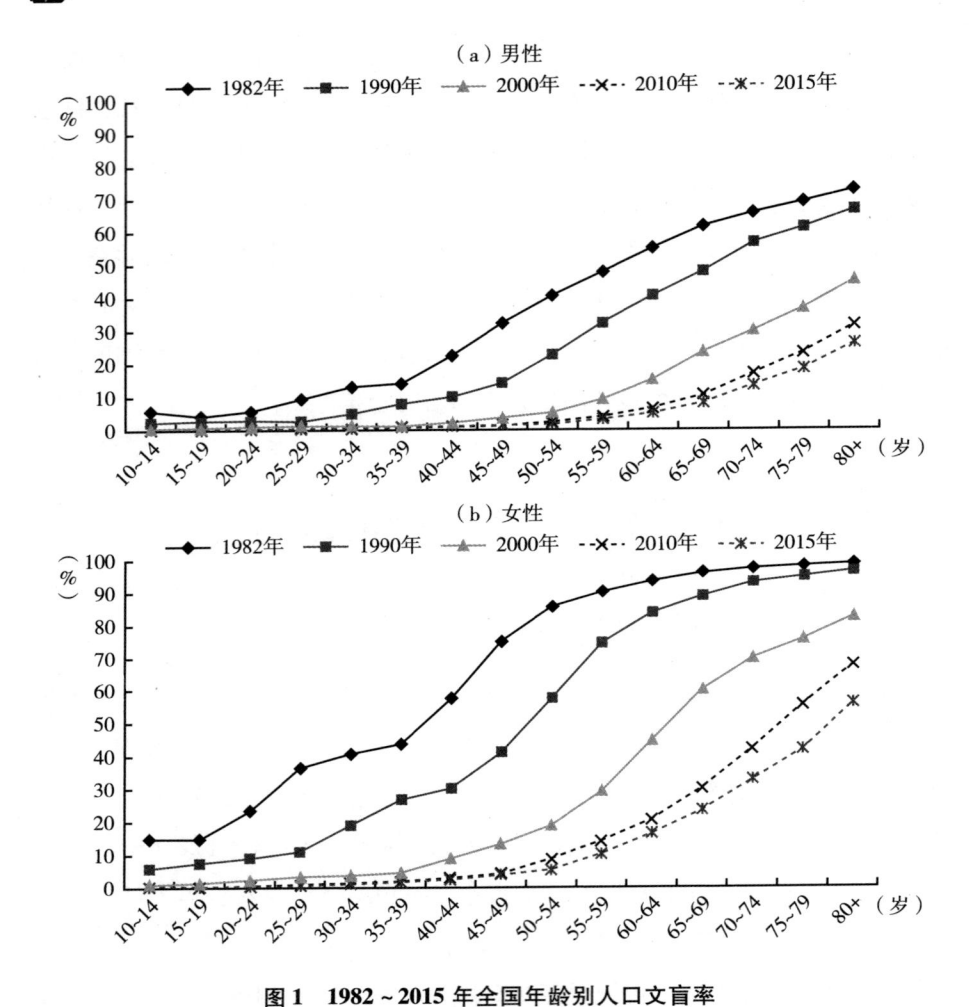

图 1　1982～2015 年全国年龄别人口文盲率

资料来源：作者根据 1982、1990、2000、2010 年全国人口普查和 2015 年全国 1% 人口抽样调查微观数据计算而得。

新增文盲人口的减少，另一方面，较早出生队列中文盲人口的高退出概率（通过接受成人教育、扫盲班或其他选择性退出机制，如较高的死亡风险[①]）也在客观上加速了人口文盲率的下降。到目前为止，文盲率对我国人口教育

---

① Lleras-Muney, Adriana. (2005). "The Relationship Between Education and Adult Mortality in the United States," *Review of Economic Studies*. 72: 189 – 221.

发展状况的指示作用已相当有限。现存文盲人口主要由较早出生队列中未接受过教育的人组成，这是半个多世纪以前人口教育发展状况低下的遗留影响，这些历史性印记将在队列推移和继续教育发展过程中逐步消弭。

（二）受教育程度与平均教育年限

"受教育程度"是各国人口普查和社会抽样调查中最为常用的教育测度。通常，该测度按照教育体系中的等级梯度进行分类测量，典型的操作化方式是区分"小学""初中""高中""大专"等不同阶段的教育获得，反映教育水平的梯度性差异。与其他单个的教育指标相比，"受教育程度"能够提供较为详细的人口教育水平和结构信息，对教育发展进程具有较好的测量效率。

根据中国历次人口普查结果，1982年全国6岁及以上人口中受教育程度为小学、初中、高中及以上的比重分别约40%、20%和8.2%，未上过学的人口占比约21.8%。与男性相比，女性中各级教育程度的占比均明显更低，未上过学的比重（43.7%）则明显较高（男性20.5%）（见图2）。到2010年，全国6岁及以上人口中受教育程度为小学、初中、高中及以上的比例分别为29%、41%和24.3%；除小学及以下学历占比下降外，其余各级受教育程度的人口占比均明显上升。高等教育人口占比由1982年的1%以下，上升到2010年的10%左右。这一过程中，教育程度的性别差距快速缩小。

"受教育程度"的分类测量属性意味着，该指标不宜进行逻辑比较以外的数学运算，在实际应用中难以使用少量参数对变量分布进行高效的统计描述，这在一定程度上限制了使用该测度直接进行多维复杂的比较研究。鉴于此，学术界常常使用二次赋值的方法对受教育程度进行转化。一种常见的转化方法是，对受教育程度的初始分类进行合并，或选取个别教育类别进行对比分析。例如，不少发达国家使用"大专及以上"人口比重衡量人口教育的发展状况。相应简化测量不可避免地会带来信息损失。不过，对于教育发展程度较高、基础教育及中等教育已高度普及的人口而言，相应转化在简化

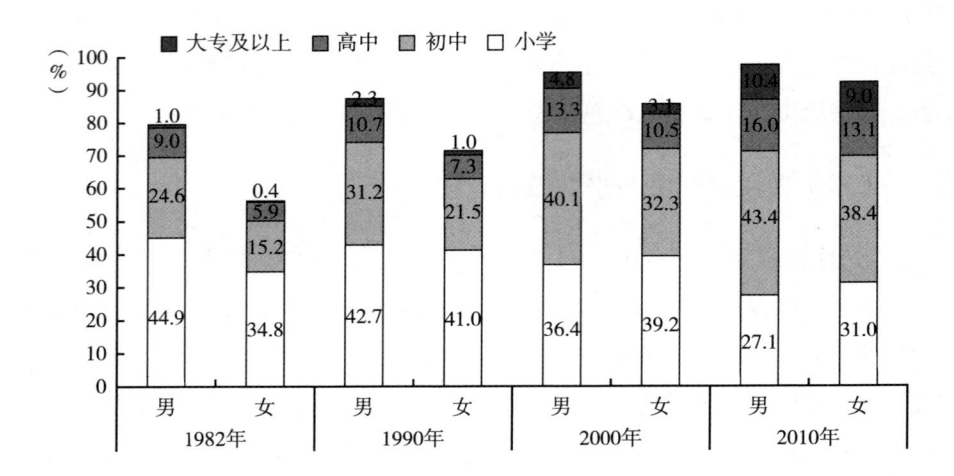

图2 1982～2010年全国6岁及以上人口的受教育程度

资料来源：作者根据1982、1990、2000、2010年全国人口普查微观数据计算而得。

指标信息的同时，仍能较为高效地揭示教育发展的关键特征。因而，相应指标成为一种较为常见的简化测量。中国历次人口普查结果显示，1990年以前全国25岁及以上①人口中"大专及以上"学历人口的比重持续低于3%；直至世纪之交，相应比例才出现较为快速的上升。2010年全国大专及以上人口比重上升到8.8%，男女分别为10.0%和7.5%（见图3）。

另一种常见的转化方式是，将"受教育程度"按照不同学历对应的学制年限标准进行加权，由此转化为标准化的"受教育年限"。需要说明的是，这种标准化赋值转化所得的受教育年限可能偏离实际受教育年限。产生偏离的原因包括：（1）学制设置存在地区差异，也可能随时间变化②。上述转化方式要求使用同一学制标准进行赋值，以保证转化结果的可比性；因

---

① 为了尽可能降低因教育经历不完整统计而导致的估计偏差，通常使用25岁及以上人口中"大专及以上"学历的人口比重进行对比分析。

② 苏云峰：《中国新教育的萌芽与成长（1860～1928）》，北京大学出版社，2007；孙培青主编《中国教育史》（第三版），华东师范大学出版社，2009。

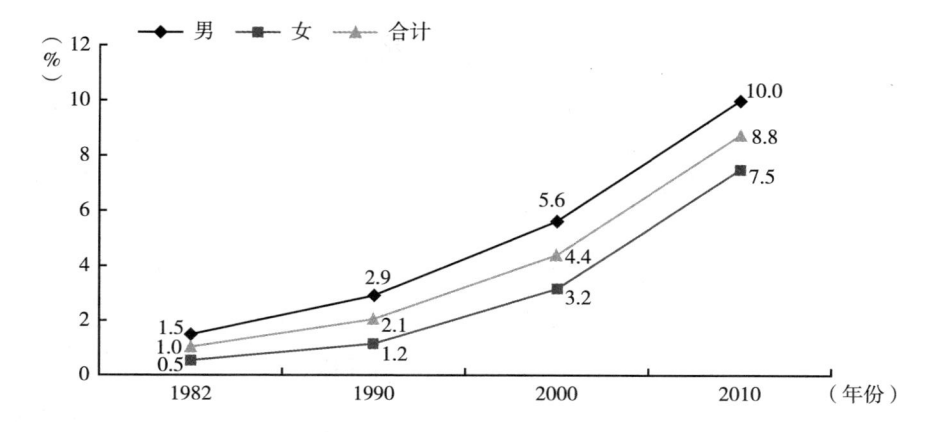

图 3　1982～2010 年全国 25 岁及以上人口中接受过大专及以上教育的比例

资料来源：作者根据 1982、1990、2000、2010 年全国人口普查微观数据计算而得。

此，转化标准有可能区别于目标人口实际适用的学制年限规定①，导致不同地区、不同队列中同学历者的实际受教育年限呈现系统差异。（2）任一时期，个人层次的教育活动轨迹可能存在差异，甚至偏离其实际适用的学制标准。"留级""复读""跳级"等现象的客观存在意味着，使用任一学制标准重构"受教育年限"均可能偏离个人的实际教育年限。由此可见，使用标准化赋值产生的受教育年限可能不同于微观调查收集的个人实际教育年限，前者主要反映最终教育水平，后者则往往能够为个人的实际教育经历、学业表现和教育投入（如时间、相关教育资源）提供更为丰富的信息。在教育人力资本研究中，常见的基于受教育程度间接推断工作年限的做法（年龄－6－标准化教育年限）中，可能因标准化转化对个体异质性的掩盖进一步导致工作经验的估计偏差。此外，这些转化方式的一般有效性，有赖于目标人群适用的教育体系中不同学历水平（或受教育程度）对人力资本测量的可比性和内在一致性。这也是一些移民国家在人口普查中收集个人最高学历获得地信息的部分原因，相应信息对受教育程度数据的比较和标准化极为重要。

---

① 新中国成立以来，教育体系中适用的学制标准经历了一系列演变，以小学阶段教育为例，"六年制"和"五年一贯制"曾在不同时期、不同范围内适用（孙培青，2009）。

（三）在校情况、继续教育与平均预期受教育年限

普查数据中"在校情况"的测量是了解人口教育活动及其年龄模式的数据基础，为中短期人口教育发展预测提供了重要依据。在教育体系相对稳定的情况下，假设各年龄人口的教育活动模式（或年龄别在校率）保持不变，可以估算人口（假想队列）的平均预期受教育年限。使用中国历次人口普查结果进行估算，1990~2015年间，中国人口6岁时平均预期受教育年限增长了近6年，15岁时的平均预期受教育年限增长了约3年（见图4）。这一过程中，男女两性平均预期受教育年限的差距渐趋消失。这些数据反映了近30年来年轻队列教育活动不断普及和延长的现实。值得注意的是：（1）平均预期受教育年限是以年龄别人口教育活动模式相对稳定为前提假定，现实中教育体系的非稳定状态可能导致该指标对人口教育发展的估计出现系统性偏差。在教育体系快速扩张的情形下，基于年龄别教育活动模式稳定的假设计算得到的平均预期受教育年限可能低估人口的实际预期受教育年限；反之，亦然。（2）平均预期受教育年限是总量教育指标，适用于对总人口或特定人群的教育发展状况进行描述，但该指标并不对应于现实中任意个人的实际教育活动预期。

除测算人口平均预期受教育年限外，"在校情况"也为了解人口的继续教育和终身教育特征提供了机会。例如，图4中15岁时的人口平均预期受教育年限在一定程度上反映劳动年龄人口的教育活动和教育资本积累状况。由普查结果可得，1982年中国人口在15岁时平均预期将继续接受1.2年的正规教育①，其中男性预期继续接受教育的年限（1.5年）略高于女性（约0.9年）。到2010年时，相应预期平均继续接受教育的年限上升到3.8年，男女两性的差距不再显著。此后，女性劳动年龄人口预期继续接受教育的年限开始超过男性。劳动年龄人口的继续教育状况，不仅与劳动

---

① 为了比较的需要，此处使用1982年全国人口普查对劳动年龄人口收集的"不在业人口状况"信息中提取在校特征；该变量的初始选项包括：1"在校学生"、2"家务劳动"、3"待升学"、4"待国家统一分配"、5"市镇待业"、6"退休退职"和7"其他"。

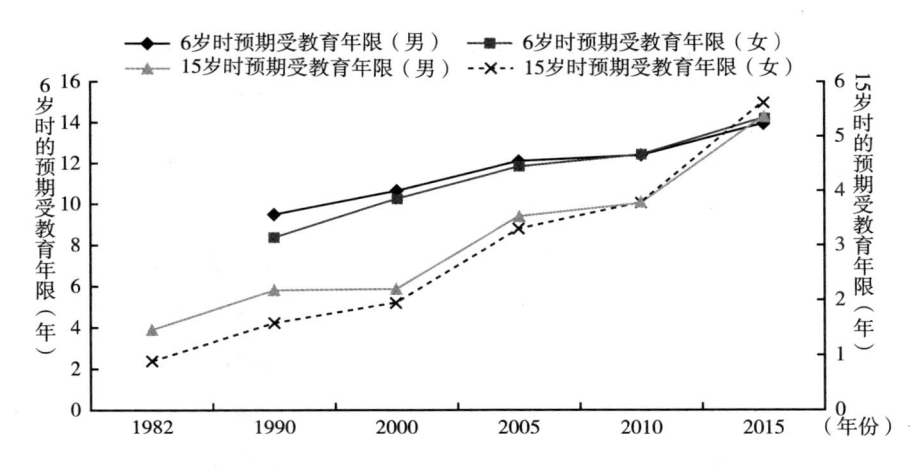

图 4 1982～2015 年全国人口平均预期受教育年限

资料来源：作者根据 1982、1990、2000、2010 年全国人口普查和 2015 年全国 1% 人口抽样调查微观数据计算而得。

参与特征有关，而且直接关系着劳动力的人力资本积累和可持续发展前景。

（四）教育获得方式和终身教育

除上述测度外，教育获得方式（如普通教育、成人教育或在职教育等）也从一个侧面反映了人口教育的发展特征。不过，到目前为止，中国人口普查仅在 2000 年针对高中及以上学历收集了学历获得方式（是否为成人教育）的信息。普查结果显示，2000 年，中国 60 岁及以下拥有高等教育（大专及以上学历）的人口中，超过 1/3 的人是通过成人教育获得相应学历的；其中，36～50 岁（1950～1964 年出生）人口中相应比例超过一半，21～35 岁人口中相应比例也超过 1/3。这些数据结果在一定程度上展示了终身教育理念的实践情况，也印证了不同教育方式在人口教育发展中的现实重要性。

值得注意的是，不同学历获得方式可能隐含教育质量和结果的异质性，进而影响教育测度的内在一致性。因此，使用受教育程度等指标进行分析和统计推断时，应当关注学历获得方式的差异及其对分析结果的可能影响。这

是关系教育人力资本研究成果科学性的现实问题。鉴于此,在全国人口普查中设计和收集教育获得方式的数据,不仅是了解终身教育发展状况、在人口年龄结构老化背景下推动教育人力资本持续发展的必然要求,而且对开展教育科学研究具有重要的理论价值。

三 教育指标的历时稳定性和内在一致性

如上文所述,中国历次人口普查中教育测度的调整和变化,为教育测度内涵的稳定性和历时可比性增加了不确定性。为了系统地检验过去几十年间中国教育测度与主要教育指标的稳定性,本研究选取最常用的教育测度"受教育程度",从指标的预测效度出发,分析指标内涵的历时稳定性和内在一致性。

现代人力资本理论指出,教育作为人力资本的核心要素,在很大程度上影响个人从事社会经济活动的能力和机会,并由此决定个人职业地位的获得。基于教育人力资本与个人社会经济地位的重要关系,本研究对1982年以来中国历次人口普查时在业人口的职业情况计算了标准化的国际社会经济地位指数(ISEI)[1],以此来检验各时期"受教育程度"(对ISEI)的预测效度及其稳定性。在此基础上,探讨过去几十年来教育体系变革和教育快速扩张的背景下主要教育测度内涵的内在一致性。

国际社会经济地位指数(ISEI)是在国际标准化职业分类和标准化教育、收入指标的基础上拟合生成的综合指数,用以衡量不同职业对应的社会经济地位,指标的测量效度和信度已在以往研究中反复检验和论证,并明确了该指标与教育之间高度稳健的关系[2]。目前,该指标已广泛应用于各国的

---

[1] Ganzeboom, Harry B. G. and Donald J. Treiman. (1996). "Internationally Comparable Measures of Occupational Status for the 1988 International Standard Classification of Occupations."。*Social Science Research* 25 (3): 201~239.

[2] 如:Hauser, Robert M. and John Robert Warren. (1997). "Socioeconomic Indexes of Occupational status: A Review, Update, and Critique." In *Sociological Methodology*, edited by Adrian Raftery. Cambridge: Blackwell. pp.: 177-298;许欣欣:《从职业评价与择业取向看中国社会结构变迁》,《社会学研究》2000年第3期,第67~85页。

经验研究[①]。图5针对中国历次人口普查时16~60岁男女两性在业人员，区分年龄展示了受教育程度与社会经济地位指数（ISEI）平均得分的相依关系。

（1）20世纪八九十年代，受教育程度的预测效度相对稳定

图5显示，1982~1990年，各学历在业者的平均社会经济地位指数保持高度稳定。初中及以下学历者的ISEI得分在50左右，且随年龄变化不大；高中学历对应的ISEI得分在低龄组与初中及以下学历者相近，随着年龄的推移，其ISEI得分呈现一定的增长趋势。大专及以上学历在业者的ISEI平均得分明显高于其他学历在业者，1982~1990年其ISEI得分在各年龄组中均保持在60~70，呈现较高的稳定性。

这些数据表明，20世纪八九十年代，教育测度具有稳定的预测效度。这与相应时期教育体系的结构及其发展相对平稳有关。除此之外，计划经济时期相对稳定的职业体系和就业分配制度也在客观上强化教育指标预测效度的稳定性。

（2）20世纪末以来，中等教育及以下学历对应的ISEI得分大幅下降；中等教育与其他教育程度在业者的职业地位差距不断变化

与1982年和1990年人口普查时各学历对应的ISEI相对稳定的情形相区别，2000年以来，随着在就业环节市场机制开始发挥主导作用，"受教育程度"与平均职业地位的关系强化（见图5）。总体而言，高中及以下各学历对应的ISEI得分大幅下降，学历越低，相应在业者的ISEI平均得分下降幅度越大。2000年和2010年普查时未上过学、小学、初中学历在业者的ISEI平均得分已降到30左右，比1990年低40%。高中学历在业人口的ISEI平均得分也下降20%左右，且相应下降趋势在年轻队列中更为明显。

---

① 国内研究关于该指标的应用可参见李春玲《当代中国社会的声望分层——职业声望与社会经济地位指数测量》，《社会学研究》2005年第2期，第74~102页；李强《"丁字型"社会结构与"结构紧张"》，《社会学研究》2005年第2期，第55~73页等；关于指标的具体介绍可参见Ganzeboom, Harry B. G. and Donald J. Treiman. 1996. "Internationally comparable measures of occupational status for the 1988 international standard classification of occupations" [J]. *Social Science Research* 25 (3): 201-239。

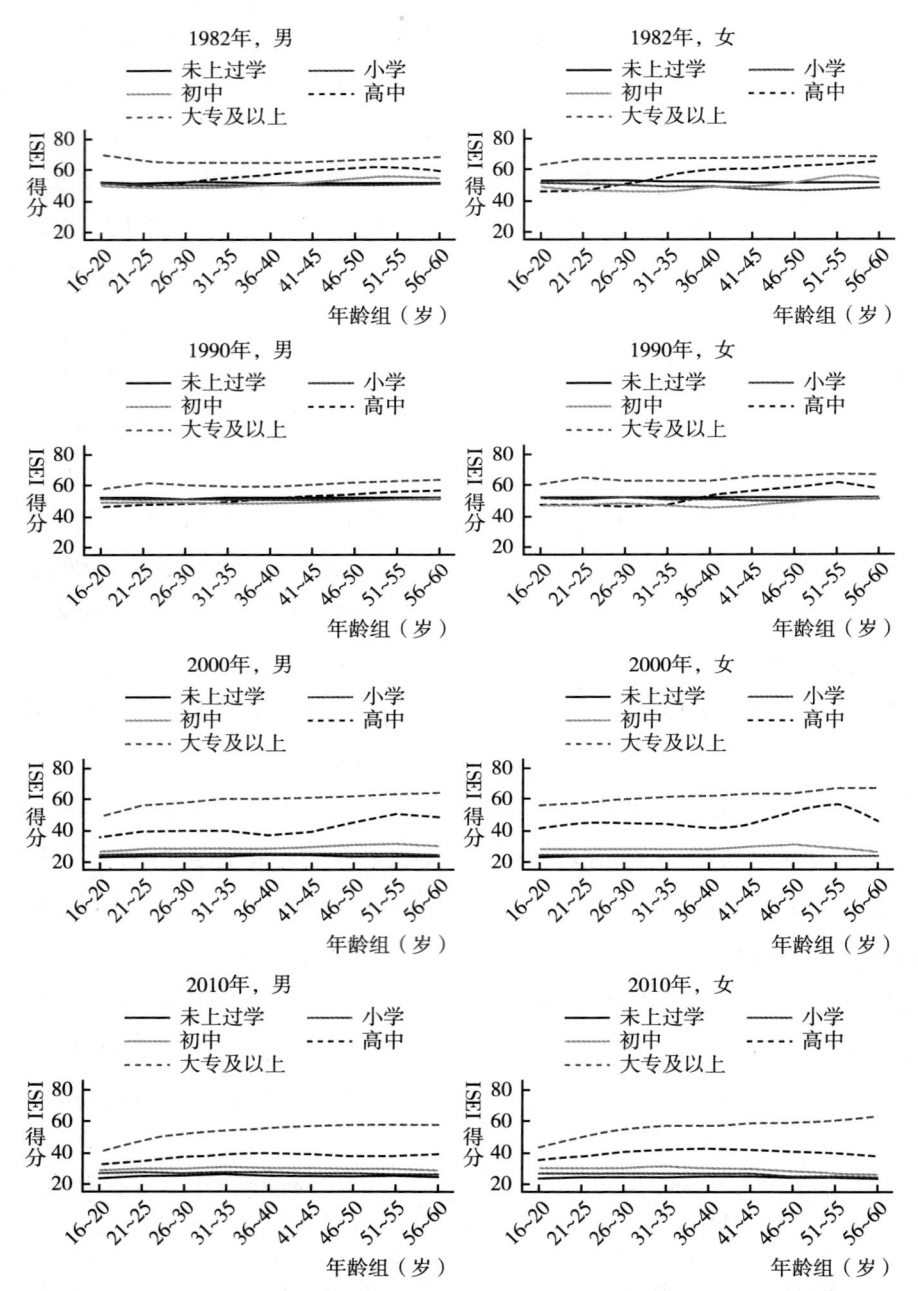

图5　1982~2010年全国16~60岁在业人口的年龄别、教育程度别ISEI平均得分

资料来源：作者根据1982、1990、2000、2010年全国人口普查微观数据计算而得。

到 2010 年，高中学历在业者的 ISEI 平均得分在各年龄组均已降到 40 左右，男性下降幅度略大于女性。随着各学历在业者 ISEI 得分的普遍下降，不同学历在业者的平均社会经济地位开始呈现更为清晰的梯度差异。2010 年，各年龄在业人口中未上过学者对应的 ISEI 平均得分最低，其次为小学学历者，初中学历者紧随其后。

尽管高中学历者的 ISEI 平均得分高于其他低学历在业者，但其相对优势已随时间推移明显缩小。与此同时，高中学历在业者相对于高等学历在业者职业地位的相对劣势随时间推移不断拉大。这些数据表明，20 世纪末以来中国教育，特别是高等教育的快速扩张，可能对不同受教育程度对应的人力资本内涵产生了影响，这些影响可能包括：（1）伴随着大规模的教育扩张，各教育阶段的入学机会增加，教育体系内部的筛选机制可能弱化。在培养机制未出现显著改善的情况下，教育体系内部筛选机制的弱化往往会导致各学历对应的平均人力资本水平下降。（2）在教育发展和扩张过程中，涌现了不同方式、不同种类的教育；各学历对应的教育特征和人力资本质量内在异质性增大，导致原有教育测量的内在构成发生重要变化，其测量效度和效率因此下降。（3）教育发展与社会经济发展需求的协同性，也可能影响教育指标的预测效度。

（3）各时期高等教育获得者的 ISEI 指数相对稳定

与其他学历相比，各时期大专及以上学历对应的 ISEI 得分变化幅度总体较小。这可能反映了高等教育人群规模增加和结构变化的综合效应。随着高等教育的扩张，一方面，大专及以上学历者的规模大幅增加，另一方面，该学历人群的异质性也进一步增大。由于高等教育人群包含了大专及以上各学历获得者，其中既包含直接受益于教育体系选择性下降、教育方式多样化的高等学历获得者，也包含在教育扩张过程中得以进一步提高教育水平的高学历人群，如研究生学历者。选择性下降效应和教育结构升级效应并存，其综合作用的结果是，2000 年后中国大专及以上学历在业者的 ISEI 平均得分基本保持稳定。这一结果也表明，随着高等学历内部异质性的上升，教育测度的设计需要针对相应学历进一步细化测量，以更好地服务科

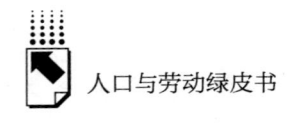

学研究和预测决策。

综上所述，过去迈半个世纪里，中国人口和社会经济各领域经历了快速转型与变革。教育体系和人口教育状况的巨大变化，对教育指标的时代特征、内涵及其历时稳定性产生了不可忽视的影响。正视教育指标和测量的历时可比性，不仅是完善和发展教育指标体系及数据基础的要求，也是进行科学的教育人力资本研究，为相关发展规划、预测决策提供有效依据的必要前提。

四 主要结论与政策建议

本文通过梳理过去近半个世纪以来中国人口普查中教育测度的设置及其历史沿革，结合主要教育指标的内涵分析了教育测度的历时稳定性、预测效度与测量效率。主要研究结论如下。

第一，人口普查作为人口教育测量的重要数据基础，在过去近半个世纪内，其测量的内容和信息丰富程度经历了先增后减的变化趋势。总体而言，前期教育测度的调整变化基本适应教育体系和教育状况的阶段性发展特征。在此基础上，不断标准化、规范化，向国际教育测量相接轨。例如，1990年、2000年的人口普查增加了对中、高等专科学历信息的收集，这一调整适应了20世纪八九十年代中国工业化快速发展对实用型人才需求的时代特征，为相应时期教育发展状况的研究和规划提供了依据。类似地，2000年人口普查收集了教育获得方式的信息，为了解和规划教育方式多元化发展创造了条件，也适应了教育发展过程中教育方式多样化的一般规律。

第二，2000年以后，人口普查中教育测量的调整以简化信息收集为特征，这一简化调整的过程在客观上带来了教育测度难以有效反映人口教育发展时代特征的弊端。世界范围内人口教育发展的一般规律表明，教育发展与社会经济发展动态协调，在不同的社会经济发展阶段，教育发展呈现不同的时代特征。例如，在快速工业化阶段，经济发展状况决定了教育的发展以专科教育、实用型人才培养为典型特征；随着社会经济现代化的推进，人口教育发展转向重质量、以科学研究和创新为基本趋向的新阶段。在当前社会经济现代化、科学技术日益创新的背景下，人口教育测量的调整应当注重反映对教育质量和创新能力的测量。2010年的人口普查在淡化专科教育信息测量的同时，并没有强化教育质量的测量。同时，由于此次调整删减了教育获得方式，导致教育数据无法反映教育方式多样化的一般趋势；各教育测度的内在异质性增加，在一定程度上损害了教育测度内涵的一致性和测量效度。

第三，部分目前沿用的教育测度实际测量效率已很低，难以适应人口教育发展的需求。以识字情况为例，中国现有的文盲人口指标主要使用个人"是否识字"来衡量。随着人口教育的发展，该变量在测量过程中呈现越来越明显的局限性：一方面，"是否识字"的测量敏感性已降到很低的水平，在一定程度上该测度已失去其统计和研究的价值。另一方面，"是否识字"的内涵过于狭隘，难以与国际通用的"文盲"界定标准或读写能力测量相对接，这也限制了使用该信息进行国际比较的有效性。事实上，世界范围内不少发达国家在基础教育普及后，人口普查已不再单独收集关于读写能力的教育信息。

第四，世纪之交以来，中国人口教育水平和结构发生了重要的变化，各学历的内涵也在改变，这可能意味着原有教育指标的预测效度下降。

基于上述研究结论，本文提出如下建议：首先，全国人口普查对教育指标的设计应当重视和遵循教育发展的一般规律，注重反映教育发展的时代特征。这就要求教育测度的设置应当具有一定的前瞻性，适应教育发展的时代特征，关注教育质量和教育方式的发展变化，以更好地为社会规划、预测与决策服务。

其次，教育测度的调整应当注重指标的延续性和兼容性。由于教育在不断发展，在一定意义上教育测度的调整不可避免。这就要求各时期教育测度的设置不仅要与时俱进，也要保持一定的延续性和兼容性。这是开展（跨期/跨国）比较研究、进行科学预测和决策的基本要求，也对及时了解人口教育发展状况及其趋向具有重要的现实意义。

再次，在日益严峻的成本约束和调查实施困难等形势下，全国人口普查

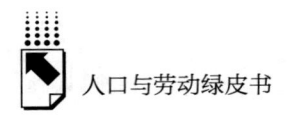

对教育测度的简化应当以删减测量效率低下、不再适用于人口教育发展阶段特征的指标为切入点。

最后,人口普查对教育测度的设计和调整,应当在科学研究和评估的基础上,准确阐释不同人口教育指标的实际含义和适用范围,以促进教育测量的正确、科学使用,保证研究结果科学有效。

经济发展篇

Economical Development

G.14
经济高质量发展对人力资本的新要求与应对之策

程 杰*

摘 要： 经济高质量发展根本上取决于生产率的持续提升，关键要依赖于人力资本水平的不断积累。从长期来看，人力资本是经济增长的"永动机"，但人力资本的"追赶"要比经济增长更具挑战，过去五十年以来发展中国家与发达国家之间的人力资本水平始终存在较大差距，收敛步伐较为缓慢。经济高质量发展阶段赋予人力资本新内涵：一是健康、教育和培训成为人力资本投资的主要方式，尤其是健康投资在人力资本提升中扮演更为重要角色。二是高等教育和教育质量成为教育发展和人力资本积累的关键内容。三是终身教育体系（包

---

* 程杰，中国社会科学院人口与劳动经济研究所副研究员，研究领域为社会保障与就业。

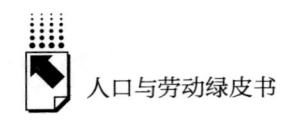

括在职培训和成人教育、中老年教育）成为人力资本积累的新任务。四是人力资本投资与物质资本投资之间的关联性更强。人力资本发展要着眼于全生命周期，通过构建与经济发展阶段相适应的人力资源体系，推动终生学习计划，加快要素市场改革，稳定并提高人力资本回报。

关键词： 经济高质量发展　人力资本　人力资源体系

中国正处在人口与经济转变的关键时期，人口老龄化速度之快世界少有，经济从高速增长转向高质量发展的"缓冲期"较短。长期支撑中国经济高速增长和产业竞争力的"人口红利"与劳动力成本优势逐渐消失，经济转型成功的关键在于生产率尤其是劳动生产率的不断提高，这很大程度上依赖于人力资本水平的持续提升。习近平总书记指出，"发展是第一要务，人才是第一资源，创新是第一动力"。新时期人力资本被赋予更丰富的内涵，开发人力资源，挖掘二次"人口红利"，促进人力资本积累，完善人力资源体系，是实现经济高质量发展、积极应对人口老龄化的长期之策，更是国家发展和民族复兴的必然选择。

一　人力资本是经济增长的"永动机"

人力资本理论和现代经济发展的经验表明，人力资本在经济增长中持续发挥着重要作用。教育发展和人力资本投资为一些经济体的经济起飞奠定关键基础，经济进入发达阶段之后，经济增长趋于放缓，而人力资本对产出的贡献始终保持较高水平，教育的回报率也未见下降趋势。发展中国家和新兴经济体以更高的增长速度赶超，但与发达经济体的人力资本差距依然较大，而人力资本短板也最有可能导致发展中国家"追赶失败"或者"掉队"。人力资本作为经济增长的关键因素之一，并未呈现其他诸多要素的"边际收益递减"现象，人力资本投资具有收益递增的特点，在现代经济增长中扮演着"永动机"的功能。

2019年中国按平均汇率计算的人均 GDP 已超 1 万美元，在经济发展新阶段，人力资本将扮演更为重要的角色。

人力资本是经济发展迈向更高阶段的基石。人力资本积累是经济增长的关键，超过半个世纪的世界经验表明，人力资本的回报是非常可观的，平均回报率高达12%，这意味着平均每多接受一年的教育，产出或收入可以提高12%。更值得关注的是，不同于经济增长速度随着经济走向高收入阶段而递减，也不同于其他物质资本要素的收益率递减，人力资本的回报率呈现"递增"特征，发达国家的人力资本回报率更高，达到13%，实现经济起飞的东南亚国家人力资本回报率也超过10%，而受困"中等收入陷阱"的拉美国家人力资本回报率仅约6%。而且，更高层次教育的回报率更高，根据估算，世界平均的高等教育平均回报率为18%，中等教育平均回报率为10%，而初等教育的回报率已经不明显。发达国家的人力资本构成中，中等和高等教育的比重越来越大，这也成为其与发展中国家人力资本水平差距的主要来源（见图1）。

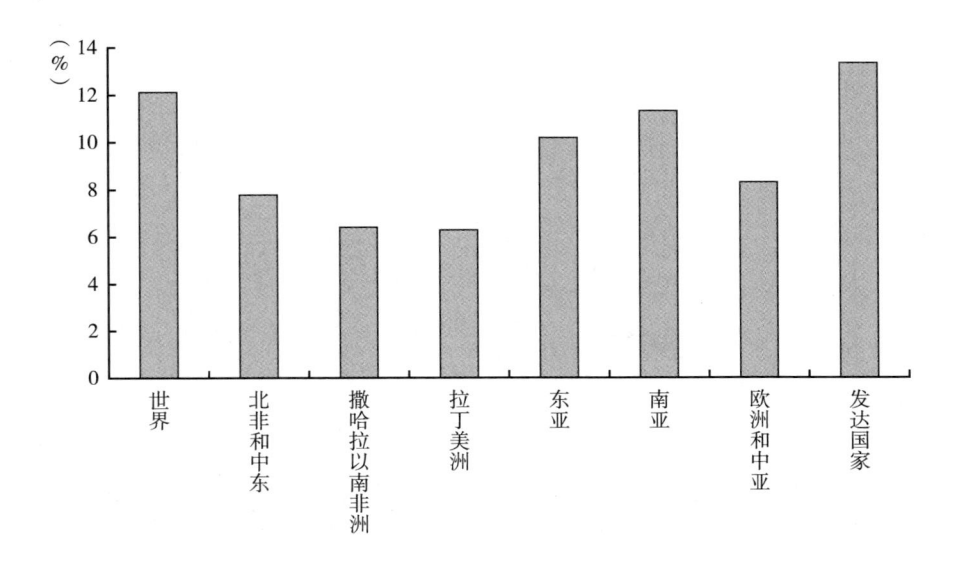

图1 人力资本回报的国际比较

资料来源：Robert Barro 等（2010）对世界 146 个国家 1950 年以来人力资本水平进行估算，人力资本水平采用统一分析框架，以 15 岁及以上人口平均受教育年限来衡量。人力资本回报采用固定效应模型估算，表示平均受教育年限每增长 1 年劳均产出的增长率。

中国的人力资本回报持续提高并达到世界平均水平。20世纪90年代，中国城镇市场经济体制改革全面推进，劳动力市场加快发育，人力资本在劳动力市场中的作用逐步显现，根据相关学者估算，人力资本回报率从1990年的2%左右逐步提高到2000年的10%左右，大规模的高等教育扩招也并没有明显降低人力资本回报，2008年金融危机前人力资本回报率稳步提高到12%，但随后年份似乎出现下降迹象（见图2）。流动人口是城镇劳动力市场的重要主体，也是最具活力的群体，对于经济形势变化反应非常灵敏。全国流动人口监测调查数据估算，2010年之后人力资本回报率也出现了下降，2013年下降到8.46%，但随后年份开始逐步稳定，进入"十三五"时期人力资本回报率再次提升，最近年份稳定在12%左右（见图3）。人力资本回报提升意味着经济发展方式和经济结构的变化，人力资本在劳动力市场中发挥更重要作用，尤其是近年来以机器人、人工智能为代表的第四次科技革命加快渗透经济社会各领域，新经济、新就业加快涌现，经济高质量发展对于人力资本提出更高要求，相应地也给予了更高的人力资本回报。

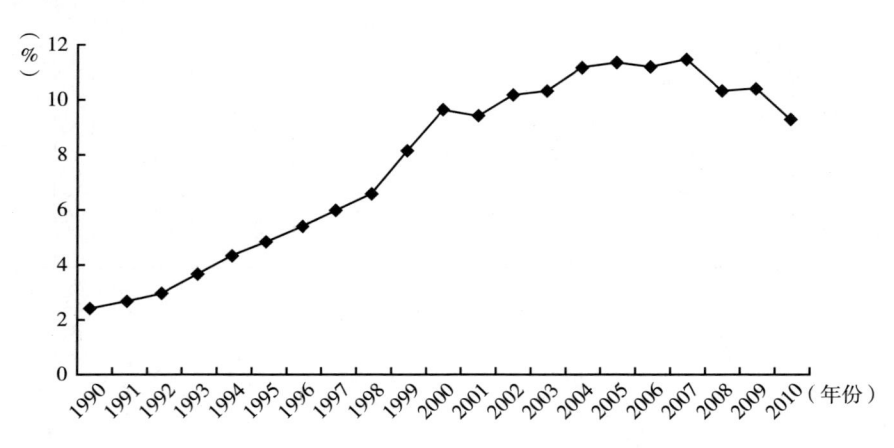

图2　中国城镇人力资本回报的变化趋势（1990~2010）

资料来源：根据相关学者实证分析结果整理（李实、丁赛，2003；Ge& Yang, 2011; Gao& Smyth, 2012；李实、张钰丹，2020）。人力资本回报表示平均受教育年限每增长1年工资水平的增长率。

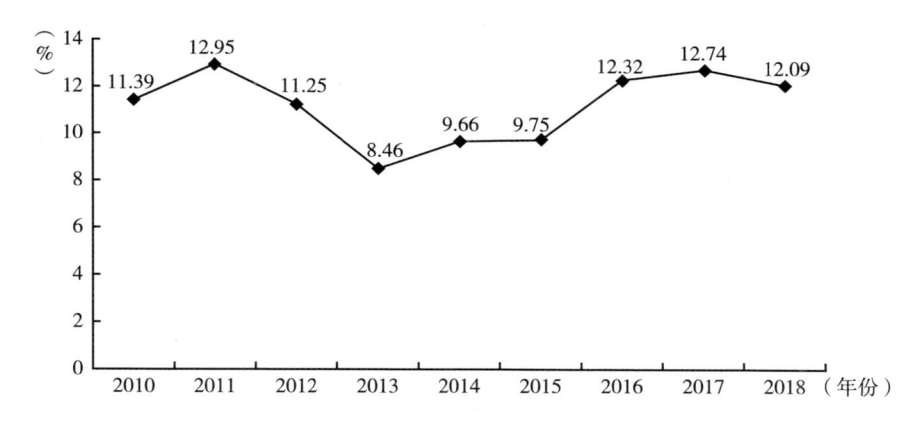

图 3　中国城镇人力资本回报的变化趋势（2010~2018）

资料来源：根据全国流动人口监测调查数据估算得到。原国家卫生与计划生育委员会流动人口监测司自2010年起每年组织开展大规模全国性流动人口抽样调查，覆盖了全国32个省（区、市）和新疆生产建设兵团中流动人口较为集中的流入地，具有全国代表性，年度样本量为12万~20万户流动人口家庭。

人力资本的"追赶"要比经济增长更具挑战。一国的人力资本需要几代人的积累。国际经验表明，发展中国家从1960年代用了大约50年时间将平均受教育年限提高到7年，但人力资本水平也仅相当于发达国家的1960年的平均水平。世界平均受教育年限从1960年代的3.2年缓慢增长到1980年代的5.3年，2010年提高到7.8年，发达国家平均受教育年限从1960年的6.2年提高到2010年的11.0年，而发展中国家同期从2.1年提高到7.1年，发展中国家与发达国家的人力资本差距未见明显缩小（见图4）。

人力资本的"追赶"要着眼于全生命周期。从微观个体抑或是宏观经济来看，人力资本的回报是终生的、持久的。发展中国家与发达国家之间的青年人口（15~24岁）平均受教育年限的差距趋于缩小，但中老年人口的人力资本差距持续扩大，2010年15~24岁人口的平均受教育年限差距缩小到2年左右，而45岁及以上人口的平均受教育年限差距扩大到6年左右。发展中国家整个生命周期的"人力资本曲线"呈现随着年龄快速下降的特征，而发达国家的"人力资本曲线"更加平滑。"十三五"时期中国劳动年龄人口平均受教育年限已经提

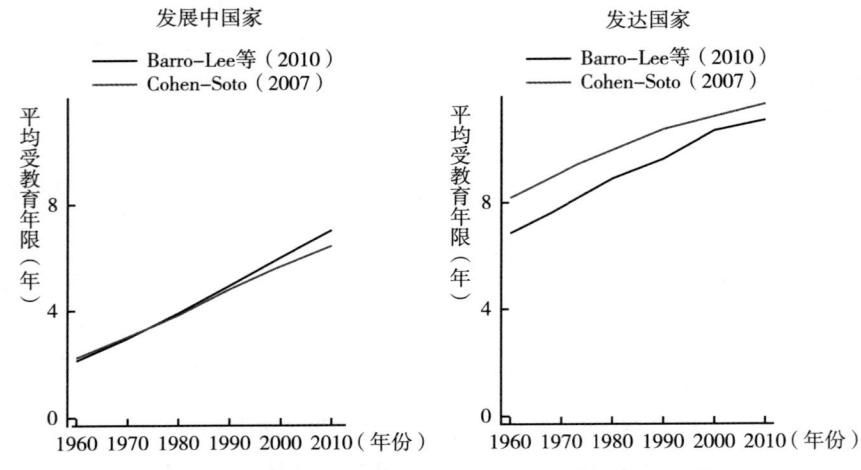

图 4 发达国家与发展中国家的平均受教育年限比较

资料来源：Robert Barro 等（2010）和 Cohen-Soto（2007）分别对世界 146 个国家 1950 年以来人力资本水平进行估算，人力资本水平采用统一分析框架，以 15 岁及以上人口平均受教育年限来衡量。

高到 10.5 年，但向下倾斜的"人力资本曲线"与发展中国家类似。发展中国家人力资本的赶超需要对整个生命周期（终身教育）做文章（见图 5）。

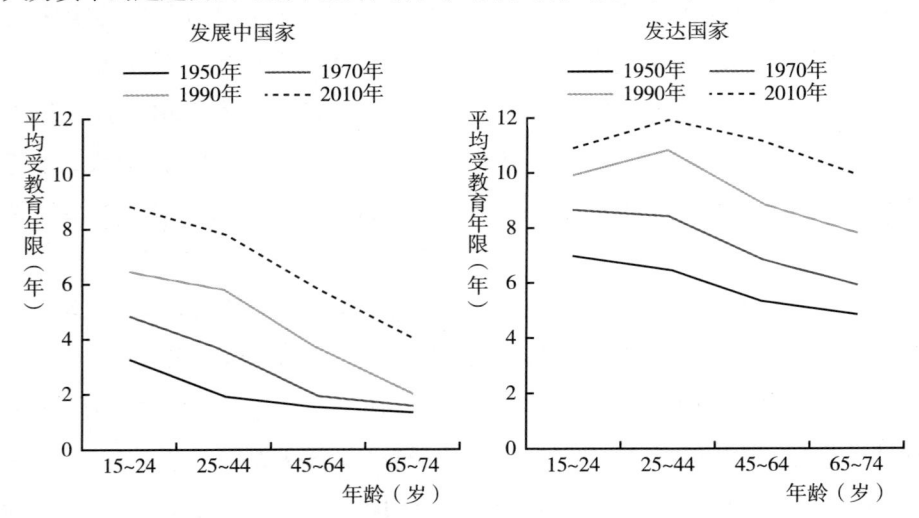

图 5 发达国家与发展中国家的生命周期平均受教育年限比较

资料来源：Robert Barro 等（2010）对世界 146 个国家 1950 年以来人力资本水平进行估算，人力资本水平采用统一分析框架，以 15 岁及以上人口平均受教育年限来衡量。

中国改革开放以后开始实施九年义务教育和高等教育扩张，人力资本水平随着年龄增长持续下降，中老年人的平均受教育水平明显更低（见图6）。与年轻人相比，中老年人接受新知识、学习新技术的能力较弱，供给因素限制了中老年人再就业的潜在空间。发达国家绝对的人力资本水平要比发展中国家更具优势，到2010年15岁及以上人口平均受教育年限已经接近11年，而发展中国家仅有6年。发达国家整个生命周期中平均受教育年限的曲线更为平缓，即便进入中老年人阶段平均受教育年限仍然接近10年，而发展中国家这一曲线更为陡峭，随着年龄增长人力资本水平大幅下降，中老年人和退休人员再次返回劳动力市场中并不具备较强的就业能力。这意味着包括中国在内的发展中国家，在人口老龄化进程中人力资源开发面临更大的难度和挑战。

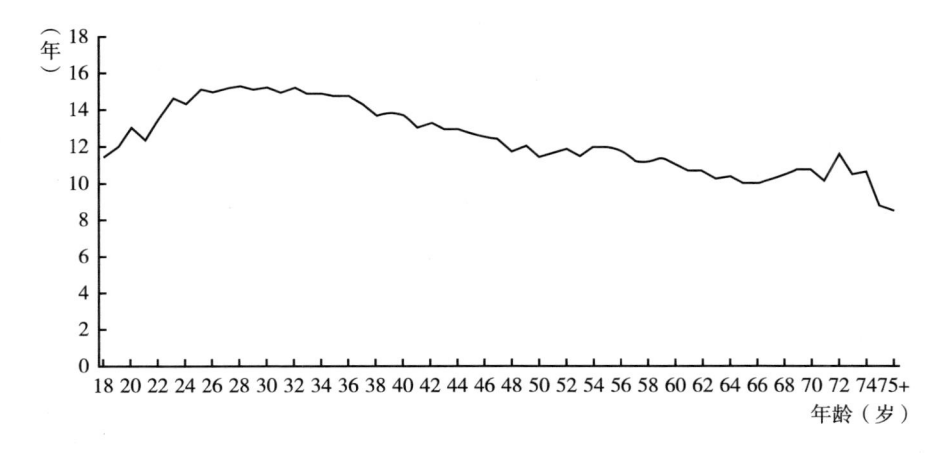

图6　中国城镇人口生命周期平均受教育年限

资料来源：根据2016年中国城市劳动力调查数据计算得到。

二　高质量发展阶段赋予人力资本新内涵

经济高质量发展要求经济增长更主要依靠效率提升。党的十九大提出，我国经济已由高速增长阶段转向高质量发展阶段，正处在转变发展方式、优化经济结构、转换增长动力的攻关期，这关键是要提高生产效率，尤其是劳动生产率和全要素生产率。近些年来，反映技术进步的全要素生产率（TFP）增速出现放缓，相关学者研究认为，1978~2005年TFP年均增速达到3.8%，2008年金融危机之后我国TFP增长势头放缓，中国社会科学院课题组研究估算表明，2011~2015年我国平均每年的TFP增速为3.1%，2016~2020年平均每年的TFP增速下降为2.7%。按照潘恩世界表（Penn World Table）9.1估算，中国TFP水平只相当于美国的40%左右，2010年以来呈现小幅下降趋势，日本在经济赶超过程中TFP保持持续提高态势。当前全要素生产率变化趋势与高质量发展阶段要求不相适应。依靠技术进步驱动的经济发展方式转变仍然需要注入更多动力，而动力源泉离不开人力资本提升（见图7）。

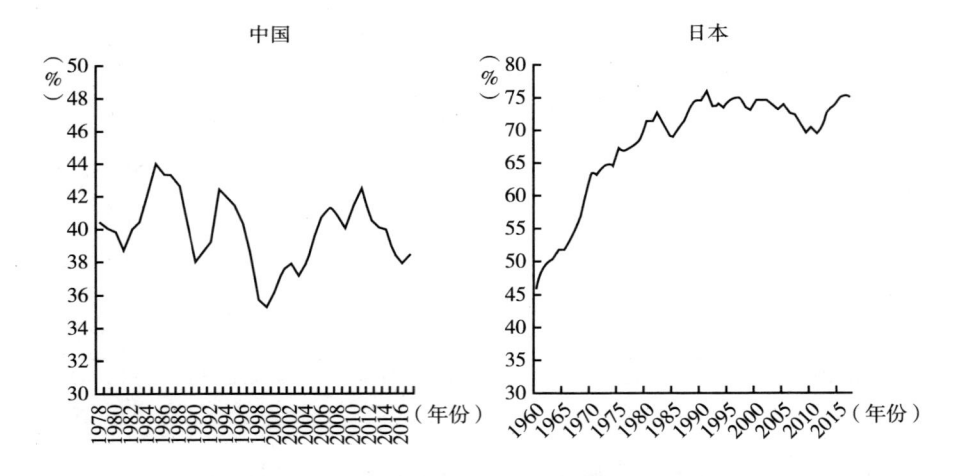

图7 中国和日本全要素生产率（TFP）相对水平变动趋势

资料来源：根据潘恩世界表（Penn World Table）9.1整理得到。

备注：全要素生产率相对水平指按照购买力平价PPP当前价格估算，相对于美国TFP的比例。

人力资本提升是劳动生产率持续提高的关键支撑。经济高速增长过程中，非农部门的劳动生产率大幅提高并远远超过农业部门，但第二产业和第三产业的劳动生产率仍然存在差异。随着服务业经济迅速发展，尤其是现代生产性服务业加快发展，服务业在国民经济中的份额持续提高，其劳动生产率与第二产业之间的差距逐渐缩小，目前第二产业和第三产业相对劳动生产率分别为1.4和1.2，非农部门内部的生产率差异趋于收敛，但农业相对劳动生产率始终稳定在0.3左右。经济进入新常态，在经济增长放缓的同时，全员劳动生产率增速也逐步放缓。劳动生产率持续提高是高质量发展阶段的内在要求，这关键取决于人力资本投资和积累（见图8）。

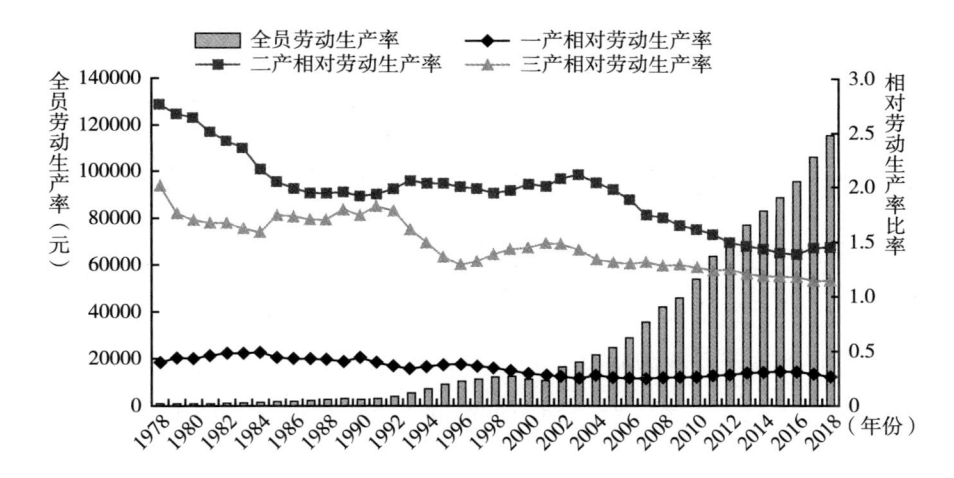

图8　全员劳动生产率与三次产业相对劳动生产率变动趋势

资料来源：根据《中国统计年鉴》（历年）整理得到。

备注：全员劳动生产率＝国内生产总值/全国就业人员总数，即每个就业人员当年平均创造的经济价值，相对劳动生产率指三次产业的劳动生产率相对于全员劳动生产率的比率。

新时期人力资本内涵更加丰富。按照传统的人力资本理论和分析框架，一个社会人力资本的积累与提高取决于对人的投资的多少，这种投资可以分为五类：一是与健康相关的卫生设施和医疗服务，二是在职培训，三是学校正规教育，四是成人教育，五是随工作机会的迁移。与实物资本相比，人力资本的一个最大特点是它与人的不可分割性，实物资本可以相互转让和交易，而人力资本依附于人并在生命周期内积累，不可单独交易。不同经济发展阶段，人力资本内涵将有所拓展，人力资本投资重点也有所变化。

我国经济进入高质量发展阶段，人力资本新内涵突出表现为：一是健康、教育和培训成为人力资本投资的主要方式,尤其是健康投资在人力资本提升中扮演更为重要角色。二是高等教育和教育质量成为教育发展和人力资本积累的关键内容。三是终身教育体系(包括在职培训和成人教育、中老年教育)成为人力资本积累的新任务。四是人力资本投资与物质资本投资之间的关联性更强,两者相互影响、相互促进,尤其以5G基站建设、特高压、城际高速铁路和城市轨道交通、新能源汽车充电桩、大数据中心、人工智能、工业互联网七大领域为重点的"新基建"既是物质资本投资,也是代表先进技术水平的新型人力资本投资。

三 应对不确定的经济环境要以人力资本为基石

我国已经全面深度融入世界经济,国际经济形势变化对于我国经济运行影响更大,国内经济和劳动力市场对于国际形势反应更为敏感。2008年全球金融危机冲击下,我国城镇劳动力市场遭受短期冲击,失业率一度居高,2000万左右农民工返乡。新冠肺炎疫情冲击下,全国城镇调查失业率一度突破6%(见图9)。当前我国面临的国内外经济形势异常复杂,中美贸易摩擦硝烟未散,新冠肺炎疫情突如其来,经济运行遭受较大冲击。新冠肺炎疫情对于经济的影响虽是阶段性、暂时性的,却是全局性、系统性的冲击,这类重大突发公共卫生事件不同于中美贸易摩擦,带来的是预期的不确定性风险,也不同于国际金融危机,带来的是输入型风险①。疫情造成了我国经济短期处于"半休克"状态,需求侧和供给侧均受到巨大的外部性冲击,新冠肺炎疫情席卷全球,尽管我国应对疫情影响力度很大、效果显现,但可以预期,疫情冲击影响持续时间将更长。

国际政治格局进入重大调整阶段,"十四五"时期外部环境的复杂性更强、不确定性更大。国际贸易摩擦将是持久现象,中美贸易摩擦是世界大国

---

① 屈小博、程杰:《新冠肺炎疫情对劳动力市场的影响及政策反应》,《河北师范大学学报/哲学社会科学版》2020年第4期:第126~133页。

图 9　失业率变化

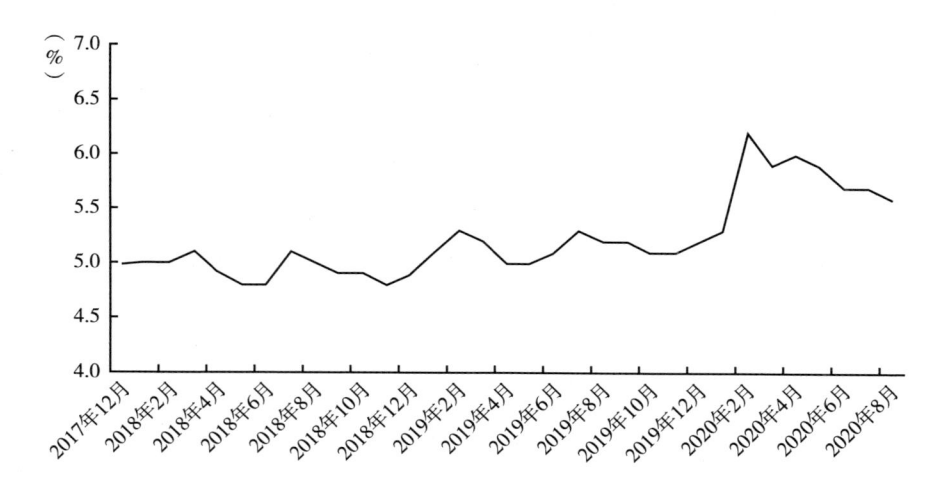

资料来源：国家统计局公布数据整理得到。

之间的角力，对我国经济运行和就业影响大小以及可控程度最终还是取决于自身。从目前来看，外部环境变化对就业冲击的总体影响可控，但结构性挑战必须高度关注。"十四五"时期外部环境变化对于我国就业形势影响主要不在于总量冲击，更需要关注就业结构冲击和就业质量影响。中国经济的韧性究竟有多大，这根本上要依靠更为坚实的人力资本积累作为支撑来判断。

世界各国积极采取措施应对新冠肺炎疫情对经济和民生带来的冲击。多数国家纷纷实施经济刺激计划，主要采取降息、贷款、税费减免和补贴等方式注入流动性，保持经济活力。为了保障居民的基本生活，各国主要采取现金转移支付、社会保障和救助、金融税收支持、劳动力市场援助等举措。中国政府也出台了一系列应对举措：一是直接对困难群体加强救助力度，例如对疫情感染患者免费治疗、财政兜底，提高临时价格补贴标准，将疫情感染的困难家庭纳入低保、特困人员供养、临时救助等救助政策范围；二是发挥失业保险的失业救助作用，例如适当放宽和延迟失业保险申领期限，优化经办流程，推进线上申领等；三是通过"援企稳岗"保障就业稳定，例如阶

段性减免、返还或缓缴企业社保费,对吸纳重点群体就业的企业实施定额税收减免、担保贷款及贴息,支持灵活就业和创业,开发临时性公益岗位,扩大基层就业、招生入伍和就业见习规模等。

应对风险冲击需要采取应急性举措和一揽子救助方案,但归根结底经济增长的韧性和经济恢复能力还要依靠高质量的人力资本。从人力资本投资来看,应对复杂的国内外经济形势,特别要继续加强技能培训体系建设,加快实施职业技能提升行动,鼓励企业和市场培训机构面向社会开展以需求为导向的职业培训,支持用人单位对接培训并将其纳入员工储备计划。全面实施终身学习计划,鼓励劳动者"边工作、边学习",探索"基于岗位的学习",不断更新知识和技能,提高应对风险冲击的能力。

四 提升人力资本水平是实现经济高质量发展的根本之策

"十四五"时期,人力资本发展战略要放置于国民经济社会发展规划中更加重要位置,通过实施人力资本跃升计划,进一步强化教育型人力资本,增强技能型人力资本,提升健康型人力资本,加强创新型人力资本,协调推动教育优先方针、就业优先政策、创新驱动战略、新型城镇化战略等国家重大战略和工程深入实施,促进经济发展方式转变,实现我国从中高收入阶段迈向高收入阶段。实施人力资本跃升计划,更加积极应对人口老龄化应该着重以下方面。

一是制定明确的发展目标和指标体系。指标设置既要具有连续性和可比性,又要突出新时代的要求。主要包括人均受教育年限、人均接受职业培训次数、全年职业培训人次、通用性技能和专业职业技能培训状况等,并适时开展人力资本水平和认知能力的直接度量。

二是根据目标群体差异化设计行动方案和重大工程。"十四五"时期就业主要矛盾从总量矛盾为主转向结构性矛盾的总体趋势不会变化,人力资本跃升计划既要有利于确保更加充分就业目标,更要有利于缓解就业结构性矛盾,提升就业质量。不同群体的人力资本水平存在差异,人力资本提升的方向和方式应该因人而异。目标群体应该重点关注新进入劳动力市场的高校毕业生、更容易遭受大规模失业风险的青年农民工、转型压力更大的制造业产业工人、就业灵活性与安全性矛盾更为突出的新技术平台从业人员、就业转换难度更大的产能过剩转岗人员、处于职业瓶颈期的城市白领,重点项目包括带动引领作用更强的创新人才培养、人力资本投资收益率最高的儿童早期发展,以及适应人口结构转变趋势的老年人力资源开发等。

三是探索创新需求导向的教育培训方式。破解传统教育体系和技能培训体系的供需匹配矛盾,以需求为导向制订教育培训行动计划和实施方案,妥善协调教育培训的公共产品属性与市场在资源配置中发挥决定性作用之间的关系。教育培训方式和举措的创新方向包括:延长义务教育阶段,将学前教育和高中教育纳入义务教育;敞开高等教育大门,让未上过大学的城乡青年再次有机会接受高等教育,衔接职业教育与高等教育;引入市场培训机构,采用政府购买服务的方式开展培训,采用"培训券"方式激励;全面实施终身学习计划,建立终生学习积分制,并与职业资格证、积分制落户等政策挂钩。

四是协调相关领域体制机制改革。深刻认识新时期人力资本内涵,重视健康、教育、培训、迁移、社会保障等多种方式的人力资本投资,补齐人力资本发展中的短板,将健康、学前和早期教育、终身学习体系作为新的重点领域,注重人力资本与物质资本之间的协同关联,以体制机制改革创新为动力,加快要素市场改革,提高人力资源配置效率,提升整个生命周期的人力资本积累水平和人力资本回报率。

五是鼓励有就业意愿的老年人返回劳动力市场。对于具备良好的人力资本水平和就业竞争力、希望继续通过就业活动改善生活质量的老年人,应该为其创作良好的就业环境,完善劳动合同、社会保险以及个人所得税等政策,消除他们进入正规就业部门的制度性障碍。要合理开发老年人力资源,创造适合老年人的就业岗位,探索弹性退休制度。目前,中国在 24~64 岁年龄段,年龄每增加 1 岁,受教育年限平均减少 10.2%。越是年龄偏大,教育水平递减的趋势就越明显,在 44~64 岁之间,年龄每增加 1 岁,受教育年限平均减少16.1%。通过教育和培训计划提高老年人的劳动参与率,缓解社会养老资源不足的问题,延长人口红利期。同时,还要创造条件挖掘老龄化人口新的消费需求,并将其转化为经济发展的拉动力。老年人是一个特殊的消费群体,他们有健身、休闲的精神文化需求以及居家和社会养老的物质需求。国家应该从财政、税收、金融和工商管理等方面给予扶持和鼓励,使这类伴随着人口老龄化而产生并不断增长的需求逐步形成一些新型服务业态,成为经济发展的新动力。

从人力资本不同类型来看,建议从以下方面完善政策。

一是强化教育型人力资本。进一步提高财政性教育经费占GDP比重,建议财政性教育经费支出占比在"十四五"期间提高到4.5%,提高中央财政教育支出占全国财政教育支出的比重。进一步推进优质教育资源均衡布局,加大中央对西部地区和贫困地区教育投入支出力度,提高教育供给数量和质量。全面普及高中阶段免费教育,将把高中阶段纳入实施12年国家免费基础教育作为近期目标。加快补齐教育体系的短板。完善教育体系要着重补齐在学前教育、职业教育和继续教育这三个领域的短板。实施儿童早期人力资本投资的行动计划,填补对0~3岁婴幼儿的公共教育服务的空白。缩小新技术革命下城乡人力资本差距,着力加强数据和人工智能在农村各个年龄组学龄人口的教育。

二是增强技能型人力资本。将职业技能进行分类和细化,做好技能调查与技能监测工作。立足企业和产业,密切关注人力资本需求侧演变态势,让人力资本供给更好地契合发展需求。健全技能开发和管理服务工作机制,整合优化培训资源,提高资源统筹和利用效能。探索构建区域技能人才联盟,集聚临近地域优势资源,在更高层面、更大范围实现技能人才共享和优势互补。加快推动终身职业技能培训制度落实落地,稳慎推进职业资格许可和认定事项改革。注重系统培养、多样成才,打通职业教育与普通教育的制度性障碍,搭建人才成长"立交桥"。瞄准面临被机器人、人工智能替代及技术性失业的工人,免费实施"技术性失业"技能培训,帮助受冲击的劳动力重新适应并获得新技能。

三是提升健康型人力资本。完善公共卫生应急体系，完善医疗卫生服务制度。优化医疗照护，建起预防保健服务、疾病管理和医疗保障体系三维制度。瞄准重点群体，延长国民健康生命周期，促进国民健康平等。重点关注儿童青少年、老年、贫困群体、身心障碍群体等弱势群体的健康保障。提供儿童和青少年全方位的营养健康照护，制定科学的膳食营养摄入标准和执行计划。推行全民身体活动健康计划，建立中长期全民身体活动健康发展策略。

四是加强创新型人力资本。完善以市场为主体的创新创业激励机制，强化创新型人才激励。优化创新型人才配置，营造开放、包容的人才流动机制和环境，建立公共部门、非公共部门以及国有单位、非国有单位之间人才的平等竞争、顺畅流动的机制。规范和放宽外籍高层次科技人才在我国永久居留条件。围绕国家重大需求，广泛吸引海外高层次人才回国（来华）从事创新研究。

参考文献

Cohen, D. and M. Soto. (2007). "Growth and Human Capital: Good Data, Good Results," *Journal of Economic Growth*, 12: 51 – 76.

Gao, W., Smyth, R. (2012). Returns to Schooling in Urban China, 2001~2010: Evidence from Three Waves of the China Urban Labor Survey. Discussion paper, Monash University.

Ge, S., Yang, D. T. (2011). "Labor Market Developments in China: A Neoclassical View", *China Economic Review*, 22 (4): 611 – 625.

Robert J. Barro, Jong-WhaLee (2010). A New Data Set of Education Attainment in the World, 1950 – 2010, NBER Working Paper 15902.

李实、丁赛：《中国城镇教育收益率的长期变动趋势》，《中国社会科学》2003 年第 6 期，第 58~72 页。

李实、张钰丹：《人力资本理论与教育收益率研究》，《北京大学教育评论》2020 年第 1 期：64~84 页。

G.15 教育对中国长期潜在增长率的影响

陆旸*

摘　要： 自2010年以来，中国资本回报率快速下降，物质资本投入的边际报酬在递减；相反，虽然中国人力资本得到快速积累，但是相比于发达国家仍有很大差距。如果2050年中国年轻人口平均受教育年限能够延长3年，则模拟情景下中国15岁以上人口的平均受教育年限将达到12.59年。与基准情形相比，到2050年中国15岁以上人口将平均增加1.5年的平均受教育年限，这将使中国潜在增长率平均增加0.2个百分点。随着中国经济增速不断放缓，教育对增长的贡献将越来越明显。延长平均受教育年限、提高中国整体的人力资本水平，将有助于减缓潜在增长率的放缓趋势。

关键词： 平均受教育年限　潜在增长率　人口结构变化

一　引言

自20世纪80年代末以来，宏观经济学家的注意力开始集中在长期问题上，尤其是政府政策对长期经济增长的影响。这是由于经济学家越来越认识到一个国家贫富差异主要取决于长期经济增长速度。尽管标准的宏观经济政

---

* 陆旸，中国社会科学院人口与劳动经济研究所研究员，研究方向为人口转型与经济增长。

策对经济增长很重要，但与"政策"相关的其他方面对经济增长的影响更大[1]。其中，教育对经济增长的贡献得到越来越多的关注并产生了大量的相关文献。

在经济学文献中，关于教育对经济增长的贡献通常是基于回归的方法进行识别。增长回归方程中通常将平均受教育年限作为人力资本的代理变量。然而，所得结论并不一致。实证研究发现，教育年限的符号和显著性取决于观测样本或者模型设定。Delgado 等[2]采用非参数线性回归估计方法，发现平均受教育年限在增长回归中并不显著。然而，Pegkas 和 Tsamadias[3]通过实证方法检验了 1960~2009 年希腊正规教育水平与经济增长之间的关系，估计了不同教育水平对经济增长的影响。实证分析表明，教育水平与 GDP 增长之间存在长期关系。Tsamadias 和 Prontzas[4]检验了 1960~2000 年希腊教育对经济增长的影响。分析发现，计量模型通过自变量（物质资本、人力资本和劳动力）的变化解释了经济增长率变化的 66%。此外，文献中也采用其他方法对教育产生的增长效应进行估计。例如，Bhorat 等[5]在 CD 生产函数基础上通过两阶段回归方法，分析了教育对长期经济增长的影响。Abugamea[6]在增长核算方程基础上，估计了教育对人均 GDP 的影响，并认为为了促进长期经济增长，需要引入高质量的教育。

文献研究中通常采用历史数据，基于不同的增长模型框架，识别教育对经济增长的影响。然而，这些文献中鲜有对未来政策干预的分析和估算。伴

---

[1] Barro, Robert J. (2013). "Education and Economic Growth", *Annuals of Economics and Finance*. 14-2 (A): 277-304.

[2] Michael S. Delgado, Daniel J. Henderson, and Christopher F. Parmeter. (2014). "Does Education Matter for Economic Growth?", *Oxford Bulletin of Economics and Statistics*. 76: 334-359.

[3] Panagiotis, Pegkas., and Constantinos Tsamadias. (2015). "Does Formal Education at All Levels Cause Economic Growth? Evidence form Greece", *Review of Economies & Business Studies*. 8: 9-32.

[4] Constantinos, Tsamadias., and Panagiotis Prontzas. (2012). "The Effect of Education on Economic Growth in Greece over the 1960-2000 Period", *Education Economics*. 20: 522-537.

[5] Haroon, Bhorat., Aalia, Cassim., and David, Tseng. (2016). "Higher Education, Employment and Economic Growth: Exploring the Interactions", *Development Southern Africa*. 33: 312-327.

[6] Gaber H. Abugamea. (2017). "The Impact of Education on Economic Growth in Palestine: 1990-2014", *METU Studies in Development*. 44: 261-280.

随着人口转型,中国未来的经济增长潜力会下降,延长教育年限、提高劳动力质量将是一个重要的渠道。我们知道,投资是一个国家长期经济增长的重要动力来源。而投资的形式无非两种:一种是投资于"物",即我们常说的通过资本投入增加资本存量;另一种是投资于"人",即通过教育和培训等方式增加人力资本。无论是物质资本存量还是人力资本存量都是推动长期潜在增长率的主要动力。然而,中国自2010年以来,资本回报率快速下降,物质资本投入的边际报酬在递减;相反,虽然中国的人力资本得到了快速积累,但是相比于发达国家仍有很大的差距。

在接下来的分析中,我们首先对中国人口结构变化产生的经济增长效应进行估算,并将其作为基准情景。其次,由于受人口转型的影响,相关供给侧要素也将随之变化:潜在劳动力减少、资本存量增速放缓。即使我们假定全要素生产率保持不变,平均受教育年限持续增加(2050年与日本接近),中国的潜在增速仍将不断放缓——在"十三五"时期,中国的潜在增长率为6.63%,"十四五"时期将降低至5.88%,2046~2050年中国的平均潜在增长率将降低至3.33%。最后,我们给出了提高教育年限对潜在增长率的影响途径和改革红利。我们发现随着中国经济增速不断放缓,教育对增长的贡献将越来越明显。

二 人口结构、人力资本与潜在增长率的关联模型

(一)理论模型

我们采用陆旸和蔡昉[1][2]估算潜在增长率的方法。在生产函数中加入人力资本变量。

---

[1] 陆旸、蔡昉:《人口结构变化对潜在增长率的影响:中国和日本的比较》,《世界经济》2014年第1期,第3~29页。

[2] 陆旸、蔡昉:《从人口红利到改革红利:基于中国潜在增长率的模拟》,《世界经济》2016年第1期,第3~23页。

$$Y = AK^{\alpha}(hL)^{1-\alpha} \tag{1}$$

其中，Y 代表实际 GDP，A 代表全要素生产率（TFP），K 代表资本存量，L 代表劳动力数量，h 代表平均人力资本水平，这里按照平均受教育年限表示。经过推导我们可以将未来的潜在 GDP 增长率与未来的人口结构变动趋势同人力资本变动趋势之间建立关联模型，见式（2）。

$$\Delta Y_t^*/Y_{t-1}^* = (\Delta y_t^*/y_{t-1}^* + 1) \times (h_t^* L_t^*/h_{t-1}^* L_{t-1}^*) - 1 \tag{2}$$

其中，$\Delta Y_t^*/Y_{t-1}^*$ 为未来的潜在增长率，L_t^* 为未来"充分就业"时的就业人数。考虑到人口的年龄结构变动，以及劳动参与率和自然失业率是年龄和性别的函数这一基本关系，我们可以在分年龄和性别人口预测数据基础上，预测未来潜在就业人数 L_t^* 的变化，见式（3）。

$$L_t^* = \sum_{i=1}^{i=2}\sum_{n=16}^{n=95} population_{n,i,t} \times Part_{n,i,t} \times (1 - NAIRU_{n,i,t})\,(i=1,2;16\leq n\leq 95) \tag{3}$$

其中，L_t^* 为未来第 t 年中国潜在就业数量，n 代表年龄（$16\leq n\leq 95$），i 代表性别（$i=1$ 男性，2 女性）；$population_{n,i,t}$ 为未来第 t 年 n 岁的男性（或女性）人口数量；$Part_{n,i,t}$ 为未来第 t 年 n 岁的男性（或女性）劳动参与率；$NAIRU_{n,i,t}$ 为未来 t 年 n 岁的男性（或女性）自然失业率。

$\Delta y_t^*/y_{t-1}^*$ 为考虑到人力资本因素的未来平均潜在劳动生产率增长率，在这里 $\Delta y_t^*/y_{t-1}^* = \Delta \hat{A_t}/A_{t-1} + \alpha\Delta k_t^*/k_{t-1}^*$，其中，$\Delta k_t^*/k_{t-1}^*$ 为附加人力资本的未来平均潜在资本劳动比增长率，$k_t^* = K_t^*/h_t^* L_t^*$，$y_t^* = Y_t^*/h_t^* L_t^*$，$\Delta \hat{A_t}/A_{t-1}$ 为未来全要素生产率增长率。从式（2）第一项可以看到，未来的潜在增长率受到全要素生产率变化和附加人力资本的平均潜在资本劳动比增长率影响。

h_t^* 代表未来的人力资本，h_t^*/h_{t-1}^* 代表未来人力资本的增长速度。$h_t^* L_t^*/h_{t-1}^* L_{t-1}^*$ 代表的是考虑到人力资本后的劳动力增长速度，这里将人力资本视为劳动力的倍乘。从式（2）第二项可以看到，未来的潜在增长率还受到未来人力资本增长速度和未来劳动力增长速度的共同影响。

值得注意的是，资本形成率和人口抚养比之间存在负相关关系，一个国家人口抚养比上升将对资本形成率产生负向影响。① 因此，从公式中看出，潜在 GDP 增长率受到四个因素的影响：附加人力资本的潜在资本劳动比增长率、潜在就业增长率、人力资本增长率和全要素生产率增长率。人口结构变化将通过直接和间接的途径影响前三个因素。

我们知道，中国未来分年龄人口规模及人口结构主要取决于总和生育率水平及其变化趋势。世界人口展望（2017）的中方案将中国总和生育率设定为 1.6，王广州认为，全面二孩政策执行后，瞒报问题大大减少，国家统计局调查的 2017 年 1.58 的总和生育率更接近实际。因此，我们采用郭志刚的人口预测数据，将其中总和生育率等于 1.6 的方案作为基准方案，而其他经济要素都与人口预测数据"挂钩"，例如潜在劳动力供给、潜在资本存量、潜在人力资本。值得注意的是，人力资本水平同样受到政策影响。如果延长年轻人口的教育年限将改变未来全国整体人力资本水平。人力资本对潜在增长率的影响途径是：首先，从人力资本是劳动力倍乘关系来看，平均受教育年限延长将减缓未来劳动力供给递减趋势。其次，提高人力资本水平也能减缓资本劳动比（附带人力资本）增长率的递减趋势。可以看出，当其他条件保持不变时，人力资本的变化直接影响了一个国家的潜在增长率。因此，当我们将基准情形和模拟情形下的未来人力资本水平分别代入模型，将得到两个不同的潜在增长速度，两者之差就是延长教育年限对潜在增长率的影响，即教育产生的改革红利。

（二）资料来源

增长核算方程中涉及各生产要素的历史数据。为了使数据具有国际可比性，本文采用了 Barro 和 Lee② 给出的各国分年龄组平均受教育年限数据作为教育水平的代理变量。国内生产总值、劳动力、固定资本存量数据来自

---

① 人口抚养比和资本形成率之间的关联模型，以及资本存量的估计方法详见陆旸和蔡昉（2016）。
② Barro, Robert J. and Lee, Jong Wha. (2013). "A New Data Set of Educational Attainment in the World, 1950 - 2010", *Journal of Development Economics*. 104：184 - 198.

PWT 8.0。根据生产函数法可以估算出劳动力贡献系数和资本贡献系数，同时可以得到全要素生产率（TFP）的估计值。假设未来全要素生产率增速不变，那么未来供给侧生产要素的预测值就取决于分年龄人口数和各重要参数。其中，劳动力的变动趋势还取决于分年龄的劳动参与率和自然失业率，我们将三次普查数据中的分年龄劳动参与率的平均值作为代理变量，数据来自2005年、2010年、2015年的普查和小普查数据。因此，随着人口老龄化的出现，中国整体劳动参与率也将出现下降趋势。此外，自然失业率数据来自都阳和陆旸[1]，资本回报率数据来自白重恩和张琼[2]。

三 中国未来的潜在就业趋势：劳动力数量

从模型中可以看出，中国未来的潜在就业趋势受到三个因素影响：基于总和生育率的分年龄和性别人口数量，分年龄和性别的劳动参与率和分年龄和性别的自然失业率。

图1给出了在2005年小普查、2010年第六次人口普查和2015年小普查中，分年龄和性别的劳动参与率（包含农业在内的整体劳动参与率）。我们看到，在三个不同年份中，相同年龄和性别的劳动参与率非常接近，特别是男性劳动参与率在同年龄上的差别非常小。2015年男性劳动参与率为73.89%，2010年为77.99%。2015年男性劳动参与率平均下降了4.1个百分点。相比之下，女性劳动参与率出现了比较明显的变化。2015年小普查数据显示，女性劳动参与率为56.04%，而2010年则是63.58%。2015年女性劳动参与率平均下降了7.54个百分点。

从图1中看到中国的劳动参与率有两个特征：第一，相同年龄的男性劳动参与率要高于女性劳动参与率。第二，劳动参与率呈现倒U形趋势，从

---

[1] 都阳、陆旸：《中国的自然失业率水平及其含义》，《世界经济》2011年第4期，第3~21页。
[2] 白重恩、张琼：《中国的资本回报率及其影响因素分析》，《世界经济》2014年第10期，第3~30页。

三次普查的平均水平来看，25~50岁的男性劳动参与率均在90%以上，2005年和2010年这一年龄段的男性平均劳动参与率甚至达到95.7%；2005年和2010年25~45岁的女性劳动参与率都在80%以上，其平均劳动参与率达到83.3%。但2015年女性劳动参与率已经低于80%。第三，劳动参与率与宏观经济相关。当宏观经济增速比较快的时期，劳动参与率会比较高。相反，当宏观经济增速放缓时期，劳动参与率也会有所下降。但是，分年龄和性别的劳动参与率表现出相对较为稳定的特点。因此，我们假设2015年之后的分年龄和性别的劳动参与率保持不变，仅仅由于年龄结构的老龄化趋势，也会导致整体劳动参与率下降。这里我们只考虑潜在的劳动力供给，并不再考虑需求侧因素导致的经济波动。

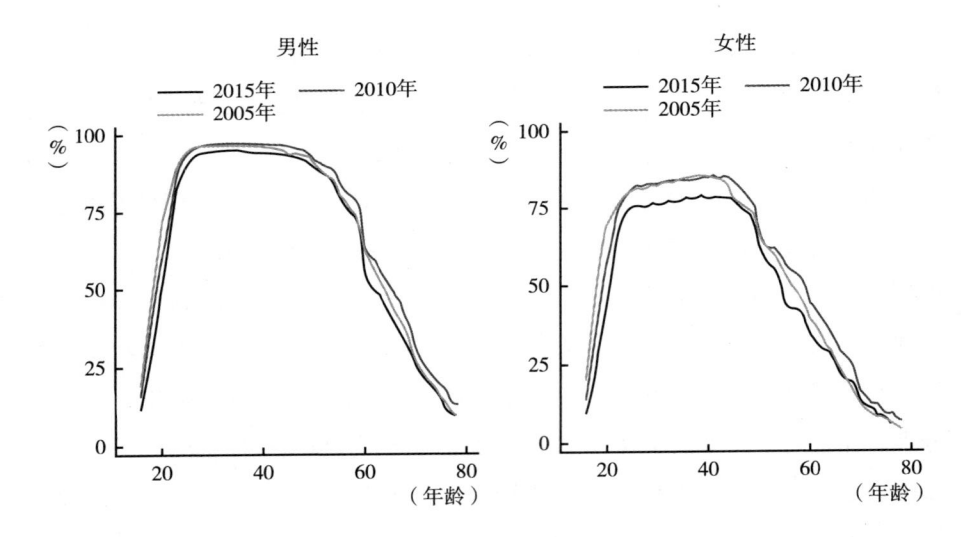

图1 劳动参与率的年龄分布

资料来源：作者根据2005年和2015年小普查数据及2010年第六次人口普查微观数据绘制。

图2显示的是在2005年小普查、2010年第六次人口普查和2015年小普查中，分年龄和性别的失业率。总体来看，男性失业率低于女性。年轻人的失业率相对较高，而随着年龄增长失业率也呈现下降趋势。主要原因在于年轻人的工作转换要比年龄较大的人更为频繁。按照相同的比例我们可以将自

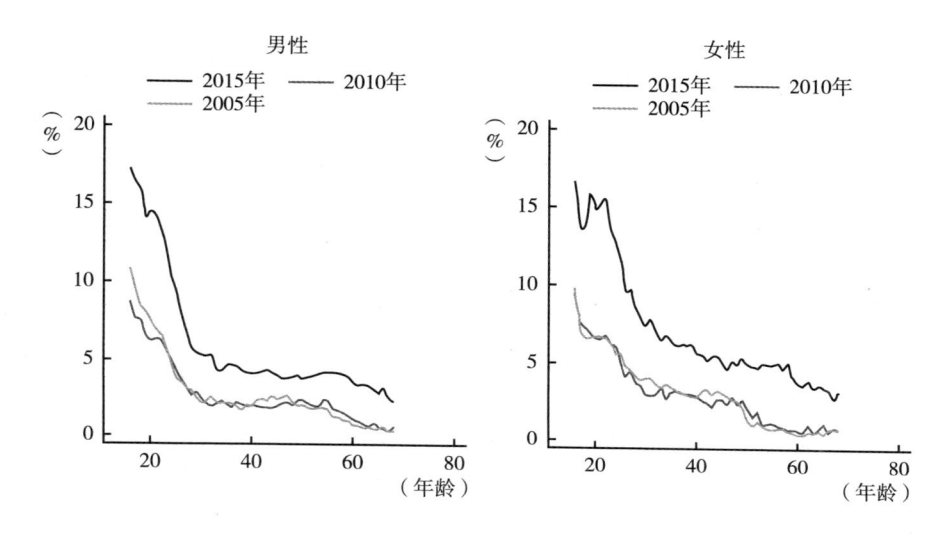

图 2　失业率的年龄分布

资料来源：作者根据 2005 年和 2015 年小普查数据及 2010 年第六次人口普查微观数据绘制。

然失业率进行分年龄和性别的拆分。基于人口预测数据以及劳动参与率和自然失业率的分年龄和性别数据，可以预测出未来潜在就业变化趋势。

预测结果显示，中国的潜在就业规模会逐渐递减，"十三五"时期平均潜在就业规模（充分就业时的就业量）为 7.67 亿人，而"十四五"时期的平均潜在就业规模将减少 1351 万人，减少至 7.54 亿，2046~2050 年的平均潜在就业规模将减少到不足 6 亿人（见表 1）。主要原因是，2011 年中国 15~64 岁的劳动年龄人口开始减少，并且人口老龄化趋势加速，从而影响了潜在劳动力供给和就业。

表 1　中国未来的潜在就业规模估计结果

单位：万人

年份	2016~2020	2021~2025	2026~2030	2031~2035	2036~2040	2041~2045	2046~2050
就业规模	76704	75353	73255	70685	67543	63615	59256

资料来源：作者估算得出。

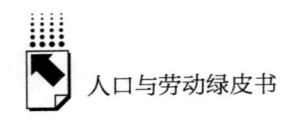

四 中国未来平均受教育年限及变化趋势：劳动力质量

（一）中国人口平均受教育年限预测（基准情形）

当预测未来人力资本水平时，人力资本水平取决于两个指标：第一，当期 30 岁以上人口分年龄的"不变"的平均人力资本水平（一般来说，30 岁之后以教育年限为度量标准的人力资本不再增加），第二，30 岁以下年龄组的"可变"的平均受教育年限。通过将"可变"的分年龄平均受教育年限迭代计算放入模型中，最终可以计算出未来某一时点上的平均受教育年限。因此，30 岁以下的"可变"人力资本决定了一个国家长期的人力资本水平。

佩恩表（Penn World Table 8.0）提供了各国人力资本指标，其原始数据来自 Barro 和 Lee[①] 的估计结果。Barro 和 Lee 分别对世界各国 15 岁以上的分年龄组（每 5 年）人口平均受教育年限进行估计，并给出每个年龄组的平均受教育年限。在这一数据基础上，我们可以预测出中国从 2010 年到 2050 年的平均受教育年限，这里包括两个部分：随年龄增长平均受教育年限仍在不断增加的人（30 岁之前），以及随年龄增长平均受教育年限基本不再发生变化的人（30 岁之后）。我们知道，即使没有教育改革，随着经济发展，年轻人的受教育程度也会逐步提高，从而到 2050 年时中国的平均受教育年限也会远高于当前。那么，在没有政策干预的情况下，2050 年的平均受教育年限是多少呢？这就需要我们找到其他发达国家作为参考。

根据佩恩表（Penn World Table 8.0）中各国可比数据（见表 2）：2010 年日本 15 岁以上人口的人力资本情况如下：平均受教育年限为 11.59 年，

[①] Barro, Robert J. and Lee, Jong Wha. (2013). "A New Data Set of Educational Attainment in the World, 1950 – 2010", *Journal of Development Economics*. 104: 184 – 198.

其中，最终学历为初等教育的人口，其平均受教育年限为5.87年；最终学历为中等教育的人口，其平均受教育年限为10.38年（5.87年+4.51年）；最终学历为高等教育的人口，其平均受教育年限为11.59年（5.87年+4.51年+1.21年）。相比之下，美国的人力资本水平更高。2010年美国15岁以上人口的人力资本情况如下：平均受教育年限为13.09年，比日本15岁以上人口的平均受教育年限多1.5年。其中，美国最终学历为初等教育的人口，其平均受教育年限为5.96年；最终学历为中等教育的人口，其平均受教育年限为11.54年（5.96年+5.58年）；最终学历为高等教育的人口，其平均受教育年限为13.09年（5.96年+5.58年+1.56年）。

与日本和美国的人力资本水平相比，中国15岁以上人口的平均受教育年限为8.11年，比日本少3.48年，比美国则少了近5年。值得关注的是，中国"中等教育"阶段（包括初中和高中）平均受教育年限仅有2.86年，日本为4.51年，美国为5.58年。九年义务教育涵盖了小学和初中教育，一些偏远地区的学生在完成了初中教育后就进入了劳动力市场。从宏观层面看，虽然增加了短期的劳动力供给，却影响了长期的人力资本水平。随着科技进步和产业升级，劳动力市场越来越需要高技能的工人，延长义务教育年限，使义务教育能够涵盖高中和高职，至少能够使中国的"中等教育"平均受教育年限得到提升，进而"高等教育"的平均受教育年限也会有所上升。

表2 2010年15岁以上人口的总体和分类平均受教育年限

单位：年

平均受教育年限	总体	初等教育	中等教育	高等教育
日本	11.59	5.87	4.51	1.21
美国	13.09	5.96	5.58	1.56
中国	8.11	4.99	2.86	0.25

资料来源：Barro 和 Lee（2013）。
说明：美国和中国的总体数值，因四舍五入，并不等于各项加总之和。

表3和表4分别给出了1950~2010年美国和日本40岁以下人口每5岁组的平均受教育年限。可以看到，日本在1950年每个年龄组的平均受教育年限都明显低于美国。然而到2010年，除了15~19岁、35~49岁的平均受教育年限略低于美国，30~34岁持平，其他年龄组的平均受教育程度反而略高于美国。由于受老年人口的"不变"人力资本过低的影响，虽然在2010年日本总体的平均受教育年限仍低于美国，但是，按照这种发展趋势，日本的平均人力资本水平将最终超越美国。这与日本战后大力发展教育、重视"中等教育"密不可分。特别是，20世纪50年代中后期，由于日本开始技术革新，对劳动力质量的要求也越来越高。因此，对技术和熟练工人的需求，迫使日本对高中阶段的职业技术教育进行改革。首先，在中等教育中扩大职业技术教育，其次，通过开设不同学科，增加职业教育的多样化。这项改革最终为日本经济的高速增长做出了贡献。

表3 美国分年龄平均受教育年限

单位：年

年份	15~19岁	20~24岁	25~29岁	30~34岁	35~39岁
1950	8.72	10.35	9.90	9.90	8.71
1955	9.21	10.72	10.62	9.98	9.98
1960	9.38	11.31	10.80	10.80	10.05
1965	9.73	12.04	11.69	11.13	11.13
1970	10.10	12.53	12.10	12.02	11.38
1975	10.38	12.93	12.90	12.39	12.31
1980	10.96	12.78	13.10	13.10	12.62
1985	10.49	12.99	13.08	13.22	13.19
1990	10.42	12.89	13.21	13.22	13.33
1995	10.62	13.06	13.27	13.27	13.40
2000	11.22	13.11	13.53	13.52	13.49
2005	10.57	13.08	13.40	13.49	13.44
2010	10.94	13.50	13.43	13.40	13.49

资料来源：Barro和Lee（2013）。

表4　日本分年龄平均受教育年限

单位：年

年份	15~19岁	20~24岁	25~29岁	30~34岁	35~39岁
1950	7.80	9.16	7.41	7.41	6.56
1955	8.44	9.19	9.15	7.43	7.36
1960	8.60	8.80	9.17	9.16	7.38
1965	8.76	8.83	8.84	8.58	8.51
1970	9.11	10.72	8.88	8.89	8.02
1975	9.30	10.69	10.86	9.20	9.16
1980	9.54	12.05	10.85	10.87	9.44
1985	9.64	12.20	12.41	10.98	10.97
1990	9.78	12.41	12.41	12.43	11.06
1995	10.05	12.74	12.65	12.44	12.45
2000	10.15	13.06	13.01	12.68	12.45
2005	10.36	13.42	13.37	13.04	12.69
2010	10.47	13.72	13.76	13.40	13.05

资料来源：Barro 和 Lee（2013）。

自2010年后，中国劳动年龄人口达到峰值，这与日本1990年非常相似。但是除了人口结构变化相似之外，平均受教育年限却存在很大差别。从图3看到，中国15岁以上人口的平均受教育年限远低于日本和美国，如果对比中国和日本的人力资本变化趋势，可以看到日本在1970年的平均受教育年限和分年龄组平均受教育年限与中国2010年非常接近（见图4和图5）。因此，我们将日本1970年作为基准，假设中国未来人力资本变化与日本1970年之后相似，可以计算出2050年中国年轻人口的平均受教育年限（用日本2010年年轻人口平均受教育年限做参考）。从目前来看，中国15~19岁年龄组平均受教育年限已经与日本和美国相当，说明中国年轻人口普遍接受了小学和初中教育，但是在20~24岁年龄组中，中国的平均受教育年限要远低于日本和美国。从数据来看，中国未来应该普及高中教育，鼓励那些潜在的初中毕业就要进入劳动力市场的人进一步在高中或者高职学习，提高技能水平以满足劳动力市场需求。

根据上述分析，我们采用中国2010年分年龄平均受教育年限推导2050年人力资本总量。首先，假设到2050年中国年轻人口的平均受教育年限能

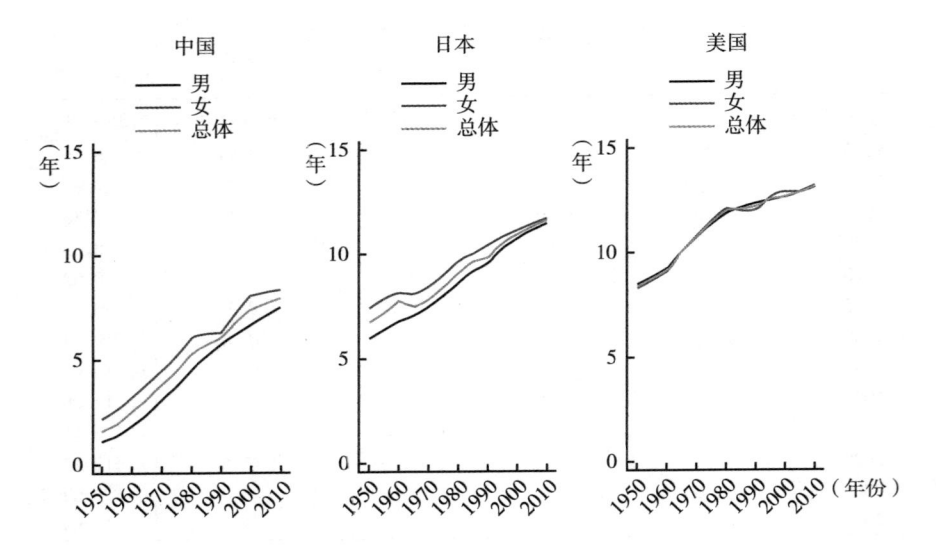

图3　中国、日本和美国的平均受教育年限（1950～2010）

资料来源：作者根据 Barro 和 Lee（2013）数据绘制。

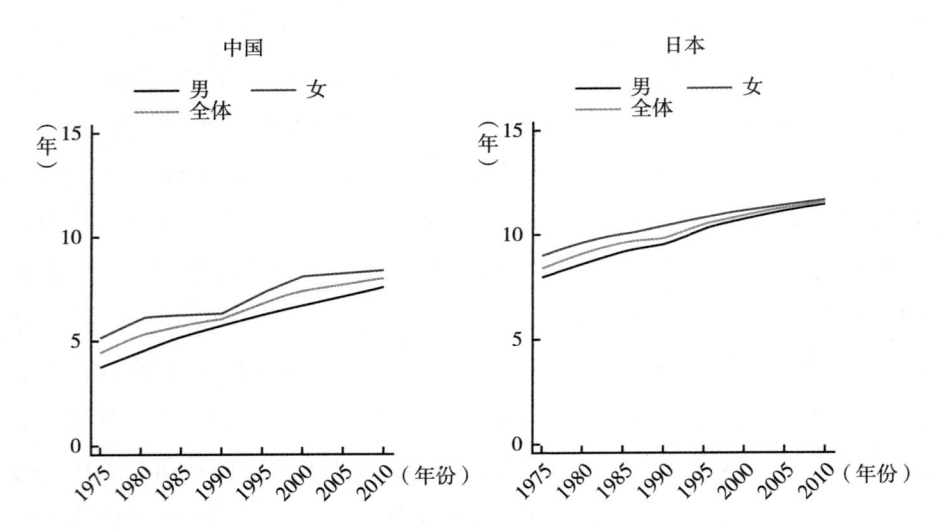

图4　中国和日本的平均受教育年限（1975～2010）

资料来源：作者根据 Barro 和 Lee（2013）数据绘制。

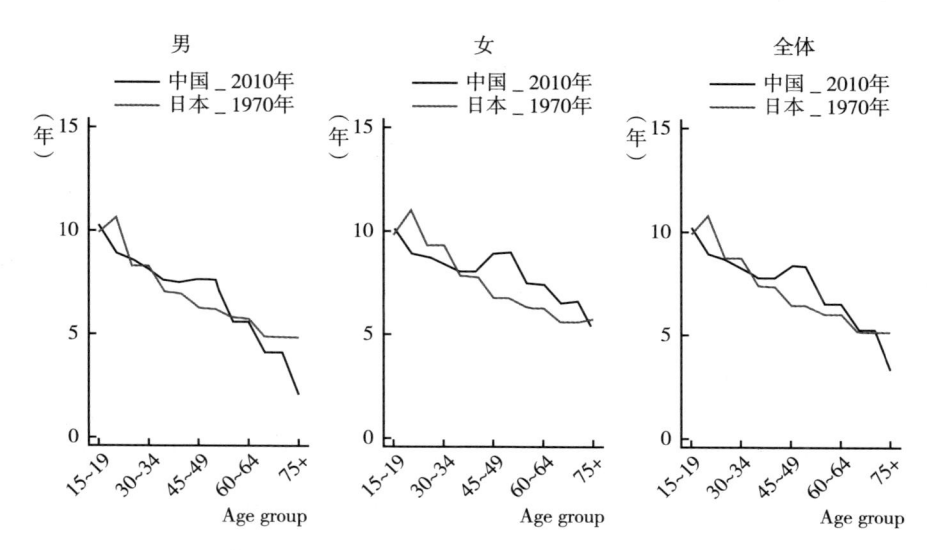

图5 分年龄组平均受教育年限：中国（2010）和日本（1970）

资料来源：作者根据 Barro 和 Lee（2013）数据绘制。

够达到日本2010年的水平，并将这一方案作为基准情景。因此，根据这一假设我们可以推算出年轻人口在未来的平均人力资本变化趋势（见表5）。在通常情况下，30岁之后的平均受教育年限将不再随年龄的增长而发生变化。根据不变的人力资本存量和可变的人力资本存量，我们计算出未来中国的平均受教育年限（见表6）。

表5 中国未来分年龄组平均受教育年限预测（基准情景）

单位：年

年份	15~19岁	20~24岁	25~29岁	30~34岁	35~39岁
2010	10.840	10.560	10.340	9.490	8.760
2015	10.851	10.955	10.768	9.979	9.296
2020	10.862	11.350	11.195	10.468	9.833
2025	10.873	11.745	11.623	10.956	10.369
2030	10.884	12.140	12.050	11.445	10.905
2035	10.895	12.535	12.478	11.934	11.441
2040	10.906	12.930	12.905	12.423	11.978
2045	10.917	13.325	13.333	12.911	12.514
2050	10.928	13.720	13.760	13.400	13.050

注：按照日本2010年的标准设置目标值。

资料来源：作者计算得出。

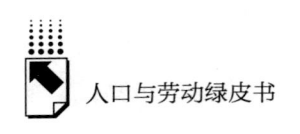

表6 中国平均受教育年限预测（基准情景）

单位：年

年份	15+岁	25+岁	15~64岁	25~64岁
2010	8.297	6.116	8.821	6.379
2015	8.627	6.854	9.151	7.147
2020	8.904	7.441	9.488	7.767
2025	9.168	7.718	9.816	8.057
2030	9.483	7.967	10.228	8.310
2035	9.879	8.225	10.722	8.513
2040	10.328	8.755	11.230	9.020
2045	10.728	9.466	11.652	9.833
2050	11.084	9.876	12.081	10.293
2050年比2015年增长(%)	28.475	44.087	32.010	44.013

资料来源：作者计算得出。

按照这一推算，我们可以得到中国在基准情形下的人力资本变化趋势。可以看出，到2050年中国15岁以上人口的平均受教育年限能够达到11年，2015年平均受教育年限仅有8.6年，平均增加了将近2.5年；人力资本水平比2015年增长了28.475%。如果按照25岁以上人口计算，人力资本提高的速度更快。2015年中国25岁以上人口的平均受教育年限不足7年，但是到2050年中国25岁以上人口的平均受教育年限能够达到接近10年，平均受教育年限增加了3年，相当于平均每个劳动力的受教育年限从初中增加到高中。这已经是一个非常快的人力资本积累速度。同样，我们也计算了15~64岁劳动年龄人口的平均受教育年限，在2050年甚至可以达到12年，而2015年中国的劳动年龄人口平均受教育年限仅有9年。这相当于，中国的劳动年龄人口平均受教育程度可以从2015年的初中提高到2050年的高中水平。

（二）提高教育年限的模拟情形

模拟情景：假设到2050年30岁以下人口平均受教育年限提高3年。

在基准情形基础上，我们假设在2050年30岁以下人口的平均受教育年限可以提高3年。根据这一假设可以推算出2010~2050年40岁以下人口的平均受教育年限（见表7）。相同的方法可以计算出在该假设情景下中国未来30年的平均人力资本水平（见表8）。此时，15岁以上人口的平均受教育年限从基准情景的11.084年提高到了12.592年（以25岁为口径计算的结果将从9.876年提高到11.232年）。15~64岁的劳动年龄人口平均受教育年限将从之前的12.081年提高到14.196年。换句话说，如果中国从9年义务教育（小学+初中）转向12年义务教育（小学+初中+高中），那么到2050年中国的劳动年龄人口平均受教育年限将平均提升2.1年。

需要强调的是，如果现在开始加大高中阶段的教育投入，2003年以后出生的人口将比基准情景得到更多的教育资源，那么受到政策干预的人口到2050年年龄最大将达到47岁，政策干预将对未来劳动力市场产生重要的影响。如果增加教育投入力度，那么即使劳动力数量减少也将使生产效率得到提高，从劳动力数量向劳动力质量转变，将是解决中国未来经济减速的重要途径。

表7 中国未来分年龄组平均受教育年限预测（模拟提高3年）

单位：年

年份	15~19岁	20~24岁	25~29岁	30~34岁	35~39岁
2010	10.840	10.560	10.340	9.490	8.760
2015	10.860	11.330	11.143	10.354	9.671
2020	10.880	12.100	11.945	11.218	10.583
2025	10.900	12.870	12.748	12.081	11.494
2030	10.920	13.640	13.550	12.945	12.405
2035	10.940	14.410	14.353	13.809	13.316
2040	10.960	15.180	15.155	14.673	14.228
2045	10.980	15.950	15.958	15.536	15.139
2050	11.000	16.720	16.760	16.400	16.050

注：假设在2050年的基准情景下平均受教育年限提高3年。
资料来源：作者计算得出。

表8 中国平均受教育年限预测（模拟提高3年）

单位：年

年份	15+岁	25+岁	15~64岁	25~64岁
2010	8.297	6.116	8.821	6.379
2015	8.883	7.074	9.434	7.390

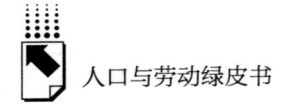

续表

年份	15+岁	25+岁	15~64岁	25~64岁
2020	9.393	7.878	10.045	8.263
2025	9.862	8.340	10.629	8.782
2030	10.356	8.742	11.286	9.243
2035	10.908	9.126	12.021	9.642
2040	11.546	9.799	12.844	10.390
2045	12.098	10.688	13.523	11.492
2050	12.592	11.232	14.196	12.182
2050年比2015年增长(%)	41.762	58.773	50.477	64.855

资料来源：作者计算得出。

五　中国未来的潜在增长率变化趋势及教育红利

（一）中国未来的潜在增长率估计

根据公式（2）和上述供给侧要素的长期估算方法，我们可以估算出未来中国的潜在经济增长率以及变化趋势。从表9中可以看到，在"十三五"时期，中国的潜在经济增长率降低到6.627%，"十四五"时期将进一步降至5.882%，到2046~2050年，中国的潜在增长率将降低至3.331%。实际上，从供给侧的长期要素变化趋势来看，中国经济增长已经进入了一个新的阶段——从高速增长向中高速增长转换。

表9　中国未来的经济潜在增长率估计结果

单位：%

年份	2016~2020	2021~2025	2026~2030	2031~2035	2036~2040	2041~2045	2046~2050
增速	6.627	5.882	5.425	4.982	4.406	3.784	3.331

资料来源：作者估算得出。

（二）教育产生的改革红利

在基准情景基础上，我们首先模拟了延长受教育年限对中国潜在增长率的影响。结果显示，普及高中（提高 3 年的平均受教育程度）对中国的潜在增长率将产生平均 0.2 个百分点的贡献（见表 10）。但值得注意的是，由于中国未来的潜在增长率会不断降低，延长教育年限对潜在增长率的贡献将不断提高。例如，延长教育年限对 2021～2025 年中国潜在增长率的贡献是 3.91%，但是对 2046～2050 年中国潜在增长率的贡献将达到 5.53%。这也意味着教育投资对经济增长的贡献将越来越明显。

表 10　普及高中对未来中国潜在增长率的影响

年份	2016～2020	2021～2025	2026～2030	2031～2035	2036～2040	2041～2045	2046～2050
潜在增速(%)	6.857	6.112	5.645	5.186	4.630	3.981	3.515
改革红利(百分点)	0.230	0.230	0.220	0.203	0.225	0.196	0.184
贡献(%)	3.48	3.91	4.05	4.08	5.10	5.19	5.53

资料来源：作者计算得出。

六　结论和政策建议

本文根据人口结构变化趋势测算了中国未来的潜在增长率，以及教育投入所产生的教育红利。由于中国正迈入人口老龄化社会，这将影响供给侧要素中的劳动力供给潜力和资本供给潜力，从而影响中国的潜在增长率。但是如果我们能够增加教育投入，提高中国平均受教育年限并增加人力资本水平，将使潜在增长率得到提升。文章的研究结论如下。

首先，潜在增长率不断放缓的趋势与中国目前的人口结构变化有关——2010 年之后中国劳动年龄人口开始减少使得潜在的劳动力供给下降，人口抚养比上升导致消费增加储蓄减少进而资本存量增速放缓。即使我们乐观地认为未来的全要素生产率水平保持不变,但是人口老龄化对潜在增长率将产生不利的影响。随着中国人口结构的变化,在"十三五"时期,中国的潜在增长率为6.63%,到"十四五"时期将降低到5.88%,2046~2050年中国的平均潜在增长率将降低到3.33%。

其次,我们必须认识到投资是一个国家长期经济增长的重要动力来源。而投资的形式无非两种:一种是投资于"物",即我们常说的通过资本投入增加资本存量;另一种是投资于"人",即通过教育和培训等方式增加人力资本。无论是物质资本存量还是人力资本存量都是推动长期潜在增长率的主要动力。然而,中国自2010年以来,资本回报率快速下降,物质资本投入的边际报酬在递减;相反,虽然中国的人力资本得到了快速积累,但是相比于发达国家我们仍有很大的差距。与其说继续投资于近乎饱和的物质资本,不如进一步加强对中国人力资本的投入力度。基于这一考虑,我们首先将中国的平均教育年限与日本和美国相同时期的教育年限进行比较,根据参照国的教育年限变化趋势,假设并模拟了增加教育年限对中国长期潜在增长率的影响。我们发现,如果到2050年中国年轻人口的平均受教育年限能够延长3年,中国15岁以上人口的平均受教育年限将增加1.5年,未来潜在增长率将平均提高0.2个百分点。

实际上,从发达国家的经验来看,人力资本的积累对经济增长的贡献是多方面的。首先,人力资本可以理解为简单劳动力的倍乘,当劳动年龄人口减少时,如果人力资本水平提高,也可以弥补劳动年龄人口减少带来的负向影响。其次,人力资本水平也决定着一个国家的科技进步,两者之间是正相关关系。从某种程度上来看,人力资本水平提高,也将间接影响技术进步率,从而促进全要素生产率和潜在增长率。从平均受教育年限来看,中国15岁以上人口的平均受教育年限为8.11年,远低于日本和美国的平均受教育年限。如果考虑教育质量等其他因素,人力资本水平的差距可能还会增大。由于中国潜在增长率的放缓,增加教育投入,适当延长教育年限,将是改善中国长期潜在增长率的重要途径之一。提高人力资本的主要途径有以下几个方面。

第一,普及高中教育延长年轻人口的平均受教育年限。中国很多偏远地区仍然存在教育不足的问题,初中毕业就不再继续上学。显然,随着今后工业的发展和科技的进步,初中所学的知识已经不能满足现代工业对劳动力的要求。如果普及高中和高职教育,让那些潜在的"初中毕业后就参加工作的年轻人"能够延长3年的学习时间,不仅能够增加技能工人的供给,也能增加未来中国人力资本水平。

第二,改革职业高中教育,多样化发展职业教育。根据市场需求,调整专业科目,增加劳动力供给与实际需求的匹配度。在职业教育改革上,我们可以学习日本的经验,首先,在中等教育中扩大职业技术教育;其次,通过开设不同学科,增加职业教育的多样化。职业教育改革最终为日本战后经济的高速增长提供了保障。中国过去30多年的投资更多地偏向了基础设施,物质资本确实对中国过去30多年的经济增长做出了很大的贡献。然而,随着资本回报率的下降,继续大规模投资物质资本收益甚微。如果我们转变思维,加大对人力资本的投入力度,普及高中教育、改革职业教育,同时提高教育质量,那么人力资本在未来经济增长中将发挥重要作用,这项改革至少能够带动0.2个百分点的潜在增长率。

G.16 中国人力资本的空间再平衡与区域均衡发展

邓仲良*

摘　要： 促进人力资本的空间再平衡有利于形成更加均衡的高质量经济发展格局。总体来看，当前人力资本累积速度滞后于城镇化进程，人力资本转化为创新投入不足，对经济增长的总体贡献率还不高；就业结构服务业化并未直接带来人力资本有效累积，生产性服务业与制造业的产业间关联也尚未形成对本地经济增长和人力资本的显著促进作用。本文研究表明，发展基础性服务业、促进流动人口尽快落户及降低其流动时间都有利于增加城市人力资本。面对人口流动的空间失衡，需进一步统筹人口流入地和流出地配套政策，尤其是推进教育和医疗等重点资源区域一体化，加大次中心城市对高技能劳动力的吸引力。

关键词： "十四五"时期　人力资本　空间再平衡

一　引言

经济高质量发展需要形成优势互补的经济空间格局，对怎样有效

---

* 邓仲良，中国社会科学院人口与劳动经济研究所助理研究员，研究方向为区域经济与就业。

实现更加平衡和充分的区域发展的政策探索一直以来是政策制定者和学者关注的焦点问题。作为经济增长核心驱动要素的人力资本，人力资本的空间分布基本决定了经济空间格局，更加均衡的高质量区域协调发展格局必然也要求人力资本的合理空间分布。当前都市圈及大城市日益成为承载人口流入的主要空间载体，大城市在吸纳大量流动人口的同时需要进一步实现人口结构优化，降低集聚成本，另外部分区域则需要解决好人口过度外流导致的功能性衰退，因此如何在"十四五"时期更好地促进城市人力资本有效累积和避免区域发展分化尤为重要。

高质量的经济发展格局需要更加均衡的人力资本空间配置，本文从空间视角来进一步研究人力资本对本地经济增长的拉动效果，并重点关注不同产业结构、流动人口和本地劳动力市场下人力资本累积情况。

二 当前中国人力资本空间格局的基本情况

在当前经济发展空间格局均衡化改善的同时，仍存在制约人力资本空间再平衡的一些关键问题。

（一）人口流动的空间失衡造成人力资本积累速度滞后于城镇化进程

本文采用空间基尼系数（Spatial Gini）[①] 来测度区域经济差距（总量和人均），如图1所示，数据表明尽管地区生产总值的空间均衡性提升缓慢，但人均意义上的经济空间均衡性提升幅度明显，1978~2018年总体呈现降低趋势，1978年人均GRP（地区生产总值）的空间基尼系数为0.343，2000年为0.245，2005年为0.244，2018年为0.132，上述数据分析表明人均GRP空间

---

① 各变量的空间基尼系数（Spatial Gini）计算的空间单位为省级。资料来源为《2019年中国统计年鉴》。

均衡性明显高于地区GRP，这意味着促进人口自由流动有助于改善经济空间格局均衡性。

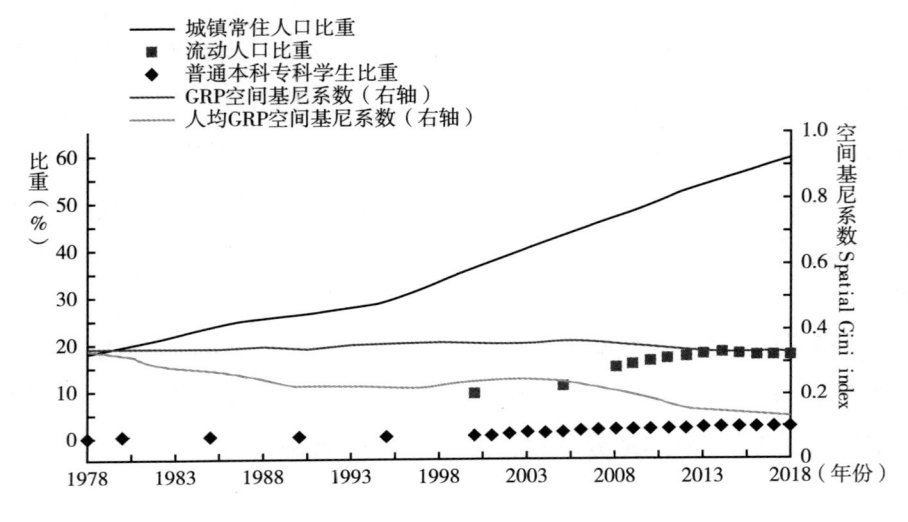

图1　1978年以来中国经济空间格局及人口变化情况

资料来源：作者根据历年《中国统计年鉴》计算，空间基尼系数为作者依据省级层面数据计算，产值和价格均为当年价。由于数据缺失，未包括台湾、香港和澳门，余文未注明者同此说明，不再赘述。

若以本科和专科学生比重作为人力资本的度量指标，1978年以来人力资本增速远低于城镇化率，如图1所示，2018年城镇化率为59.58%，即城镇人口比重占全国总人口近六成，城镇人口增速远高于本科和专科学生比重增速。另外，较大规模的流动人口始终存在，2017年中国流动人口2.44亿人，尽管较上年少82万人，其仍占全国总人口的17.55%，其中外出农民工仍为流动人口主体人群，2017年外出农民工总量近1.72亿，占全国人口比重12.36%，较之上年增加251万人（2015年和2016年外出农民工较上年增幅分别为63万人、50万人）。从现实情况来看，随着我国城镇化水平持续提高，人口向经济密度较高城市聚集的趋势并未改变，但流动人口并未实现稳定落户，人口持续外流将直接改变本地劳动力结构和消费规模，进而影响区域经济的增长动力，这都不利于促进人力资本有效形成。人口过度向大城市集聚会造成特大城市迅速膨胀，城市管理成本将进一步增大，并对城市治理能力提出更高要求，而部分中小城市的发展面临功能性衰退，城市规模体系呈现"两极化倾向"。部分城市的人口外流趋势始终没有改变，"空间锁定"效应明显，例如周口、商丘、信阳、毕节、驻马店、阜阳、南阳等城市多年均为人口净流出城市。

（二）产业结构差异造成人力资本对经济增长贡献率不一致

当前中国经济已进入后工业化和服务业发展并存的时期，产业结构升级需要与之技能水平相适应的劳动力供给结构，不断优化劳动力供给结构则有利于促进人力资本累积。2012年服务业对经济增速首次超过工业，到2018年为59.09%，远大于工业对GDP增速贡献率（31.81%）。从经济格局来看，愈来愈多城市的经济结构也呈现"服务业化"。据作者估算，2012年中国地级市GRP中服务业与工业比值大于1的城市占16.11%，到2017年已上升为42.65%，其中，生产性服务业与制造业的就业比重大于1的城市从2012年的21.45%上升至2017年的29.89%。除北京等大城市外，该类产业结构高端化的城市占全国经济比重并不高，也就是说生产性服务业集聚尚未直接带动本地区经济增长，如乌兰察布、商洛、酒泉、固原等城市。从省级经济数据进一步看出，2010年除北京、上海、海南、贵州等省市外，其余省市的经济增长基本都是工业主导（以工业增加值与服务业增加值比值确定），而到2018年除安徽、福建、江西、河南和陕西外，其余省市服务业占GDP比重均超过工业，服务业化趋势日益明显，原有工业占GDP比重较高的一些省市到2018年时服务业已成为主导产业，如山西、内蒙古和天津等，过度地"去工业化"造成经济增长动能转换较慢，发展服务业需要具有较高的市场潜能优势和历史人力资本累积，当前这些省市的原有产业结构及区位优势还无法适应现代服务业的发展要求，尤其生产性服务业对本地高技能劳动力、创新投入等要求都较高，从工业向服务业的产业结构转换失灵造成这些省市经济增长失速。

正是由于产业结构的空间差异，人力资本对地区经济增长的贡献也不同，人力资本欠缺的地区其经济比重也较低，本文进一步以各省区市的专利授权数比重作为区域人力资本的衡量指标。如图2所示，2018年北京、天津、上海、广东、浙江、福建等省市的专利授权数比重高于其经济比重，而辽宁、四川、河南等省份专利授权数比重都低于其经济比重，这表明这些省市创新投入对本地经济增长贡献率还不高。

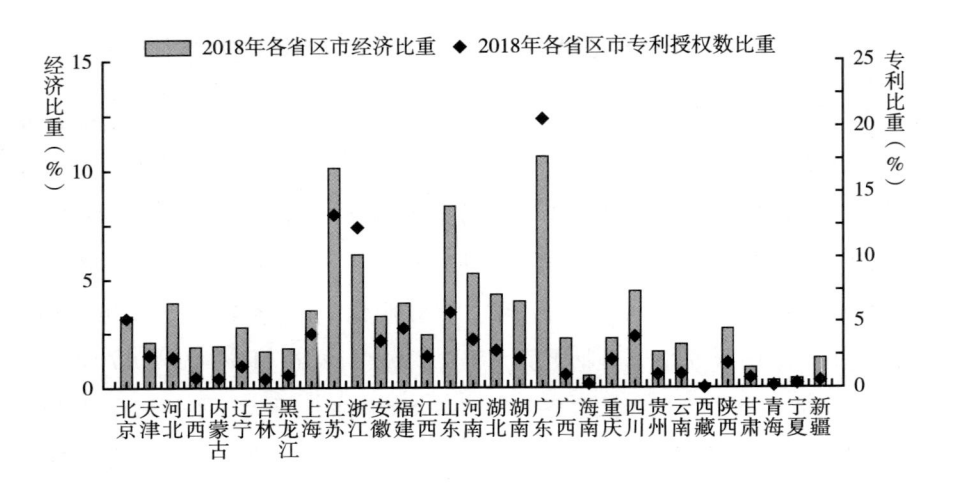

图2 2018年人力资本和各省区市经济比重

资料来源：作者根据《2019年中国统计年鉴》计算。

（三）将人力资本存量转变为创新投入存在明显空间分化

当前中国城镇化已经进入中心城市带动城市群，进而带动区域经济发展的阶段，超大和特大城市也成为承载中国经济增长的主要空间。人口聚集为人力资本累积提供了基础条件，即人口规模越大的区域或城市具有更好地提升人力资本的初始条件[1]，但最终转化为产业产出所需的创新投入还存在较大的空间分化。本文以规模以上工业研究与试验发展R&D投入作为创新变量，并以高等学校的在校生学生比重来衡量人力资本存量，利

---

[1] 邹薇、代谦：《技术模仿、人力资本积累与经济赶超》，《中国社会科学》2003年第5期，第26~38页。

用 2018 年省级层面数据进一步分析表明，不同省市创新与人力资本相关程度较高，即在校生比重较高的地区，其研究与试验发展（R&D）投入也较高，如广东、江苏、浙江等，2018 年广东省在校学生数占全国 6.93%，R&D 人员数量超过全国平均水平 20%，远高于其他地区；北京虽然服务业占比较高，但是其规模以上 R&D 投入比重低于江苏等省市；而另外一些省市，如河北、四川、山东、河南、湖南、新疆等，这些省份的在校生比例较高，但其规模以上 R&D 投入远低于东部地区。2018 年河北省的在校学生比重占全国的 4.74%，而 R&D 投入占全国比重仅为 2.31%，远低于广东 20.86%，具体如图 3 所示。

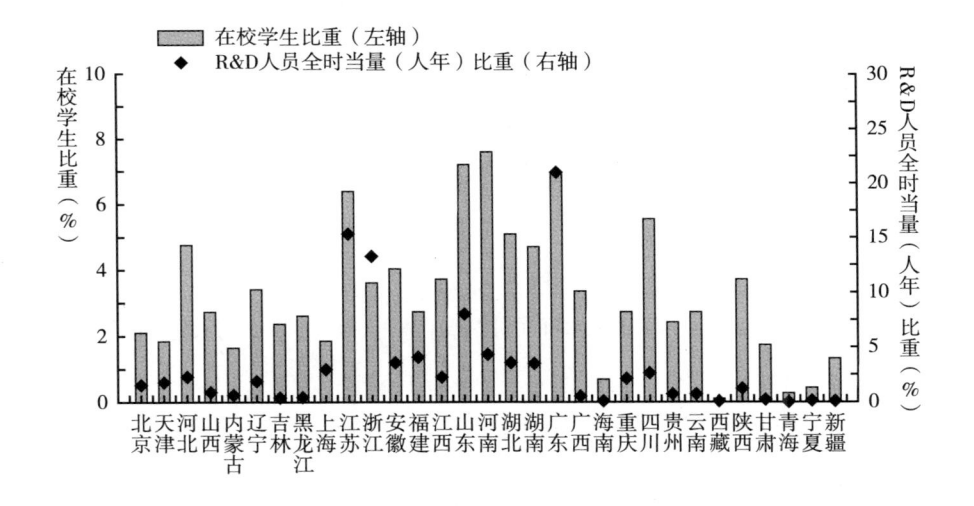

图 3　中国各省份人力资本与工业科研投入情况

资料来源：作者根据《2019 年中国统计年鉴》计算。

从城市层面进一步来看，人口向大城市和都市圈集聚趋势逐步明显。据作者估算，在地级市及以上城市层面，到 2018 年底我国已形成了至少 8 个超大城市和 12 个特大城市、25 个 I 型大城市、118 个 II 型大城市，且伴随人口流动规模扩大，大城市数目还存在增多的趋势。城市层面的在校大学生（本科＋职业教育）与专利授权数呈现显著的正相关关系，我们进一步将

2012年的城市专利授权数与2018年的城市大学生人数进行对比，二者呈现更为明显的正相关关系，这表明创新产出（以专利授权数为例）更高城市有利于吸纳更多的高等教育学生。

三 从空间视角来理解人力资本对经济增长贡献

伴随劳动力规模增速趋缓，人力资本及其配置效率越来越成为影响经济增长的关键因素，但由于集聚效应差异，经济增长具有显著空间异质性，人力资本对不同地区经济增长的贡献率是不同的，有必要从空间视角来准确判断人力资本对经济增长贡献率。

（一）模型设定

由于人力资本内涵丰富，具有知识储备和有效创新能力的劳动力供给是人力资本的最基本特征。从供给端的经济增长要素分解来看，人力资本即可看作一种要素投入，即人力资本和物质资本、技术、劳动力是等同的生产要素，同时也可看作一种外部性影响。人力资本通过全要素生产效率而间接影响经济产出，例如劳动力健康水平可以影响高技能劳动者的技能输出效率，进而影响有效劳动投入[1]。

作为一种初步尝试，在参考杨建芳、龚六堂和张庆华[2]及曲玥[3]等对人力资本变量选取的研究基础上，利用经典的Solow模型，本文将人力资本作为一种要素投入来初步测算人力资本对经济增长的影响效果。由于劳动力就业规模较大的城市，其人力资本存量也较大，因此为避免多重共线性引发的估计偏误，本文将劳动力L和人力资本H作为一种劳动力要素分别输入，如式（1）：

---

[1] Aghion, P. and P. Howitt. Endogenous Growth Theory [M]. Cambridge, Massachusetts: The MIT Press, 1998.

[2] 杨建芳、龚六堂、张庆华：《人力资本形成及其对经济增长的影响——一个包含教育和健康投入的内生增长模型及其检验》，《管理世界》2006年第5期，第10~18页。

[3] 曲玥：《考虑教育异质性的人力资本配置效率测算——基于"企业—员工"匹配调查数据》，《中国工业经济》2020年第8期，第24~41页。

$$\ln y_{ct} = \beta_0 + \beta_1 \ln K_{ct-1} + \beta_2 \ln L_{ct} \text{ 或 } \ln H_{ct-1} + \Omega_{ct} \tag{1}$$

$$\Omega_{ct} = u_c + \varepsilon_t + e_{ct} \tag{2}$$

式中，$\beta_0 \sim \beta_2$ 分别为常数项及变量系数，y_c 为城市 c 的人均 GRP，K_c 为城市 c 的固定资本存量，考虑固定资本和人力资本形成具有滞后性，故滞后 1 期；L_c 为城市 c 的劳动力就业规模，H_c 为城市 c 的人力资本变量，L_c 仍采用当期值；Ω_c 为城市 c 的 Solow 余值，分别为城市固定、时间固定效应及误差项 e_{it}，当仅使用单期截面数据时，$\Omega_c = e_{ct}$。

（二）数据选取

城市 c 的人均 GRP、城市劳动力就业规模 L_c 的数据来自《2019 年中国城市统计年鉴》。对城市固定资本存量而言，由于初始资本存量、价格指数、折旧率等差异，城市层面固定资本存量尚未有明确的研究数据，在截面模型中采用相同估计方法的横向比较也能反映不同城市固定资本的相对差异，本文采用邓仲良[①]的方法估计，其基本原理仍是永续存盘法，并假定城市固定投资价格指数与省级相同，选 2000 年为基期，资本价格依据省级层面价格来折算，省级价格指数来自《中国统计年鉴》，初始固定资本存量估计为式（3），I'_0 为初始基期的固定资产不变价投资额，δ 为资本折旧率，参考张军等（2004）取 9.6%，g 为不变价投资额 I_t 的平均增长率。

$$K_0 = I'_0 (1 + g)/(g + \delta) \tag{3}$$

由于统计口径变化，自 2018 年开始城市层面并未公布固定资产投资，仅有房地产投资，本文主要针对 2018 年城市截面数据，考虑固定资产投资对经济增长和人力资本累积具有滞后性，故采用滞后 1 期的城市层面固定资本存量估计值。2017 年城市统计年鉴中的部分城市固定资本投资增速

---

① 邓仲良、张可云：《中国经济增长的空间分异为何存在？一个空间经济学的解释》，《经济研究》2020 年第 4 期，第 20~36 页。

缺失，通过查阅各城市的国民经济公报补齐，例如：较之2016年，2017年松原市增加0.1%，白城市增加8.65%，南平市增加17.5%，梧州市增加13.8%，防城港市增加12.1%，贵港市增加16.9%，六盘水市增加21.7%，遵义市增加22%，安顺市增加21.7%，铜仁市增加22.8%，曲靖市增加25.1%，玉溪市增加20.9%，保山市增加32.1%，丽江市增加16.4%，海东市增加12.4%等。图4列出了2000年、2007年和2017年的城市固定资本存量对数值的核密度分布，可见从2000年到2017年中国城市固定资本存量增加明显，同时分布范围逐步增大，核密度曲线逐步右移，波峰有所升高。

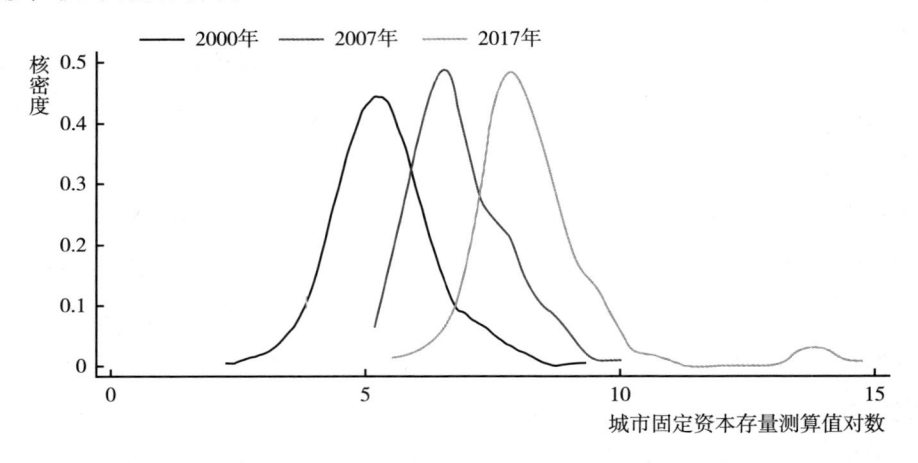

图4　中国城市固定资本存量估算值的核密度分布

资料来源：作者自行计算。

在人力资本测度的指标选取上，已有研究表明有：识字率①、Jorgenson-Fraumeni收入法②、大学生受教育比例和历史上明清时期的进士数量③、平

---

① 蔡昉、王德文、都阳：《劳动力市场扭曲对区域差距的影响》，《中国社会科学》2001年第2期，第4~14页。
② 李海峥、贾娜、张晓蓓、Fraumeni B.：《中国人力资本的区域分布及发展动态》，《经济研究》2013年第7期，第49~62页。
③ 夏怡然、陆铭：《跨越世纪的城市人力资本足迹——历史遗产、政策冲击和劳动力流动》，《经济研究》2019年第1期，第132~149页。

均受教育年限①②、人力资本流量序列的支出法③等。考虑城市层面数据获取性和已有研究成果，本文选取两个指标来同时测度城市人力资本，其一，选取高等教育大学本科和专科学生数 H_1，我们认为大学本科学生和职业教育学生具有较高的劳动技能、认知以及健康等人力资本的核心特征，可作为衡量人力资本的变量之一。其二，考虑人力资本水平影响创新能力④，本文也选取专利实际授权数 H_2 作为衡量人力资本的变量。我们对比了这两个指标的相关性，如图5所示，可见二者正相关性较高，这表明本文采用 H_1 和 H_2 来度量城市人力资本是合理的。从城市人力资本来看，鞍山市、晋中市、临汾市和吕梁市等在《2019年中国城市统计年鉴》缺失，也同样可通过查当年国民统计公报补齐。另外，本文进一步对不同年份的城市人力资本进行了整理计算，以本科和职业教育学生数 H_1 为例，中国城市人力资本核密度曲线明显右移，同时分布范围和核密度曲线峰值都变大，这表明尽管人力资本存量增加，城市人力资本空间集聚趋势也比较明显，如图6所示。

为进一步研究产业结构和流动人口对人力资本的影响，本文还使用了城市产业结构数据、各细分产业部门的就业数据以及流动人口调查数据，流动人口微观数据来自国家卫生健康委提供的中国流动人口动态监测调查数据（China Migrants Dynamic Survey，简称 CMDS），其余未注明数据都来自《2019年中国统计年鉴》和《2019年中国城市统计年鉴》。另外，为统一数据口径和获得性，对部分数据缺失的城市予以剔除，剔除的城市有：崇左、三沙、毕节、铜仁、丽江、普洱、临沧、拉萨、定西、陇南、海东、固原、

---

① Rauch, J. E. "Productivity Gains from Geographic Concentration of Human Capital: Evidence from the Cities". *Journal of Urban Economics*, 1993, 34 (3): 380–400.
② 曲玥：《考虑教育异质性的人力资本配置效率测算——基于"企业—员工"匹配调查数据》，《中国工业经济》2020年第8期，第24~41页。
③ 张勇：《人力资本贡献与中国经济增长的可持续性》，《世界经济》2020年第4期，第75~99页。
④ Romer, P. M. "Endogenous Technological Change". *Journal of Political Economy*, 1990, 98 (5): 71–102.

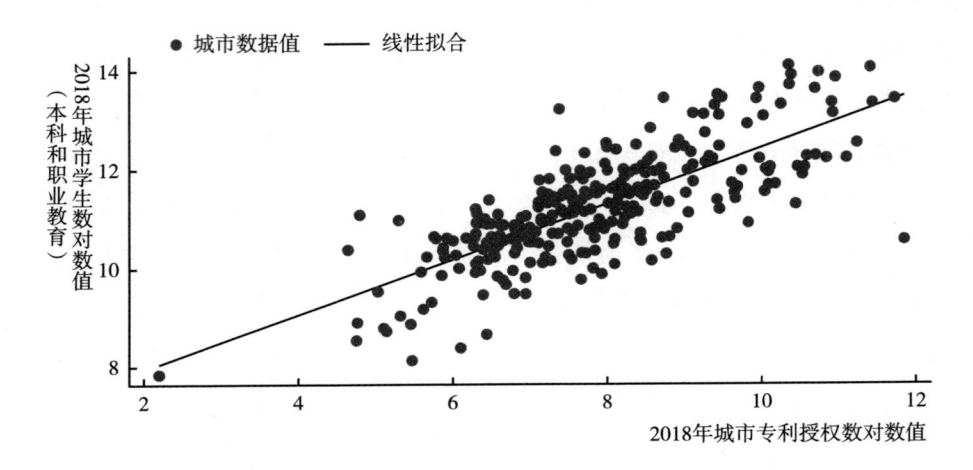

图 5　人力资本指标对比

资料来源：作者根据《2019年中国城市统计年鉴》计算。

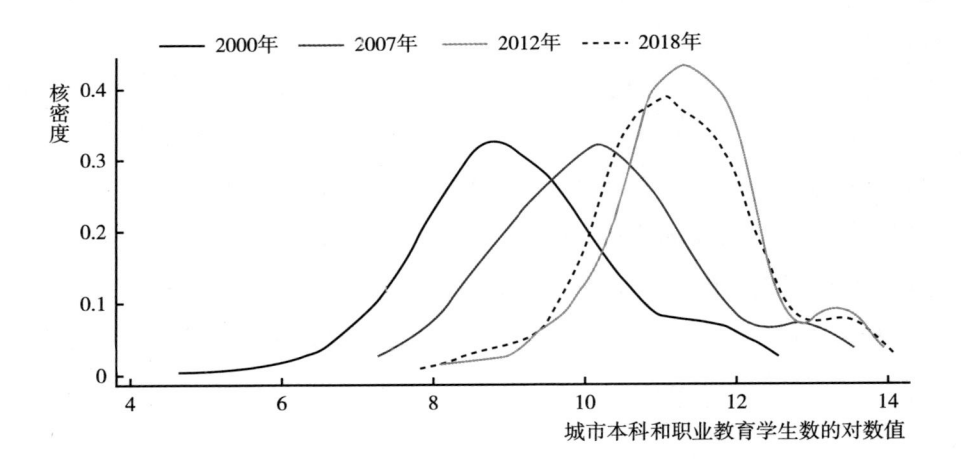

图 6　中国人力资本的核密度分布

注：本文以本科和职业教育学生数 H_1 作为人力资本测度指标之一。
资料来源：作者根据历年《中国城市统计年鉴》自行计算。

中卫、宝鸡和遵义等城市，剩余275个地级市及以上城市。相关变量的描述性统计特征见表1。

表 1 部分指标的描述性统计

变量符号	变量值	最大值	最小值	均值	标准差	变异系数
$\ln(yc_{2018})$	2018年城市人均GDP对数值	12.165	9.679	10.902	0.514	0.0471
$\ln(K_{2017})$	2017年城市固定资本存量估计值对数	14.745	5.519	8.296	1.352	0.163
$\ln(L_{2018})$	2018年城市就业人数对数	16.569	11.611	13.673	0.876	0.064
$\ln(H1_{2018})$	2018年城市本科和职业教育学生人数对数	14.049	7.803	11.230	1.126	0.100
$\ln(H2_{2018})$	2018年城市专利授权数对数值	11.580	1.792	7.459	1.627	0.218
$\ln(indus\_cy_{2018})$	城市产业结构:产业增加值 Y_3/Y_2	1.469	-1.010	0.084	0.382	4.559
$\ln(indus\_cem_{2018})$	城市产业结构:就业人数 em_3/em_2	2.482	-1.615	0.285	0.617	2.164

注:每个指标数据为275个。

(三)人力资本对本地经济增长拉动

考虑人力资本的空间异质性,本文对中国275个地级市及以上城市的人力资本与人均GDP进行初步研究,由于在城市层面的人口规模、劳动力就业人数和本文选取的本科与职业教育学生数和专利授权数的相关性较高,如图7,为避免多重共线性影响,本文通过分别引入劳动力就业人数和人力资本变量进行研究,以探求人力资本对本地经济增长的贡献率。我们首先引入固定资本 K 和劳动力就业 L,如表2回归1所示,二者与人均GDP显著正相关,当将 L 替换为 H_1 时,固定资本存量和人力资本也与人口GDP在1%置信水平下正相关,如表2回归2,调整 R^2 为0.2632,其小于回归1,同时 $\ln(H1_{2017})$ 系数也小于 $\ln(L_{2018})$,这表明人力资本对城市经济增长贡献率小于劳动力投入。这意味着要素投入对以往经济增长贡献率大于人力资本,这与张勇(2020)研究结论一致。

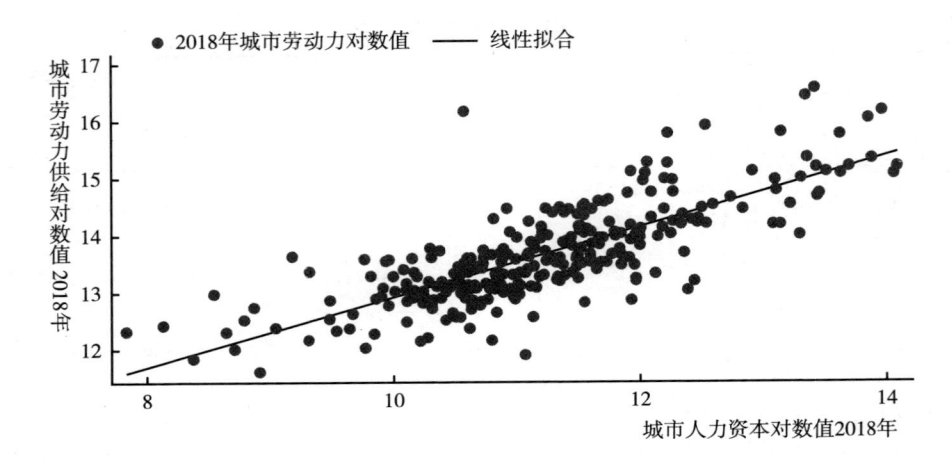

图 7　中国劳动力供给和人力资本关系：地级市层面

注：本文以本科和职业教育学生数作为人力资本测度指标之一。
资料来源：作者根据《2019 年中国城市统计年鉴》计算。

表 2　城市层面经济增长的要素贡献

指标	(1) $\ln(yc_{2018})$	(2) $\ln(yc_{2018})$		(3) $\ln(yc_{2018})$	(4) $\ln(yc_{2018})$	(5) $\ln(yc_{2018})$	(6) $\ln(yc_{2018})$
$\ln(K_{2017})$	0.110***	0.146***	$\ln K_{2017}$	—	—	—	0.0562**
	(4.55)	(6.42)		—	—	—	(2.30)
$\ln(L_{2018})$	0.191***	—	$\ln K_{2012}$	—	—	0.465***	0.382***
	(5.11)	—		—	—	(10.95)	(7.64)
$\ln(H1_{2017})$	—	0.0925***	$\ln H1_{2017}$	0.181***	—	—	0.231***
	—	(3.38)		(7.15)	—	—	(3.10)
	—	—	$\ln H1_{2012}$	—	0.172***	-0.122***	-0.346***
	—	—		—	(6.14)	(-3.43)	(-4.30)
调整 R^2	0.2994	0.2632	调整 R^2	0.1547	0.1180	0.3856	0.4115
F	59.56	49.94	F	51.15	37.64	86.99	48.90
观测值 N	275	275	观测值 N	275	275	275	275

注：$p^* < 0.1$，$p^{**} < 0.05$ 和 $p^{***} < 0.01$ 分别表示在 10%、5% 和 1% 的水平下通过了显著性检验，括号中数值为 t 检验值，余同，不再赘述，为节约篇幅还省去了常数项。

为进一步研究固定资本和人力资本对本地经济增长的贡献份额，本文进一步引入滞后 5 期的固定资本存量 K_{2012} 和人力资本 H_{2012}，当仅考虑 2012 年 K_{2012} 和 H_{2012} 时，K_{2012} 对本地人均 GDP 贡献显著为正，而 H_{2012} 系数为负，即便再引入滞后 1 期的 K_{2017} 和当期人力资本 H_{2017}，$\ln H1_{2012}$ 系数仍然为负，而仅考虑人力资本 L_{2017} 或 L_{2012}，人力资本系数为正，且滞后 1 期系数大于滞后 5 期，这表明滞后期数较早的人力资本对本地当期的经济增长贡献较小，且并不稳健。

四 推动产业结构升级带动人力资本空间再平衡

人力资本对经济增长具有显著的正向作用，在当前经济结构服务业化背景下，我们更加关注产业结构调整是否会有效促进人力资本累积。

（一）产业结构升级能否实现人力资本累积？

本文进一步考察城市层面的人力资本累积与产业结构的关系。本文初步分析服务业的经济与就业比重和城市人力资本的相关关系，如表 3 所示。我们发现一个有趣的现象，当以经济比重来衡量服务业化 Y_3/Y_2 时，城市人力资本（H_1 和 H_2）与采用产值水平衡量的产业结构服务业呈正相关关系，但以城市专利授权数 H_2 与 Y_3/Y_2 的正相关关系不显著，这表明推进服务业化对人力资本的正向累积效应可能不稳健。当以就业人数来度量服务业化时 em_3/em_2，无论是采用城市学生数 H_1，还是采用专利授权数 H_2，城市人力资本（H_1 和 H_2）与服务业工业就业比值呈负相关关系，这表明推进就业结构服务业化并未有效促进人力资本累积。

表 3 城市人力资本与产业结构的关系

指标	(7)	(8)	(9)	(10)
	$\ln(H1_{2018})$	$\ln(H1_{2018})$	$\ln(H2_{2018})$	$\ln(H2_{2018})$
$\ln(indus\_cy_{2018})$	0.673***	—	0.275	—
	(3.91)	—	(1.14)	—

续表

指标	(7) $\ln(H1_{2018})$	(8) $\ln(H1_{2018})$	(9) $\ln(H2_{2018})$	(10) $\ln(H2_{2018})$
$\ln(indus\_cem_{2018})$	—	-0.241**	—	-1.052***
	—	(-2.23)	—	(-7.77)
常数项	11.16***	11.29***	7.846***	8.155***
	(166.38)	(153.49)	(84.24)	(90.17)
调整 R^2	0.0496	0.0178	0.0011	0.1804
F	15.31	4.95	1.29	60.41
观测值 N	275	275	275	275

注：本文城市人力资本存量采用两个替代变量来同时测度，$\ln H1$ 为以城市在读本科和高职学生的对数值，$\ln H2$ 为城市实际专利授权数对数值；$\ln indus\_cy$ 为服务业与工业的产值比值，$\ln indus\_cem$ 为服务业与工业的就业人数比值。

伴随产业结构升级，很多城市产业结构服务业化趋势明显，其中生产性服务业所体现的产业间关联作用愈加显著，本文进一步采用生产性服务业与制造业的就业比重作为衡量城市产业高端化的指标，如图8所示。总体而言，从城市层面来看，产业结构高端化尚未对人力资本累积形成明显的促进作用，对城市人力资本衡量也分别采取了在校高校学生数和专利授权数，二者都呈现负相关关系。

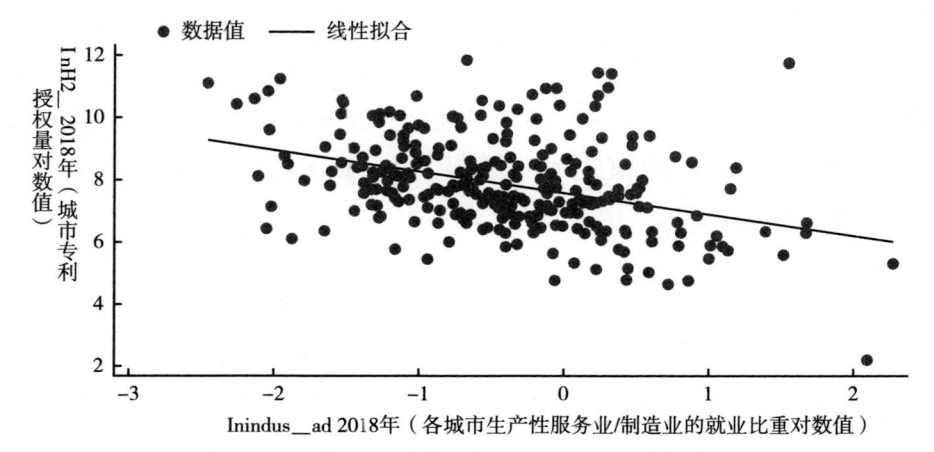

图8 2018年产业结构高端化与人力资本累积关系

资料来源：作者根据《2019年中国城市统计年鉴》整理计算。

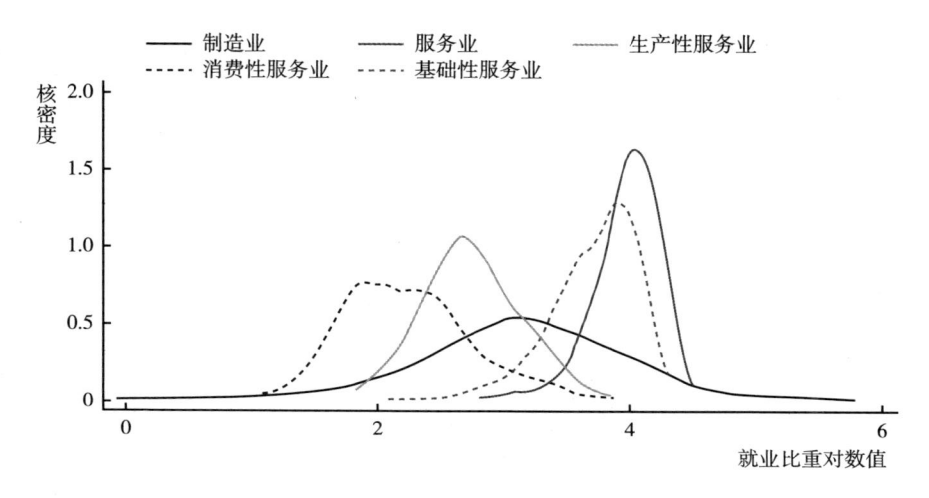

图9 不同产业在城市间核密度分布（2018年）

资料来源：作者根据《2019年中国城市统计年鉴》整理计算。

（二）产业部门就业结构与人力资本累积

如上一小节所述，产业部门就业结构人力资本累积的促进效应不同，尤其是服务业，本文将服务业划分为生产性服务业、消费性服务业和基础性服务业，关于细分类别服务业的划分规则详见邓仲良（2020b）。2018年制造业、服务业以及生产性服务业、消费性服务业、基础性服务业的城市间核密度分布如图9所示，可见制造业分布范围最广，其核密度曲线波峰最低，这表明制造业在城市间就业人数比重较为均衡；服务业核密度曲线分布范围较窄，且其波峰较高，这表明服务业在空间上呈现集聚趋势，生产性服务业和消费性服务业的核密度曲线波峰依次低于基础性服务业，其中消费性服务业和基础性服务业核密度曲线分布大于生产性服务业。

以本科及职业教育学生来衡量城市人力资本为例，本文分别检验制造业及细分服务业就业与城市人力资本的关系，如表4所示，制造业、生产性服务业、消费性服务业和基础性服务业的就业人数都与人力资本显著正相关，其中基础性服务业 R^2 为0.6930，其大于生产性服务业和消费性服务业，这表明发展基础性服务业更加有利于提高人力资本。进一步地，我们对每个城市的医疗卫生和教育就业人数取对数，并与人力资本回归分析，回归15表明医疗和教育就业人数对人力资本正向贡献更为显著，变量系数为1.29，大于生产性服务业和消费性服务业。

表4 人力资本积累与劳动力就业结构

被解释变量	(11)	(12)	(13)	(14)	(15)
	$\ln(manu_{2018})$	$\ln(productservice_{2018})$	$\ln(consumesercvice_{2018})$	$\ln(basicservice_{2018})$	$\ln(medic_{2018}+edu_{2018})$
$\ln(H1_{2018})$	0.629***	0.889***	0.773***	1.378***	1.290***
	(16.62)	(22.98)	(21.19)	(24.89)	(26.78)
调整R^2	0.5011	0.6579	0.6206	0.6930	0.7232
观测N	275	275	275	275	275

五 促进流动人口稳定落户、就业有利于提高人力资本水平

推进基本公共服务均等化有利于促进人口均衡流动，但流动人口稳定落户与其享受城市教育、医疗等基本公共服务质量紧密相关，而这些对人力资本累积具有显著影响。

（一）流动人口与城市人力资本

本文利用国家卫健委CMDS数据，将各城市的流动人口样本个体的受教育年限按样本总体平均，并匹配至城市层面，这样我们可以获得城市层面的流动人口平均受教育年限 $migrat\_sch$。从流动人口平均受教育水平来看，2011~2017年流动人口平均受教育年限逐步提高，从2011年的9.52年上升至2017年的10.11年。进一步从教育结构来看，尽管流动人口受教育程度提高，但低技能劳动力是流动人口的主要组成部分，2017年初中及以下教育水平流动人口比重仍占近61%，相比2011年下降10.82个百分点。拥有

高中或中专、大学本科和专科学历的流动人口比重逐年上升，后者上升速度最快，已从 2011 年 7.66% 上升至 2017 年 16.88%，高中及中专学历流动人口仅上升 1.25 个百分点。此外，尽管研究生及以上学历流动人口的比重较低，但 2011 年后也呈逐年上升趋势，2017 年拥有研究生及以上学历流动人口比重已为 0.52%，相较 2011 年上升 0.34 个百分点[①]。

表5 中国流动人口家庭基本信息（2011~2017）

年份	平均受教育年限	流动人口不同学历占比（%）			
		初中及以下	高中及中专	大学本科及专科	研究生及以上
2011	9.52	71.52	20.65	7.66	0.18
2012	9.94	69.47	21.26	9.06	0.22
2013	10.03	69.06	21.41	9.32	0.22
2014	9.93	66.59	20.55	12.53	0.32
2015	9.89	65.71	21.74	12.27	0.29
2016	10.15	61.71	22.30	15.51	0.48
2017	10.11	60.70	21.90	16.88	0.52

注：教育水平采用受教育年限来界定，作者依据不同教育阶段年限折算。
资料来源：作者根据 CMDS 数据整理计算，CMDS 为国家卫生健康委提供的中国流动人口动态监测调查数据（China Migrants Dynamic Survey，简称 CMDS）。

为进一步对比城市人力资本与流动人口特征之间的关系，本文将城市教育水平替换为高等教育师生比（H_edu），以其作为衡量城市人力资本的替代变量，并考虑流动人口流动时间（duration），回归结果如表6所示。可以进一步看出，除经济结构服务业化和城市劳动力规模与 H_edu 显著为正外，流动人口平均受教育年限也与 H_edu 显著正相关。在此基础上，我们进一步加入流动人口平均流动时间，如表6回归18和回归19，可见流动时间与 H_edu 显著负相关，即便我们引入城市产业结构作为城市特征的控制变量，核心解释变量 $migrat\_sch$ 及持续流动时间 $duration$ 的显著性和符号均未改变，这表明流动人口持续流动而非稳定落户不利于城市人力资本累积。

---

① 邓仲良、张可云、杨孟禹：《当前中国人口流动特征下区域协调发展面临问题及对策》，《长沙大学学报》2020 年第 1 期，第 90~94 页。

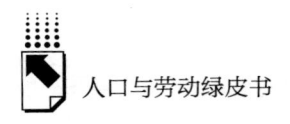

表6 城市人力资本与流动人口的教育年限、持续流动时间 OLS

指标	(16) ln(H_edu)	(17) ln(H_edu)	(18) ln(H_edu)	(19) ln(H_edu)
ln$L$	0.0668***	0.0486***	0.0678***	0.0499***
	(221.48)	(153.17)	(221.45)	(155.40)
ln($migrat\_sch$)	0.221***	0.0842***	0.216***	0.0766***
	(55.41)	(21.03)	(54.10)	(19.09)
ln($indus\_cy$)	—	0.103***	—	0.104***
	—	(159.74)	—	(160.81)
ln($duration$)	—	—	-0.0176***	-0.0241***
	—	—	(-18.66)	(-26.04)
常数项	-3.701***	-3.295***	-3.660***	-3.235***
	(-431.22)	(-374.22)	(-412.84)	(-355.68)
	ln(H_edu)	ln(H_edu)	ln(H_edu)	ln(H_edu)
调整 R^2	0.1038	0.1359	0.1043	0.1368
F	39845.55	36054.97	26693.14	27237.30
观测值 N	687726	687726	687726	687726

资料来源：作者根据匹配至城市层面的 CMDS 数据计算。

（二）人力资本水平与城市失业率

初步回归进一步表明，城市劳动力就业规模与人力资本呈显著正相关关系，我们将城市层面失业数据除以城市总劳动力人数得到城市估算失业率，这些数据来自《2019年中国城市统计年鉴》。如图10所示，可见城市人力资本与失业率呈现显著负相关关系，这种相关性表明降低失业率有助于提高城市人力资本存量，这与一般经济学直觉是一致的。进一步地，我们还变换了城市人力资本度量指标，对城市人力资本的度量指标选取而言，无论是采用城市学生数，还是采用城市专利授权数，其与城市失业率的负相关关系都是成立的，如表7所示。此外，考虑劳动力就业规模、人均 GRP 等指标都与失业率存在相关关系，本文采用城市产业结构 Y_3/Y_2 来控制城市特征，城

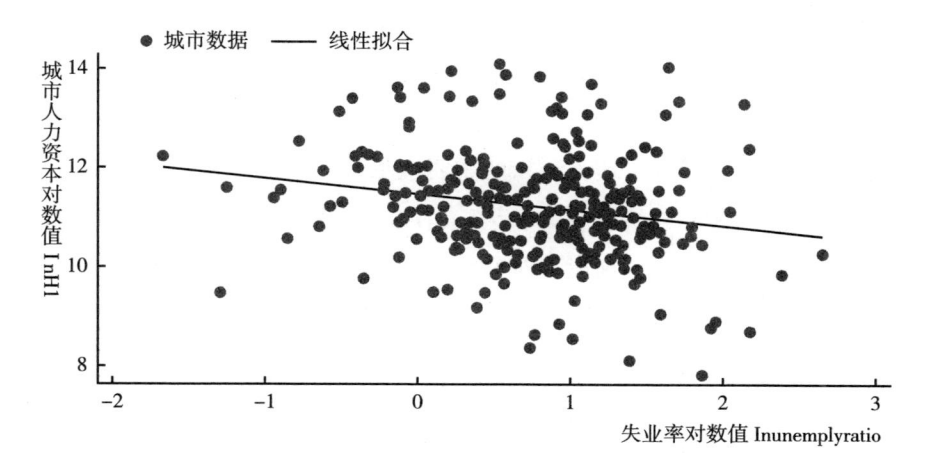

图 10 城市人力资本和失业率关系

资料来源：作者根据《2019 年中国城市统计年鉴》整理计算。

市产业结构服务业与城市人力资本的相关性前文已经验证，OLS 回归表明，城市人力资本与失业率负相关仍然成立，而无论是经济结构服务业化，抑或就业结构服务业化，相关指标符号与前述分析都保持一致。

表 7 人力资本与城市失业率

指标	(20) $\ln(H1_{2018})$	(21) $\ln(H1_{2018})$	(22) $\ln(H2_{2018})$	(23) $\ln(H2_{2018})$
$\ln(unemratio_{2018})$	-0.318***	-0.348***	-0.724***	-0.738***
	(-3.25)	(-3.66)	(-5.67)	(-5.79)
$\ln(indus\_cy_{2018})$	—	0.748***	—	0.400*
	—	(4.43)	—	(1.74)
常数项	11.47***	11.43***	8.420***	8.400***
	(115.64)	(118.71)	(65.39)	(65.23)
调整 R^2	0.0340	0.1030	0.1044	0.1178
F	10.55	15.44	32.13	17.69
观测值 N	275	275	275	275

注：$unemratio$ 为城市失业率。

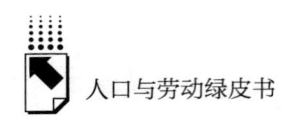

六 研究结论与政策启示

人力资本对提高经济增长质量的重要性不言而喻，降低人力资本的空间差异则能够有效提高经济空间均衡性。当前人力资本积累速度滞后于城镇化进程，人力资本转化为创新投入对经济增长贡献率还不高，因而"十四五"时期更好地促进人力资本空间再平衡对可持续的高质量发展意义重大。

本文从空间视角初步测算了人力资本对城市经济增长的贡献率，并探讨了促进人力资本的空间再平衡的几种政策思路。研究表明，提高当期或近期人力资本对经济增长较大，但当前人力资本对城市经济增长贡献率小于劳动力投入。通过增加生产性服务业与制造业的产业间关联来促进产业结构高端化并未直接带来人力资本累积，各城市的制造业及各细分服务业就业人数增加，对人力资本累积有显著的正向作用，尤其是教育、卫生等公共基础性服务业。当前中国流动人口规模仍然较大，本文初步研究表明，提高流动人口平均受教育年限和降低流动持续时间有利于提高人力资本，而流动人口是否稳定落户则与其能否享受城市教育、医疗等基本公共服务质量紧密相关。目前我国Ⅱ型大城市和中小城市人口外流趋势明显，而落户政策对象主要就是该两类城市。故需统筹人口流入地、流出地配套政策，做好医疗、养老、教育、公积金等关系转移接续工作，创新人才政策体系，加大次中心城市对高技能劳动力的吸引力。继续加快推进基本公共服务均等化，尤其是重点资源区域一体化。例如可以进一步推进省内重点高校在中小城市设立分校，引导省三甲医院等优质医疗资源向本省内Ⅱ型大城市布局。

参考文献

Daron Acemoglu, David Autor, "What Does Human Capital Do? A Review of Goldin and Katz's The Race between Education and Technology," *Journal of Economic Literature* 50 (2012).

Philippe Aghion, Peter Howitt, *Endogenous Growth Theory* (Cambridge, Massachusetts: The MIT Press, 1998).

Duncan Black, and Vernon Henderson, "A Theory of Urban Growth," *Journal of Political Economy* 107 (1999).

Klaus Desmet and Esteban Rossi-Hansberg, "Urban Accounting and Welfare," *American Economic Review* 103 (2013).

Edward L. Glaeser, Lu Ming, "Human-Capital Externalities in China," NBER Working Paper, No. 24925, 2018.

Edward L. Glaeser, Stuart S. Rosenthal, William C. Strange, "Urban Economics and Entrepreneurship," *Journal of Urban Economics* 67 (2010).

Robert E. Jr. Lucas, "On the Mechanics of Economic Development," *Journal of Monetary Economics* 22 (1988).

James E. Rauch, "Productivity Gains from Geographic Concentration of Human Capital: Evidence from the Cities," *Journal of Urban Economics* 34 (1993).

Paul M. Romer, "Endogenous Technological Change," *Journal of Political Economy* 98 (1990).

Robert M. Solow, "A Contribution to the Theory of Economic Growth," *Quarterly Journal of Economics* 70 (1956).

蔡昉、都阳:《中国地区经济增长的趋同与差异——对西部开发战略的启示》,《经济研究》2000年第10期。

陈钊、陆铭、金煜:《中国人力资本和教育发展的区域差异：对于面板数据的估算》,《世界经济》2004年第12期。

邓仲良:《中国服务业发展及其集聚效应：基于空间异质性的视角》,《改革》2020年第7期。

高虹:《城市人口规模与劳动力收入》,《世界经济》2014年第10期。

潘文卿:《中国的区域关联与经济增长的空间溢出效应》,《经济研究》2012年第1期。

宋旭光、赵雨涵:《中国区域创新空间关联及其影响因素研究》,《数量经济技术经济研究》2018年第7期。

张车伟:《人力资本回报率变化与收入差距："马太效应"及其政策含义》,《经济研究》2006年第12期。

张文武、梁琦:《劳动地理集中、产业空间与地区收入差距》,《经济学（季刊）》2011年第2期。

朱承亮、师萍、岳宏志、韩先锋:《人力资本、人力资本结构与区域经济增长效率》,《中国软科学》2011年第2期。

Summary

The 14th Five-Year Plan period is the first five years that China will embark on a new journey of comprehensively building a modern socialist country. During this period, the external environment for China's development will become more complex, and various challenges will also tend to increase. The task of transforming the domestic development mode, optimizing the economic structure and transforming the growth momentum will be more urgent. How to promote the transition of our country's economy from a stage of rapid growth to a stage of high quality development is a major issue. Both historical experience and classic theories point out that human capital is an important source of endogenous economic growth and has a decisive effect on the sustainable development of a country. Therefore, high quality economic development of the 14th Five-Year Plan period must be based on accelerating the improvement of human capital. Based on the judgments of major environmental changes during 14th Five-Year Plan period including population aging, the fourth industrial revolution, and the subsequent impact of new crown pneumonia epidemic, this book discusses the outstanding problems and challenges of promotion of human capital, and puts forward our country's strategy, goals, tasks and measures about human capital development during the 14th Five-Year Plan period.

According to the way of obtaining human capital, Human capital can be divided into four categories: education human capital, skilled human capital, healthy human capital, and innovative human capital. At present, China's human capital development is still facing many problems and challenges. The main manifestations are as follows: in terms of education human capital, there are problems such as low average years of education, insufficient levels of education funding, outstanding problems in the uneven distribution of educational resources, and shortcomings and weaknesses are more obvious in the education system; in terms of skilled human capital, there are problems such as lower size of the skilled personnel team, the small proportion of highly-skilled personnel, the unreasonable distribution in geographical and industry, and the difficulties on vocational colleges development; In terms of healthy human capital, there are problems such as increasing prevalence nutrition and health problems for adolescents, increasing health problems of middle-aged and elderly people, and uneven regional development of health investment; in terms of innovative human capital, there are problems such as facing a large gap in overall scale and intensity of research and development investment, outstanding basic research shortcomings, and long-term lack of innovative education; in addition, the existing human capital level and cultivation methods are still far from the requirements for the development of new technologies, new industries and new models; and so on.

These problems are not only shortcomings compared with the requirements of high quality development, but also the potential and direction of efforts to release the endogenous power of economic growth. So, it is well worth doing to promote high quality economic development by accelerating human capital. During the 14th Five-Year Plan period, human capital development should be placed in a more important position in the national economic and social development plan. This research makes the following proposals: Firstly, we must actively implement the human capital Jump in plan, set development goals, design action plans and major projects more scientifically, speeding up reforms of system and mechanism, establish and improve a modernized human capital training system. Secondly, speed up the improvement of education human capital, increase the proportion of fiscal education funds in GDP, fully popularize free education in high school, and make up for short slab in the fields of pre-school education, vocational education and continuing education. Thirdly, strengthen the cultivation of skill-based human capital, carry out vocational skills improvement training and entrepreneurship training for key employment groups, accelerate the implementation of the lifelong vocational skills training system, and proceed steadily reform of vocational qualifications and certification matters, and innovate the rural skilled talent training system. Fourthly, actively enhance healthy human capital, improve preventive health services, disease management and medical security systems, implement a national physical activity health plan, and extend the national health life cycle. Fifthly, it is to stimulate and upgrade innovative human capital, establish a higher education system that is conducive to cultivating creativity and innovation, and a system that is conducive to scientific research personnel to concentrate on research and scientific research, establish a market mechanism that is conducive to encouraging entrepreneurs to innovate, and widely attract high-level overseas talents to return to China engaged in innovative research.

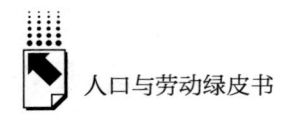

Keywords: 14th Five-Year Plan Period; Human Capital; High Quality Development

Contents

I General Report

G. 1 Study on The Improvement of China's Human Capital
in the 14th Five-year Plan Period　　　*Zhang Juwei et. al / 001*

Abstract: Human capital is the key elements to a high-quality development stage. The high-quality development stage gives human capital new connotations. During the "14th Five-Year Plan" period, the improvement of human capital level should be jointly promoted from the four levels of education human capital, skilled human capital, healthy human capital, and innovative human capital. At present, China's human capital development is facing some new challenges and tasks: the level of education human capital still has a certain gap with developed countries, the accumulation of skilled human capital does not meet the needs of economic and social development, and the development of healthy human capital faces the challenges and threats of demographic structure and life modes changes. Innovative human capital still cannot meet the requirements of the national innovation-driven development strategy, and the high development stage of the new era puts forward new requirements for human capital. During the "14th Five-Year Plan" period, the human capital development strategy should be placed in a more important position in the national economic and social development plan. Through the implementation of the human capital jump plan, we will further strengthen education human capital, enhance skilled human capital, improve healthy human capital, and strengthen innovative human capital, coordinate and promote the in-depth implementation of major national strategies and projects such as education priority policy, employment priority policy, innovation-driven strategy, and new urbanization strategy, promote the transformation of economic development mode, and realize China's transition from the middle and high-income stage to the high-income stage.

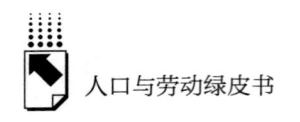

Keyword: Education Human Capital; Skilled Human Capital; Healthy Human Capital; Innovative Human Capital

II Sub-reports

G. 2 Study of Education Human Capital in China in the 14th Five-Year Plan Period　　　　　　　　　　　*Cai Yifei, Xie Qianyun* / 019

Abstract: Education human capital is an important factor affecting economic development. This study predicts and analyzes the changes in China's education human capital supply and demand in the 14th Five-Year Plan period and the longer period in the future. The results show that, during the 14th Five-Year Plan period, the level of education human capital would increase, and the demand for quality and quantity of education human capital, especially the demand for high-quality education human capital would increase greatly. In order to improve education human capital and its distribution structure, it is necessary to increase the level of investment in education, improve the education system, and carry out talent training for the matching between industrial demand and human capital.

Keywords: 14th Five-Year Plan; Education Human Capital; Forecasting Analysis of Supply and Demand

G. 3 Healthy Human Capital and Policy Choices during the 14th Five-Year Plan Period　　　　　　　　　　　　　　　*Xiang Jing* / 043

Abstract: China's frictional and structural unemployment was increasing in

2020 because of the outbreak of covid -19 and shrinking global demand. The unemployment rate in the national monthly urban survey exceeded 6% at once, this is pushing a great pressure on steady employment. However, in the long run, the overall employment situation in China can remain stable, and the contradiction of total employment will not be intensified. During the 14th Five - Year Plan period, labor supply and demand will shift from a basic balance to a structural shortage, with the gap expected to widen from 5. 6 million in 2025 to nearly 100 million in 2035. The widening labour gap stems from the significant reduction in the labor force of young people aged 15 -24 because of increased education and the premature withdrawal of the current population aged 50 -60 from the labour market. This paper starts with the initial age of labor force entering the labor market and measures the absolute scale of healthy human capital with healthy life expectancy as the end point of exiting the labor market. It is estimated that healthy human capital during the 14th Five -Year period can effectively make up for the shortage of labor supply and achieve the basic balance between labor supply and demand. And in the medium to long term, healthy human capital has a more prominent role in narrowing the gap between labor supply and demand.

Keywords: Healthy Human Capital; Gap between Labor Supply and Demand; 14th Five -Year Plan

G. 4 Improving Skilled Human Capital in the 14th Five Year Plan Period　　　　　　　　　　*Zhou Lingling* / 059

Abstract: In the era of digital economy, the speed of the change of skill demand is greatly accelerated, and some low -skill -jobs are becoming more and more advanced, and the requirements of skill conversion ability are also getting higher and higher. At the same time, with the emergence of new occupations, the appropriate combination of skills and lifelong - learning are becoming more and more important. The evolution of China labor market shows that in the past two decades, the demand for workers with technical grades and professional titles is greater than the supply. Firm employment survey and regional field survey also show that there is a large gap of skilled human capital in China. The 14th five-year-plan is a key period for the quality improvement and quantity expansion of skilled human capital. We should focus on the "Two Overall Situations" and build a new development pattern, design different skilled human capital investment strategies basing on different target groups, adhere to the combination of pre-job-training and on-the-job training, give consideration to both general and specialized skills, further break through the institutional barriers between vocational education and general education, and introduce market-oriented professional training. In addition, we should speed up to research and release the shortage occupation list, explore how to carry out skill demand forecast through occupation prediction, and constantly improve the training effectiveness.

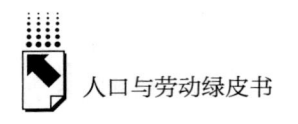

Keywords: the 14th Five-Year Plan; Skilled Human Capital; Skill Demand; Skill Gap

G. 5 The Status, Problems and Suggestions for the Development of Innovative Human Capital in China during the 14th Five-Year Plan Period *Wang Boya* / 077

Abstract: The 14th Five-Year Plan period puts forward new requirements for China's human capital construction. China needs to break through the bottleneck of high-level human capital and promote the large-scale innovative human capital construction as soon as possible. Since the reform and opening up, China has made great progress in the investment, cultivation, attraction and reserve of innovative human capital. However, there are still many deep-seated problems in the construction of innovative human capital in China. In terms of investment, the average investment of higher education students is insufficient, the intensity of R&D investment is not high enough, and the investment in basic research is too low. In terms of training, the proportion of graduate students is low, and the innovation education is lacking for a long time. In terms of attraction, the scale and quality of international innovative human capital are generally low, and the attractiveness and retention capacity are weak. In terms of reserve, there is still a large gap in the overall scale of innovative human capital, and the scale of high-level innovative human capital is relatively small and there are structural defects. Therefore, this paper proposes to establish a national innovative human capital construction fund to increase the investment in innovative human capital; to innovate the talent training mode, comprehensively implement innovative education and strengthen the cultivation of innovative talents; to implement a more inclusive and competitive talent attraction system to increase the attraction of innovative talents; and to improve the market-oriented innovation and entrepreneurship incentive mechanism and strengthen innovative talents excitation.

Keywords: The 14th Five-Year Plan; Innovative Human Capital; Innovative Talents

III Innovative Development

G. 6 Industrial Structure Upgrading and Artificial Intelligence's New Requirements for Human Capital

Qu Xiaobo, Wang Qiang / 100

Abstract: In recent years, the speed of China's industrial structure transformation has continued to increase, and the Construction of New Infrastructure will further accelerate the process of industrial upgrading. Industrial transformation and upgrading have changed the demand for labor and raised the requirements for the level of laborers' human capital. The application of new technologies capable of repetitive labor tasks, such as artificial intelligence, has added more jobs that give full play to people's comparative advantage skills, and further changed the demand for labor's human capital structure. Therefore, only by implementing human capital accumulation policies and reforming the existing human capital accumulation policies that can adapt to the current labor market's demand for labor and reforming the existing human capital accumulation system can better adapt to the economic development's demands on laborers' human capital level and structure.

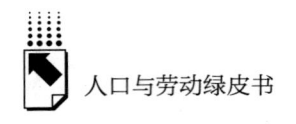

Keywords: Industrial Upgrading; New Infrastructure; Artificial Intelligence; Human Capital; Labor Skills

G. 7 Artificial Intelligence and Employment Changes of Migrant Workers *Yang Ge* / 116

Abstract: the industrial revolution led by AI technology will have three major impacts on the employment of migrant workers: employment destruction, employment conversion and income polarization. The employment status of migrant workers is changing: compared with older migrant workers, the employment rate of young migrant workers has decreased, and the transformation from manufacturing industry to service industry is more significant; migrant workers have higher entrepreneurial enthusiasm, but also encounter the challenge of employment polarization; the stability of employment is relatively lower; the internal income difference of migrant workers is reduced, but the external difference between migrant workers and non-migrant workers is enlarged. Therefore, this paper puts forward policy suggestions from rural education, scientific education system, vocational training, social security and fiscal policy.

Keywords: Artificial Intelligence; Migrant Workers; Employment change

G. 8 Research on China's Talents Supply System Construction under the Background of the Fourth Industrial Revolution
Wang Boya, Yu Xiaodong / 132

Abstract: The 14th Five-Year Plan period is of great significance in the process of realizing the great rejuvenation of our nation, and it is also an important period for our country to participate in the fourth industrial revolution. Under the background of the fourth industrial revolution, production and life showed an intelligent trend, which led to some jobs being replaced and some jobs being created. The above facts will form new requirements for China's talents supply system, and make the work of talents training and talents introduction more important and urgent. Based on the technological changes brought about by the fourth industrial revolution, this paper identifies the new requirements of the current technological development trend on the types and quality of talents, analyzes the current situation of talents in China, points out the achievements and problems in talents training and talents introduction in China at present, and finally puts forward corresponding policy suggestions.

Keywords: The Fourth Industrial Revolution; Talents Supply; Talents Training; Talents Introduction

Ⅳ Employment Development

G. 9 The Impact of the Epidemic on Employment and Income
—Dealing withStructural Unemployment Risk

Zhang Juwei, Zhao Wen / 150

Abstract: This paper establishes an employment data panel based on "input-output table", analyzes the of impact unemployment caused by the epidemic. The resumption of production has been steadily restored, and the employment market has shown a V-shaped trend. Under the situation of normalized prevention and control, the structure of the national economy has undergone obvious changes. The employment of labor-intensive industries, export-intensive industries and contact service industries has been slow to recover. The employment of food industry, communication equipment industry and electronic equipment industry continues to increase, but the increased scale is not enough to offset the scale of unemployment. The industry with the fastest economic recovery is not the industry with the most unemployment, which means that the nature of unemployment is changing from impact unemployment to structural unemployment. The key to promoting employment recovery in the second half of the year is to expand domestic consumption.

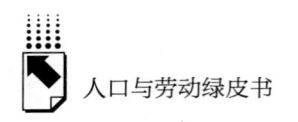

Keywords: Unemployment; Income; Employment

G.10 The Main Employment Contradiction in the 14th Five-Year Period and its Solution   *Qu Yue* / 177

Abstract: In the middle-income stage, the industrial structure change and differentiate rapidly. How to match the education level and skills of labor force with these changes has become the main contradiction in the field of employment. At the same time, the problems of unbalanced regional development and urban-rural segmentation still restrict the free flow of population and the sufficient allocation of labor force, which aggravates and complicates the structural contradiction of employment. Whether we can solve these contradictions and provide a continuous qualified supply of labor force to meet their needs for the process of industrial transformation and economic development has become the key to cross the middle-income stage and enter the high-income stage. In terms of resolving the main contradiction of employment, efforts should be made to improve the top-level design of education, deepen the reform of *Hukou* system and optimize the regional coordinated development, so as to support the transformation and upgrading of industrial economy and complete the energy transformation of economic growth.

Keywords: the 14th Five-Year Plan; Employment Contradiction; Education Matching

G. 11　Work and Health: the Characteristics and Influence Factors
　　　　of Employed Population's Physical Exercise
　　　　　　　　　　　　　　　　　　　　　Wang Lei, Xia Cuicui / 196

Abstract: Based on the data from the third Survey of the Social Status of Chinese Women, applied simple statistical description and ordered logistic model, the features and factors of physical exercise frequency and physical exercise site are described and analyzed. The findings are as follows. Only 12.5% of the employed population who were investigated in 2010 often do physical exercise and only 2.3% of them often carry out physical exercise in charging places. After controlling individual characteristics and family characteristics, the job characteristics and working time characteristics of the employed population significantly affect their physical exercise behavior. Its suggestions are as follows. Firstly, the government should take measures to improve the education level, skills and productivity of employed population in order to decrease working time and increase leisure time. Secondly, the government should also promote employed population in different working units and in different employed positions to have good habits on physical exercise. Lastly, the government should improve peoples' sports enterprise and industry.

Keywords: Working Population; Physical Exercise; Healthy Life Style

G. 12　The Analysis of the Human Capital Investment of
　　　　Rural Youth　　　　　　　　　　　　　　*Wu Yaowu* / 211

Abstract: This article analyzes the human capital of rural primary school students. It uses a dataset of 137 boarding primary schools in five poverty-stricken counties in the central and western regions from 2015 to 2017. Results suggest these primary school students' height and weight are significantly lower than the national average. These indicators that reflect students' long-term nutrition also significantly affect the students' cognitive and non-cognitive ability. The disadvantage of rural primary school students in human capital accumulation can be understood from their family background and teachers' status: 47% of the students' parents are under-educated; one or both of their parents migrate to work in cities; 64% of the students board at schools; separation from family harms both academic and non-cognitive skills; the overall level of teacher qualification is low, with only 20% obtained an undergraduate degree. Besides, the changes in the environment faced by rural primary and secondary school students are worth attention: when the students of privileged family background and of stronger academic competence attend urban schools, the size of rural schools and classes shrink. The leaves the less competitive teenagers more likely to become vulnerable groups in the future labor market.

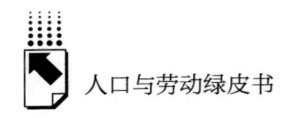

Keywords: Rural Pupils; Human Capital; Cognitive Skill; Non-Cognitive Skill.

G. 13   Educational Measures in China's Population Census:
Evolution and Internal Consistency   *Niu Jianlin* / 235

Abstract: Educational measures have been used broadly to evaluate population quality and human capital in modern societies. They play important roles in the process of population and socioeconomic planning, and are valuable indicators of socioeconomic achievement. This study examines the main features, contents and related evolution of educational measures in China's recent population censuses. Using the census data collected over the past half century, we analyze the rationale underlying the evolution and its implications on the inherent consistency of educational indicators. Our results show that the contents of educational measures have changed substantially during the past three decades. On the one hand, the measurement efficiency declined for some indicators such as literacy measurement. On the other, it also reduces the comparability of educational measures over time, and therefore challenges the validity of historical comparative study on the educational traits. More importantly, the educational measures retained in the latest census fail to indicate educational quality and mushrooming educational channels, despite the fact that these aspects have been proven central in modern education development. As such, the author stresses the importance of systematic research on the validity and stability of educational measures in a rapidly-expanding education system. At last, the research in this article calls for solid design as well as necessary revision for educational measures in census in order to produce high-quality educational data.

Keywords: Population Census; Educational Measure; Evolution; Internal Consistency; Predict Validity

V Economical Development

G.14 New Requirements and Countermeasures of Human Capital for High Quality Economic Development *Cheng Jie* / 255

Abstract: The high-quality economic development depends on the continuous improvement of productivity and the accumulation of human capital. In the long run, human capital is the "perpetual motive force" of economic growth, but the "catching up" of human capital is more challenging than that of economic growth. In the past 50 years, there has always been a large gap in the level of human capital between developing countries and developed countries, and the pace of convergence is relatively slow. The high-quality economic development stage endows human capital with new connotation: first, health, education and training have become the main ways of human capital investment, especially health investment plays a more important role in the promotion of human capital. Second, higher education and education quality have become the key contents of education development and human capital accumulation. Third, lifelong education system (including on-the-job training, adult education, middle-aged and old-age education) has become a new task of human capital accumulation. Fourth, the relationship between human capital investment and material capital investment is stronger. The development of human capital should focus on the whole life cycle, promote the lifelong learning plan, accelerate the reform of factor market, stabilize and improve the return of human capital by constructing a human resource system suitable for the economic development stage.

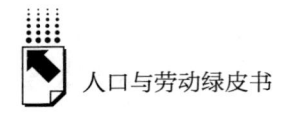

Keywords: High Quality Economic Development; Human Capital; Human Resource System

G. 15 The impact of education on China's long-term potential growth rate   *Lu Yang* / 270

Abstract: Since 2010, China's return on capital has fallen rapidly, and the marginal return on material capital input is decreasing. On the contrary, China's human capital has been rapidly accumulated, but there is still a big gap between China and developed countries. If the average years of schooling of the young population in China can be extended by 3 years in 2050, the average years of schooling of the Chinese population over 15 years will reach 12.59 years. China's potential growth rate on average will add 0.2 percentage points. As the slowdown of Chinese academy, the contribution of education to growth will become more evident. Extending the average years of schooling and raising China's overall level of human capital would help to reshape the slowdown in potential growth.

Keywords: Average Years of Education; Potential Growth Rate; Demographic Transition

G. 16 How to Promote the Spatial Rebalancing of China's Human Capital during the 14th Five Year Plan Period
                                                                Deng Zhongliang / 290

Abstract: Promoting the spatial rebalancing of human capital is conducive to the formation of more balanced high-quality economic development. Overall, thecurrent accumulation rate of human capital lags behind the urbanization, the transformation of human capital into innovation input and its entire contribution level to economic growth is not high. Service-oriented employment has not directly positive to accumulation of human capital, the industrial linkage between producer-services and manufacturing has not yet been a significantly positive to promote local economic growth and human capital. The research shows that the promoting the development of basic service, settlement of internal migrantsand reducing migrant time are all conductive to the increase of urban human capital. Confronted with the spatial imbalance of population mobility, it is necessary to further coordinate the supporting policies of population inflow areaswith outflow areas, especially to promote the regional integration of key resources, such as education and medical care, which could increase the attraction force of sub-central cities to high-skilled labormigrants.

Keywords: the 14th Five-Year Plan; Human Capital; Spatial Perspective

社会科学文献出版社

皮 书

智库报告的主要形式
同一主题智库报告的聚合

❖ 皮书定义 ❖

皮书是对中国与世界发展状况和热点问题进行年度监测,以专业的角度、专家的视野和实证研究方法,针对某一领域或区域现状与发展态势展开分析和预测,具备前沿性、原创性、实证性、连续性、时效性等特点的公开出版物,由一系列权威研究报告组成。

❖ 皮书作者 ❖

皮书系列报告作者以国内外一流研究机构、知名高校等重点智库的研究人员为主,多为相关领域一流专家学者,他们的观点代表了当下学界对中国与世界的现实和未来最高水平的解读与分析。截至2020年,皮书研创机构有近千家,报告作者累计超过7万人。

❖ 皮书荣誉 ❖

皮书系列已成为社会科学文献出版社的著名图书品牌和中国社会科学院的知名学术品牌。2016年皮书系列正式列入"十三五"国家重点出版规划项目;2013~2020年,重点皮书列入中国社会科学院承担的国家哲学社会科学创新工程项目。

中国皮书网

(网址：www.pishu.cn)

发布皮书研创资讯，传播皮书精彩内容
引领皮书出版潮流，打造皮书服务平台

栏目设置

◆ **关于皮书**
何谓皮书、皮书分类、皮书大事记、
皮书荣誉、皮书出版第一人、皮书编辑部

◆ **最新资讯**
通知公告、新闻动态、媒体聚焦、
网站专题、视频直播、下载专区

◆ **皮书研创**
皮书规范、皮书选题、皮书出版、
皮书研究、研创团队

◆ **皮书评奖评价**
指标体系、皮书评价、皮书评奖

◆ **互动专区**
皮书说、社科数托邦、皮书微博、留言板

所获荣誉

◆ 2008年、2011年、2014年，中国皮书网均在全国新闻出版业网站荣誉评选中获得"最具商业价值网站"称号；
◆ 2012年，获得"出版业网站百强"称号。

网库合一

2014年，中国皮书网与皮书数据库端口合一，实现资源共享。

权威报告·一手数据·特色资源

皮书数据库
ANNUAL REPORT(YEARBOOK) DATABASE

分析解读当下中国发展变迁的高端智库平台

所获荣誉

- 2019年，入围国家新闻出版署数字出版精品遴选推荐计划项目
- 2016年，入选"'十三五'国家重点电子出版物出版规划骨干工程"
- 2015年，荣获"搜索中国正能量 点赞2015""创新中国科技创新奖"
- 2013年，荣获"中国出版政府奖·网络出版物奖"提名奖
- 连续多年荣获中国数字出版博览会"数字出版·优秀品牌"奖

成为会员

通过网址www.pishu.com.cn访问皮书数据库网站或下载皮书数据库APP，进行手机号码验证或邮箱验证即可成为皮书数据库会员。

会员福利

- 已注册用户购书后可免费获赠100元皮书数据库充值卡。刮开充值卡涂层获取充值密码，登录并进入"会员中心"—"在线充值"—"充值卡充值"，充值成功即可购买和查看数据库内容。
- 会员福利最终解释权归社会科学文献出版社所有。

卡号：295221926827
密码：

数据库服务热线：400-008-6695
数据库服务QQ：2475522410
数据库服务邮箱：database@ssap.cn
图书销售热线：010-59367070/7028
图书服务QQ：1265056568
图书服务邮箱：duzhe@ssap.cn

S 基本子库
SUB DATABASE

中国社会发展数据库（下设12个子库）

整合国内外中国社会发展研究成果，汇聚独家统计数据、深度分析报告，涉及社会、人口、政治、教育、法律等12个领域，为了解中国社会发展动态、跟踪社会核心热点、分析社会发展趋势提供一站式资源搜索和数据服务。

中国经济发展数据库（下设12个子库）

围绕国内外中国经济发展主题研究报告、学术资讯、基础数据等资料构建，内容涵盖宏观经济、农业经济、工业经济、产业经济等12个重点经济领域，为实时掌控经济运行态势、把握经济发展规律、洞察经济形势、进行经济决策提供参考和依据。

中国行业发展数据库（下设17个子库）

以中国国民经济行业分类为依据，覆盖金融业、旅游、医疗卫生、交通运输、能源矿产等100多个行业，跟踪分析国民经济相关行业市场运行状况和政策导向，汇集行业发展前沿资讯，为投资、从业及各种经济决策提供理论基础和实践指导。

中国区域发展数据库（下设6个子库）

对中国特定区域内的经济、社会、文化等领域现状与发展情况进行深度分析和预测，研究层级至县及县以下行政区，涉及地区、区域经济体、城市、农村等不同维度，为地方经济社会宏观态势研究、发展经验研究、案例分析提供数据服务。

中国文化传媒数据库（下设18个子库）

汇聚文化传媒领域专家观点、热点资讯，梳理国内外中国文化发展相关学术研究成果、一手统计数据，涵盖文化产业、新闻传播、电影娱乐、文学艺术、群众文化等18个重点研究领域。为文化传媒研究提供相关数据、研究报告和综合分析服务。

世界经济与国际关系数据库（下设6个子库）

立足"皮书系列"世界经济、国际关系相关学术资源，整合世界经济、国际政治、世界文化与科技、全球性问题、国际组织与国际法、区域研究6大领域研究成果，为世界经济与国际关系研究提供全方位数据分析，为决策和形势研判提供参考。

法律声明

"皮书系列"(含蓝皮书、绿皮书、黄皮书)之品牌由社会科学文献出版社最早使用并持续至今,现已被中国图书市场所熟知。"皮书系列"的相关商标已在中华人民共和国国家工商行政管理总局商标局注册,如LOGO( )、皮书、Pishu、经济蓝皮书、社会蓝皮书等。"皮书系列"图书的注册商标专用权及封面设计、版式设计的著作权均为社会科学文献出版社所有。未经社会科学文献出版社书面授权许可,任何使用与"皮书系列"图书注册商标、封面设计、版式设计相同或者近似的文字、图形或其组合的行为均系侵权行为。

经作者授权,本书的专有出版权及信息网络传播权等为社会科学文献出版社享有。未经社会科学文献出版社书面授权许可,任何就本书内容的复制、发行或以数字形式进行网络传播的行为均系侵权行为。

社会科学文献出版社将通过法律途径追究上述侵权行为的法律责任,维护自身合法权益。

欢迎社会各界人士对侵犯社会科学文献出版社上述权利的侵权行为进行举报。电话:010-59367121,电子邮箱:fawubu@ssap.cn。

社会科学文献出版社